AF482416

HOCHBEGABT GESCHEITERT

...und neue Türen öffnen sich

Das Erfahrungs- und Mutmachbuch aus Sicht einer Mutter

Mit zahlreichen Infos zu Hochbegabung, ADHS, Autismus-Spektrum-Störung, Hochsensibilität, Underachievement und zum Schulsystem.

„Es stellt sich heraus, dass unser Wissen immer nur in vorläufigen
und versuchsweisen Lösungen besteht und daher prinzipiell
die Möglichkeit einschließt, dass es sich als irrtümlich und also als
Nichtwissen herausstellen wird."

Karl Popper, Philosoph (1902–1994)

Vielen Dank für den Kauf meines Buches! Ich hoffe, dass du mit diesem Buch zufrieden bist und es dir weiterhilft.

Ich würde mich freuen, wenn du mir dein Feedback zum Buch mitteilen könntest. Es wäre daher super, wenn du dir kurz die Zeit nimmst, eine Kundenrezension auf amazon zu schreiben. Dadurch hilfst du anderen Lesern auf amazon, eine bessere Kaufentscheidung zu treffen. Vielen Dank!

Du hast Fragen oder Anmerkungen zum Buch?
Schreib mir gerne: kontakt@susanneburzel.de

©2024
Susanne Burzel
Lauterstraße 56
35633 Lahnau

Weitere Publikationen: www.susanneburzel.de

Layout und Satz: Mediengestaltung Nicole Wege
Lektorat und Korrektorat: Petra Eckert

ISBN Taschenbuch: 978-3-9826201-6-9
ISBN E-Book: 978-3-9826201-7-6

Titelbild: ©EFKS, www.shutterstock.de

SEBASTIAN

Da saß er nun. 15 Jahre jung und er rührte sich einfach nicht. Immerhin hatte er sich angezogen – und war dennoch unfähig, sich auch nur ein Stück zu bewegen. Er war gekommen, der erste Schultag in der neuen Klasse als Klassenwiederholer. Die Abfahrtszeit des Schulbusses rückte immer näher. Das, was wir über die Sommerferien befürchteten und sich insgeheim seit mehreren Monaten ankündigte, manifestierte sich plötzlich in reinster Schockstarre.

Mit Engelszungen sprachen wir auf ihn ein. In Ruhe, mal ärgerlich, aber mit wachsender Panik. Und so verstrich Minute um Minute. Es war nichts zu machen. Er blieb auf seinem Bett sitzen, starrte vor sich hin und sagte, dass er einfach nicht kann: „Ich will ja, aber mein Körper gehorcht mir nicht". Auf diese Weise verbrachten wir die nächsten Minuten und Stunden um ihn herum, diskutierten, flehten ihn an, schimpften, drohten und versuchten alles, damit er sich aufraffte und endlich den Weg zur Schule finden konnte.

Der Tag verging. Und nichts passierte …

Der erste Schultag nach den Sommerferien traf uns wie ein Schlag. Nie hätten wir gedacht, dass die Situation derart eskalieren würde. Unser Sohn verweigerte die Schule. Und das Schlimmste: Wir wussten weder, warum das so war, noch was wir tun konnten.

Weitere Tage gingen ins Land. An drei Tagen in den ersten beiden Wochen schaffte er es nach langem Kampf verspätet in die Schule, danach nicht mehr. Wir verzweifelten immer mehr. Wir fühlten uns wie in einer stockfinsteren Sackgasse, ohne Ausgang, ohne jeglichen Hoffnungsschimmer.

Erst vier Wochen danach erhielten wir durch Zufall einen Hinweis auf die eigentliche Ursache seines Verhaltens. Einen Hinweis, der uns zunächst den Boden unter den Füßen wegriss und uns traurig und wütend zugleich machte. Denn diese Erkenntnis kam spät – viel zu spät. Andererseits war diese Gewissheit befreiend,

denn wir hatten endlich wieder Hoffnung und eine Richtung, in die wir uns bewegen konnten. Niemand, der sich phasenweise im Wirbelsturm um Sebastian
herumbewegte, während er im Auge des Sturms saß, kam auf die Idee, dass die
Ursache seines Verhaltens eine andere sein könnte, als sie bereits in seiner Kindheit diagnostiziert wurde.

Und davon handelt dieses Buch.

EINFÜHRUNG

Ich schreibe dieses Buch wenige Jahre nach diesem einschneidenden Tag. Das war ein traumatisches Erlebnis für die ganze Familie. Natürlich wussten wir, dass unser Sohn zunehmend Schwierigkeiten in der Schule hatte. Das war schon so seit der Vorschule. Doch wir bekamen die Situation immer geregelt und strampelten uns um ihn herum ab, während er in aller Seelenruhe vertrauensvoll fast alles mit sich geschehen ließ.

Dieses Buch ist mir ein Herzensanliegen, denn ich möchte eine Brücke bauen zwischen Lehrkräften als auch Psychologen und betroffenen Eltern mit ihren Kindern, und sie für die Herausforderungen rund um eine Hochbegabung sensibilisieren. Dafür will ich Verantwortliche ermutigen, den Blick über den Tellerrand zu wagen. In erster Linie erzähle ich von meinem älteren Sohn: Einem ADHS-Kind, einem Underachiever und letztendlich einem hochbegabten, sehr eigenständigen und selbstbestimmten jungen Schulverweigerer mit großem Potenzial. Auch sein Bruder hat während des Schreibens im letzten Kapitel Einzug in dieses Buch gefunden. Hier standen wir vor weiteren Herausforderungen mit der gleichen Ursache, jedoch anderer Ausprägung.

Mein Anliegen ist, aus mütterlicher Sicht zu informieren und betroffenen Familien Hoffnung zu geben. Mir half es sehr, in den Austausch mit anderen Eltern zu gehen. Ich lernte, dass es viele Kinder und Jugendliche mit gleichen Problematiken gibt, während ich noch wenige Wochen zuvor dachte, dass unser Sohn der Einzige sei, der dieses problematische Verhalten in dieser Form zeigt. Über dieses Thema sprechen die wenigsten: Hochbegabung kann durchaus zu einer Behinderung werden. Weniger aus Sicht des Kindes, sondern eher aus Sicht der Gesellschaft. Zum einen, weil es ein recht junges Thema in der Wissenschaft und Diagnostik ist und zum anderen, weil Eltern mit diesen Problemen selten hausieren gehen und es lieber geheim halten aus Angst vor Stigmatisierung. Es ist wirklich eine Herausforderung für die meisten Menschen, die Ursachen und die damit verbundenen Schwierigkeiten auf einen Nenner zu bringen. Genau das fiel uns als Eltern ebenfalls schwer, als wir kurz nach dem Zusammenbruch unseres Sohnes das erste Mal von „Underachievement" hörten. (Was Underachievement bedeutet, erkläre ich ab Seite 129.) Vor allem, weil ich mich eigentlich gut informiert fühlte, da ich immer auf der Suche nach neuen Möglichkeiten war. Zwei Jahre später hatten unsere Anstrengungen ein Ende, als wir endlich eine Lösung für unseren Sohn fanden. Es kostete Ausdauer, Mut, Zeit, Kraft und vor allem Nerven. Das Wichtigste ist aber, es hat sich gelohnt – für alle Beteiligten.

Dieses Buch ist so aufgebaut, dass Du Dich als Leser in unsere familiäre Situation einfühlen kannst, indem ich sie aus meiner Erinnerung heraus beschreibe. Gleichzeitig habe ich für dich die fachlichen Hintergründe zu den jeweiligen Fachgebieten zusammengestelllt, du erkennst sie an der Glühbirne im Inhaltsverzeichnis sowie auf den jeweiligen Seiten oben am Rand.

Jedes Kapitel beginnt mit einer Zusammenstellung von Erlebnissen und typischen Situationen seit dem Babyalter bis heute zum Alter von 19 Jahren. Möglicherweise erkennst Du Parallelen, vielleicht hast Du andere Dinge mit Deinem Kind erlebt. Jede Entwicklung und jede Auffälligkeit sind anders. Von der Geschichte unseres zweiten Sohnes berichte ich im vorletzten Kapitel mit Fokus auf Hochsensibilität und Mobbing. Mit meinen Beispielen möchte ich Dir aufzeigen, wie sich die Situation bei uns darstellte. In meinen Recherchen und im Austausch mit anderen Eltern entdeckte ich jedoch viele Parallelen.

Mir ist wichtig, unsere persönlichen Familien-Erfahrungen mit erlangtem Fachwissen zu kombinieren, weil sämtliche Diagnostiken und Hilfestellungen einem langen roten Faden folgen. In nahezu jedem Kapitel, nach und zwischen meinen Situationsberichten, habe ich dir Infos aus verschiedenen Quellen zusammengestellt, die zum jeweiligen Thema und Entwicklungsprozess passen. Wir sammelten ein reichhaltiges Spektrum an Erfahrungen, die ich dir komprimiert und aus meiner Sicht vermitteln möchte. Das vor allem auch deswegen, weil ich immer wieder von Betroffenen gefragt wurde, wo bestimmte Informationen zu erhalten seien. Ich erhebe weder Anspruch auf eine wissenschaftlich fundierte Richtigkeit und Vollständigkeit noch auf die richtige Meinung. Bitte verstehe meine Hinweise eher als Impulse. Du bist herzlich eingeladen, ergänzende Informationen im Internet oder in der Literatur zu entdecken, meine zahlreichen und hoffentlich für dich hilfreichen Quellen führe ich im Literaturverzeichnis auf. Natürlich ändern sich Quellen. Die aufgeführten stammen aus den Jahren 2021–2023. Neuere Quellen finden keine Berücksichtigung. Am Ende des Buches findest du eine Essenz meiner wichtigsten Empfehlungen mit QR-Codes, sodass du diese leicht mit dem Handy einscannen und nachschauen kannst.

Noch ein Wort: Ich spreche von „Mütter und Vätern", von „Eltern" und dergleichen. Bitte fühl Dich auch angesprochen, wenn Du alleinerziehend bist, ganz gleich, ob als Mann oder Frau oder als gleichgeschlechtliches Paar. Grundsätzlich meine ich alle damit. Auch diverse Menschen. Ich möchte das abstrakte und neutrale Wort „Erziehungsberechtigte" vermeiden und durch den Gender-Verzicht einen guten Lesefluss ermöglichen. Danke für dein Verständnis!

HOCHBEGABT GESCHEITERT – EINE AUSFÜHRUNG ZUM TITEL

Ich gebe zu, es ist ein dramatischer Titel für ein Buch zu diesem Thema. Ich habe sehr lange überlegt, wie ich es nennen soll. Doch ich weiß, dass viele Familien und vor allem die betroffenen Kinder sich genau so fühlen, weil sie sich immer wieder ohne Ausweg sehen. Das Gefühl des Scheiterns ist allgegenwärtig. Ich glaube daran, dass es stets eine Lösung gibt, auch wenn die Situation zunächst aussichtslos erscheint. Dieser Glaube hat mich immer motiviert, weiterzumachen und mich für unsere Kinder einzusetzen. Und trotzdem wären wir fast gescheitert, trotz oder gerade wegen ihrer Hochbegabung und den Charakterzügen, die dieses Geschenk mit sich bringen kann. Dieses Buch nimmt dich mit auf eine Reise durch ein ganzes Leben, vom Babyalter bis zur Volljährigkeit. Während dieser Zeit sind wir als Familie oft an unsere Grenzen gekommen – und gleichzeitig öffneten sich neue Türen. Wir wurden mit zahlreichen Diagnosen und diagnostischen Vermutungen konfrontiert. So viele, dass wir kaum Schritt halten konnten. Und natürlich waren wir immer auf der Suche nach einer finalen Erklärung, um zu wissen was los ist und wie wir unseren Kindern bestmöglich helfen können.

Es gibt viele Familien da draußen, die ganz ähnliche Schicksale teilen, die Ähnliches durchmachen und ihre eigenen Wege und Lösungen finden. Viel zu oft werden Kinder pathologisiert, sogar von uns selbst, um sie krampfhaft ins bestehende System einzufügen. Wer nicht funktioniert, muss krank sein. Wer scheitert, kann nicht hochbegabt sein. Das ist eine defizitorientierte Sichtweise, die gang und gäbe ist. Daran zerbrechen Schicksale. Kinder werden krank gemacht, obwohl sie es nicht sind. Und einige scheitern am System. Wie gut, dass es Eltern gibt, die dranbleiben und sich durchkämpfen durch alle Widrigkeiten der Gesellschaft und vor allem des Schulsystems. Eine potenzialorientierte Sichtweise einzunehmen wäre grundlegend wichtig für diese Kinder.

Hier geht es ebenfalls um Inklusion für Hochbegabte. Das klingt auf den ersten Blick merkwürdig, denn selten werden diese beiden Begriffe zusammengebracht. Wir sollten genau hinschauen und die eigentliche Ursache herausfinden, um Fehldiagnosen zu vermeiden. Fehldiagnosen. Natürlich muss ein Kind behandelt werden, wenn es krank ist. Medikamente können ebenso eine große Hilfe sein, wenn wirklich ein ADHS vorliegt. Auch das mussten wir uns schweren Herzens eingestehen und haben diesen Weg eine Weile erfolgreich eingeschlagen. Erfolgreich deshalb, weil es für Sebastian die Rettung war. Gerade bei Medikamentengaben entsteht vielmals eine wütende Ablehnung seitens der Gesellschaft. Die andere Seite ist, dass zu oft ADHS oder eine Autismus-Spektrum-Störung diagnostiziert wird, weil es eine Diagnose geben „muss" und es lange Zeit als Modediagnose galt. Manchmal unterliegen Familien dem Druck aus der Schule seitens der Lehrkräfte, die ihrerseits Medikamente empfehlen, obwohl es ihnen nicht zusteht. Aus meiner Erfahrung heraus rate ich bei der Vermutung auf eine Hochbegabung zu einer Begabungsdiagnostik, welche von einer erfahrenen Person durchgeführt wird. Erst dann sollte die Maschinerie aus Ärzten, Psychologen, Psychotherapeuten, Kliniken etc. in Gang gebracht werden. Hochbegabung gilt nicht als Krankheit, was gut und richtig ist. Aber sie kann durchaus zur Behinderung werden, was tragisch ist, denn das müsste nicht sein.

Letztendlich ist es eine Sache, ob ein hochbegabtes Kind am System scheitert, weil es nicht zu ihm passt. Aber es ist eine andere Sache, welche psychischen Spuren dies alles hinterlässt. Unser Sohn durchlief seit dem Kindergarten diese Maschinerie, während wir auf der Suche nach Lösungen waren. Und ja, auch wir beteiligten uns rege daran, ihn ins System einzupassen, und lernten eine Menge dazu. Nach vielen Jahren durften wir letztendlich den Fokus auf die Ursache Hochbegabung lenken. Die psychologisch-fachliche Erklärung für Sebastians Passungsprobleme war im Endeffekt ganz simpel. Niemand zuvor hatte dies auf diese Weise miteinander verknüpft. So gesehen ist es eine berechtigte Frage, ob wir sein junges Leben in Teilen als gescheitert betrachten sollten. Dank aller Anstrengungen haben wir es geschafft, alles zu einem guten Ende zu führen, damit lange brachliegende Potenziale sich neu entfalten dürfen. Genau wie damals, als die Welt für unseren Sohn noch ohne Diagnostiken war und er tagein, tagaus seiner Neugier nachgehen durfte, ohne den Stempel zu tragen, dass er falsch oder krank ist.

VORWORT BERND UND RENATE WEBER

Liebe Leserinnen und Leser,

in diesem Buch teilt eine Mutter ihre persönlichen Erfahrungen mit der Hochbegabung ihrer Söhne und den damit verbundenen Herausforderungen wie ADHS, Autismus-Spektrum-Störung, Hochsensibilität und Underachievement. Neben den Erfahrungsberichten gibt es zahlreiche Informationen zu den genannten Themen und zeigt, wie staatliche Schulen neue Wege gehen können, um hochbegabte Kinder besser zu fördern. Die Autorin erzählt, dass Hochbegabung nicht automatisch zum Erfolg führt, sondern dass auch hochbegabte Kinder scheitern können. Sie beschreibt, wie ihr Kind trotz Rückschlägen neue Türen öffnen konnte und zeigt damit auf, dass es immer einen Weg gibt, um seine Potenziale zu entfalten.

Wir, die wir die Familie kennen, sind beeindruckt von der Geschichte eines jungen Menschen, der trotz schwieriger Umstände und Schulverweigerung wieder zurück in die Schule gefunden hat. Besonders bemerkenswert finden wir, dass diese Veränderung durch eine intensive Förderung und ein individuelles Lernkonzept ermöglicht wurde. Dies war aber nur möglich durch die Entschlossenheit der Eltern, die trotz erheblicher Hindernisse nicht aufgaben, ihren Söhnen auf den Weg zu helfen und an sie zu glauben. Es ist schön zu hören, dass später eine weitere neue Schule die Stärken des Schülers erkannte und förderte und ihn auch bei seinen Schwächen unterstützte. Durch diese positiven Erfahrungen fand er sein Selbstvertrauen wieder und engagierte sich in der Schule, was schließlich zu seinem Erfolg als Klassenbester führte. Diese Geschichte zeigt, dass es immer eine Möglichkeit gibt, auch wenn der Weg dorthin steinig und schwer ist. Jedes Kind hat das Recht auf eine angemessene Bildung und die Chance, seine Potenziale zu entfalten. Ich hoffe, dass andere Eltern und Schüler, die mit ähnlichen Herausforderungen kämpfen, durch diese Erfahrung ermutigt werden, sich nach spezialisierten Lernumgebungen umzusehen und nicht aufzugeben. Wir finden es bewundernswert, dass die Autorin sich die Frage stellt, was sie und ihr Partner in der Erziehung ihres hochbegabten Sohnes hätten besser machen können. Es zeigt, dass sie reflektiert und bereit ist, aus vergangenen Fehlern zu lernen. Wir würden hier nicht von Fehlern reden wollen, sondern von der bis dahin herrschenden Unkenntnis der Materie. Besonders interessant finden wir ihre Erkenntnis, dass ein hochbegabtes Kind mit ADHS nicht wie ein normales Kind erzogen werden kann und dass Erziehungsratgeber-Tipps oft nicht helfen.

Die Autorin stellt auch die Frage, ob sie und ihr Partner Helikoptereltern waren und zu wenig ihre Kinder haben auflaufen lassen. Sie kommt zu dem Schluss, dass sie es als ihre Pflicht ansahen, ihren Sohn zum Ziel eines Schulabschlusses zu führen und ihrem jüngeren Sohn beizustehen. Sie betont zudem, dass niemand, der nicht in ihrer Situation ist, das Recht hat, ein Urteil über ihre Erziehung zu fällen. Wir finden es mutig, dass die Autorin ihre eigenen Erfahrungen teilt. Es zeigt, dass Eltern von hochbegabten Kindern mit Anpassungsproblemen vor vielen Herausforderungen stehen und dass es wichtig ist, aus Fehlern zu lernen, sich frühzeitig Informationen zu besorgen, sich beraten zu lassen und die Kinder individuell zu fördern.

Ein weiterer wichtiger Punkt ist von der Autorin genannt: die familiäre Beziehung. Unsere Kinder sind unsere Spiegel. Es ist eine alte Weisheit: Du bist die Essenz der fünf Menschen, mit denen du dich am meisten umgibst. Es ist logisch, dass unsere Verhaltensweisen, Einstellungen und Überzeugungen auf unsere Umgebung abfärben und umgekehrt. Kinder sind ein Spiegelbild ihrer Familienumgebung. Das Verhalten, das sie von ihren Eltern und Geschwistern sehen und erleben, beeinflusst ihre eigene Persönlichkeit und Verhaltensweisen. Es ist daher wichtig, dass Eltern sich ihrer eigenen Rolle als Vorbild bewusst sind und ihr Verhalten reflektieren. Eine positive, liebevolle und unterstützende Familienumgebung kann das Selbstbewusstsein und die Selbstwahrnehmung des Kindes stärken. Umgekehrt können es negative, ungesunde Familienmuster in seiner Entwicklung einschränken.

Die Autorin des Buches „Hochbegabt gescheitert – und neue Türen öffnen sich" macht deutlich, dass Eltern eine wichtige Rolle bei der Förderung und Unterstützung von hochbegabten Kindern spielen. Es ist von Bedeutung, dass sie sich über Hochbegabung und deren Auswirkungen informieren und sich ihrer eigenen

Rolle in der familiären Beziehung bewusstwerden. Welche Verhaltensweisen ihrer Kinder sind ihnen bekannt aus ihrer eigenen Jugend- und Schulzeit? Erklären sich viele eigene Schwierigkeiten jetzt durch die Probleme der Kinder?

Indem Eltern sich selbst reflektieren und aktiv an der Entwicklung ihrer Kinder arbeiten, tragen sie dazu bei, dass ihre Kinder ihr volles Potenzial entfalten können und geben ihnen damit die bestmöglichen Chancen für ihre Zukunft.

Wir wünschen Ihnen viel Freude beim Lesen und würden uns wünschen, dass Sie durch dieses Buch wertvolle Einblicke in das Thema Hochbegabung und die Herausforderungen, die damit verbunden sein können, gewinnen werden.

Bernd und Renate Weber
Netphen im April 2023

ÜBER DIE AUTORIN

Dieses Buch zu schreiben ist mir ein Herzensbedürfnis und eine Art Therapie für mich selbst. Noch während des Schreibens veränderten sich Sichtweisen und ordneten sich neu, sodass es weiter an Wert gewann. Die Schulzeit von Sebastian und insbesondere die zwei Jahre nach der Schulverweigerung sitzen mir bis heute in den Knochen. Doch nun darf ich beobachten, dass unser Sohn seinen Weg gefunden hat dank einer Umgebung, die für ihn passte und auf ihn abgestimmt war, mit Menschen, die sich mit seinen Besonderheiten auskannten. Heute bin ich zuversichtlich, dass er die gebotenen Chancen für sich nutzen wird. Unser einziges Ziel war, dass Sebastian alle Möglichkeiten erhält, um sein Leben selbstständig und glücklich zu gestalten – ganz gleich, was er für sich selbst auswählt. Das funktioniert meines Erachtens nur, wenn die äußeren Rahmenbedingungen stimmen. Und diese stellen sich heute als nahezu perfekt heraus. Wir haben lange genug dafür gekämpft.

Mit unserer Familie leben wir in einem ländlichen Gebiet. Mein eigener Lebenslauf ist alles andere als geradlinig. Nach meinem Abitur studierte ich Grundschullehramt, entschied mich jedoch, kurz vor dem Ersten Staatsexamen beruflich in eine neue Richtung zu gehen. Anschließend leitete ich drei Jahre lang gemeinsam mit zwei Freunden eine Diskothek und beschloss dann „etwas Richtiges" zu lernen. Ich suchte das Arbeitsamt auf und begann eine Umschulung zur Werbekauffrau. Noch während des zweiten Praktikums wurde ich von einer Werbeagentur übernommen und absolvierte im Selbststudium den Rest meiner Ausbildung bis hin zur Abschlussprüfung. In der Werbeagentur war ich als Projektmanagerin tätig und liebte die Abwechslung in meiner Arbeit.

Dann kam Sebastian zur Welt und ich meldete mich zu einem BWL-Fernstudium an. Das hatte ich mir vorher vorgenommen. Nach der Elternzeit arbeitete ich stundenweise in der Werbeagentur. 3,5 Jahre nach Sebastians Geburt kam Henry zur Welt. Nach einiger Zeit machte ich mein BWL-Diplom und bewarb mich auf diverse Teilzeit-Stellen. Im Bereich der Werbeagenturen oder Marketingabteilungen gestaltete sich dies als schwierig und so entschied ich mich kurz vor Ablauf der Unterstützung seitens der Agentur für Arbeit, mich selbstständig zu machen.

Mittlerweile führe ich seit vielen Jahren meine eigene Werbeagentur und coache Unternehmerinnen und Unternehmer im Bereich Positionierung und Markenaufbau. Ich liebe meine Selbstständigkeit aufgrund ihrer Abwechslung in den jeweiligen Themen. Vor allem ermöglichte sie mir, flexibel Auszeiten zu nehmen und mich um unsere Söhne zu kümmern. Teilweise forderte dies meine ganze Kraft und Zeit, mich mit Ämtern und Lehrkräften abzustimmen und intensiv zu recherchieren. Ich erzähle Dir meine Geschichte, damit Du einschätzen kannst, aus welchen „Verhältnissen" wir kommen und dass unsere Kinder in einer ganz normalen Familie aufgewachsen sind. Mein Mann ist hauptberuflich als Ingenieur tätig, daher war ich hauptsächlich diejenige, die sich mit aller Kraft und Intensität um Informationsbeschaffung, Absprachen und Termine kümmerte. Ich neige dazu, mich in einem Thema festzubeißen und erst Ruhe zu geben, wenn ich alles darüber weiß. Aus diesem Grund erwarb ich in den letzten Jahren einen großen Erfahrungsschatz zu ADHS, Autismus-Spektrum-Störung, Hochbegabung, Höchstbegabung, Autonomie bei Kindern, Underachievement, Hochsensibilität und vielem mehr. Dieses Wissen möchte ich jetzt Eltern komprimiert zur Verfügung stellen, die vielleicht an dem Punkt stehen, wo wir vor zwei Jahren, bevor ich das Buch schrieb, standen und nicht mehr ein noch aus wussten. Mein Wunsch ist, dass ebenfalls Pädagogen, Lehrkräften, Coaches und Psychologen den einen oder anderen Impuls erhalten, vor allem aus den Erzählungen aus unserem Familienleben, aus Sicht einer Mutter.

Ich wünsche mir, dass ich bei speziellen Herausforderungen den Blick öffnen darf für Möglichkeiten, die außerhalb des eigenen Blickfeldes liegen. Obwohl ich stets sehr gut über die Thematiken informiert war, stand ich selbst vor zwei Jahren regelrecht blind und hilflos der Situation gegenüber, weil unser Sohn plötzlich die Schule komplett verweigerte. Dieses Gefühl wünsche ich niemandem. Denn in diesem Moment brach für uns als Familie die ganze Welt zusammen.

Maria Montessori, Ärztin, Reformpädagogin und Philosophin (1870–1952)

EIN BISSCHEN ANDERS, ABER GUT!

Sebastian ist unser erstes Kind. Ich war 33 Jahre alt, als ich schwanger wurde. Der kleine Mann kam genau zum errechneten Geburtstermin zur Welt. Pünktlich um 6:30 Uhr kündigte er sich an und nachmittags war er schließlich da. Die Schwangerschaft und die Geburt verliefen bilderbuchmäßig und ohne jegliche Komplikationen. Für mich als Mutter stand unser Sohn nach der Geburt im Vordergrund. Er entwickelte sich altersgemäß und wir gaben ihm Liebe und Zuwendung, wo wir konnten. Seine motorische und sprachliche Entwicklung verlief altersbedingt normal. Er begann zu sprechen, wann andere Kinder auch Sprechen lernten, ohne Auffälligkeiten zu zeigen, schneller zu sein oder mehr Zeit zu brauchen. Er übersprang das Krabbeln, robbte sich lieber blitzschnell vorwärts und unternahm pünktlich zum ersten Geburtstag seine ersten Schritte.

Ich entschied, die Elternzeit voll in Anspruch zu nehmen und begann während des ersten Lebensjahres unseres Sohnes ein Fernstudium, welches ich flexibel an die Tagesgestaltung anpassen konnte. Hauptsächlich kümmerte ich mich aber um Sebastian. Ich sang ihm täglich Lieder vor, wir gingen zur Babymassage, wir lasen Kinderbücher, trafen uns mit befreundeten Müttern und beschäftigten uns als Eltern intensiv mit ihm. Es gab zu diesem Zeitpunkt nur kleine Anzeichen, dass er ein wenig anders als andere Kinder war. Jedoch fehlte uns der Blick dafür, wie es „normal" sei aufgrund fehlender Vergleichsmöglichkeiten. Lediglich bei Treffen mit anderen Müttern mit Babys fiel uns manchmal auf, dass Sebastian sich anders als andere verhielt. Aber das war für uns in Ordnung, wir machten uns keine Sorgen.

Ich ging mit ihm regelmäßig zur Babymassage. Diese fand er wohl zu langweilig. Es fiel ihm schwer, zu entspannen. Vielleicht mochte er die Berührungen nicht. Stattdessen versuchte er, sich zu drehen und zu erkunden, was um ihn herum passierte. Zu Hause hatten wir ein Laufställchen, in dem eine Art Kette mit verschiedenen Spielelementen quer gespannt hing, welches er mit den Füßen bedienen konnte. Stundenlang lag er dort genügsam und schien sehr zufrieden zu sein. Entspannt beschäftigte er sich alleine mit dem Spielzeug und schaute sich ständig um, was sich bewegte und was passierte. Wir witzelten schon, dass er sich hoffentlich nicht zu sehr an die Gitterstäbe gewöhnt.

Sebastian wollte schon immer die Welt erkunden. Auf dem Arm blieb er unruhig, da es ihm anscheinend zu langweilig war. Eine Freundin erzählte mir einmal, wie sie mit ihrem Baby öfter in ein Café ging. Dabei verblieb ihr Kind geduldig im Kinderwagen und beschäftigte sich mit einem Spielzeug. Das war bei uns undenkbar. Je mehr Action, desto besser. Sebastian suchte förmlich nach Input und wollte seine Umwelt mit allen Sinnen erfassen. Als er laufen konnte, wurde es turbulenter. Ich beneidete andere Mütter, die irgendwo gemütlich saßen und sich in Ruhe unterhielten. Ich hingegen war meistens unterwegs, um unseren Sohn vor Gefahren zu schützen oder ihm Hilfestellung zu geben.

Einmal trafen wir uns mit fünf Müttern aus dem Geburtsvorbereitungskurs auf einem Abenteuerspielplatz. In 100 m Entfernung war ein Fluss, man musste nur einen kleinen Weg und ein Feld mit hohem Gras durchqueren, um dorthin zu gelangen. Während die anderen in Ruhe schaukelten, gemeinsam im Sand spielten oder rutschten, machte mein Kind sich auf, die Welt zu entdecken. Ich holte ihn gerade noch ein, als er auf dem Weg zum Fluss war. Kurzum, ich musste ihn stets im Auge behalten und in solchen gefährlichen Situationen eingreifen. Wenn ich Sebastian mit zum Einkaufen nahm, war dies meist anstrengend. Er wollte alles entdecken und ich musste ihn oft suchen. So nutzte ich gerne das Angebot meiner Eltern und Schwiegereltern, auf ihn aufzupassen, und erledigte meine Einkäufe in Ruhe allein.

Klettern, tanzen, singen und ständig Neues ausprobieren gehörte zu Sebastians Lieblingstätigkeiten. Er war albern, machte viel Quatsch und war äußerst lebhaft. Bei Treffen mit dem oben erwähnten Kreis von Müttern spielten die anderen Kinder gemeinsam – nur er beschäftigte sich allein, war körperlich unruhig und machte sich ständig auf, alles zu erforschen. Spannender war für ihn, einem Vater im Garten zu helfen, während die anderen Jungs Autos miteinander spielen. Ein anderes Mal nahm er einen Sandkasten auseinander und hielt bereits stolz die einzelnen Bretter in die Höhe, als wir es bemerkten. Solche Ereignisse waren an der Tagesordnung. Wir alle fanden das außergewöhnlich, machten uns aber keine weiteren Gedanken. Andere Mütter prophezeiten scherzhaft, er würde bestimmt mal einen technischen Beruf erlernen.

WAS IST SCHON NORMAL?

Gerade im Babyalter neigen wir dazu, unseren Nachwuchs in ihrer Entwicklung zu vergleichen. Die Dialoge vor allem zwischen Müttern handeln oft davon, was ihr Nachwuchs schon kann und was nicht. Schnell ist die Sorge da, dass sich das eigene Kind nicht altersgemäß entwickelt, und wir suchen Methoden für gezielte Förderungen. Die Angebote dazu sind ein großes Geschäftsfeld. Das meine ich ohne Wertung. Denn alle Aktivitäten, in der Mütter und ihre Kinder Zeit miteinander verbringen, sind wertvoll. Es schweißt die Familie zusammen und stärkt die Bindung. Wenn es jedoch in einem Wettbewerb mündet, im Bemühen, aufzuholen und besser dazustehen als andere Babys oder Kinder, dann ziehe ich die ständigen Besuche von Kursen und Aktivitäten in Zweifel. Letztendlich hat jedes Kind seinen eigenen Rhythmus in der körperlichen, motorischen und sprachlichen Entwicklung. Das eine lernt zügiger sprechen, das andere braucht länger. Dafür kann es vielleicht schneller laufen oder überspringt die Krabbelphase.

Ich finde es am wichtigsten, sich möglichst viel mit dem Kind zu beschäftigen. Daher mein Appell an dich: Verbringt viel Zeit miteinander, damit das Urvertrauen gestärkt wird. Das gibt Sicherheit für das ganze Leben. Aus meiner Sicht sind die ersten Tage, Wochen und Monate maßgeblich und entscheidend. Natürlich sind Babymassage, Mutter-Kind-Yoga, Babyschwimmen, PEKiP und was sonst alles angeboten wird, sinnvolle Beschäftigungen. Aber gib dem Kind auch Zeit, sich in seinem eigenen Tempo entwickeln zu dürfen. Oder möchtest du, dass der Freizeitstress, dem viele ältere Kinder ausgesetzt sind, schon im Babyalter beginnt? Macht Spaziergänge, singt mit den Kindern, lest oder erzählt Geschichten. Kuschelt, albert und tobt herum, entdeckt gemeinsam die Welt in der Natur und seid einfach so wie ihr seid. Euer Kind benötigt wenige Angebote von außen, es braucht qualitative Zeit mit Euch als Eltern, Mutter oder Vater. Vertraue auf dein Bauchgefühl, wenn es um Erziehung geht. Schenke deinem Kind maximale Liebe auf seinem Weg ins Leben. Im Grunde genommen sind dies und die gemeinsame Zeit ohne Ablenkung das Wichtigste, was ihr in dieser kurzen Phase geben könnt. Möglicherweise bekommst du öfter Ratschläge von außen, was du tun oder lassen solltest. Hör auf dein Bauchgefühl, was wirklich wichtig ist. Wie oft habe ich mich selbst vor guten Ratschlägen abgegrenzt wie: „Lass das Kind auch mal schreien", „Das Kind muss jetzt endlich trocken und sauber werden", „Es muss gepudert werden" – was auch immer. Übrigens steckt in „Ratschläge" das Wort „Schläge" – daher geh bitte vorsichtig damit um. Du weißt als Mutter oder als Vater genau, was dein Kind braucht und was es benötigt, um in seinem eigenen Tempo aufwachsen zu dürfen und sich zu entwickeln. Ein paar familiäre Beispiele: Manche Kinder sind bereits mit zwei Jahren trocken, andere brauchen die Windel nachts noch bis sie sieben Jahre alt sind. Manche Kinder schlafen bereits mit acht Wochen durch, andere kommen in der Nacht noch in dein Bett, wenn sie schon neun Jahre alt sind. Manche Kinder schlafen mit drei Jahren allein ein, andere Kinder sind so hellhörig, hochsensibel und anhänglich, dass sie lange Zeit nur mit deiner Hilfe einschlafen können. Erst mit Eintritt in die Pubertät erfolgt gerade bei sensiblen Kindern die Abgrenzung zu den Eltern. Auch das ist völlig ok, sofern es für dich in Ordnung ist. Aber du kannst sicher sein, dass du deinem Kind alles gegeben hast, was es bis dahin brauchte. Wie gesagt, hör auf deine Intuition und dein Bauchgefühl. Auch wenn es anstrengend ist mit einem Baby oder Kleinkind – genieße jeden Augenblick. Anstelle zu denken: „Wenn das doch endlich vorbei wäre", denke lieber: „Ich gebe und genieße jetzt alles, denn die Zeiten ändern sich schnell". Viel zu viele Eltern vermissen die Babyzeit, wenn die Kinder erst einmal groß sind.

Ich weiß, dass ich meinen Kindern alles gab, was möglich war. Daher bin ich im Reinen mit mir. Im Fall von Sebastian gilt das bis heute, denn diese Situation bezeichne ich als Ausnahmezustand. Ich weiß noch, wie ich für jeden Schritt dankbar war, bei dem ich als Mutter selbstständiger wurde: Endlich wieder mit beiden Händen den Abwasch erledigen, anstelle einhändig zu spülen. Endlich wieder die Wäsche an einem Stück aufhängen, ohne unterbrochen zu werden. Endlich wieder durchschlafen und so weiter. Nimm jeden Schritt wahr, den du als Mutter oder Vater eigenständiger wirst im Wissen, alles für das Kind getan zu haben. Das bedeutet nicht, sich als Eltern aufzugeben. Hier bedarf es eines Netzwerks, um sich als Paar oder auch für sich allein Zeit zu nehmen. Denn das Kind ist vor allem dann glücklich, wenn die Eltern und vor allem die Mütter glücklich sind. Vielleicht liegt die Babyzeit deines Kindes schon länger zurück oder möglicherweise wieder vor dir. Möglicherweise kommen meine Empfehlungen etwas spät. Aber es ist mir wichtig, das zu erwähnen. Nimm dir gerne ein paar Fotoalben oder Videoaufzeichnungen zur Hand. Schau sie dir an und zelebriere die Erinnerungen. Fühle die Dankbarkeit für diese wertvolle Zeit mit dem Gedanken, deinem Kind all deine Liebe auf seinem Weg mitgegeben zu haben. Das ist das unerschütterliche Band zwischen euch, welches immer Bestand hat.

Liebe und Akzeptanz, Respekt und Verständnis sind das Wichtigste, was unsere besonderen Kinder benötigen, ganz gleich, wie alt sie sind. Wir sind ihr Fels in der Brandung, das dürfen sie immer wieder spüren. Wo sonst sollen sie hin als zu uns, wenn es schwierig wird und die ganze Welt gegen sie zu sein scheint?

Ein wichtiges Wort zum Ende des ersten Kapitels: Unsere Kinder sind eigenständige Menschen, die irgendwann eigenverantwortliche Erwachsene sind. Sie sind weder unser Eigentum noch unsere Hoffnungsträger, die es „mal besser haben sollen". Schon gar nicht sind sie dazu da, unsere eigenen Ziele zu verwirklichen, die wir selbst nie erreicht haben oder erreichen konnten. Dieses Bewusstsein für die individuelle Persönlichkeit des Kindes finde ich wichtig, wenn es darum geht, es auf Augenhöhe auf seinem Weg zu begleiten. Denn genau das brauchen sie – und ganz besonders, wenn es sich um autonome Kinder handelt. Auf dieses Phänomen bin ich erst vor Kurzem gestoßen. Doch es passt sehr gut an diese Stelle, da die Besonderheiten schon im Babyalter sichtbar werden.

AUTONOME KINDER

Mit dem Thema „autonome Kinder" setzte ich mich erst in den letzten Monaten, bevor ich dieses Buch zu schreiben begann, auseinander. Obwohl schon immer die Anzeichen für eine Autonomie bei Sebastian spürbar waren, ging ich diesem Phänomen nie nach. Das rührt vor allem daher, dass ich vom Begriff „Autonome Kinder" erst durch Zufall bei einer Buchrezension von Jesper Juul erfuhr, der darüber ein Buch verfasste (1). Doch es fühlte sich wie ein Aha-Erlebnis im Nachhinein an. Daher gebe ich an dieser Stelle nur kurze Infos dazu, im Internet findest du passende Literatur. Oft bringt die Beschäftigung mit einem Thema bereits Erleichterung. Zu wissen, dass es anderen Eltern ebenso ergeht, ist meist hilfreich, der Erfahrungsaustausch mit anderen Betroffenen umso mehr. Ich finde es sehr wichtig, möglichst früh über diverse Themen und Fachbegriffe informiert zu sein. Denn wir haben beispielsweise und ohne jetzt vorgreifen zu wollen, viel zu spät vom Phänomen „Underachievement" erfahren und drehten vorher einige Ehrenrunden. Erst danach eröffnete sich für uns eine völlig neue Welt mit vielfältigen Lösungsmöglichkeiten. Dazu aber mehr in Kapitel 6. Trotzdem war es eine große Triebfeder für mich, dieses Buch zu schreiben. Ich möchte Informationen auf den Punkt bringen und Betroffenen helfen und Themen aufzeigen, an die sie vielleicht noch nicht gedacht haben. Außerdem wird es höchste Zeit, all diese Themen gesellschaftsfähiger zu machen zugunsten unserer wundervollen Kinder, die jenseits der Norm sind.

Natürlich gibt es keine fundierten Zahlen, da die Autonomie bei Kindern ein recht junges Thema ist, welches untersucht wird. Ebenso dürfte die Dunkelziffer sehr hoch sein. Jesper Juul geht davon aus, dass ca. 15 % der Kinder autonom sind. Was bedeutet es nun, ein autonomes Kind zu haben? Zunächst einmal die Definition: „Mit Autonomie bzw. Unabhängigkeit bezeichnet man in der Psychologie einen Zustand von Selbstständigkeit, Entscheidungsfreiheit oder Selbstbestimmung" (2). Viele autonome Kinder haben eine sehr genaue Vorstellung davon, wohin sie gehen möchten (3). Das macht es uns Eltern natürlich schwer, diesen Kindern unsere eigenen Vorstellungen und Ideen und was wir für sie als gut erachten näherzubringen. Jesper Juul vertrat die Auffassung, dass nicht die Kinder falsch sind,

sondern die Eltern an sich arbeiten müssten. Denn diese autonomen Kinder bedürften keiner strengeren Regeln, sondern Eltern, die sie auf Augenhöhe führen und ihren Willen trotzdem respektieren und anerkennen. Diese Erfahrung haben wir leider zu spät mit Sebastian gemacht. „Befahlen" wir ihm als Eltern bestimmte Dinge oder schrieben ihm vor, was er zu tun hatte, weigerte er sich oder gab ihnen zumindest seinen eigenen Anstrich. Nur ein Beispiel: Ich bat ihn, das Handtuch über die Heizung zu legen, aber er legte es an eine andere Stelle, die er für besser erachtete. Solche kleinen Situationen begleiteten uns täglich und eröffneten Raum für viele Diskussionen. Mit zunehmendem Alter und besonders in der Pubertät wurde es einfacher, mit ihm in ruhigem Ton und auf Augenhöhe zu diskutieren, wenn wir etwas von ihm wollten. Er musste jedoch immer einen Sinn dahinter erkennen bevor er sich bereit erklärte, etwas zu tun. Sobald er sich von oben herab behandelt fühlte, schaltete er ab und begab sich in die Verweigerungshaltung.

Maren Rosche hat 2019 die Eigenschaften von autonomen Kindern basierend auf dem Buch von Jesper Juul wie folgt zusammengefasst (4):

- Sie haben einen starken eigenen Willen.
- Sie sind nicht empfänglich für Körperkontakt, außer er geht von ihnen selbst aus.
- Nach der Geburt sehen diese Kinder oft schon „fertig" aus. Ihr Gesicht erscheint reifer. Auch haben sie kaum „Babyspeck".
- Sie durchschauen sofort, wenn Erwachsene nicht authentisch sind. Sie lassen sich nicht mit Erziehungskonzepten manipulieren.
- Sie haben strikte Grenzen und wahren diese.
- Sie sagen nur „Ja", wenn sie die absolute Wahlfreiheit haben.
- Sie können sich wie „reife" Erwachsene benehmen, die ein starkes Selbstbild haben.
- Sie lassen sich nur von Erwachsenen helfen, wenn diese Hilfe unaufdringlich und ohne Manipulation geschieht.

Ein autonomes Kind weiß also ganz genau, was es will. So beschreibt es auch Mathias Voelchert, der Co-Autor von Jesper Juuls Buch (1). Er führt aus, dass

autonome Kinder die Zusammenarbeit komplett einstellen, wenn es nicht so funktioniert, wie sie das möchten. Das führt unglücklicherweise zu Frust auf beiden Seiten (3). Dabei zeigt sich die Autonomie in unterschiedlichen Ausprägungen. Einige Kinder sind zur Zusammenarbeit fähig und andere reagieren sehr heftig, wenn Dinge nicht so laufen, wie sie das gerne wollen. Es existieren zahlreiche Artikel im Internet und Erfahrungsberichte dazu. Betrachten wir die Autonomie im Zusammenhang mit Hochbegabung, so könnte sie durchaus eine Ausprägung einer noch unentdeckten Begabung sein. Inwiefern Autonomie lediglich bei überdurchschnittlich oder hochbegabten Kindern auftritt, wäre sicher ein interessanter Forschungsansatz. Unentdeckt Hochbegabte können sich bereits in sehr jungem Alter auffällig verhalten, weil ihr Respekt vor Autoritätspersonen kaum ausgeprägt ist und sie nur das akzeptieren, was ihnen selbst wichtig erscheint. Begegnen Eltern dem Verhalten ihrer Kinder mit Erziehungsmaßnahmen, indem sie maßregeln und darauf abzielen, es zu ändern, reagieren die Kinder klar mit Ablehnung und Verweigerung. Nehmen die Eltern das Kind hingegen möglichst früh als eigenständige Persönlichkeit wahr mit seinen individuellen Bedürfnissen, dann kann dies eine Kompromissebene für Eltern und Kinder bilden. Gelingt dies nicht, werden Bestrafungen geschickt ausgehebelt und Kinder versuchen vehement, ihren eigenen Willen durchzusetzen. Aus diesem Grund sind herkömmliche Erziehungsmaßnahmen gnadenlos zum Scheitern verurteilt. Natürlich ist es eine Herausforderung, einem Kleinkind ständig seinen eigenen Willen zu lassen, dennoch kann das Wissen darum die Erziehungsarbeit auf ein erträglicheres Niveau heben.

Mir ist es an dieser Stelle wichtig, dass du Kenntnis über „Autonomie bei Kindern" hast und weiter nach Hilfestellungen recherchieren kannst. Das löst zwar das Problem zunächst nicht, es ist aber ein erster Schritt, da du das Thema jetzt beim Namen nennen kannst.

KAPITEL 2: **KINDERGARTENZEIT**

George Bernard Shaw, Dramatiker, Politiker, Satiriker (1856–1950)

HÖCHSTE ZEIT FÜR MEHR INPUT!

Sebastian war etwas über zwei Jahre, als wir beschlossen, ihn in einen Kindergarten zu geben, der damals bereits jüngere Kinder aufnahm. Angemeldet war er bereits und ich wählte den frühestmöglichen Zeitpunkt für seinen Start dort aus. Während dieser Zeit hatte ich zu Hause zunehmend Probleme, ihn zu beschäftigen und seinen Wissensdurst zu befriedigen. Dieses Bespaßen klingt schon ein wenig nach Helikoptereltern. Sicher kennst Du diesen Vorwurf ebenso, wenn Du ein besonders Kind hast. Unser Sohn forderte ständig Input, den ich ihm zu Hause nicht mehr geben konnte. So wurde er wilder und unausgeglichener – immer auf der Suche nach neuen Impulsen. Du kannst Dir vorstellen, dass ich sehr froh war, als ich ihn das erste Mal in den Kindergarten geben durfte. Das bedeutete für ihn eine völlig neue Welt, die er entdecken durfte. Die Eingewöhnungszeit war entsprechend kurz, er fühlte sich dort sofort wohl. Schnell verlangte er, dass er morgens der Erste sein wollte, am liebsten direkt beim Aufschließen des Kindergartens und mittags der letzte der abgeholt wird. So gut gefiel es ihm dort.

Damals wählten wir einen Halbtagskindergarten da ich selbst nur ein paar Stunden arbeiten ging und den Nachmittag gemeinsam mit ihm verbringen wollte. Also begann sein Kindergartentag morgens um 7:30 Uhr und endete um 13 Uhr. Er liebte es, wenn wir gleichzeitig mit der ersten Erzieherin ankamen und er die Tür aufschließen durfte. Heute denke ich sogar, er fühlte sich wohler, wenn er bereits im Raum war und erst dann die anderen Kinder hinzukamen. In dieser Zeit genoss er die ungeteilte Aufmerksamkeit, da er besonders gut auf die persönliche Ansprache reagierte. Wenn er morgens später kam und viele Kinder schon eingetroffen waren, wirkte er unsicher. Sebastian beteiligte sich wissbegierig an Aktivitäten, beschäftigte sich oft alleine in der Bauecke und konstruierte viele Dinge. Tätigkeiten wie Basteln, Kneten, Schneiden, Malen und Zeichnen hingegen vernachlässigte er gerne. Er zeichnete oft nur rudimentäre Skizzen, vor allem, wenn es um Personen ging. Wenn er Lust hatte zu malen, dann entstanden Häuser und Autos. Sein erstes großes buntes Bild bekam ich von ihm, als seine Kindergartenzeit fast beendet war. Die gemeinsamen Kindergarten-Aktivitäten wie Kartoffeln ernten, Feuerwehr-Besuche und Wanderungen, liebte Sebastian besonders. Das befrie-

digte seine Neugier und seinen Wunsch nach Abwechslung. Doch sonstige Tages-
aktivitäten, die strukturiert einem festen Ablauf folgten, langweilten ihn und er
konnte sie nur bewältigen, wenn sich eine Erzieherin direkt mit ihm beschäftigte.
Ebenfalls wirkte er oft desorganisiert, wenn er sich die Schuhe anzog und dann
erst versuchte, die Hose darüber zu ziehen.

LEGO? LOGO!

Sebastians Kreativität war schon früh ausgeprägt. Seine Lieblingsmaterialien waren Tesafilm, Papier, Schere und Paketband. Damit bastelte er Papierfächer, eine
Kugelbahn und eine komplette Jalousie, die sehr gut funktionierte. Nachdem er etwas fertiggestellt hatte, fragte er mehrfach: „Habe ich das gut gemacht?". Er schien
sehr angewiesen zu sein auf Bestätigung von außen und forderte sie in solchen
Momenten auch immer ein. Bei jeder Gelegenheit überlegte er, Dinge umzuge-
stalten. So baute er imaginär das Haus von seiner Oma während der Besuche um.
Er demonstrierte seine Pläne, indem er lebhaft von rechts nach links sprang und
die Wände und Einrichtung mit seinen Händen in die Luft malte. Dabei erklärte er
alles bis ins kleinste Detail. Beim Zusehen bemerkten wir, wie er sich regelrecht in
seinem Fantasiegebäude befand. Es war eindrucksvoll, ihn dabei zu beobachten.

Seine Liebe zur Technik entflammte mit den ersten Legobausteinen. Eine große
Kiste voller Lego Duplo hielt Einzug, bevor er seine Begeisterung für die kleinen
Legobausteine entdeckte. Das machte die Auswahl von Geburtstagsgeschenken
leicht und so freute er sich jedes Mal über neue Fahrzeuge. Je technischer und
komplizierter sie waren, desto besser. Bereits in jungen Jahren widmete er sich
Bausätzen, die für ältere Kinder gedacht waren. Dabei vergaß er völlig Zeit und
Raum und war ganz in sich versunken. Er studierte den Bauplan und baute fokussiert und konzentriert das Fahrzeug. Teilweise vergaß er sogar seine Grundbe-
dürfnisse wie zur Toilette zu gehen, zu trinken oder zu essen. Nachdem er voller
Hingabe ein Fahrzeug fertiggestellt hatte, verlor er das Interesse, denn er spielte
nicht damit. Seine Faszination bestand immer nur darin, Dinge zu bauen. So ende-
ten die Fahrzeuge in den Regalen, dienten nur noch zum Anschauen. Rollenspiele

oder Fantasiespiele hingegen interessierten ihn kaum. Er baute lieber Garagen, Parkhäuser und Fahrzeuge oder experimentierte mit verschiedenen Materialien. Sein Großvater stellte ihm einen Werkzeugkasten zusammen und er beschäftigte sich ebenfalls gerne damit, stundenlang Holzstücke zu feilen. Im Garten grub er mit Vorliebe Wassergräben in die Wiese und beobachtete begeistert, wie sich das Wasser darin seinen Weg bahnte.

Als Sebastian 3,5 Jahre alt war, kam sein Bruder auf die Welt. Zu diesem Zeitpunkt übernahm sein Vater die Aufgabe der Gute-Nacht-Geschichten. Diese entwickelten sich immer mehr zu Diskussionen über das ausgesuchte Thema. Es interessierte ihn immer weniger, lediglich einen Text vorgelesen zu bekommen. Er forderte die abendlichen Diskussionen regelrecht ein und genoss sichtlich die Zeit mit seinem Papa, der ebenso technisch interessiert ist wie er selbst. Daneben waren sämtliche Wissenssendungen wie „Willi will's Wissen" oder „pur+" seine Lieblingssendungen. Er sog das Wissen regelrecht auf und gab es irgendwann zu passender Zeit wieder.

GRUPPENDYNAMIK EINMAL ANDERS

Mit 4 Jahren absolvierte Sebastian seinen ersten Schwimmkurs. Doch er konnte sich nur schwer in das Gruppengeschehen einfügen und machte viel Blödsinn. In der Gruppe waren ca. 25 Kinder und 3 eher jugendliche Betreuer. Er schaffte sein Seepferdchen in der Zeit des Schwimmkurses nicht, da er nie richtig mitmachte. Also meldeten wir ihn danach zu einem Crash-Schwimmkurs an, der täglich lief und 5 Tage dauerte. Der Schwimmlehrer schulte nur 4 Kinder. Sebastian liebte diese Stunden und absolvierte in kurzer Zeit sein Seepferdchen. Der Schwimmlehrer hatte sofort einen Draht zu unserem Sohn. Er ließ sich sogar seinen ersten Wackelzahn während des Unterrichts ziehen, so groß war Sebastians Vertrauen zu ihm. Durch diesen Schwimmkurs bekam er große Lust am Schwimmen, sodass er danach regelmäßig ins DLRG ging. Einmal wöchentlich fand das Schwimmtraining statt und die Kinder wurden in verschiedene Gruppen eingeteilt. Als Sebastian 5 Jahre alt war, fuhr er das erste Mal in eine kurze Ferienfreizeit des Vereins mit. Von Heimweh gab es keine Spur. Auch zwei weitere Jahre meldeten wir ihn zu diesem Zeltlager an und er hatte viel Spaß. Ich hörte aber von den Betreuern, wie anstrengend sie unseren Sohn empfanden. In den wöchentlichen Übungsstunden wuchsen die Probleme, denn Sebastian konnte sich nach wie vor nicht in die Gruppe einfügen. Er konnte nie warten, bis er an der Reihe war und überbrückte die Zeit mit Quatsch machen. Wir mussten ihn sogar einmal abholen, da er sich in Gefahr begab, indem er die glatten Bänke als Rutschbahn missbrauchte. So verlor er nach und nach die Lust am Schwimmen und an Vereinen, da scheinbar niemand mit ihm umgehen konnte oder wollte. Natürlich war ich sehr traurig darüber, dass er keine Lust mehr auf den Schwimmverein hatte. Die Betreuer gaben sich dort garantiert alle Mühe. Doch die eher jugendlichen Betreuer waren auf Sonderfälle wie ihn nicht geschult, wofür ich ihnen keinen Vorwurf mache. Sogar einige ausgebildete Pädagogen sind heute kaum auf solche Ausnahmefälle vorbereitet, dazu aber später mehr. Sebastian war ebenfalls in der Minifeuerwehr und liebte die technischen Einblicke. Glücklicherweise konnten die Betreuer dort sich besser auf unseren Sohn einstellen und konnten seine Neugierde gut lenken. Dieses Thema entsprach Sebastian, da es hier um Technik ging, die ihn begeisterte.

Bei Treffen mit anderen Kindern verhielt sich Sebastian oft paradox. Wenn er Freunde einlud, flippte er aus, sprang wild herum und konnte seine Aufregung kaum bändigen. Er schien nicht zu wissen, wie er mit der Situation umgehen sollte. Vorher mussten wir ihn durch Gespräche regelrecht vorbereiten, dass ein Kind zu Besuch kommt und dieses Kind auch mit seinen Spielsachen spielen wird. Wir überlegten mit ihm gemeinsam, welche er weglegen möchte und welche er zum gemeinsamen Spielen freigab. Dachten wir einmal nicht daran, bekam er einen Wutanfall, sobald seine Freunde seine Spielsachen nahmen. Seine Besuche bei anderen Kindern suchte er immer danach aus, was es dort zu spielen gab. Es war selten die Person des Kindes an sich, die für ihn interessant war. Auf einem Kindergeburtstag, unser Sohn war 3 Jahre alt, spielten die anderen Kinder miteinander. Doch Sebastian beschäftigte sich damit, der Verbindung des Gartenschlauches vom Teich zum Haus auf dem Grund zu gehen und grub diesen fast vollständig aus, bis jemand es endlich bemerkte. Die Eltern nahmen es glücklicherweise mit Humor. Auch bei regelmäßigen Treffen mit anderen Familien entwickelte unser Sohn die abenteuerlichsten Ideen, zeigte aber wenig Interesse an anderen Kindern. Lieber suchte er sich Tätigkeiten für sich allein und ging auf Entdeckungsreise. Einmal hatte ihn sein Vater zu einem Freund mitgenommen. Während die Erwachsenen in einer kleinen Hütte im Hof saßen und sich unterhielten, suchte sich Sebastian auf dem großen Hof etwas zu spielen. Er entdeckte einen Eimer Sägemehl und verstreute diesen auf dem gesamten Kopfsteinpflaster im Hof. Stolz zeigte er dies seinem Papa und teilte freudig mit, es würde aussehen wie Schnee. Nachdem alle gemeinsam mit Schaufel und Besen das Sägemehl wieder in den Eimer gekehrt hatten, sagte der Freund seines Vaters augenzwinkernd: „Ich hatte schon viele Kinder zu Gast, aber das ist noch keinem von denen eingefallen."

TECHNIK IST DAS HALBE LEBEN

Eine Freizeitaktivität liebte Sebastian ganz besonders: die Young Scientists. Dies war eine Kindergruppe, die gemeinsam naturwissenschaftlich experimentierte und von einem Physiklehrer geleitet wurde. Sebastian freute sich jedes Mal darauf hinzugehen. Er nahm seinen Freund mit, wobei die beiden die Jüngsten in der Gruppe waren. Die Kinder suchten sich aus Kisten Bauteile und Motoren heraus und bauten kleine Boote und vieles mehr. Daneben führten sie zahlreiche naturwissenschaftliche Versuche durch, was Sebastian ganz besonders liebte. Der Leiter sagte uns einmal: „Um Naturwissenschaften brauchen Sie sich in der Schule bei Ihrem Sohn keine Gedanken zu machen." Immer wieder war er begeistert von Sebastians Engagement und den Ideen, mit denen er Probleme löste, obwohl er in der Gruppe der Jüngste war. Denn es waren unkonventionelle Ideen und kreative Lösungen, auf die andere Kinder oft nicht kamen. Es war, als könne er sich vorher alles in seinem Kopf vorstellen und setzte es dann einfach in die Tat um. Genau wie in den Momenten, wenn er ganze Häuser in seiner Fantasie umbaute und uns diese lebhaft zum Besten gab. Doch nach zwei Jahren hörte der Lehrer aus Zeitgründen auf und beendete die Gruppe. Sebastian war sehr traurig darüber, denn dort fühlte er sich wirklich zu Hause und gesehen sowie in seinen Stärken bestärkt. Dort lebte er mit allen Sinnen seine Vorliebe für Technik und Gestaltung aus. Leider fanden wir trotz intensiver Suche kein vergleichbares Angebot.

DER ZERSTREUTE PROFESSOR

Im Kindergarten erhielten wir von Beginn an positive Rückmeldungen über unseren Sohn. Besonders lobten die Erzieherinnen sein vorhandenes Wissen und seine Neugier, die sich auf ganz besondere Art äußerte. Sie erzählten von Situationen, in denen Sebastian sie etwas fragte: „Er presst uns aus wie eine Zitrone und lässt uns dann fallen." Denn mitten im Satz machte er kehrt und spielte weiter, nachdem er die Informationen aufgenommen hatte, die er für wichtig hielt. Die Auskunft schien ihm zu genügen und er widmete sich wieder anderen Dingen, ohne die sozialen und üblichen Verhaltensmaßstäbe einzuhalten, wie Danke sagen, lächeln, nicken oder in die Augen schauen. Dies fiel uns auch zu Hause auf. Sebastian fragte uns etwas und drehte sich mitten im Wort einfach um und ging. Zudem reagierte er oft nur dann, wenn man ihm in die Augen sah und klar formulierte, was man von ihm wollte. Doch im nächsten Moment schien er es wieder vergessen zu haben. Er wirkte insgesamt wie ein zerstreuter Professor: Er begann eine Tätigkeit im Wohnzimmer, lief dann in die Küche, um etwas zu holen und ging dann ins Kinderzimmer, um zu spielen, weil er seine Aktivität im Wohnzimmer unterwegs vergessen hatte. Immer mehr kam ich mir wie eine Dirigentin vor, die ihn anleitete, erst den ersten Schritt und dann den nächsten zu machen. Das vor allem beim morgendlichen Anziehen oder bei anderen Routineaufgaben wie Zähne putzen oder Schlafanzug anziehen. Er saß oft da, träumte, war in Gedanken versunken oder machte den dritten Schritt vor dem ersten. Die Sorgen wurden größer, ob unser Sohn den Anforderungen der Vorschule, seinem letzten Kindergartenjahr, gerecht werden würde.

PARADOX – IMPULSIV – AUTONOM

Die Vorschule ist das letzte Jahr im Kindergarten und bereitet die Kinder auf die Schule vor. Sie dürfen die ersten Kurse zum Rechnen und Schreiben besuchen und nehmen an speziellen Aktivitäten teil, wie Besuche im Museum, Feuerwehr-Schulungen oder eine gemeinsame Übernachtung im Kindergarten. Die Anforderung an die Kinder, dass sie in einer größeren Gruppe funktionieren, wird höher, während gleichzeitig Sebastians Auffälligkeiten diesbezüglich mehr in den Vordergrund rückten. Sebastian reagierte meist nicht auf Ansagen, die an die ganze Gruppe gerichtet waren. Die Erzieherinnen äußerten Sorgen, ob er bereits reif für die Schule wäre oder wir mit der Einschulung lieber noch ein Jahr warten sollte. Unser Sohn ist im Juni geboren und lag formal in der regulären Zeit für den Schulbeginn. Ab Geburtsdatum Juli wäre er ein „Kann-Kind" gewesen, welches auf Antrag hätte in die Schule gehen können. Im Kindergarten spitzte sich die Situation zu, denn unser Sohn stellte mehr und mehr Dinge an. Die Erzieherinnen betonten immer, dass er die Verhaltensregeln theoretisch weiß, sich deren kognitiv bewusst sei und sie aufsagen kann. Doch die Umsetzung scheiterte meist. So versenkte er das Marmeladenglas im Kakao oder drehte alle Wasserhähne im sanitären Bereich auf. Immer öfter verstieß er gegen Regeln, reagierte insgesamt sehr impulsiv und wurde wilder. Oft war er kaum zu bändigen.

In vielen Situationen reagierte er zudem sehr paradox. Einmal hatte sich ein Mädchen schlimm wehgetan auf dem Weg zur Sporthalle. Die Erzieherinnen forderten alle anderen Kinder auf, sich selbstständig umzuziehen. Während dies alle Kinder umsetzten und sich betroffen zeigten, sprang unser Sohn herum und versuchte, auf sich aufmerksam zu machen. Auch wenn sein Bruder sich einmal wehgetan hatte, zeigte er kein Mitgefühl, sondern forderte stattdessen sämtliche Aufmerksamkeit für sich selbst ein.

Sebastian war am besten im direkten Kontakt ansprechbar, Männer schien er dabei mehr zu akzeptieren als Frauen. Wichtig war, ihm in die Augen zu sehen und ihn so aus seiner Traumwelt herauszuholen. Doch auch dann konnte man nicht sicher sein, dass er die Dinge erledigte. Sagten wir zu ihm: „Geh ins Bad, Zähne putzen", dann ging er zwar dorthin, aber putzte dort das Waschbecken. Er gab also den Aufforderungen schon immer seinen eigenen Anstrich und machte alles so, wie er meinte, dass es für ihn richtig ist. Ich bin mir heute sicher, dass unser Sohn ein autonomes Kind ist, welches einfach sein Ding durchzieht und von außen kaum zu beeinflussen ist. Das hat sich bis heute nicht geändert. Im Nachhinein betrachtet finde ich das auch gut so, denn es macht ihn von Meinungen anderer unabhängig. Ehrlich gesagt, bewundere ich ihn sogar dafür.

Seine Vorliebe, Dinge zu sortieren, begleitete ihn schon lange und verwunderte Außenstehende bei öffentlichen Anlässen. So war bei einem Kindergartenfest in der Vorschulzeit die Paten-Zahnärztin anwesend, um die Kinder für das Zähneputzen spielerisch zu sensibilisieren. Sie brachte dazu einen Karton bunter Zahnbürsten mit und verschenkte diese. Sebastian stellte sich neben sie und sortierte in Seelenruhe alle Zahnbürsten nach Farben. Sie sagte verwundert, das hätte noch nie ein Kind gemacht. Aber auch das kannten wir schon, denn unser Sohn sortierte schon immer sehr gerne, ganz gleich, ob Gummibärchen nach Farben, Zahnpastatuben nach Größe oder Sonstiges, was es eben zu sortieren gab. Alles wurde sorgfältig aufgereiht und geordnet. Später sollten es die technischen Dinge wie Kabel und PC-Utensilien werden, die er stets ordentlich aufgerollt und übersichtlich in den Schubladen aufbewahrt. Damals begleitete dies jedoch eine gewisse Verbissenheit, denn wehe, seine Kunstwerke wollte jemand wegräumen oder umsortieren, dann reagierte er nahezu aggressiv. Diese durfte nur er verändern. Einmal räumte er das Wohnzimmer auf, es war Heiligabend und die Großeltern sollten zu Besuch kommen. Er strich mit Hingabe die Sofadecken glatt und stellte die Kissen in eine Reihe. Er war so stolz darauf und zeigte es uns. Aber wir brauchten einiges an Überredungskunst, damit wir uns wieder auf das Sofa setzen durften. Zunächst reagierte er aggressiv und weinte sogar deswegen. Erst nach einfühlsamen Gesprächen mit ihm war er bereit, sein Kunstwerk „aufzugeben" und für die Allgemeinheit zur Verfügung zu stellen.

ASYNCHRONE ENTWICKLUNG

Die asynchrone Entwicklung eines Kindes bedeutet augenscheinlich ein Auseinanderdriften der kognitiven und emotionalen Entwicklung. „So kann ein Fünfjähriger die intellektuellen Fähigkeiten eines Neunjährigen haben, aber im sozialen Verhalten einem Sechsjährigen oder gar einem Vierjährigen entsprechen." (5). So jedenfalls wird die soziale Kompetenz von außen wahrgenommen und bewertet. Genau hier liegen die Schwierigkeiten im Umgang damit. Denn äußert das Kind bereits sehr kluge Kommentare oder stellt komplizierte Zusammenhänge dar, erwarten wir im Gegenzug und ganz automatisch, dass die soziale und emotionale Reife ebenso weit fortgeschritten ist. Ob dies nun der Fall ist oder das Gegenteil, eröffnet eine interessante Diskussion.

Tatsache ist, dass eine hohe Begabung nicht vor Wutanfällen und anderen altersgemäßen Verhaltensweisen schützt (5). Ganz oft stellen sich dann Eltern (und auch wir haben dies getan) die Frage, wie es zu Verhaltensauffälligkeiten und Schulschwierigkeiten kommt, wenn die Intelligenz doch so hoch zu sein scheint. Das Kind müsse doch verstehen, dass es sich vernünftiger und seinem Wissen angemessen verhalten sollte. Wenn dies dann auch noch ihm gegenüber artikuliert wird in Form von: „Warum kannst Du das nicht, Du bist doch sonst so klug?", dann beginnt das Dilemma des begabten Kindes bereits im frühen Alter. Zu großer Erwartungsdruck seitens der Eltern, der Erzieher im Kindergarten und auch der Schule kann schließlich zu einer Verweigerungshaltung führen. Das Kind fühlt sich, als wären alle gegen es und beginnt im schlimmsten Fall an sich selbst zu zweifeln. Einerseits ist es verständlich, dass bei der Ausbildung einer Eigenschaft, in diesem Fall die der Hochbegabung, eine andere auf der Strecke bleibt bzw. sich einfach etwas später entwickelt. Erblindet beispielsweise ein Mensch, so prägt sich sein Tastsinn deutlicher aus. Es findet eine Verschiebung der Sinne statt. Auf der anderen Seite ist es denkbar, dass die typischen Eigenschaften von Hochbegabung und das erworbene Wissen, welches dem Wissen von Gleichaltrigen weit voraus ist, die physischen Möglichkeiten der jungen Person übersteigen und daraus Auffälligkeiten und Passungsprobleme entstehen können. Die junge Psyche ist den Inhalten dann möglicherweise nicht gewachsen und das Kind verfällt in kindliche Verhaltens-

weisen, um Sicherheit und Geborgenheit zu erlangen. Dies dürfte ein ständiger Spagat im kindlichen Gemüt sein. Erfolgt hier eine Destabilisierung von außen, wird das Kind noch unsicherer.

Nun könnte man davon ausgehen, dass tatsächlich eine soziale Unreife im Verhältnis zur Intelligenz vorliegt und wir von einer asynchronen Entwicklung sprechen können. Andrea Brackmann formuliert dazu einen weiteren, interessanten Ansatz, der die andere Sichtweise darlegt. Die Diplom- und Verhaltenspsychologin erklärt ihre Beobachtungen so, dass sich soziale Kompetenzen unter Gleichaltrigen aufgrund der Hochbegabung nur schwer entfalten können. Allzu schnell würde eine soziale Unreife attestiert, die wiederum negativen Einfluss auf die tatsächliche soziale Entwicklung habe – der Teufelskreis beginnt. Dass jedoch von einer Unterentwicklung der sozialen Kompetenzen keine Rede sein kann, wird deutlich, wenn sich diese Kinder im Kontakt mit älteren oder erwachsenen Personen befinden und hier keinerlei soziale Inkompetenzen deutlich werden (6).

Ich denke, beide Thesen haben hier ihre Berechtigung, zumal es auch Beobachtungen gibt, dass hochbegabte Kinder sich unreifer geben, als sie es in Wahrheit sind und sogar absichtlich schlechtere Noten erlangen, weil sie dazu gehören oder zumindest in ihrem sozialen Umfeld nicht auffallen möchten. Ganz gleich, welche These dem ursprünglichen Problem zugrunde liegt, „es ist wichtig, dass wir uns bei der Vermeidung einer intellektuellen Unterforderung immer wieder auch das tatsächliche Alter unserer hochbegabten Kinder vor Augen führen, damit wir sie nicht auf psychischer Ebene überfordern" (7). Das ist ein wichtiges Credo. Denn unsere Kinder, wenn sie auch noch so klug sind, haben trotzdem altersgemäße Bedürfnisse. Erfährt das Kind aber schon früh parallel zu seinem Kindergarten- oder Schulalltag einen kognitiven Austausch mit Gleichgesinnten, also mit älteren oder ebenfalls hochbegabten Kindern, Erwachsenen etc., dann darf es auch diese Seite ausleben und erleben. Das Kind lernt, dass es so in Ordnung ist, weil seine Neugierde nach neuem Wissen mit diesem Austausch gestillt wird. Auf das Thema Hochbegabung komme ich später noch zu sprechen, da die wenigsten Diagnosen diesbezüglich bereits im Kindergartenalter erfolgen.

ERZIEHUNGSBERATUNG

In der Zeit der Vorschule legte man uns nahe, eine Erziehungsberatung in Anspruch zu nehmen. Unser Landkreis bot diese an und wir vereinbarten einen Termin. Im ersten Gespräch erzählten wir von unserer Situation und erhielten Erziehungstipps. Routineaufgaben wie ankleiden, Zähne putzen, Schuhe anziehen und abends das gleiche rückwärts, waren für Sebastian stets lästig und unverständlich. Bis zum Ende der Grundschule musste ich ihm jeden einzelnen Schritt „ansagen", da er sonst in seinen Gedanken bewegungslos versunken blieb. Das begann beim Frühstück über das Anziehen (linker Strumpf, rechter Strumpf, Hose, Jacke etc.) bis hin zum aus dem Haus gehen.

Sebastian benötigte generell eine sehr enge Begleitung in den alltäglichen Routinen. Er verhielt sich eher wie ein zerstreuter Professor, der sofort alles vergaß, was man ihm sagte. Nur der aktuelle Moment war wichtig für ihn. Was eben noch geschah und was später passieren würde, war für ihn unwichtig. So empfahl uns die Erziehungsberaterin, mit einem Belohnungssystem die täglichen Routineaufgaben zu bewältigen. Ich fertigte also eine Sternchen-Liste an und besprach diese mit ihm. Immer, wenn er seine morgendlichen Aufgaben gut erledigte, sollte er ein Sternchen bekommen. Wenn er 10 Sternchen gesammelt hatte, würde ein kleineres Geschenk auf ihn warten. Trotz der Aussicht auf eine Belohnung schien es Sebastian völlig egal zu sein, ob er ein Sternchen bekam oder nicht. Diese Methode verfehlte ihre Wirkung.

Die Erziehungsberaterin empfahl uns ebenfalls, ihm öfter eine „Auszeit" im Flur einzuräumen, wenn er über die Stränge schlug. Das haben wir versucht, doch unser Sohn schrie dort die ganze Zeit – teils 20 Minuten lang. Auch diese Methode lief ins Leere, er schien aus Fehlern einfach nicht zu lernen. Er wand sich aus jeder Situation wie ein Aal und war einfach nicht zu bändigen und zu greifen. Insgesamt haben wir einiges getestet. Wir waren sehr kreativ und entwickelten Tagespläne, diverse Anreizsysteme, Strukturpläne und Konsequenzen. Doch alles wurde geschickt von Sebastian boykottiert. Er machte stets sein eigenes Ding und ließ sich wenig vorschreiben. Letztendlich hospitierte die Erziehungsberaterin einen

Tag im Kindergarten und beschrieb in ihrem Bericht Sebastians Verhalten als psycho-sozial belastet. Sie schrieb, dass er auf der Stelle hüpfen und monotone Geräusche machen und im Gangbild und in der Motorik etwas ungeschickt erscheinen würde.

Die Schuluntersuchung verlief weitgehend positiv, nur im motorischen Bereich zeigte er kleine Schwächen. Trotzdem bekam er die Empfehlung, dass er in die Schule gehen kann. Dies diskutierten wir mit den Erzieherinnen und überlegten gemeinsam, ob es Sinn machen würde, ihn ein Jahr zurückzustellen, damit er sich noch mehr an soziale Anforderungen gewöhnen könne. Doch es war auch klar, dass er bereits jetzt kognitiv unterfordert zu sein schien, was einen normalen Schulbesuch dringend begründete. Also entschieden wir uns dafür, ihn altersentsprechend in die Schule zu geben.

Auf Anraten der Erziehungsberatung und der Erzieherinnen des Kindergartens vereinbarten wir trotzdem einen Termin in der Vitos Klinik, der Kinder- und Jugendpsychiatrischen Ambulanz, um eine ausführliche Entwicklungsdiagnostik erstellen zu lassen. Wir erhielten Fragebögen für uns als Eltern und für die Erzieherinnen, um unsere Wahrnehmung jeweils einzuordnen. In der Ambulanz wurde ein EEG erstellt, welches die Hirnströme maß und es wurde eine gründliche neurologische Untersuchung durchgeführt. In zwei weiteren Sitzungen erfolgten ein nonverbaler Intelligenztest SON-R 2½ - 7, ein Konzentrationstest für Vorschulkinder KHV-VK, ein Menschzeichentest (MZT) sowie ein Satzergänzungstest (SET), ein Erzähltest nach Thomas sowie Verhaltens- und Spielbeobachtungen. Besonders hellhörig wurden wir beim Abschlussgespräch, als die Psychologin uns mitteilte, dass der Menschzeichentest auffällig war. Unser Sohn zeichnete nur sehr rudimentär Menschen, wobei er Dinge wie ein Hochhaus in allen Einzelheiten ausschmückte. Sie riet uns, das im Auge zu behalten. Sebastian wurde im abschließenden Bericht als ein „sehr gut begabtes Vorschulkind mit Schwierigkeiten in der Impulskontrolle, (...) erhöhte(r) Aggressivität und mangelnde(r) sozial-emotionale(r) Gegenseitigkeit" beschrieben. Offiziell wurde dies formuliert als eine „hyperkinetische Störung des Sozialverhaltens (ICD 10 F:90.1)".

Das war also unser erster Berührungspunkt mit der klinischen Diagnostik. Viele Weitere sollten folgen. Im Abschlussgespräch erhielten wir konkrete Handlungsempfehlungen seitens der Klinik. Sie empfahlen uns, frühzeitig mit der Klassenlehrerin gemeinsame Maßnahmen zu überlegen, um die Impulskontrolle direkt in den Griff zu bekommen. Ebenfalls zogen sie eine Medikation bei Bedarf in Betracht.

Zur gleichen Zeit hörten wir von einer Bekannten, dass ihr hochbegabter Sohn nach dem Kindergarten auf eine Privatschule wechseln würde. Er solle auf die Friedrich Wilhelm Raiffeisen-Schule nach Wetzlar gehen, von der ich später im Buch noch berichten werde. Diese überzeugte mit kleinen Klassen und modularen Lernmöglichkeiten. Zumindest die Grundschulzeit wäre abgedeckt, denn damals umfasste diese Schule nur die ersten vier Jahrgänge. Erst einige Jahre später wurden weitere Klassenstufen etabliert, sodass die Schüler diese Schule heute bis zur 10. Klasse besuchen können. Neugierig vereinbarten wir einen Termin, denn wir wollten uns diese Schule anschauen. Uns überzeugte das Konzept des selbstgesteuerten und modularen Lernens sehr, doch zu dieser Zeit beschäftigte uns ein anderes Problem. Unsere Wohnung verfügte über ein 12 m² großes Kinderzimmer, in dem beide Kinder untergebracht waren. Wir sorgten uns, dass dieses irgendwann zu klein werden könnte und waren bereits in den ersten Überlegungen, einen Anbau an das Haus zu tätigen. So sollte jedem unserer Kinder ein eigenes Kinderzimmer ermöglicht werden. Also standen wir vor der Entscheidung, den Anbau zu finanzieren oder unseren Sohn auf eine kostenintensive Privatschule zu schicken. Da Sebastian in seinem Bekanntenkreis recht gut integriert war, entschieden wir uns für den Anbau und gegen die Privatschule. Denn getrennte Kinderzimmer und die Weiterführung bestehender sozialer Kontakte waren uns zu diesem Zeitpunkt wichtiger. Rückblickend ist für uns klar: Hätte es damals die Möglichkeit gegeben, beides zu realisieren, hätten wir dies getan. Denn das individuelle Schulsystem auf der Privatschule wäre für Sebastian sehr förderlich gewesen. Einige Dinge wären sicher anders verlaufen. Doch es ist, wie es ist. Mit dem Wissen von heute die Entscheidungen von damals zu bereuen, bringt niemanden weiter. Jedoch öffnen diese Ansatzpunkte einen kritischen Blick auf unser staatliches Schulsystem, in dem besonders hochbegabte Kinder zu scheitern drohen. In einem späteren Kapitel diskutiere ich diesen Sachverhalt intensiv.

Doch zurück zu der Vorschulzeit von Sebastian. Wir entschieden uns, dass er die dörfliche Grundschule besuchen sollte, und nahmen Kontakt zu einer befreundeten Lehrerin auf. Wir wussten, dass sie eine neue Klasse übernehmen würde, und schilderten ihr, dass unser Sohn ein wenig Unterstützung benötige. Sie besprach unsere Situation mit der Schulleiterin und sie ermöglichte ihm, dass er in eine Integrationsklasse aufgenommen wurde. Doch nicht er war der Grund für die Integration, sondern ein Kind mit frühkindlichem Autismus. Die Vorteile daran waren, dass höchstens 20 Kinder in der Klasse sein durften und dass eine Schulbegleiterin ständig im Unterricht anwesend war. Dass dies für uns ein Segen war, sollte sich in den nächsten Jahren herausstellen.

KAPITEL 3: **GRUNDSCHULE**

„Liebe zum Lernen ist die wichtigste Leidenschaft …
darin liegt unser Glück. Es ist ein sicheres Mittel gegen das,
was uns quält, eine unendliche Quelle der Freude.“

Émilie du Châtelet, Mathematikerin und Physikerin (1706–1749)

DIE SCHULE BEGINNT

Endlich begann die Grundschulzeit. Unser Sohn wurde in die erste Klasse mit nur 20 Kindern aufgenommen. Es war eine sogenannte Integrationsklasse mit einem Schüler mit frühkindlichem Autismus. Dieses Kind hatte eine Schulbegleiterin. Somit waren nahezu ständig zwei erwachsene Ansprechpartner in der kleinen Klasse, was sich für uns als Segen herausstellen sollte. Sebastian fügte sich zunächst gut in die Klasse ein, offenbarte aber bald seine unruhige Art. Die Unterrichtssituation gestaltete sich so, dass er in freien Arbeitsphasen wie Gesprächskreisen, Spielen oder Singen aufdrehte, zum Klassenclown mutierte und den Unterricht nachhaltig störte. Teilweise war dies derart gravierend, dass die Lehrerin nicht mehr in der Lage war, morgens einen Stuhlkreis durchzuführen. Insgesamt zeigte Sebastian sich motorisch unruhig und hatte einen hohen Bewegungsdrang. Er musste stets irgendetwas zu tun haben. Er beschäftigte sich meist mit seinen Schulutensilien und nestelte ständig an ihnen herum. Dabei wirkte er geistig stark abwesend und in seine innere Welt versunken. Dies konnte er aber gut kompensieren, es wirkte sich nicht negativ auf seine Leistungen aus. Er zählte trotzdem zu den leistungsstarken Kindern in der Klasse. Besonders in Mathe, Lesen und Schreiben und vor allem Sachunterricht glänzte Sebastian mit hervorragenden Leistungen. Er schrieb und las schnell und flüssig und er lernte extrem schnell. Einzig das Schriftbild vernachlässigte er. Man konnte es lesen, mehr aber auch nicht. Auffällig war zudem, dass unser Sohn sämtliche Regeln kannte und über eine erstaunliche Fähigkeit der Selbstreflexion verfügte. Doch er lernte einfach nicht aus Fehlern und konnte die Regeln nicht auf die nächste Situation übertragen. Sebastian wurde früh an einen Einzeltisch platziert, da er Probleme hatte, seinen Arbeitsplatz zu strukturieren und Ordnung zu halten. Somit schützte die Klassenlehrerin ihn vor äußeren Einflüssen und hatte ihn immer im Blick. Für ihn schien das ok zu sein. Insgesamt fiel Sebastian dadurch auf, dass seine Utensilien und Schulsachen ihm nahezu egal waren. Viele Dinge verschwanden, wurden auseinandergenommen, vergessen oder unpfleglich behandelt. Der Verschleiß an Mäppchen allein in der Grundschule war immens.

Die Begeisterung für andere Fächer wie Deutsch ließ mit der Zeit etwas nach. Die Lehrkräfte wiederholten viel und machten zahlreiche Übungen, um immer wieder

das Wissen zu vertiefen und zu verankern. So wurde es Sebastian oft schnell langweilig und er reagierte mit hyperaktivem Verhalten darauf. Es war nur eine Frage der Zeit, dass die Klassenlehrerin, die gleichzeitig Schulleiterin war, das erste
Gespräch mit uns suchte. Seitdem standen wir im ständigen Kontakt mit ihr, denn
für mich als Mutter war und ist ein kooperativer Austausch stets wichtig, um unser
Kind gemeinsam zu unterstützen. Natürlich ist es schwierig, von zu Hause aus Einfluss zu nehmen, das wusste die Lehrerin auch. Aber durch den Austausch erhielt
sie ein Gesamtbild über Sebastians Eigenschaften. Wir thematisierten das Problem zu Hause und versuchten zu helfen. Die Situation verbesserte sich und verschlechterte sich wieder, es war ein ständiges Auf und Ab. Doch das Wichtigste
war, dass wir im Kontakt blieben und gemeinsam Möglichkeiten suchten, unseren
Sohn zu unterstützen.

Was Sebastian begeisterte, war, dass er endlich alt genug war, um an den Ferien-
spielen teilzunehmen. Die Gemeinde, in der wir wohnen, stelle einen ganzen
Katalog an Veranstaltungen zusammen, die von Vereinen und Organisationen
organisiert wurden. Sebastian interessierte nahezu alles und so buchte er, was
möglich war. In unserem Mitteilungsblatt wurden die Namen der Kinder dann
veröffentlicht sowie die zugeordneten Kurse. Unser Sohn hatte die mit Abstand
längste Liste. Also nahm er an Aktionen teil, wie Wasserwerk besichtigen, Brot
backen, Raketen bauen, Namensschilder erstellen, töpfern, Spieletag, ins Geld-
museum fahren, römisches Essen, schwimmen, Chemie-Labor, Mathematikum,
Kletterpark, kegeln, Sportschießen und so weiter. Er konnte davon nie genug bekommen. Im zweiten Jahr mussten wir dies sogar ausweiten und nahmen weitere
Ferienspiel-Angebote der nächstgelegenen Stadt wahr. Das ermöglichte ihm sogar
einen Rundflug mit einem Kleinflugzeug über unsere Heimat, der ihn sehr begeisterte. So ging es drei Jahre lang, danach verlor er die Lust, da sich die Aktionen
natürlich wiederholten. Aber diese Zeit hat er bis ins Detail genossen, denn die
Angebote entsprachen seinem Bedürfnis nach ständig neuem Input.

DAS HAUSAUFGABENDILEMMA

Besonders zu Hause gestaltete sich die Schulsituation schwierig. Mir war es wichtig, dass unser Sohn in der Schule am Ball blieb und seine Hausaufgaben von Anfang an gewissenhaft erledigte. Nachmittags saß ich oft mit ihm zusammen und unterstützte ihn dabei, da es seit Beginn ein schwieriges Thema war. Es war jeden Tag aufs Neue mühsam, ihn dazu zu bringen, sich auf seine Aufgaben zu fokussieren und sie zügig zu Ende zu machen. Ich wusste innerlich, er konnte es in kurzer Zeit schaffen, da er eine schnelle Auffassungsgabe hatte und intelligent war. Und doch zogen sich die Hausaufgaben oft über 1–2 oder mehr Stunden hin. Er war meistens abgelenkt und beschäftigte sich mit seinen Stiften, Spitzer, Radiergummi und anderen Dingen, die auf dem Tisch lagen. Er blickte aus dem Fenster, träumte und schaute den Vögeln zu, die vorbeiflogen. Ständig holte ich ihn zurück und versuchte, seine Aufmerksamkeit zu bekommen und zu behalten. Ich wollte doch nur, dass wir endlich fertig werden, auch um seinetwillen. Ich bin ein sehr geduldiger Mensch, daher blieb ich meist ruhig, obwohl ich mich innerlich ganz anders fühlte. Ich wusste, er konnte die Aufgaben vom Intellekt her leicht und in kurzer Zeit lösen. Doch ich verzweifelte immer mehr daran, dass er es einfach nicht schaffte, sein Wissen aufs Papier zu bringen. Für das Argument: „Mach schnell deine Hausaufgaben, dann bist du fertig und kannst spielen", schien er taub zu sein. In Rechnen sollte er beispielsweise die Aufgabe „5+1" lösen. Allein um diese Antwort musste ich 10 Minuten kämpfen und ihn immer wieder aus seinem Tagtraum zurückholen. Die darauffolgenden 5 Aufgaben brachte er hingegen sehr schnell aufs Papier, dann erfolgte die nächste Wartephase. Nebenbei versuchte ich, ihn auf sein Schriftbild aufmerksam zu machen und mit ihm an diesem zu arbeiten. Und doch war ich froh, dass da endlich eine „6" stand. Da war mir dann auch irgendwann das Schriftbild egal. Am schlimmsten war es, wenn ich ihn aufforderte, das wegzuradieren und neu zu schreiben. Dann nahm er trotzig seinen Radiergummi und radierte ein Loch ins Heft aus Wut, es noch ein weiteres Mal machen zu müssen. Er sah es einfach nicht ein, warum er das noch einmal schreiben sollte, obwohl die Antwort doch richtig war.

Auch im Fach Deutsch blieb es schwierig. Unser Sohn verzweifelte regelrecht an den Aufgaben. Gerade zu Beginn des Schreibprozesses bekam er immer wieder die

Hausaufgabe, zwei Seiten mit ein und denselben Buchstaben zu füllen. Er schrieb eine Zeile und ich ermutigte ihn, die nächste zu beginnen. Doch er lenkte ab, sprang herum, träumte. Er versuchte alles zu tun, um das Schreiben weiterer Zeilen zu vermeiden. Teilweise wurden meine Bitten mit Wut konfrontiert und Sebastian kritzelte so fest mit seinem Stift auf dem Papier, dass Löcher entstanden. Sein Motto war immer: „Ich habe eine Zeile geschrieben, ich kann es doch. Ich möchte den nächsten Buchstaben schreiben." Meine Reaktion war stets: „Mach doch bitte deine Hausaufgaben, auch wenn du es kannst. Gerade dann ist es doch kein Problem. Mach es doch jetzt einfach". Doch es war ein ständiger Kampf zwischen dem, was ich dachte, was getan werden musste und seinem Willen, was er bereit war zu tun und was er eben auf keinen Fall tun wollte.

Im Nachhinein und viele Jahre später war es ganz klar. Für ihn war es verschwendete Zeit. Diese Wiederholungen zu machen, ergaben für ihn einfach keinen Sinn. Er ließ sich auch nicht dazu überreden, und das Argument, es noch besser zu üben, verpuffte einfach. Für sich hat er bewiesen, dass er es kann. Wozu sollte er dann mehr machen? Auch damals war sein Pragmatismus schon sehr klar ausgeprägt, ebenso seine Selbstbestimmtheit. Und was tat ich mit meinem Verhalten? Ich stellte mich auf die Seite der Schule und somit gegen mein Kind. Doch das Ausmaß, was dieses Verhalten gehabt haben könnte, wurde mir erst Jahre später klar, als ich einen Artikel las, der mir erst einmal den Boden unter den Füßen wegzog.

ACHTUNG: NÖRGELMUTTERSYNDROM

Was trifft tiefer das Herz einer Mutter, als wenn sie offeriert bekommt, was sie falsch gemacht hat? So erging es mir beim Lesen eines Artikels, während ich auf der Suche nach Informationen und Lösungen war. Die Worte, die dort standen, trafen mich bis ins Mark und ich verspürte deswegen eine lange Zeit tiefe Traurigkeit und Schuld. Leider las ich diesen Artikel erst, als Sebastian bereits in der 8. Klasse war und drohte, die Schule komplett zu verweigern. Anne und Thomas Eckerle haben auf ihrer informativen Internetseite der Hochbegabtenhilfe das Dilemma hochbegabter Schüler auf den Punkt gebracht. Sie schreiben von „Kindern, die an der Schule ersticken" (8). Und damit treffen sie ins Schwarze. Doch woher kommt es? Sie langweilen sich im Unterricht und flüchten sich in Tagträume, verweigern Leistung oder führen „Stellvertreterkriege in der Familie am Nachmittag" (8). Die Autoren beschrieben in diesem Artikel unsere nachmittägliche Situation bis ins Detail. Denn speziell die Beziehung zwischen Mutter und Sohn wird stark belastet, aus dem Grund, den ich eben erwähnte: Ich verbündete mich als Mutter mit der Schule und stellte mich gegen das Kind. Das geschieht unbewusst und in bester Absicht. Und bevor du dich hier wiederfindest und möglicherweise auch erschrocken bist, möchte ich dir eins sagen: Es ist völlig natürlich, dass wir das machen. Gerade in der Grundschulzeit sind unsere Erfahrungen mit dem Thema Hochbegabung oft nur rudimentär und wir tun, was wir tun können. Wir tun, was wir fühlen, was richtig ist, damit unser Kind in der Gesellschaft besteht. Wir tun dies, weil wir möchten, dass es erfolgreich wird. Und weil wir unser Kind lieben. Daher ist es zwar verständlich, wenn du dich von diesem Thema betroffen fühlst, so wie ich. Aber wir sind als Eltern ins kalte Wasser geworfen worden. Niemand sagte uns vorher, was uns erwartet, es gibt keine Schule dafür, Eltern zu sein. Wir handeln aus unseren Erfahrungen und aus unserer Intuition heraus zum Besten unserer Kinder. Daher fühle dich bitte frei von jeglichen Vorwürfen, auch von denen, die du dir vermutlich selbst machst. Du kannst es nicht mehr ändern, das Verhalten liegt hinter dir. Dass du diese Zeilen liest, ist ein wichtiges Indiz dafür, dass du alles tust, um dein Kind bestmöglich zu begleiten und für das Leben fit zu machen. Und du kannst dein Verhalten ab jetzt ändern und deinen Fokus neu setzen.

Aber noch einmal zurück zum Fachartikel. Die beiden Autoren benennen dies als „Nörgelmutter-Syndrom" (8). Es bedeutet, dass sich die Mutter bemüht, in bester Absicht, die Einbrüche des Kindes in der Schule durch ihr Verhalten „die sorgfältige Begleitung der Hausaufgaben und des vorbereitenden Lernens abzuwenden" (8). Die alltägliche Situation kann sich über Stunden hinziehen, das Kind wird immer demotivierter, die Mutter drängt und bleibt geduldig, um das Kind doch dazu zu bewegen, seine Hausaufgaben zu machen. Ganz zu schweigen davon, wie sich die Mutter dabei täglich fühlt. Die Folge ist, dass das Kind seine Handlungsmacht in der Schule als auch in der Familie verliert. Es fühlt sich allein gelassen und reagiert unter Umständen mit Opposition oder Lethargie. Das Schlimmste aber was passieren kann ist, dass es seine Gefühle auslöscht, wie Schlichte-Hiersemenzel in dem Artikel zitiert wird. Das Kind „fällt in seine Gegenwart"(8). Im Nachhinein betrachtet ist bei uns genau das passiert. Denn diese Hausaufgabensituation hat sich täglich bei uns über mehr als 2 Jahre hingezogen. Sebastian hat sich völlig in seine Gegenwart zurückgezogen. Er lebt auch heute noch vorwiegend im Hier und Jetzt, obwohl erste Zeichen darauf hindeuten, dass größere persönliche Ziele in sein Blickfeld treten. Emotionen schienen für ihn lange Zeit unwichtig zu sein, zumindest ließ er sie nicht erkennen und sprach darüber nicht. So vermuteten wir irgendwann sogar eine eine Autismus-Spektrum-Störung. Laut den Autoren ist es tatsächlich ein sehr langer Prozess, diese ausschließliche Gegenwartsbezogenheit zu lösen (8). Er gelingt meist nur in einer Umgebung, in der die toxischen Merkmale entfallen. Erst mit 17 Jahren, als Sebastian eine Förderschule für Hochbegabte besuchte, öffnete er sich und begann, Befindlichkeiten zu äußern und seine Gefühle zu artikulieren und zu zeigen. Doch bis dahin hatten wir andere Herausforderungen zu meistern.

Wir als Eltern lernten täglich dazu und sahen uns mit wichtigen Entscheidungen konfrontiert, deren Ausmaß wir zu diesem Zeitpunkt noch nicht abschätzen konnten. Hätten wir damals all die Dinge gewusst, wäre vieles anders gelaufen. Und genau das ist der Grund, warum ich dieses Buch schreibe.

„ENDLICH" ADHS – UND JETZT?

Das erste Schuljahr verging mit allen Höhen und Tiefen und zahlreichen Treffen mit der Klassenlehrerin. Bei den ersten Gesprächen kristallisierte sich heraus, dass Sebastians Situation sehr auffallend und besonders war. Nach anfänglichen Problemen wurde er zwar akzeptiert von den anderen Kindern, aber er galt immer als „irgendwie anders". Da er die typischen Interessen von seinen Mitschülern, wie beispielsweise Fußball spielen, nicht teilte, kam es oft zu Reibereien. Unser Sohn wollte dazu gehören und lief den anderen Kindern auf dem Schulhof in den Pausen ständig nach. Diese rannten vor ihm davon. Es war aber kein Thema zu Hause, wir sahen keine Anzeichen, dass er darunter litt. Denn er thematisierte Emotionen nie und teilte uns Befindlichkeiten niemals mit. Auch emotionale Ausbrüche wie Traurigkeit oder Weinen erlebten wir fast nie. Besuchten uns andere Kinder, drehte unser Sohn erst einmal auf, rannte durch den Garten, versteckte sich und alberte extrem herum, sodass das Besuchskind nur noch verdattert da stand und sich wunderte. Wir hatten alle Hände voll zu tun, ihn zu beruhigen, damit die beiden dann in Ruhe miteinander spielen konnten. Sebastian hatte einen guten Draht zu dem Jungen mit dem frühkindlichen Autismus. Mit diesem traf er sich oft nachmittags zum Spielen, sie kamen prima miteinander aus. Ich glaube, dass es unserem Sohn guttat, mit jemanden zusammen zu sein, der ebenfalls anders war und vielleicht durch sein oft unberechenbares Verhalten aneckte.

Die Klassenlehrerin probierte verschiedene Strategien mit Sebastian aus, um ihn ein wenig zur Ruhe zu bringen. Wir empfanden dies als sehr wertvoll, denn sie behandelte ihn stets wertschätzend und gab ihm Aufmerksamkeit. Sie sprach mit ihm, machte ihm Angebote, förderte und forderte ihn und unterstütze, wo es ging. Wir waren sehr dankbar für diesen geschützten Raum, den sie ihm bieten konnte. Doch gegen Ende des ersten Schuljahres war es dann so weit. Die Klassenlehrerin bat uns erneut zu einem Gespräch und vermutete, dass bei unserem Sohn eine hohe Begabung aufgrund seines schnellen Auffassungsvermögens vorliegen könnte. Auch die Tatsache, dass er die Zeiten, in denen er abwesend schien, leicht kompensieren konnte, machten sie hellhörig. Sie hob sein großes Grundwissen, sein unermüdliches Interesse sowie seine Neugier hervor. Sie sagte uns auch, dass vielleicht ein ADHS, also ein Aufmerksamkeit-Defizit-Syndrom vorliegen könnte. Dazu hatte sie bereits viele Weiterbildungen besucht und kannte sich mit dem Thema aus. Ihr Engagement und ihr Fachwissen halfen uns über die ersten Jahre der Grundschulzeit. Es war eine große Hilfe, sie an unserer Seite zu haben. Sie riet uns zu einer weiteren Diagnostik und vor allem zu einem richtigen Intelligenztest. So vereinbarten wir erneut Termine in der Vitos-Klinik, um dies noch einmal abklären zu lassen. Die Diagnostik fand im Herbst statt, das zweite Schuljahr hatte gerade begonnen. Die Psychologen führten den HAWIK IV durch, das Gesamtergebnis ergab einen IQ von 121, also eine überdurchschnittliche Begabung. Während das Einzel-Ergebnis beim wahrnehmungsgebunden logischen Denken (WLD) bei 125 lag, war der niedrigste Wert in der Verarbeitungsgeschwindigkeit bei 109. Im Bericht stand später, dass Sebastian sich in der Testsituation merklich anstrenge, aber durch seine Unruhe auffiel. Er beschäftigte sich während des Tests mit anderen Materialien und trommelte mit den Fingern auf dem Tisch. Er zeigte sich auch verträumt und war oft mit seinen Gedanken woanders. So wurde wiederum 1,5 Jahre nach der ersten Diagnostik während der Kindergartenzeit eine „hyperkinetische Störung des Sozialverhaltens (ICD-10:F90.1)" festgestellt und uns wurde geraten, über eine Medikation nachzudenken.

Wir waren zunächst ein wenig schockiert über diese Empfehlung, denn es war für uns zu diesem Zeitpunkt keine Option. Wir überlegten, auf welchem alternativen Weg wir das ADHS in den Griff bekommen und unseren Sohn unterstützen können. Es begann die Zeit der vielen Möglichkeiten und des Ausprobierens. Ich beschäftigte mich eingehend mit der Thematik ADHS und lernte vieles darüber. Was du im Folgenden lesen wirst, sind meine persönlichen Eindrücke. Auch hier stelle ich keinen Anspruch an wissenschaftliche Korrektheit, zumal bei diesem Thema ganz unterschiedliche Untersuchungen und Experten-Auffassungen existieren und sich diese immer wieder an neue Forschungserkenntnisse anpassen. Zudem variieren die Ausprägungen von Kind zu Kind auch im Hinblick auf weitere Diagnosen, die zusammenwirken und eine standardisierte Lösung schwierig machen.

IST ADHS EINE KRANKHEIT?

Dazu von mir vorweg ein klares Nein. Aber betrachten wir das Thema genauer. ADHS bedeutet Aufmerksamkeits-Defizit-Hyperaktivitäts-Störung. Fehlt der Aspekt der Hyperaktivität, dann spricht die Diagnostik von ADS. Doch wie äußert sich dies konkret? So unterschiedlich die Menschen sind, so unterschiedlich ist die Ausprägung der Störung. Ich mag hier ungern von Störung sprechen, aber ich bleibe im anerkannten medizinischen Jargon. Meine persönliche Meinung und meine Sichtweise dazu erfährst Du gleich.

ADHS wird mithilfe einer Beobachtungsdiagnostik untersucht. Eltern, ErzieherInnen oder Lehrkräfte erhalten dabei einen Fragebogen und auch das Kind selbst, wenn es ein entsprechendes Alter erreicht hat. Aufgrund der Antworten entsteht ein Gesamtbild. Gestützt wird die Diagnostik durch neurologische Untersuchungen, wobei nach dem Ausschlussverfahren körperliche Defizite ausgeschlossen werden. Daneben erfolgt eine Bandbreite an weiteren Tests, wie sie Sebastian bei seiner ersten Diagnostik gemacht hatte. Je nach Alter des Kindes kommt noch ein Intelligenztest hinzu, dazu stehen unterschiedliche Testverfahren zur Verfügung. Es ist wichtig zu wissen, dass die Untersuchung diversen Parametern unterliegt: Die Person, die untersucht, der Proband, der sich untersuchen lässt, sowie das Umfeld, die Einschätzungen aus ihrer subjektiven Sicht in Form von Fragebögen vornehmen. Ich zweifle an dieser Stelle keinesfalls die Richtigkeit und Sinnhaftigkeit dieser Diagnostik an, da sie hilfreich für weitere unterstützende Maßnahmen sein kann. Es gibt aber auch Schüler, und dazu gehört unser Sohn, die in den Bereich der „twice exceptional students" fallen, wo beispielsweise ADHS auf Hochbegabung trifft und beide sich gegenseitig beeinflussen. Auf diese spezielle Herausforderung gehe ich später ein.

Nun steht also eine Diagnostik im Raum. Doch der nächste Schritt ist, wie geht eine Familie damit um? Wie erwähnt, ist die Ausprägung bei jedem Kind, bei jedem Menschen anders, und daher reagiert auch jedes Kind unterschiedlich auf Hilfs- und Erziehungsmaßnahmen. Pauschalisierungen sind hier sehr schwierig zu treffen. Zudem kann es sein, dass weitere psychologische Faktoren hinzukommen, wie

eine Autismus-Spektrum-Störung, Autonomie, Hochsensibilität, LRS oder Dyslexie oder auch überdurchschnittliche- oder Hoch- oder Höchstbegabung sowie individuelle Aspekte. Die Grenzen sind fließend und verschwimmen ineinander. Im Internet und in der Literatur gibt es zahlreiche Tipps und Empfehlungen, wie man ein ADHS-Kind unterstützen kann. Erwähnen möchte ich die Ergotherapie, Verhaltenstherapie oder das Marburger Konzentrationstraining. Hier gilt es auszuprobieren, was für das Kind und für die Familie passt.

Eine andere Perspektive einnehmen

Nun möchte ich an dieser Stelle einen Schritt zurückgehen und lade Dich ein, das ganze Thema aus einer anderen Perspektive zu betrachten. Was wäre, wenn ADHS keine Krankheit wäre, sondern eine Form der persönlichen Charakterausprägung? Was wäre, wenn diese Kinder völlig normal wären und einfach nur mit unserem gesellschaftlichen System, insbesondere dem Schulsystem, kollidieren, also das System nicht zum Kind passt? Wie fühlt sich diese Betrachtungsweise für dich an?

Mir hat diese Sichtweise in der damaligen Situation sehr geholfen. Denn unser Kind ist stets defizitär betrachtet worden, obwohl wir alle Hilfestellungen erhielten, die möglich waren. Wir wussten, dass in unserem Sohn so unglaubliche Stärken stecken, die in seiner Neugierde und Kreativität Ausdruck fanden. Doch diese potenzialorientierte Erkenntnis erlangte ich erst sehr viel später, als er bereits nahe der weiterführenden Schule war. Ein besonderes Buch hat mich dabei tief inspiriert, welches ich hier unbedingt empfehlen möchte, da es zum Thema passt: „Eine andere Art, die Welt zu sehen: das Aufmerksamkeits-Defizit-Syndrom" (9). Der Autor beschreibt ADHS nicht als Krankheit, sondern als eine andere Art des Seins, die für unsere Gesellschaft ebenso wertvoll ist. Er vergleicht die Ausprägung dieser Persönlichkeitsform als Jäger-Mentalität. Dieser ist wachsam und nimmt alle Sinneseindrücke um sich herum wahr. Mit seiner Reizoffenheit erkennt er Gefahren rechtzeitig und kann darauf reagieren. Immer auf der Jagd ist er auf der Suche nach Neuem. Gleichförmige Arbeiten langweilen ihn und so stehen alle Sensoren auf Entdecken und Erforschen. Ihm gegenüber stellt der Autor die Persönlichkeit des Farmers. Dieser bestellt Jahr für Jahr das Land und betrachtet freudig die Saat

beim Wachsen. Schließlich fährt er die Ernte ein, bevor der gleiche Zyklus wieder von vorne beginnt. Er bewirtschaftet seinen Bauernhof mit Hingabe und schätzt die Sicherheit und Verlässlichkeit.

Hier wird klar, dass das gesamte Schulsystem auf die Farmer-Mentalitäten ausgerichtet ist. Letztendlich spiegelt dies einen Großteil der Gesellschaft wieder. Die Eigenschaften des Farmers machen Abläufe planbar, hierfür können gleichförmige Strukturen entwickelt werden. Der Jäger hingegen ist aktiv und sucht immer nach Neuem. Leider bringt diese Mentalität das Schulsystem und ihre Beteiligten an ihre Grenzen. Doch ich finde, sie hat ebenfalls ihre Berechtigung. Es sind die Entdecker, die Forscher, die über den Tellerrand blickenden neugierigen Köpfe unter uns, welche die Gesellschaft weiterbringen und daher ebenso wichtig sind. Und dennoch wird diese Mentalität oft aus dem gleichmachenden System gedrängt, indem ihr ein Krankheitsstempel aufgedrückt wird nach dem Motto: „Wir können nicht mit dem umgehen, was anders ist, also muss es krank sein und behandelt werden." Und hier bleibt die Frage, wer genau krank ist: Das gesellschaftliche System, insbesondere das Schulsystem, oder das ADHS-Kind?

Haben diese Kinder wirklich eine Störung oder ist es das System, das sie in ihrer Freizügigkeit und in ihrem Forscherdrang hemmt? Ist es sinnvoll, ADHS als eine Behinderung zu sehen und somit dem Kind das Signal zu geben, dass es falsch ist? Dass es krank ist und so sein ganzes Leben gebrandmarkt ist? Ist es das wert, dass es den Mut verliert, zu forschen und zu entdecken? Dass es besser wäre, sich anzupassen und bloß nicht aufzufallen? Ich habe die Frage eingangs für mich beantwortet. Und doch mussten auch wir mit der Situation umgehen und unserem Sohn helfen, im System zu bestehen. Ergänzend dazu gehe ich zum Thema Fehl- und Doppeldiagnosen später näher ein, ebenso auf die besondere Problematik der twice exceptional students (siehe Kapitel 6).

VERSUCHSKANINCHEN

Zu ADHS lässt sich eins noch sagen: Die Ausprägung ist von Kind zu Kind unterschiedlich. Also haben wir versucht, gemeinsam mit den Lehrerinnen und in der Familie das Beste aus unserer Situation zu machen. Da Sebastian nach wie vor den Unterricht aufwirbelte und durch sein hyperaktives Verhalten auffiel, probierten wir alles aus, um das ADHS in den Griff zu bekommen. Eine Medikation war für uns kein Thema. Ich war überzeugt, es musste andere Möglichkeiten geben, diesem zu begegnen. Ich las sehr viel und informierte mich im Internet, in Fachbüchern, in Foren und in den sozialen Medien über alternative Behandlungsmöglichkeiten. Ich lernte zum Beispiel, dass ADHS eine hormonelle Störung sein kann. Das bedeutet, die Hormone „Noradrenalin und Dopamin stehen an den Stellen, an denen sie benötigt werden, nicht in ausreichender Menge zur Verfügung. Die Übertragung von Signalen wird dadurch gestört. Das Zusammenspiel von Aufmerksamkeits- und Motivationssystem ist beeinträchtigt." (10) Diese organisch vermutete Ursache lässt den Rückschluss zu, dass es dafür keine Heilung gibt, sondern lediglich Möglichkeiten der Symptomverbesserung. Doch dies war nur eine der Betrachtungsweisen. Ich erfuhr, dass ADHS auch durch äußere Einflussfaktoren begünstigt werden kann. Daher versuchten wir zuerst, mit sanften Mitteln die Symptome zu verbessern.

Als Erstes ließen wir uns vom Kinderarzt beraten und versuchten, mit Homöopathie zu unterstützen. Bereits nach der Geburt bekam ich dank meiner Hebamme Kontakt zu dieser alternativen Heilform und machte zahlreiche positive Erfahrungen gerade in Bezug auf die Behandlung von Kindern. Also lag es nahe, dies zu versuchen. Sebastian erhielt ein homöopathisches Mittel, dessen Name ich mittlerweile vergessen habe. Es waren kleine Verbesserungen zu spüren, er schien fokussierter zu sein. Doch nachhaltige und tiefgreifende Veränderungen erlebten wir nicht. Ein weiterer Versuch war die Gabe von Omega 3 Fettsäuren. Das passte gut zu seiner ständigen Lust auf Lachs. Also bekam er diesen und zusätzlich Omega 3-Fettsäuren in Kapseln. Aber auch hier nahmen wir keinen gravierenden Unterschied wahr. Dann hörte ich von der Möglichkeit, Mindwaves zu versuchen. Mindwaves sind übersetzt Gehirnwellen. Durch das Hören von bestimmten Frequenzen sollte eine Verbesserung des Verhaltens herbeigeführt werden. Sebastian hörte sie regelmäßig abends vor dem Schlafengehen und es beruhigte ihn, doch ohne eine nachhaltige Wirkung oder eine Wirksamkeit am Tag zu zeigen. Ein weiterer Versuch war eine glutenfreie Ernährung, da ich gelesen hatte, dass auch dies zum Erfolg bei ADHS führen kann. Zwei Wochen hielten wir durch, doch letztendlich war auch hier keine Veränderung zu spüren. Im Gegenteil, unser Sohn schien eher genervt zu sein. Daher ließen wir das auch schnell wieder sein. Wir versuchten wie im Kindergarten positiven Einfluss auf sein Verhalten durch Belohnungslisten zu nehmen. Doch diese blieben von unserem Sohn völlig unbeachtet, denn ihm war das Ziel oder der Ausblick auf ein größeres Geschenk nach beispielsweise 10 guten Dingen völlig egal und er ignorierte sie. Ich fertigte Tagesstrukturen an, doch auch diese hebelte er geschickt aus, obwohl ich überall las, wie wichtig für ADHS-ler eine Tagesstruktur sei. Ich recherchierte viel im Internet, immer auf der Suche nach neuen Möglichkeiten. Denn eins wollten wir unbedingt vermeiden: die Gabe von Medikamenten. Wir wollten keinesfalls unser Kind ruhigstellen, denn an jeder Ecke las ich Horrorgeschichten darüber.

Schließlich entschlossen wir uns dazu, mit Sebastian eine spezielle Blutuntersuchung durchführen zu lassen. Wir fuhren dazu nach Mainz ins MVZ Labor Dr. Kirkamm GmbH und ließen dort ein kleines Blutbild sowie eine gründliche Untersuchung der Mikronährstoffe und Aminosäuren machen. Die Ergebnisse dieser Diagnostik waren sehr aufschlussreich, denn die Mikronährstoffe lagen alle im unteren Bereich. Gleichzeitig waren die Aminosäuren 1,5- bis 4-fach erhöht. Die Ursachen sind vielfältig und ich bin selbst keine Medizinerin. Klar war aber, dass vor allem Kalium, Magnesium, Zink, Selen und Jod supplementiert werden sollten. So erklärte sich der Heißhunger auf Bananen und seine ständigen Krämpfe. Wir besorgten ein hoch dosiertes Multivitamin-Präparat, welches er täglich nahm. Und tatsächlich trat damit eine Verbesserung ein. Unser Sohn wurde merklich ruhiger und ent-spannter, doch die Hyperaktivität verblieb immer noch auf einem hohen Niveau, welches sich weiterhin und vor allem problematisch in der Schule auswirkte.

Dieser komplette Prozess des Ausprobierens zog sich über ein Jahr hin. Zwischen-zeitlich kommunizierten wir intensiv mit der Lehrerin und wir versuchten gemeinsam, was wir konnten, um Sebastian weiter zu unterstützen und einen normalen Schulbesuch auch weiterhin zu ermöglichen. Schnell kam die Idee, dass die Betreuerin des autistischen Kindes unseren Sohn ein wenig unter ihre Fittiche nehmen könnte. Nach Rücksprache mit ihr erklärte sie sich bereit, ein kleines Feedback-Heft für ihn zu führen, in dem sie sein Verhalten des Tages kurz notierte und bei gutem Benehmen honorierte. Dieses Heft schien ein wenig Ansporn zu bieten. Wir bekamen einen Einblick und konnten Themen und Vorfälle sofort zu Hause aufgreifen. Es war ein rotes Band zwischen Schule und Elternhaus, welches die Kommunikation enorm erleichterte. Gegen Ende des zweiten Schuljahres begannen wir auf Anraten der Klassenlehrerin eine Ergotherapie, die unseren Sohn in seinem Verhalten unterstützen sollte. Gemeinsam mit der Ergotherapeutin übte er Vorhaben zu planen, anstelle sie impulsiv in die Tat umzusetzen. Denn Warten konnte Sebastian noch nie gut. Er musste immer sofort das machen, was ihm gerade in den Kopf kam. Und er hatte wirklich viele Ideen und Impulse, die umgesetzt werden wollten. Es musste laufend etwas Neues her. Er brauchte nach wie vor ständig und viel Input, war äußerst neugierig und wollte über alles intensiv Bescheid wissen. Das impulsive Verhalten „über Tische und Bänke" zu gehen, versuchten wir mithilfe der Ergotherapie zu bündeln. Die Ergotherapeutin empfahl uns auch sportliche Betätigungen. Wir überlegten, ob Klettern eine gute Möglichkeit für Sebastian wäre, und nahmen Kontakt zu einem Kletterzentrum auf. Dort besuchte er eine Schnupperstunde für die Kindergruppe. Anwesend waren eine Übungsleiterin und 5 Kinder, darunter unser Sohn. Die Leiterin erklärte, was zu tun sei, während die Kinder aufmerksam um sie herumstanden. Nur unser Sohn nicht. Er saß etwas abseits und beschäftigte sich mit dem Geschirr, welches zur Sicherung angelegt wurde. Er versuchte die Schnallen und Seile zu entwirren, zu lösen und zu ordnen. Das war für ihn das Spannendste an diesem Nachmittag. Es bedurfte einiges an Überredungskunst, dass Sebastian wenigstens einmal kletterte. Er tat es dann auch, aber danach war es für ihn erledigt. Er wollte dort nicht mehr hin, es war uninteressant geworden.

Zu Beginn des dritten Schuljahres erhielten wir die Hiobsbotschaft, dass die Klassenlehrerin und gleichzeitig Schulleiterin die Schule verlassen wird. Da so schnell kein Ersatz gefunden wurde, übernahm die Klasse zwischenzeitlich ein

Referendar, der frisch von der Universität kam. Sebastians Verhalten bei den Hausaufgaben wurde zunehmend schwieriger und anstrengender. Die Noten wurden zusehends schlechter. So schrieb er statt 2en und 3en vermehrt die Note 4 und auch mal eine 5. Die erste Mathearbeit im neuen Schuljahr malte er nur noch an und bekam in der dritten Klasse vor den Herbstferien seine erste 6. Wir spürten auch zu Hause bei den Hausaufgaben, dass unser Sohn selbst immer frustrierter wurde über seine Unfähigkeit, einfache Aufgaben aufs Papier zu bringen. Er äußerte beispielsweise: „Ich wünschte, ich könnte allein in einem kleinen Raum sitzen mit Blick auf eine graue Wand, dann könnte ich mich besser konzentrieren." Oder er wurde während der Hausaufgabenbearbeitung wütend auf sich selbst. Zudem brachte mich die tägliche, anstrengende und intensive Hausaufgabensituation nach mehr als zwei Jahren eines Tages so sehr an meine Grenzen, dass ich einen vollen Teller Grießbrei vor Sebastian auf den Tisch knallte und dieser in seine Einzelteile zersprang. Ich schrie ihn hysterisch an, denn meine Geduld über all die Zeit war genau an diesem Zeitpunkt zu Ende. Ich hatte einen Nervenzusammenbruch. Im Nachhinein tat mir dies aus ganzem Herzen leid. Ich erzähle dir das, damit du weißt, dass solch eine Reaktion völlig normal und auch verständlich ist. Ihm machte mein plötzlich verändertes Verhalten Angst, doch ich konnte damals einfach nicht mehr. Das war für uns wie eine letzte Warnung und wir nahmen Kontakt mit dem Kinderarzt auf. Bis hierher hatten wir alle Möglichkeiten ausgeschöpft, doch keine von den Maßnahmen erzielte den erwünschten Erfolg. Also beschäftigten wir uns mit dem Gedanken, nach dem letzten Strohhalm zu greifen. Denn so konnte es nicht weitergehen.

DAS COLA-PARADOXON

An dieser Stelle möchte ich klar unsere Empfehlung betonen, bei dem Verdacht auf ADHS einen Kinderarzt zu konsultieren und keinesfalls Selbstversuche zum Thema „Cola-Paradoxon" zu unternehmen.

Wir vereinbarten einen Termin beim Kinderarzt, Sebastian war zu diesem Zeitpunkt 9 Jahre alt. Über unsere Versuche, das ADHS auf alternativem Weg in den

Griff zu bekommen, war er informiert. An diesem Termin riet er uns, dass wir es mit Medikamenten versuchen sollten. Er spürte unsere anfängliche Abwehr gegen dieses Thema und empfahl uns, dass wir Sebastian testweise Koffein geben sollten. Cola oder Kaffee, was er lieber mag. Er begründete dies damit, dass Koffein bei Sebastian möglicherweise eine paradoxe Wirkung haben könnte. Daran könne man unter anderem gut erkennen, ob wirklich ein ADHS vorliegt. Er gab uns eine weitere Warnung mit auf den Weg, indem er uns sagte, dass Sebastians zunehmende Frustration sich nachhaltig charakterverändernd auswirken könnte und es daher Zeit wäre, zu handeln. Wir erinnerten uns an die Aussage der Klassenlehrerin, die gesagt hatte, die Verweigerung von Medikamenten wäre eine unterlassene Hilfeleistung. Doch damals hatten wir noch kein offenes Ohr dafür.

Bei einer öffentlichen Feier, die kurz nach dem Termin mit dem Kinderarzt stattfand, erlaubten wir unserem Sohn Cola zu trinken. Er trank zwei kleine Flaschen und wir konnten erstaunt zusehen, wie ruhig und entspannt er wurde. Er schaffte es, auf seinem Platz sitzen zu bleiben und dem Programm auf der Bühne lange und aufmerksam zu folgen. Das war das erste Aha-Erlebnis für uns. Für die Schule probierten wir dies ebenfalls aus. Sebastian entschied sich, nachdem er verschiedene Kaffee-Kaltgetränke ausprobiert hatte, für einen Dreifach-Espresso mit Milch. Wenn ich das so schreibe, dann klingt das doch sehr merkwürdig. Aber unser 8-jähriger nahm ab diesem Tag regelmäßig seine kleine Flasche mit diesem Getränk mit, welches er in der ersten Pause trank. Und tatsächlich berichtete auch die Lehrerin, dass ihr sonst so unruhiger Schüler im Unterricht entspannter wurde und dem Unterricht besser folgen konnte. Natürlich war uns nicht einerlei dabei, unserem Kind eine so hohe Dosis Koffein zu geben, daher sollte dies nur vorübergehend eine Lösung sein. Beim nächsten Termin schlug der Kinderarzt vor, die Medikamente wenigstens über einen Zeitraum von 6 Wochen auszuprobieren und zu sehen, wie sich die Situation entwickelt, ob dies unserem Sohn helfen könne. Er überwies uns an eine Kinder- und Jugendpsychiatrische Praxis, in der wir über eine Medikation aufgeklärt werden sollten.

Diese Kinder- und Jugendpsychiatrische Praxis führte zunächst in einigen Terminen eine weitere Diagnostik durch. Sebastian machte sehr deutlich, dass er keine

Lust auf diese erneuten Untersuchungen hatte. Der IQ wurde noch einmal getestet und nach IDS mit 97 im durchschnittlichen Bereich angesetzt. Ebenso ergab die Diagnostik „gravierende Beeinträchtigungen im Kontakt und Beziehungsverhalten." Die Gabe von Medikamenten wurde empfohlen und so entschieden wir uns, mit einer geringen Dosis zu beginnen. Wir sollten die erste Gabe mit einer halben Tablette an einem Wochenende testen, um zu sehen, wie er darauf reagiert. Also erhielt Sebastian an einem Samstagmorgen das erste Mal das Medikament. Wie an jedem Samstag erledigten wir gemeinsam unseren Familieneinkauf in einem großen Supermarkt, in den wir jede Woche einkaufen gingen. Es war bemerkenswert, wie unkompliziert dieser Einkauf war. Während ich sonst unseren Sohn stets einfangen musste, weil er in irgendwelchen Gängen unterwegs war und überhaupt nicht auf mich zu hören schien, so war er an diesem Tag bei der ersten Ansage aufmerksam. Er hörte auf uns, was den Einkauf wesentlich entspannter machte. Nachdem wir fertig waren, sagte er zu uns: „Komisch, heute war es so schön ruhig hier". Wir schauten uns an und waren verblüfft. Dies war ein einprägsames Erlebnis und wir beschlossen, dem Medikament, also Ritalin bzw. Medikinet, wie es bei uns hieß, eine Chance zu geben. Auch die Ergotherapeutin war verblüfft, denn sie merkte, ohne dass ich sie informierte, dass etwas anders war bei Sebastian. Sie war in der Lage, mit ihm mehr als einen Satz zu wechseln, bevor er mit seiner Aufmerksamkeit wieder woanders war. Sie unterhielt sich mit ihm und freute sich. Danach sagte ich ihr, dass wir es nun mit Medikamenten probieren, was sie unterstützte. Zu Hause bemerkten wir, dass Sebastian in Gesprächssituationen zugänglicher war. Es war einfach großartig, dass wir endlich ein zusammenhängendes Gespräch führen konnten und wir seine Aufmerksamkeit auf unserer Seite hatten. Trotzdem beschlossen wir, dass unser Sohn Ritalin nur während der Schulzeit bekommen sollte, oder wenn wir etwas vorhatten. Denn so ganz einerlei war uns die Medikation trotzdem nicht. Wir fragten ihn immer, ob er das Einsetzen der Wirkung spüren würde, aber er verneinte dies.

RITALIN ALS LETZTER STROHHALM

Bevor ich auf das Thema Ritalin eingehe, möchte ich sagen, dass ich es nach wie vor als Wahnsinn empfinde, dem Kind zum „Funktionieren" ein Medikament zu verabreichen. Diese Entscheidung sollte sich niemand einfach machen. Viel zu oft werden Schüler Kinder- und Jugendpsychiatern vorgestellt, auch auf Empfehlungen der Lehrkräfte oder Erzieher. Nicht selten wird ihnen direkt nach der Diagnose Ritalin verabreicht. Viel zu oft las ich von Kindern, die während der Wirkung apathisch waren, wie betäubt. ADHS ist vor einigen Jahren zur Modediagnose geworden. Die Symptome sind unruhige Kinder, die nicht ins System passen und dieses sogar zu sprengen drohen. Es ist logisch, dass hier interveniert und versucht wird, diese unbequemen und anstrengenden Randerscheinungen zu unterdrücken. Doch das Problem liegt an anderer Stelle: In überfüllten Klassen, in der Überforderung der Lehrkräfte, an den teilweise überzogenen Forderungen der Eltern, den Lehrplänen, die lange überholt sind, in der technischen Ausstattung der Schulen – Stichwort Digitalisierung – und sicher an noch weiteren Punkten. Nun ist es aber trotzdem so, dass dieses Schulsystem existiert und die Schüler während der Schulpflicht auf einen möglichst guten Abschluss hinarbeiten müssen, damit sie in ihrem Leben weiterkommen in Richtung Beruf oder Studium und ein selbstständiges, eigenverantwortliches Leben führen können. Doch ohne das Abschluss-Papier gibt es kaum eine Perspektive. Wir leben alle in diesem überholten und mittlerweile verkrusteten System und müssen funktionieren. Besonders unsere Kinder. Um eine Zukunftsperspektive zu ermöglichen, ist es daher notwendig, dass das Kind alle Voraussetzungen erhält, um sein Potenzial zu entfalten und das Beste für sich herauszuholen. Da sich das Schulsystem mit seinen Beteiligten auch aufgrund des Föderalismus nur sehr träge bewegt und entwickelt, müssen die Kinder sich anpassen und wir Eltern uns bewegen, indem wir uns für unsere Kinder einsetzen. Das kann dann auch den Griff zu Medikamenten bedeuten, so schlimm es klingt. Wenn ein ADHS vorliegt, können diese durchaus hilfreich sein, damit sich das Kind fokussieren und konzentrieren kann. Das Problem bei ADHS ist oft die Reizüberflutung. Gleichzeitig strömen alle Eindrücke aus der Außenwelt auf das Gehirn ein und werden gleichberechtigt verarbeitet. Das macht die ganze Sache sehr anstrengend für die betroffene Person. Eine Medikation kann dann in Betracht

gezogen werden. Doch diese Entscheidung sollte gut überlegt sein und jegliches Für und Wider mit dem Kinderarzt besprochen und abgewogen werden. Die Medikation sollte sehr sensibel eingestellt sein, so wenig wie möglich, so viel wie nötig. Mein wichtigster Tipp ist, sich langsam an die Dosis heranzutasten, denn das Schlimmste, was passieren kann, ist, dass die Kinder apathisch werden und komplett neben sich stehen, wenn die Neugier und die Kreativität unterdrückt werden und das Funktionieren im Mittelpunkt steht. Dann ist eine Medikation in meinen Augen zu hoch oder der falsche Weg und es sollten andere Möglichkeiten ausprobiert werden. Ich finde es wichtig, dass Eltern eine intensive Begleitung und Beratung bei der Entscheidungsfindung erhalten. Zu schnell werden direkt nach der Diagnose Medikamente seitens der Kinder- und Jugendpsychiatrie empfohlen, da dies die einfachste und bequemste Methode ist, das Kind anpassbar zu machen. Es ist ja auch zu bequem für alle Beteiligten, wenn das Kind endlich mal ruhig und unauffällig ist. Besser wäre aus meiner Sicht eine ganzheitliche Betrachtung, um alle Stellschrauben auszuprobieren. Medikamente sollten immer das letzte Mittel der Wahl sein.

Entscheiden sich Eltern letztendlich, ihrem Kind Ritalin zu geben, dann erleben sie möglicherweise Anfeindungen, wie man seinem Kind das nur antun kann. Wir haben mehrfach begründen müssen, warum wir diesen Schritt unternommen haben. Jede Familie bringt ihre eigene Leidensgeschichte mit und sicher macht es sich niemand leicht damit. Wir gaben unserem Sohn während der Schulzeit morgens eine geringe Dosis. Diese wirkte 4–5 Stunden und hatte eine sehr fokussierende Wirkung auf unseren Sohn, ohne ihn zu betäuben oder apathisch zu machen. Er spürte den Effekt nie ein- und aussetzen, für ihn war alles wie immer. Aber für seine Umgebung war die Wirkung spürbar. Seine Noten verbesserten sich wieder und so machten wir weiter mit den Medikamenten bis in die Pubertät. Ab diesem Zeitpunkt vertrug er sie nicht mehr, er war innerlich angespannt und zitterte, sodass er sie absetzte. Eine Abhängigkeit, wie es oft unterstellt wird, bemerkten wir nie. Die Tabletten wirkten ihre Zeit und danach war alles wieder wie vorher. Setzte er sie in den Ferien ab, war das auch in Ordnung, an den Wochenenden bekam er sie ebenfalls nicht.

WAS IST RITALIN UND WIE WIRKT ES?

Netdoktor schreibt dazu: „Ritalin enthält Methylphenidat als relevanten Wirkstoff. Seine Wirkung basiert auf einer kurzfristigen Blockade bestimmter Transporter für die Botenstoffe Dopamin und Noradrenalin im Gehirn. Diese Botenstoffe können dadurch, nachdem sie von einer Nervenzelle ausgeschüttet wurden, nicht wieder in die Ursprungszelle aufgenommen werden. So können sie länger ihre Wirkung entfalten – ein Effekt, der beim Aufmerksamkeitsdefizit-/Hyperaktivitätssyndrom (ADHS) erwünscht ist. Dabei handelt es sich um eine funktionelle Entwicklungsstörung des Gehirns im Kindes- und Jugendalter. Ihre genaue Ursache ist unbekannt, aber Experten vermuten, dass bei Betroffenen die Signalübertragung durch Dopamin und Noradrenalin beeinträchtigt ist. Die Folge ist eine gestörte Aufmerksamkeit, Motorik und Impulskontrolle bei den Patienten. Ritalin kann diesen Symptomen entgegenwirken. Der Wirkstoff erreicht etwa zwei Stunden nach der Einnahme seine maximale Konzentration im Blut und wird anschließend fast vollständig abgebaut und ausgeschieden. Binnen vier Stunden klingt die Ritalin-Wirkung wieder ab" (11).

Suchst du im Internet nach „Ritalin", findest du zwei Lager: Befürworter oder Gegner. Wichtig ist zu wissen, dass ADHS nicht heilbar ist, sondern lediglich die Symptome unterdrückt werden können. Wie bei jedem Medikament gibt es Nebenwirkungen, aber diese zu beschreiben, würde an dieser Stelle zu weit gehen. Bei unserem Sohn haben wir keine bis zur Pubertät feststellen können. Im Nachhinein betrachtet hat das Medikament die Zeit bis dorthin sehr gut überbrückt, wofür wir dankbar waren. Unser Sohn konnte sich besser in der Schule fokussieren, dies hatte auch positive Auswirkungen auf die Familie. Aber es ist natürlich immer eine Gewissensfrage, die sich jeder selbst beantworten muss. Für uns war es der rettende Strohhalm am Ende einer ersten, langen Reise. Wichtig ist, das Kind ist mit seiner Problematik im Gesamtkomplex mit allen Herausforderungen zu betrachten. Aber mehr dazu später.

SOZIALE SIGNALE? FEHLANZEIGE!

Die dritte und vierte Klasse verlief weitestgehend unauffällig. Sebastian bekam eine neue Klassenlehrerin, die bis zum Übergang in die weiterführende Schule blieb. Auch mit ihr hatten wir regen Kontakt und tauschten uns aus. Dank der Medikamente schaffte er es besser, dem Unterricht zu folgen. Er bekam hin und wieder Auszeiten auf dem Schulhof, wenn die Lehrerin das Gefühl hatte, es würde nach dem Austoben leichter gehen. Ehrlich gesagt bemerkten wir nie eine Verbesserung, ob er sich nun austobte oder nicht. Heute denke ich, die Ursache für seine körperliche Hyperaktivität lag woanders. Es gab durchaus brenzlige Situationen, in denen er z. B. nach Aufforderung von seinen Mitschülern auf dem Fensterbrett außen im ersten Stock herumkletterte. Eine andere war, dass Sebastian, anstatt auf die Lehrerin zu hören, auf einen Baum flüchtete und nicht mehr herunterkam. Die ganze Klasse stand darunter und versuchte ihn dazu zu bewegen. Ohne Erfolg. Oft saß er im Unterricht auf seinem Platz, schaute aus dem Fenster oder nestelte nach wie vor an seinen Schulsachen herum. Die Lehrerin setzte ihn zu sich nach vorne gegenüber vom Lehrerpult, sodass sie einen besseren Zugriff auf ihn hatte und ihn aus seinen Tagträumen durch Berühren an der Schulter oder eine direkte Ansprache herausholen konnte. Es gab nach wie vor Fächer, die ihn so sehr interessierten, dass er aktiv mitmachte und sich extrem engagierte, aber es gab auch Fächer, die ihn überhaupt nicht interessieren und die er zu ignorieren schien. Die Medikamente änderten nichts daran, außer dass er schneller ins Arbeiten kam und besser Aufforderungen folgen konnte. Seine scheinbare Unaufmerksamkeit war dennoch immer wieder Thema in Elterngesprächen. Die Lehrerin sagte, er könne wesentlich bessere Zensuren haben, wenn er sich mündlich beteiligen würde. Die schriftlichen Noten waren recht gut. Also gab es eine große Diskrepanz zwischen dem Mündlichen und dem Schriftlichen. Wir waren dieses scheinbare Desinteresse bereits von zu Hause gewöhnt und versuchten es wieder und wieder zu erklären. Es war einfach so, wenn wir mit ihm sprachen, schaute er uns selten an oder schien in eigenen Gedanken versunken zu sein. Doch er bekam unsere Ansagen und auch das Besprochene im Unterricht meist mit. Wir Erwachsene sind es so gewohnt, wenn wir uns mit jemanden unterhalten, schenken wir demjenigen die volle Aufmerksamkeit, indem wir uns der Person zuwenden und in die Augen schauen.

Wir nicken, murmeln „hmmm" oder geben Bestätigungen mit einem „Ja" und stellen Zwischenfragen. Doch Sebastian schienen diese typischen sozialen Signale völlig fremd. Er hörte zwar zu, meistens jedenfalls, doch er schaute einen nie dabei an und auf soziale Bestätigungsreaktionen wartete man vergeblich. Während ich mal wieder im Internet recherchierte, las ich einen Bericht von einem ADHS- oder autistischem Kind, das beschrieb, wie es denkt. Leider weiß ich die Quelle nicht mehr. Das Kind berichtete, es befände sich gedanklich wie in einem Haus. Es säße in einem oberen Stockwerk und beschäftige sich dort mit irgendetwas Interessantem. Wenn seine Mutter etwas von ihm wolle, würde sie quasi in der Haustür stehen und ihm etwas zurufen. Er würde dies zwar wahrnehmen, doch nicht sofort hinunterlaufen und ihr zuhören. Er wolle erst seine spannende Sache zu Ende bringen und danach kommen. Die Mutter sei dann zwar schon wieder weg, aber er würde sich an das Gesagte erinnern. Ich musste an die Stapelverarbeitung denken, die ich aus einem Buchhaltungsprogramm kannte. Erst werden die älteren Dinge verarbeitet, danach die aktuellen, neu hinzugekommenen. Alles ist zu seiner Zeit dran. Genauso erlebte ich die Situation bei meinem Sohn. Wenn ich etwas zu ihm sagte, schien er abwesend. Ich wartete dann eine Weile, ein bis zwei Minuten, dann kam seine Antwort auf meine Frage. Erst dann hatte er das Vorherige fertig gedacht und konnte sich meinem Anliegen widmen. „Stapelverarbeitung" wurde bei uns zu einem geflügelten Wort, denn letztendlich sind eine humorvolle Sichtweise und das Verständnis für die Situation der Schlüssel für mehr Familienfrieden und Ruhe. Ich finde, das ist das Wichtigste bei der ganzen Sache: Beobachten, herausfinden, sich darauf einstellen und immer den Humor behalten. Immer! Es gibt so viele Probleme in dieser Zeit, ein gewisser Galgenhumor ist wichtig, um dies alles durchzustehen.

In unserem Hinterkopf schlummerte immer noch die Aussage der Psychologin aus der Untersuchung zu Anfang des zweiten Schuljahres. Sie erwähnte, dass seine rudimentäre Zeichnung von menschlichen Figuren auffällig sei und wir diese Entwicklung beobachten sollen. Nun, es entwickelte sich überhaupt nicht. Denn unser Sohn widmete sich ausschließlich sachlichen Themen. Er klagte nie über Befindlichkeiten oder zwischenmenschliche Vorkommnisse. Freundschaften ging er nicht ein, er suchte sich seine Spielkameraden nach den dort vorhandenen

Spielsachen aus. Wenn sich jemand verletzte, schien es ihm egal zu sein, er drehte dann eher auf und versuchte die Aufmerksamkeit auf sich zu ziehen. All das veranlasste uns dazu, noch einmal genauer hinzuschauen und dies zu beobachten. Wir unternahmen die ersten Überlegungen in Richtung einer Autismus-Spektrum-Störung. Auch hier recherchierte ich und erkannte viele Übereinstimmungen in der Symptomatik. Aber wie bei allem sind die Grenzen zwischen ADHS und einer Autismus-Spektrum-Störung (im folgenden ASS abgekürzt) fließend. Für eine Diagnostik entschieden wir uns zu diesem Zeitpunkt noch nicht, denn der Schulwechsel auf die weiterführende Schule stand an. Als die Gespräche dazu mit der Grundschule stattfanden, empfahl uns die Lehrerin , dass Sebastian lieber eine Gesamtschule besuchen solle. Sie begründete dies damit, dass er mündlich sehr schwach sei und es auf einem Gymnasium mit den Anforderungen schwer hätte. Uns fiel auf, dass der Blick der Lehrerin auf die Defizite gerichtet war und dies ihre Entscheidung beeinflusste. Das war nur natürlich, denn sie schätzte es so ein, dass er die größte Chance in einer Gesamtschule erhalten würde. Doch in dieser großen Chance sahen wir die größte Falle. Denn gerade aufgrund seiner mangelnden mündlichen Beteiligung war eine spätere Einstufung in C-Kurse (Hauptschulniveau) vorauszusehen. Wir fokussierten uns lieber auf seine Potenziale und fassten für Sebastian eine andere Lösung ins Auge.

INTELLIGENZDIAGNOSTIK VS. BEGABUNGSDIAGNOSTIK

Das ist eines meiner Lieblingsthemen, denn hier ist aus meiner Sicht Aufklärungs-arbeit notwendig. Ich greife ein wenig vor und platziere es bewusst an diese Stelle, da es bereits zum Zeitpunkt am Ende der Grundschule relevant für uns gewesen wäre. Aber wir wussten damals nicht um den wichtigen Unterschied von Intelli-genztests und Begabungsdiagnostik. Nach der Grundschule hatte Sebastian be-reits einige Diagnostiken hinter sich und weitere vor sich. Insgesamt wurde er fünfmal auf seinen IQ getestet sowie zwei weiteren Teiltests unterzogen. Das ist eine stolze Bilanz und interessanterweise variierten die Ergebnisse zwischen nor-mal begabt und hochbegabt. Was ist also der richtige Wert – und gibt es überhaupt einen stabilen Wert? Je nach Alter des Kindes werden unterschiedliche IQ-Tests angewendet, meist im Rahmen einer klinischen ADHS- oder ASS-Diagnostik beim Kinder- und Jugendpsychologen. Das Wort „klinisch" drückt schon sehr konkret aus, dass es hier um Spurensuche für eine Krankheit geht. Das Gefühl, welches das Kind dabei hat, dürfte daher eher ein Defizitäres sein. Natürlich wirkt sich das auch auf eine IQ-Testung aus. Überlege mal, wenn du in schlechter Stimmung bist, lustlos bist, Angst hast oder aufgeregt bist, bist du dann in der Lage, deine Leistung zu 100 % abzurufen? Wahrscheinlich eher nicht. Aber genau das wird von Kindern erwartet, die sich in einer klinischen Diagnose den zahlreichen Fragen einer für sie unbekannten Person stellen. Oft wechseln sogar die Ansprechpartner und viele sehen das Kind nur kurz zu der einen oder anderen Testung. Ein durchgängiges Gesamtbild kann also in vielen Fällen gar nicht erst entstehen.

Sebastians erste Testung im Rahmen der ADHS-Diagnostik ergab ein überdurch-schnittliches Ergebnis mit einem Gesamt-IQ von 121. Getestet wurde mit dem WISC IV, in dem es vier Hauptwerte gibt: Sprachverständnis, wahrnehmungs-gebundenes-logisches Denken, Arbeitsgedächtnis sowie die Verarbeitungsge-schwindigkeit. Die Unterwerte werden dann berechnet und zu einem Gesamt-IQ zusammengefasst. Die Werte unseres Sohnes variierten stark und reichten von 125 bis 102. Wir erhielten die Testergebnisse jedoch nicht ausgehändigt, sondern ich habe sie Jahre später anfragen müssen. Sieh dies als einen wichtigen Tipp für dich, dass dir das Testergebnis immer zusteht. Lass es dir nach der Untersuchung

in Kopie geben. Es ist ein wichtiges Dokument! Ich hatte damals unmittelbar nach dem Abschlussgespräch die Ergebnisse aus dem Gedächtnis notiert, worauf ich in den folgenden Jahren öfter zurückgriff, bis ich die Kopie der Testergebnisse schließlich anforderte. Bei der dritten Testung unseres Sohnes, ebenfalls im Rahmen einer ADHS-Diagnostik, wurde eine normale Begabung attestiert. Ich erinnere mich gut, dass er äußerst genervt und lustlos bei dieser Testung war. Bei der vorletzten Testung war dies ebenfalls der Fall. Sein überdurchschnittliches Ergebnis im Rahmen einer ASS-Diagnostik flankierte er später im Abschlussgespräch mit den Worten: „Sie sehen mich hier nie wieder". So fiel Sebastian all die Jahre in den Bereich der überdurchschnittlichen und normalen Begabungen. An Hochbegabung und entsprechende Fördermöglichkeiten war zu diesem Zeitpunkt gar nicht zu denken, der Fokus lag stets auf ADHS.

Was unterscheidet nun eine Begabungsdiagnostik von einer klinischen Intelligenzdiagnostik? Der wichtigste Unterschied ist der Grund, warum diese durchgeführt werden soll. Im Rahmen einer klinischen Diagnostik ist eine Intelligenzdiagnostik Beiwerk zum vermuteten Krankheitsbild. Eine Begabungsdiagnostik fokussiert sich hingegen rein auf die Testung der individuellen Begabung. Welcher Test im Einzelnen angewendet wird (z. B. WISC V, SON, AID etc.), entscheidet der Diagnostiker aufgrund des Alters der zu testenden Person und der konkreten Fragestellung. Hier gibt es ständige Weiterentwicklungen und Aktualisierungen in der Diagnostik.

Der zweite Punkt ist die Atmosphäre. Es macht einen Unterschied, ob das Kind im Rahmen einer zu suchenden Störung einer klinischen Diagnostik untersucht wird oder ob dies in einem entspannteren Rahmen stattfindet. Ich bin mir sicher, die zu testende Person spürt dies. Wir haben erlebt, dass die Begabungsdiagnostikerin Renate Weber unseren Sohn bei unserem Besuch in ihrer Praxis erst einmal hat ankommen lassen und eine vertrauensvolle Atmosphäre geschaffen hat. Nachdem sie gemerkt hat, dass er bereit ist, konnte er entspannt sein Potenzial zeigen. Er sagte danach, dass er sich noch nie so wohl bei einem IQ-Test gefühlt hat. Renate Weber begründet dies in einem Erfahrungsbericht auf Facebook u. a. wie folgt: „... Ich mache Spaß mit ihnen (den Kindern) und eventuell spiele ich auch ein Spiel, das gar nichts mit dem Test zu tun hat, aber die Atmosphäre auflockert. Erst wenn ich merke, dass das Kind ‚angedockt hat', dann beginne ich mit dem eigentlichen Test. Während die Eltern oft mit großer Anspannung draußen sitzen und sich Sorgen machen, hat das Kind im Zimmer mit mir Freude. Hier kommt mir zugute, dass ich früher Grundschullehrerin war. Ich habe eine Handpuppe, mit der ich spreche, wenn das Kind noch auftauen muss und ich merke, dass es auf dieser Ebene erreicht werden kann und vieles mehr. (...) Es gibt Psychologen oder auch andere Testdiagnostiker, die darauf vielleicht nicht so achten, aber für mich gilt das Gefühl, dass ich das Kind erlebe und nicht ein Kind, das die Bestätigung der Eltern braucht oder unaufgefordert bekommt. Ich teste seit ca. 40 Jahren – bestimmt 20 Jahre habe ich es auch anders gemacht, einmal weil die Eltern es so wünschten oder auch weil es auch interessant ist, später im Nachgespräch die Beobachtungen der Eltern mit einzubeziehen. Aber die Erfahrung hat mir immer wieder gezeigt, dass viel verloren gehen kann, wenn Eltern dabei sind. Das zeigt sich auch in der Regel in der Auswertung und damit auch in der Berechnung des IQ-Ergebnisses. Für mich ist es ein Qualitätsmerkmal für meine Arbeit, dass ich den Test unter den für das Kind besten Testbedingungen durchführe. Dazu gehört, dass die Eltern mir ihr Kind beruhigt anvertrauen können" (12).

Dieser eindrucksvolle Bericht gibt wieder, warum ein diagnostisches Verfahren in einer Hand bleiben sollte. Denn ein weiterer Kritikpunkt an der klinischen Diagnostik ist oft die Anzahl an Ansprechpartnern. Wir erlebten es immer wieder, dass Sebastian mit wechselnden Mitarbeitern sprechen musste. Einer führte das Erstgespräch, die Intelligenzdiagnostik wurde von einer anderen Person gemacht und eine weitere nahm das Auswertungsgespräch vor. Das ist nicht überall der Fall, aber es kann vorkommen. Die Frage ist, wie in diesem Fall ein Gesamtbild entstehen kann, was besonders im Hinblick auf Doppel- oder Fehldiagnosen so wichtig ist. Gerade die Testbeobachtung ist in der Begabungsdiagnostik höchst relevant. Die reinen Testergebnisse geben zwar Aufschluss über den IQ, aber vor allem die Beobachtung, die während der Diagnostik erfolgt, liefert wertvolle Hinweise darauf, wie das Kind im häuslichen und schulischen Umfeld bestmöglich unterstützt werden kann. Und hier sehe ich einen weiteren Vorteil für die Begabungsdiagnostik. In diesem ganzheitlichen und umfassenden Prozess wird zunächst

ein Fragebogen seitens der Eltern ausgefüllt, um die wichtigsten Fragestellungen und den Anlass für die Diagnostik zu definieren. Dann erfolgt die Testung inkl. Beobachtung in einer möglichst entspannten Atmosphäre. Direkt im Anschluss findet ein gemeinsames Gespräch statt, in dem die wichtigsten Beobachtungen besprochen und erste Fragen geklärt werden können. Danach erfolgt das schriftliche Gutachten mit wertvollen Tipps zum weiteren Vorgehen, welches der Schule oder dem Kindergarten als Hilfestellung vorgelegt werden kann. Ebenfalls ein wichtiger Punkt ist der fachliche Background des Begabungsdiagnostikers. Dieser sollte Erfahrung im Umgang mit Hochbegabten haben, denn wie wir wissen, denken und fühlen diese ganz anders, kämpfen mit anderen Herausforderungen und haben ihre ganz eigene Sicht auf die Welt. Missverständliche Fragestellungen können da verwirren, sodass eine Antwort eher ausbleibt, bevor sie falsch beantwortet wird. Ein erfahrener Begabungsdiagnostiker weiß darum und kann im Rahmen der seitens des Testverfahrens vorgegebenen Möglichkeiten unterstützen und dies in seine Beobachtungen einfließen lassen. Ebenso spielt der bei Hochbegabten oft ausgeprägte Hang zum Perfektionismus eine Rolle, der beispielsweise die Verarbeitungsgeschwindigkeit stark heruntersetzen kann. All das und viele weitere Beobachtungen geben wertvolle Hinweise und Impulse für Lehrkräfte und Erzieher.

Ein weiterer interessanter Punkt ist, dass in einer Begabungsdiagnostik zwei wichtige Nebenwerte in den Fokus treten: Der Allgemeine Fähigkeitsindex (AFI) und der Kognitive Leistungsindex (KLI). Hier werden jeweils nur bestimmte Teilergebnisse eingerechnet und geben Aufschluss darüber, welche Förder- und Fordermöglichkeiten für das Kind geeignet wären. Der AFI sagt aus, was es in der Lage wäre zu leisten, wenn es sein Potenzial voll nutzen könnte. Der KLI gibt Hinweise darauf, auf welchem Niveau das Kind in Wirklichkeit leistet. Hier entstehen oft große Diskrepanzen, die hellhörig machen sollten. Denn offensichtlich existieren in solch einem Fall für das Kind ungünstige Rahmenbedingungen im Kindergarten oder in der Schule, die verbesserungswürdig sind. Auch Eltern können hier einiges dazu tun, um gezielt zu fördern. Das Ziel der Förder- und Fordermaßnahmen ist es, den KLI positiv zu beeinflussen und sich dem AFI anzunähern, damit das Kind oder der Jugendliche sein komplettes Potenzial zeigen kann.

Karin Kahl, Coach und Autorin bei „Menschensbildung – Bildung auf Augenhöhe gestalten", führte dazu ein sehr interessantes und aufschlussreiches Interview mit ECHA-Coach und Begabungsdiagnostikerin Renate Weber, um die Vorteile einer Begabungsdiagnostik zu beleuchten. Dieses ist in ihrem Kanal auf YouTube veröffentlicht, den Link findest du im Literaturverzeichnis (13).

Den Rest der Geschichte zur Begabungsdiagnostik von Sebastian liest du in Kapitel 6. Dort gehe ich auf das Hauptthema Hochbegabung ein, denn diese spielte zu diesem Zeitpunkt während des Übergangs zur weiterführenden Schule bei uns noch keine Rolle.

DAS ECHA-DIPLOM

Warum sollten Begabungsdiagnostiker aus meiner Sicht ein ECHA-Diplom haben? Wie ich eben beschreiben habe, denken und handeln Hochbegabte und Menschen ab einem IQ ab ca. 120 anders. Um diese Eigenarten in einer Begabungsdiagnostik einzuschätzen und richtig zu deuten, sollten die Diagnostiker dahingehend geschult oder bestenfalls selbst hochbegabt sein. Dies bietet die ECHA-Ausbildung. Zugelassen werden dafür nur Lehrkräfte oder studierte Pädagogen. „Das Ziel der Weiterbildung ist es, die Teilnehmerinnen und Teilnehmer auf der Basis einer potenzialorientierten Haltung in ihren grundlegenden Handlungskompetenzen zu stärken und ihnen Möglichkeiten der individuellen Begabungs- und Begabtenförderung in ihrem Berufsalltag aufzuzeigen. Auf der Grundlage fundierten Fachwissens werden zentrale Handlungskompetenzen im Bereich der Diagnostik, der Didaktik, der Kommunikation, der Implementation sowie der Reflexion vermittelt" (14).

GEGEN ALLE EMPFEHLUNGEN

Sebastian hatte zu Ende der Grundschulzeit die Empfehlung erhalten, in eine Realschule oder eine Gesamtschule zu gehen. Er hatte keine G-Empfehlung, also für den gymnasialen Zweig. Die Lehrerin machte sich berechtigterweise Sorgen, dass er aufgrund der mangelnden mündlichen Leistungen das Gymnasium nicht schaffen würde. In unserer Gemeinde gibt es eine integrierte Gesamtschule. Dieses Schulsystem sieht vor, dass im Laufe der Schuljahre die Kinder in vielen Fächern in A, B und C-Kurse eingeteilt werden. Die A-Kurse entsprechen einem gymnasialen Niveau, die B-Kurse dem Realschulniveau und die C-Kurse dem Hauptschulniveau. Doch gerade wegen unserer Bedenken, dass unser Sohn mündlich oft nicht anwesend zu sein schien, hatten wir Angst, dass er in jedem Fach im C-Kurs landen würde. Wir wussten aber andererseits, welches Potenzial in ihm steckt und dass er eine rasante Auffassungsgabe hat. Wir setzten uns über die Empfehlung der Grundschule hinweg und nahmen Kontakt mit einem Gymnasium auf. In einem Gespräch mit der pädagogischen Leiterin der Schule schilderten wir unseren Fall. Mir war es wichtig, dass Sebastian gefördert, aber auch gefordert wird. Und das würde aus meiner Sicht am besten gelingen, wenn er in einer festen Klassenstruktur verankert ist und dadurch in Fächern, in denen er stiller ist, im Klassenverbund einfach mitgezogen wird. Bezüglich der Anforderungen des Schulstoffes machten wir uns wenig Sorgen. Glücklicherweise stimmte das Gymnasium zu und nahm ihn in die 5. Klasse mit dem Schwerpunkt Naturwissenschaften auf. Darüber waren wir sehr glücklich.

Die Einschulung erfolgte mit einer großen Feier in der Turnhalle des Gymnasiums. Leider konnte ich als Mutter nicht teilnehmen, da Henry, unser zweiter Sohn, am gleichen Tag in die erste Klasse eingeschult wurde. Also teilten wir uns in der Familie auf, meine Eltern und mein Mann begleiteten Sebastian, meine Schwiegereltern und ich begleiteten Henry. Mein Mann erzählte mir im Nachhinein von der Einschulungsfeier. Sebastian saß in einer der vorderen Reihen, dahinter mein Mann und meine Eltern. Unser Sohn schenkte aber nicht seine Aufmerksamkeit dem Sprecher auf der Bühne, sondern drehte sich während des ganzen Geschehens um und blickte seinen Vater an. Dieser wurde während der Zeit sehr nervös, denn alle Kinder wurden nach und nach aufgerufen und den neuen Klassen zugeteilt. Sie gingen dann zur Bühne und zur Lehrkraft. So saß Sebastian also da und nahm keine Notiz von dem Sprecher. Die Nervosität meiner Eltern und die meines Mannes stiegen zunehmend. Für sie war klar, Sebastian wird niemals nach vorne gehen. Doch dann ertönte sein Name, er schnappte sich seinen Schulranzen und ging vorne zur Bühne zu seiner Klasse. Diese unberechenbaren Momente, in denen zunächst alles anders schien als erhofft, waren bei uns an der Tagesordnung. Und es bleibt bis heute eine Blackbox für uns, was das Zusammenleben oft sehr unberechenbar machte.

Der Einschulungstag war also geschafft und Sebastian war gut in seiner neuen Klasse angekommen. Er musste morgens mit dem Bus in die Schule fahren, was für ihn überhaupt kein Problem war. Wir hatten es einmal geübt, und er hatte sich sofort den Weg eingeprägt. Sein großartiger Orientierungssinn half ihm dabei. Die ersten Tage vergingen in der neuen Schule und Sebastian fügte sich zunächst problemlos ein.

LRS – ODER DOCH NICHT?

Bei unserem ersten Elternabend in der Schule, der vor der Einschulung stattfand, wurde uns angekündigt, dass alle neuen Schüler einen LRS-Test schreiben würden. Mithilfe eines Diktates sollte geprüft werden, ob es Hinweise auf eine Lese-Rechtschreib-Schwäche gäbe. In diesem Fall würde noch einmal nachgeprüft und die betroffenen Kinder erhielten eine Sonderförderung und Notenschutz. Da unser Sohn noch nie großen Wert auf ein ordentliches Schriftbild gelegt und pragmatisch immer nur das Nötigste geschrieben hatte, fiel er im Diktat natürlich auf. Er wurde einem weiteren Test unterzogen mit ähnlichem Ergebnis. Also erhielten wir die Empfehlung, dass unser Sohn den Förderkurs LRS besuchen solle. Der Vorteil war, dass für diese Zeit die Rechtschreibung in sämtlichen Arbeiten aus der Notenbewertung herausfallen und der Notenschutz greifen sollte. Wir sahen das als eine Erleichterung und so begann Sebastian an einem Nachmittag in der Woche die Teilnahme an dem Kurs. Unser Sohn war dort anfänglich sehr gerne. Es machte ihm anscheinend Spaß zu schreiben, da der Fokus in diesem Fach rein auf diesem Thema lag. Möglicherweise hatte die Lehrerin einen besonders guten Draht zu ihm. Seine Leistungen waren durchweg positiv und er verstand auch schnell die Rechtschreibregeln. Was uns immer wieder erstaunte, war sein Schriftbild. Während dieses in den normalen Fächern doch sehr zu wünschen übrig ließ und er es einfach nicht schaffte, die Anforderungen an eine gute Heftführung zu erfüllen, zauberte er im LRS-Kurs wahre Meisterwerke an ordentlichem Schriftbild. Es war derart korrekt, schön und gut lesbar, dass man es hätte drucken können. Die Lehrkräfte und wir standen aber jedes Mal vor einem Rätsel, denn Sebastian transferierte dies einfach nicht auf die Schulfächer. Daher beließen ihn die Lehrkräfte solange es ging im LRS-Kurs und unser Sohn genoss bis Ende der siebten Klasse seinen Notenschutz.

Dies ist ein typisches Beispiel für den Pragmatismus unseres Sohnes. Dort, wo es darauf ankommt und Sinn für ihn macht, vollbringt er wahre Höchstleistungen. Doch sobald Unterrichtsinhalte, formelle Vorgaben oder Regeln für ihn keinen Sinn ergeben, ignoriert er es hartnäckig. Er ist dann nicht dazu zu bewegen und sämtliche Konsequenzen sind ihm egal. Doch genau diese Eigenschaften sollten unserem Sohn in seiner späteren Schullaufbahn immer mehr zum Verhängnis werden. Wir liefen offenen Auges aber dennoch schleichend in die Katastrophe.

LEHRAMTSAUSBILDUNG

Wie am Anfang des Buches in meiner Vorstellung erwähnt, habe ich selbst ein Grundschullehramtsstudium absolviert. Doch ich zog kurz vor dem Ersten Staatsexamen die Reißleine, weil ich spürte, dass es nicht der richtige Job für mich ist. Das war mein Fazit aus zwei vierwöchigen Praktika in Grundschulen, die ich damals als einzige Praxiserfahrung während meines Studiums absolvieren musste.

Zu dem Zeitpunkt meines Abbruchs hatte ich bereits alle Vorlesungen, Hausarbeiten, Referate hinter mir und die sogenannten „Scheine" für das Grund- und Hauptstudium erhalten. Meine Lehramtsausbildung fand Anfang der 1990er-Jahre statt. Meine Hauptfächer waren Musik, Mathematik und Sachkunde. Vor allem wegen Musik hatte ich damals das Lehramtsstudium aufgenommen, und auch, weil ich gerne unterrichtete. Doch schon damals war ich überrascht darüber, wie anspruchsvoll und umfassend das Fach Mathematik in Grundschullehramtsstudium war. Hier wurden Fachthemen unterrichtet und geprüft, die niemals in der Grundschule Thema sind, sondern eher im Abitur geprüft werden. Viele meiner Kommilitonen empfanden dies ebenso, was bei uns große Fragen hinterließ, ob das überhaupt notwendig war. Sollte nicht vielmehr im Vordergrund stehen, wie wir den Unterrichtsstoff den Kindern vermitteln, im Sinne von Fachpädagogik und – methodik? Neben den drei Hauptfächern begleiteten Erziehungswissenschaft, Soziologie, Politikwissenschaft und Psychologie das Lehramtsstudium. Hier konnten wir uns gezielt Themen aus den einzelnen Bereichen heraussuchen. Wichtig war, die Anzahl der Scheine zu erreichen, die vorausgesetzt wurden und bestimmte Lehrbereiche abdecken.

Damals gab es eine große Lehrkraftschwemme. Am Anfang des Semesters wählte jeder Student für sich Seminare aus, die benötigt wurden und die interessant klangen. Die freien Plätze für die begehrten Vorlesungen losten die Dozenten und Professoren aus, da es meist wesentlich mehr Bewerber gab. So reduzierte sich die Anzahl an den zuvor geplanten Vorlesungen in der ersten Vorlesungswoche drastisch und wenn man Glück hatte, fand man noch einen Platz in einem weniger beliebten Seminar. Ich kann mich aus heutiger Sicht nicht daran erinnern, dass es

Vorlesungen zum Thema Hochbegabung oder gar Underachievement gab, lediglich das Thema LRS wurde kurz in einer Fachvorlesung behandelt. Leider habe ich die alten Vorlesungsverzeichnisse bereits entsorgt, ein Blick dort hinein wäre jetzt durchaus spannend.

Also werfe ich heute, fast 30 Jahre später, einen Blick das mittlerweile online einsehbare Vorlesungsverzeichnis und schaue mir die Anforderungen für das Studium Grundschullehramt an – hier beispielhaft für die Universität Gießen. Die Zulassung ist zahlenmäßig eingeschränkt und die Ausbildung erfolgt strukturiert nach einem festen Schema. Bevor neue Studenten zugelassen werden, müssen sie ein mindestens 4-wöchiges Orientierungspraktikum absolvieren, um einen Einblick in die pädagogische Arbeit mit Kindern und Jugendlichen zu erlangen. Das finde ich sehr sinnvoll, denn so kann man bereits in der Praxis schauen, ob einem diese Art von Arbeit zusagt. Im Studium selbst durchläuft jeder Studierende die gleichen Seminare. Auch heute noch gibt es die oben genannten vier Teilbereiche Erziehungswissenschaft, Soziologie, Politikwissenschaft und Psychologie. Diese Bereiche sind in Module aufgeteilt, u.a. gibt es im Fach Psychologie ein Modul zur Lernförderung. Beim Durchlesen der allgemeinen Modulbeschreibung finden sich u.a. Begriffe wie „Verhaltensauffälligkeiten (Aggressivität, Hyperaktivität), Lernschwierigkeiten" oder weiter: „… Förderung spezieller Schülergruppen (z.B. lernschwache Schüler)" (15). Daran ist erst einmal nichts auszusetzen, da diese Beschreibungen allgemein gehalten sind. Doch trotzdem findet das Thema Hochbegabung explizit keine Erwähnung.

Im Studium müssen nach wie vor die Praxiseinheiten in Form von Praktika erfüllt werden. Ein 8-wöchiges Betriebspraktikum vermittelt Einblicke in einen Beruf außerhalb des pädagogischen Bereichs, um den Schülern später Informationen aus erster Hand geben zu können, was das Arbeitsleben anbelangt. Daneben erfolgen schulpraktische Studien im Laufe des Studiums. Diese werden in Kassel, Gießen und in Frankfurt derzeit in Form von einem Praxissemester in einem Pilotprojekt durchgeführt (16). Ich sehe dies ebenfalls als einen Schritt in die richtige Richtung, denn je mehr Praxisbezogenheit bereits während des Studiums in der überaus wichtigen und verantwortungsvollen Arbeit mit Kindern erfolgt, desto besser

ist die Vorbereitung für die künftigen Lehrkräfte auf das Referendariat und ihren Schuldienst.

Wie ich an anderer Stelle noch erwähnen werde, tauchen die größten Probleme von hochbegabten Underachievern meist erst in der Mittelstufe auf. In der Grundschule nutzen diese Kinder ihre Fähigkeit, ohne Lernen gute Leistungen abzuliefern. Doch spätestens beim Wechsel in die weiterführende Schule wird die Luft nach oben dünner. Für viele wird die Situation auf psychischer Ebene immer unerträglicher. Das Underachievement rückt stärker in den Vordergrund und tarnt sich oft durch andere Verhaltensauffälligkeiten, bis der Höhepunkt meist in der 8. Klasse erreicht ist. Ich habe Lisa, eine Lehrerin für Haupt- und Realschule, befragt, ob die besagten Themen Inhalt der Lehramtsausbildung gewesen sind. Ihr Studium liegt nun bereits über 13 Jahre zurück, doch ich denke, dass sich bis heute nicht allzu viel verändert hat. Sie erzählte, dass das Thema Hochbegabung im Studium nur am Rande erwähnt wurde. Möglicherweise hätte es dazu Zusatzmodule oder Vertiefungen gegeben, es sei aber kein Pflichtinhalt im psychologischen Modul gewesen. Das würde auch den Bereich Underachievement betreffen. Verhaltensauffälligkeiten wie ADHS und ADS wurden im Grundmodul Psychologie angesprochen, auch hier hätte es freiwillige Vertiefungsmodule gegeben. Dyskalkulie war Thema im Studiengang Mathematik, LRS in Germanistik, Anglistik und Psychologie, ebenso Aphasie (Sprachverlust – durch Krankheit erworbene Sprachstörung). Man könnte jetzt argumentieren, dass das Thema Hochbegabung in der Real- und Hauptschule sowieso eine untergeordnete Rolle spielt, denn diese Kinder würden aufgrund ihrer Begabung auf dem Gymnasium landen. Doch leider gibt es viele Kinder, die aufgrund ihrer bestehenden Problematiken wie ADHS mit unerkannter Hochbegabung keine Gymnasialempfehlung erhalten und dann eine Hauptschule, Realschule oder eine Gesamtschule besuchen. So wäre es uns fast ergangen mit Sebastian. Wie mir eine Lehrerin bestätigte, befinden sich im Realschulzweig und auch im Hauptschulzweig unerkannte Hochbegabte, die durch ihr Verhalten auffällig sind, den Schulstoff vermeiden oder sich sogar komplett verweigern. Umso wichtiger wäre es in der Mittelstufe, die Signale richtig deuten zu lernen und Hilfestellungen an die Hand zu bekommen, was in solch einem Verdachtsfall zu tun ist. Mehr braucht es nicht. Das Thema Underachievement,

Hochbegabung sowie die Gefahr von Doppel- und Fehldiagnosen sollte meines Erachtens ein Pflichtthema im Studium der Mittelstufe, aber auch der Grundschule sein und nicht lediglich freiwillige Vertiefungsmodule oder Angebote, die man in Anspruch nehmen kann. In erster Linie geht es hier um die gesunde Entwicklung der Kinder hin zu eigenständigen und motivierten Erwachsenen und erst in zweiter Linie um den Lernstoff, der vermittelt werden soll. Hier ist es dringend erforderlich, dass sich der Schwerpunkt verschiebt. Denn wir wissen, wie problematisch es ist, wenn eine Hochbegabung nicht erkannt wird. Dann erfolgt eine fehlerhafte Diagnose und das Kind erhält unter Umständen eine falsche Behandlung, die unangebracht ist und sogar Schaden verursachen kann. Viele Geschichten von heutigen Erwachsenen zeigen dies auf erschreckende Art und Weise. Andrea Brackmann lässt diese in ihrem Buch „Ganz normal hochbegabt – Leben als hochbegabter Erwachsener" zu Wort kommen (6). Eine lesenswerte Lektüre auch für angehende Lehrkräfte.

Weiterbildung von Lehrkräften

„Lehrkräfte sind verpflichtet, ihre berufsbezogene Grundqualifikation zu erhalten und weiterzuentwickeln. Über die Wahl der hierfür geeigneten Fortbildungsangebote entscheiden die Lehrkräfte in Abstimmung mit der Schulleitung" (17). So ist es im Hessischen Lehrkräftebildungsgesetz (HLbG) in der Fassung vom 28. September 2011 festgelegt und sicher hat jedes Bundesland dazu seine individuellen Bestimmungen. Ich gehe hier weiterhin von Hessen aus. Es gibt einige akkreditierte Anbieter für diese Lehrkräfte-Weiterbildungen und manchmal finden sich auch Angebote speziell für Hochbegabung. Sämtliche Veranstaltungen sind im hessischen Katalog für Weiterbildungen aufgeführt. Ein Schwerpunktthema ist mit Stand August 2022 beispielsweise: „Inklusion und sonderpädagogische Förderung – Menschen mit Behinderung eine umfassende gesellschaftliche Teilhabe zu eröffnen, ist der zentrale Aspekt der UN-Behindertenrechtskonvention. Hessen bietet vielfältige Möglichkeiten, den individuellen Bedürfnissen aller Schülerinnen und Schüler zu entsprechen." Im Bereich der Hochbegabung findet sich zurzeit folgendes Angebot: „‚Leistung macht Schule' (LemaS). Das Fortbildungsangebot richtet sich ausschließlich an die Koordinatorinnen und Koordinatoren des

Projekts ‚Leistung macht Schule' (LemaS). Das Projekt dient der Förderung leistungsstarker und potenziell besonders leistungsfähiger Schülerinnen und Schüler" (18).

In diesem zuletzt genannten Angebot findet sich tatsächlich ein Unterpunkt zum Thema Underachievement, wortwörtlich heißt es „…als hochbegabt getestete Schülerinnen und Schüler mit erwartungswidrig niedrigem Leistungsniveau." Diese Art der Lehrkraft-Weiterbildung ist ein Anfang und es ist zu hoffen, dass die Problematik dieser Schüler mehr und mehr Gehör findet. Von Schule zu Schule wird unterschiedlich entschieden, ob Lehrkräfte sich selbst diese Weiterbildungen aussuchen können oder diese von der Schule als Blockveranstaltung angeboten wird. Doch bevor das Thema Hochbegabung es wert ist, als Weiterbildung in Anspruch genommen zu werden, muss das Bewusstsein der Lehrkräfte dafür gestärkt werden. Denn „Hochbegabtenförderung" bleibt für viele immer noch ein Widerspruch in sich selbst, weshalb die Türen für diese Schülergruppen versperrt bleiben.

DIE ZEIT DER FÖRDERPLÄNE BEGINNT

Die erste Zeit in der neuen Schule verlief weitestgehend ruhig. Im Vorfeld hatten wir Sebastians Klassenlehrer in die Situation eingeweiht. Nach Rücksprache mit ihm verfasste ich ein einseitiges Anschreiben, welches ich wenige Wochen nach Schulbeginn an jede Fachlehrkraft per Mail sendete. Ich informierte sie über das Vorliegen der ADHS-Problematik, und dass unser Sohn Medikamente nimmt. Zudem betonte ich, wie wichtig uns ein Austausch sei und wir für Rückmeldungen jederzeit offen wären. Weiterhin schrieb ich:

> *Vielleicht erleben Sie Sebastian sehr aufgeweckt, neugierig und voller Tatendrang (bei Themen, die ihn interessieren oder „bildlich" präsentiert werden – vor allem technischer oder naturwissenschaftlicher Art). Oder Sie erleben ihn still sitzend und in seiner Welt versunken. Beides ist möglich. Sebastian ist räumlich-visuell-denkend, kreativ und einfallsreich und nimmt Informationen lieber über verschiedene Sinne/Kanäle auf.*

> *Sebastian ist aber auch äußerst pragmatisch und wirkt oft abwesend, was sich natürlich negativ auf seine mündlichen Noten auswirken kann. (So war er teilweise im Mathe-Unterricht mündlich völlig abwesend, hat aber ohne Lernen in den Arbeiten gute bis sehr gute Noten geschrieben – wie er das gemacht hat, ist uns bis heute ein Rätsel).*

> *Vielleicht ist aber auch alles bestens, dann ist alles gut.*

Mir war stets ein guter Kontakt zu allen Lehrkräften wichtig, was aufgrund des Fachunterrichtes in der weiterführenden Schule durchaus aufwändiger war als in der Grundschule. Doch die meisten Lehrkräfte meldeten sich zurück und zeigten sich dankbar für die Informationen. Dieses Vorgehen führte ich bis zur Schulverweigerung weiter, denn mein Motto ist, dass wir unserem Sohn nur gemeinsam helfen können und daher der gegenseitige, respektvolle Austausch wertvoll ist. Im Laufe des 5. Schuljahres wurden wir zu Elterngesprächen eingeladen. Die Kinder erhielten einen Zettel, auf dem wir unsere Gesprächswünsche notieren sollten, worauf uns dann eine Uhrzeit am Elternsprechtag zugeordnet wurde. Diesen Laufzettel füllte ich für alle Fächer aus, denn ich war sehr interessiert am Meinungsbild der Lehrkräfte und für Impulse, wie wir zu Hause unterstützen könnten. Du kannst dir vorstellen, dass dieser Elternsprechtag sportlich für mich war, denn oft schloss sich ein Gespräch an das andere an, wobei sie teils in unterschiedlichen Gebäuden stattfanden. Aber ich schaffte es immer und pflegte einen guten Austausch mit allen Lehrkräften. Ein positiver Aspekt war stets, dass Sebastian zwar als anders als die anderen Schüler wahrgenommen, aber von der Klasse akzeptiert wurde. Mobbing war nie ein Thema. Bei Klassenfeiern war unser Sohn immer zuständig für Beleuchtung und Technik und erfüllte diese Aufgabe mit Hingabe. Einmal veranstaltete die Klasse ein Quiz in Form einer Präsentation, zu der auch die Eltern eingeladen wurden. Als die vortragende Gruppe eine Frage ins Publikum stellte, wusste niemand die Antwort. Ein Schüler sagte dann wertschätzend: „Frag Sebastian, der weiß doch immer solche Dinge." Und Sebastian wusste die Antwort. Ich bin rückblickend sehr glücklich darüber, dass Sebastian trotz seines Andersseins akzeptiert wurde und dass seine Stärken im Bereich Technik und sein Interesse an Naturwissenschaften von seinen Mitschülern in großem Maße respektiert wurden. Das erleichterte die soziale Einbindung unseres Sohnes immens. Er freundete sich auch mit einigen seiner neuen Mitschüler an, was uns ebenfalls sehr beruhigte. Aber es blieben trotzdem oberflächliche Freundschaften. Doch es gab einen Jungen, der die Freundschaft mit Sebastian aufbaute und pflegte. Er half ihm im Unterricht, indem er ihn immer wieder ermutigte und ihm auch soufflierte und ihm bis zum späteren Klassenwechsel beistand. Die beiden trafen sich auch in ihrer Freizeit und verstehen sich bis heute. Für diese Freundschaft und die Unterstützung sind wir als Eltern dankbar!

Die Zeit der ersten Klassenarbeiten stand an und anfangs meisterte Sebastian seine Sache gut. Trotzdem er im mündlichen Unterricht oft mit verbaler Abwesenheit glänzte, schaffte er es dennoch, dies in den Arbeiten zu kompensieren. Uns fiel allerdings auf, wie egal Sebastian seine eigenen Noten waren. Ganz gleich, ob er eine 5 oder eine 2 geschrieben hatte, er ärgerte sich nicht und freute sich ebenso wenig darüber. Die Schulnoten würden für ihn keinen Sinn ergeben, sie seien unwichtig. Sie würden nichts darüber aussagen, was er kann und was nicht, so lautete seine Argumentation. Sebastian lernte kaum und war selten zu Hausaufgaben zu bewegen. Das Zeugnis im ersten Halbjahr stellte sich noch als gut dar, doch im zweiten Halbjahr begannen sich die Noten zu verschlechtern. Möglicherweise konnte er nicht mehr kompensieren, dass er alles im Vorbeigehen lernte. Er lernte bis hierhin nie „zu lernen", obwohl wir uns als Eltern noch so sehr bemühten, es ihm nahe zu bringen. Sebastian blieb stur und es war mühsam, ihn zu Dingen überreden zu wollen, die für ihn keinen Sinn machten, weil er keinen Handlungsbedarf sah. Doch die schlechter werdenden Noten gaben erste Hinweise darauf, dass sich größere Probleme anbahnten. Erste Maßnahmen seitens der Lehrkräfte wurden ergriffen. So wurde Sebastian in die erste Reihe gesetzt, um ihn möglichst gut im Blick zu behalten und direkt Einfluss auf ihn nehmen zu können. Es sollte nicht lange dauern, bis die Sprache auf Förderpläne kam. Rückblickend kann ich nicht mehr erfassen, wann wir den ersten Förderplan erhielten. Zum Schluss waren es gefühlt unzählige Förderpläne, die wir gemeinsam durchgingen, aber die unser Sohn einfach ignorierte. Der erste wurde mit uns also in der sechsten Klasse während eines Elternsprechtages besprochen. Es handelte sich um das Fach Ethik. Vielleicht musst du das noch einmal lesen, denn wir kennen Ethik (oder Religion) aus unserer Schulzeit eher als Unterrichtsfach, in dem man leicht Punkte sammeln kann. Bei unserem Sohn sah das ganz anders aus. Mit einiger Anstrengung schaffte er es, in diesem Fach wieder eine bessere Note zu erreichen. Für Sebastian war der gravierendste Punkt, dass er den Lehrer zur damaligen Zeit gar nicht mochte. Ich versuchte ihm klarzumachen, dass dieser Lehrer auch Mathe-Lehrer ist und neben seinem Ethik-Unterricht ebenso andere Rollen innehat, er also nicht nur Ethik-Lehrer ist. Wie es der Zufall will, wurde der Ethik-Lehrer ab der siebten Klasse Sebastians Klassenlehrer und unterrichtete Mathe. Heute noch sagt Sebastian, dass dieser Lehrer sein Lieblingslehrer auf dieser Schule war. Der Lehrer zeigte sich selbst sehr erstaunt über Sebastian, da er ihn als zwei völlig unterschiedliche Persönlichkeiten kennenlernte: als den geistig abwesenden Ethikschüler und den hochinteressierten, kreativen Mathe-Schüler.

TOP ODER FLOP – KEINE EINIGKEIT UNTER LEHRKRÄFTEN

Dass unser Sohn in der Schule zwei Gesichter zeigte, lag garantiert nicht an seinem Sternzeichen Zwilling. Vielmehr lenkte Sebastian seine Anstrengungen nur auf die Fächer und Inhalte, die ihn interessierten. So erlebten die Lehrkräfte auf dem Gymnasium in unserem Sohn zwei verschiedene Persönlichkeiten. Wie das eben beschriebene Ethik-Beispiel zeigt, lehnte er Themen ab, die für ihn wenig Sinn machten. Erst in der 8. Klasse schien er sich mehr für das Thema zu interessieren. Vielleicht lag es aber auch an der eher sachlicheren Arbeitsweise, die in den höheren Schuljahren in den Unterricht einzog. Trotzdem blieb Ethik eins seiner schwierigsten Fächer. Ebenso war Deutsch ein ambivalentes Fach. In den Grammatik-Themen glänzte er regelrecht. Er konnte sich die schweren Begriffe schnell merken und jonglierte mit den Zeitformen, sodass uns als Eltern beim Abfragen fast schwindlig wurde. In diesen Arbeiten schnitt er immer sehr gut ab. Aber wehe, es sollte frei geschrieben, etwas analysiert oder interpretiert werden. Das war der Zeitpunkt, an dem er komplett abschaltete. Entweder saß er bei diesen Themen völlig apathisch und in seinen Gedanken versunken im Unterricht oder diskutierte zum Leidwesen sämtlicher Deutsch-Lehrkräfte, inwiefern die Analyse eines Goethe-Gedichtes Sinn machen würde. Die Beschwerden bekamen wir spätestens bei den Elterngesprächen zu hören und nirgendwo war es so schlimm wie in Deutsch. Daher versuchten wir, dieses Fach mit ihm zu üben. Wir lasen eine Kurzgeschichte mit ihm, aber es war ihm schier unmöglich, den übertragenen Sinn herauszufiltern. Er nahm die Worte 1:1 wörtlich und konnte einfach nicht interpretieren, was zwischen den Zeilen damit gesagt werden sollte. Es war wie eine unlernbare Fremdsprache für ihn und wir waren als Eltern nicht in der Lage, ihn zu unterstützen. Dann wiederum gab es den Matheunterricht, der Sebastian einigermaßen Spaß machte. Der Lehrer lobte seinen Einfallsreichtum und hob hervor, dass er auf Lösungen komme, die andere Schüler auf diese Weise nicht fänden. Aber wie es bei vielen Hochbegabten der Fall ist: Grundrechenarten und Lösungswege werden als völlig überbewertet angesehen. Es würde doch reichen, die Ergebnisse hinzuschreiben. Leider sahen das die Lehrkräfte anders, sodass seine Noten nur im mittelmäßigen Bereich blieben. Physik und Chemie gehörten wiederum zu seinen

Lieblingsfächern. Leider wechselten die Fächer sich halbjährlich ab, aber sofern die Beziehung zur Lehrkraft stimmte, brachte Sebastian gute bis sehr gute Leistungen. Ganz anders sah es in Fremdsprachen aus. Englisch war noch einigermaßen machbar, aber Spanisch funktionierte kaum. Das sture Auswendiglernen von Vokabeln widerstrebte ihm zutiefst. Andererseits war er sehr an der Kultur und den Menschen dort interessiert und beteiligte sich aktiv im Unterricht, wenn es um diese Themen ging. Bei allen anderen Themen schaltete er auch hier ab. Das Fach Geschichte interessierte ihn ebenfalls sehr, wobei er mehr an den historischen Zusammenhängen interessiert war, aber die Geschichtsdaten an sich für ihn unwichtig waren. Am eindrucksvollsten war ein Elterngespräch mit seinem PoWi-Lehrer (Politik und Wirtschaft). Dieser zeigte sich äußerst beeindruckt von Sebastian. Er erzählte uns begeistert, wie sehr und intensiv sich Sebastian im Unterricht beteiligen würde. Die Unterrichtsstunde würde oft sogar so sehr ausarten, dass die anderen Schüler verwundert und gelangweilt dasitzen würden, während Sebastian tiefgehende Diskussionen mit dem Lehrer führen und sich hochinteressiert an den Themen zeigen würde. Der Lehrer sagte uns, es wäre außergewöhnlich, dass ein Schüler so tief einsteigt, denn die meisten würden den Unterrichtsstoff nur oberflächlich auswendig lernen und zu den Arbeiten wiedergeben. Doch nicht so unser Sohn. Dieser setzte sich bei der Klassenarbeit in eben diesem Fach, das ihn so sehr begeisterte, hin und machte – nichts. Offenbar war er noch nicht einmal in der Lage, ein Blatt Papier und Stifte aus dem Schulranzen zu holen und anzufangen. Der Lehrer zeigte sich tief erschüttert, denn er nahm es zu spät wahr und musste ihm schließlich eine 6 für die Arbeit geben. Diese Diskrepanz zwischen mündlicher Beteiligung und schriftlicher Verweigerung (wobei wir heute noch denken, dass er körperlich in diesem Moment blockiert war und einen Impuls gebraucht hätte), verstand er einfach nicht. In jedem Fall war es bei all der Tragik sehr interessant zu beobachten, wie unterschiedlich sich unser Sohn in der Schule im Unterricht präsentierte. Von kompletter Abwesenheit bis hin zu absolutem Engagement war alles dabei, aber selten etwas dazwischen. Für die Lehrkräfte war Sebastian ein Phänomen. Sie wollten ihn so gerne unterstützen, aber sie schafften es nicht, denn es lag am System Schule, welches ihn einfach behinderte, bis er schließlich irgendwann aufgab.

DIE AUFGABE VON LEHRKRÄFTEN

Schauen wir uns die Lehrkraft als Berufsbild noch einmal genauer an. Was sind ihre Aufgaben in Bezug auf Schule? Dazu ein Auszug aus der gemeinsamen Erklärung der Präsidenten der Kultusministerkonferenz und der Vorsitzenden der Bildungs- und Lehrkräfte-Gewerkschaften sowie wie des DGB und des DBB aus dem Jahr 2000: „Lehrerinnen und Lehrer sind Fachleute für das Lernen. Ihre Kernaufgabe ist die gezielte und nach wissenschaftlichen Erkenntnissen gestaltete Planung, Organisation und Reflexion von Lehr- und Lernprozessen sowie ihre individuelle Bewertung und systemische Evaluation. Sie vermitteln grundlegende Kenntnisse und Fertigkeiten in Methoden, die es dem Einzelnen ermöglichen, selbstständig den Prozess des lebenslangen Lernens zu meistern. Die Qualität einer guten Schule und die Wirksamkeit eines guten Unterrichts werden entscheidend durch die professionellen und die menschlichen Fähigkeiten von Lehrerinnen und Lehrern geprägt. Für die berufliche Arbeit sind umfassende fachwissenschaftliche wie auch pädagogisch-didaktische und soziologisch-psychologische Kompetenzen sowie kommunikative und soziale Fähigkeiten erforderlich. Schülerinnen und Schüler müssen spüren, dass ihre Lehrerinnen und Lehrer ‚ein Herz' für sie haben, sich für ihre individuellen Lebensbedingungen und Lernmöglichkeiten interessieren und sie entsprechend fördern und motivieren, sie fordern aber nicht überfordern. Verantwortung, Bereitschaft und glaubwürdiges Handeln aller Lehrerinnen und Lehrer auch für ein gutes Schulklima und ein partnerschaftliches Schulleben sind dafür förderliche Voraussetzungen. Dafür ist die praktische Zusammenarbeit der Lehrenden erforderlich und notwendig, insbesondere auch bei der glaubwürdigen Vermittlung von Teamfähigkeit bei den Lernenden" (19).

Zusammenfassend ist die Aufgabe der Lehrkraft also die Vermittlung von Kenntnissen und Fertigkeiten, die es dem Einzelnen ermöglicht, selbstständig den Prozess des lebenslangen Lernens zu meistern. So weit, so gut. Doch wo ist hier der wichtige Punkt der Lösungsorientierung? Denn Unterricht wird in der Schule oft gestaltet als das sture Auswendiglernen von bestehendem Wissen, welches den Schülern seit Jahrzehnten wieder und wieder präsentiert wird. Es ist selten Zeit vorhanden, eigene Lösungen zu finden und zu erproben. Die akribisch vom

Lehrplan vorgegebene Struktur ginge verloren. Denn schließlich soll Schule alle Schüler abholen und in einem festgelegten Zeitplan die vorgefertigten Inhalte vermitteln. Da bleibt wenig Raum für Kreativität. Lösungsstrategien, die Grundlage des lebenslangen Lernens sind und im späteren Leben notwendig wären, bleiben auf der Strecke. Dabei wäre ein fächerübergreifender Unterricht sinnvoller, wenn man bedenkt, dass gleiche Lerninhalte wie z. B. das Thema Martin Luther in einem Schuljahr Inhalt des Religionsunterrichtes sind und innerhalb des gleichen Halbjahres in Geschichte und Gesellschaftslehre noch einmal durchgenommen werden. Wo bleibt da die Effizienz? In alternativen Schulmodellen, wie beispielsweise in Montessori-Schulen, werden thematische Zusammenhänge in übergreifenden Unterrichtskonzepten umgesetzt. Privatschulen können sich aber nicht alle Familien leisten. Doch auch im staatlichen Schulsystem gibt es neue Ansätze, wie ich anhand eines Hospitationsberichtes in Kapitel 9 aufzeige.

Weiterhin wird erwähnt, dass Schüler spüren müssen, dass Lehrkräfte sich für die individuellen Lebensbedingungen und Lernmöglichkeiten interessieren und sie entsprechend fördern und fordern, aber nicht überfordern sollen. Das ist ein schwieriges und kaum lösbares Unterfangen, wenn man bedenkt, dass sich 25 bis 30 Individuen mit ihren jeweils speziellen Bedürfnissen in einer Klasse als Zwangsgemeinschaft wiederfinden. Das mag in der Grundschule noch möglich sein, wenn der Klassenlehrer oder die Klassenlehrerin nahezu jedes Unterrichtsfach unterrichtet und er/sie eine gewisse Nähe und Verbundenheit zu seinen/ihren Schützlingen herstellen kann. Doch das Vorhaben wird ad absurdum geführt, wenn in der weiterführenden Schule der Fachunterricht einzieht und die Lehrkräfte ihre Schüler unter Umständen lediglich 2 Stunden in der Woche sehen. Wie soll da das Interesse für die individuellen Lebens- und Lernbedingungen gelebt werden? Es ist einfach keine Zeit für so etwas. Das Durchpauken der Lerninhalte, die Prüfungen sowie die Vergabe von Noten auf die erbrachten Leistungen stehen im Vordergrund. Letztendlich muss jeder sehen, ganz gleich, ob Schüler oder Lehrkraft, wo sie bleiben, während beide die Luft anhalten, dass nichts Außergewöhnliches passiert. So gesehen ist den Lehrkräften kein Vorwurf zu machen, wenn sie diesen Anforderungen nicht gerecht werden können. Die Rahmenbedingungen sind dafür einfach nicht vorhanden. Das sollte der Kultusministerkonferenz eigentlich

klar sein. Daher wird es höchste Zeit, das gesamte Schulsystem auf den Prüfstand zu stellen, für kleinere Klassen zu sorgen, den Lehrplan gründlich zu verschlanken und die Dichte an Fachlehrkräften für jede Klasse zu reduzieren, was auch Lehrerverbände seit Langem fordern. Erst dann kann sich die Zwischenmenschlichkeit, das „Herz" für die Schüler, wie in der Erklärung beschrieben ist, sich wieder entfalten und mit Leben füllen, da echte Beziehungen aufgebaut werden können. Erst dann ist ein individuelles Eingehen auf die jeweiligen Bedürfnisse möglich. Und zwar in staatlichen Schulen. Lisa, die Haupt- und Realschullehrerin ist, benennt ihre wichtigste Aufgabe als Lehrerin: „Mir ist es am wichtigsten, eine wertschätzende Atmosphäre zu schaffen, in der Kinder Spaß am Lernen haben und sie dabei zu unterstützen, eine eigene Persönlichkeit zu entwickeln." Wie dies mit anderen neuen und modernen Konzepten gelingen könnte, darauf gehe ich in Kapitel 7 noch näher ein.

Bisher sprach ich lediglich vom normalen Schulalltag, ohne die besonderen Anforderungen an Minder- oder Hochbegabung zu berücksichtigen, die noch hinzukommen. Denn diese toppen das bereits vollgestopfte und aufgeblähte System und bringen zusätzliche Schwierigkeiten hinein. Natürlich ist eine Lehrkraft niemand, die Hoch- oder Minderbegabung zu 100 % Prozent auffangen kann. Dafür ist sie zu wenig geschult. Und es ist auch nicht ihre Kernaufgabe, wie Prof. Dr. Detlev H. Rost, der Initiator einer Hochbegabten-Langzeitstudie, klarstellt. Er schreibt zu der Aufgabe der Lehrkraft Folgendes: „Eine vernünftige Aus-, Fort- und Weiterbildung von Lehrkräften ist das Fundament jedweder effektiven Hochbegabtenförderung. Die Aus-, Fort- und Weiterbildung von Lehrkräften sollte sich auf das eigentliche „Geschäft" und das Tätigkeitsfeld des Lehrens zentrieren: Pädagogik und Didaktik, besonders was die sog. innere Differenzierung betrifft. Weiterhin sollte erreicht werden, dass Lehrkräfte eine gewisse Sensibilität für Anzeichen, die auf das Vorliegen einer Hochbegabung deuten könnten, entwickeln. Und sie sollten diagnostischen Fragestellungen und ggf. der Notwendigkeit zu weiterführenden diagnostischen Untersuchungen aufgeschlossen gegenüberstehen. Sie brauchen und sollten nur so viele diagnostische Kenntnisse zu erwerben, dass sie im diagnostischen Ernstfall mit Fachleuten, also mit Psychologen/Psychologinnen, kommunizieren und kooperieren können" (20).

Rost bringt es auf den Punkt. Es sind in der Tat oft nur wenige Fakten, die eine Lehrkraft wissen muss, um eine mögliche Hochbegabung aufzudecken. Es geht, wie er sagt, nicht darum, ein fertiges Konzept zur Hand zu haben, um Hochbegabte bestmöglich zu fördern. Das wird er bei einem Minderbegabten auch nicht haben. Aber wenn Anzeichen für eine Hochbegabung deutlich werden, dann sollte eine Lehrkraft sie als solche erkennen und weitere Maßnahmen ergreifen können. Doch die vorherrschende Meinung: „Wir müssen uns um die Schwächeren kümmern, die Starken kommen schon so mit" steht dem im Weg. Viele glauben, besonders intelligente Kinder würden keine besondere Unterstützung benötigen. Dass diese dabei aber auch auf der Strecke bleiben, wird nicht erkannt oder überhaupt erst vermutet. Hier muss sich die Einstellung zu dem Thema grundlegend ändern. Angehende Lehrkräfte müssen dafür sensibilisiert werden, Anzeichen für Hochbegabung zu erkennen. Dabei sollten sie ihr eigenes Ego zur Seite schieben, welches flüsternd einwerfen könnte, dass der Schüler etwas Besseres sei und sie insgeheim den Verlust ihrer Autorität befürchten. Denn darum geht es hier keinesfalls. Martin Wadepohl, Vorsitzender des Regionalverbands Bayern der DGhK, formuliert es wie folgt: „Die Leute und das Bildungssystem denken, wer hochbegabt ist, habe keine Probleme." Inklusion müsse nach unten und oben gedacht werden, Lehramtsstudierende sollten verpflichtend Hochbegabung im Studium behandeln, nur so kann sie erkannt und gefördert werden. Doch die Realität sind volle Klassenzimmer und niedrige Betreuungsschlüssel (21).

Lehrkräfte müssen einfach wissen, was passiert, wenn Hochbegabte nicht entsprechend gefördert und gefordert werden. Sie müssen wissen, welcher Teufelskreis sich für das spätere Leben ihrer Schützlinge zusammenbraut. Denn die besonderen Lernbedürfnisse von hochbegabten Kindern gehen aus ihren Stärken hervor. Sie haben außergewöhnliche Anforderungen, daher benötigen sie auch außergewöhnliche Maßnahmen – wobei dies ebenso für die Minderbegabung gilt (22). Dies sollte Inhalt der Lehramtsausbildung sein, genauso wie es Themen zu Lernschwierigkeiten und Verhaltensauffälligkeiten heute schon sind. Den Lehrkräften ist hier kein Vorwurf zu machen, das möchte ich klarstellen. Sie geben nur das weiter, was ihnen selbst gelehrt wurde und sind dem Curriculum der Lehrerausbildung ausgeliefert im Vertrauen, das optimale Rüstzeug für ihre spätere

Arbeit zu erhalten. Sie tun engagiert, was sie können, erfahren dann aber oft genug Ernüchterung in der Praxis. Kritisch wird es meines Erachtens nur, wenn die Offenheit und Akzeptanz für die Themen fehlen, die kein Inhalt des Studiums waren, oder wenn persönliche Vorbehalte, wie sie des öfteren gegenüber Hochbegabten existieren, gezielte Hilfestellungen für die Betroffenen unmöglich machen.

Felix R. Paturi greift in seinem Buch „Denken unerwünscht" (23) die größten Problematiken in Schulen auf. Provokant formuliert, aber doch erschreckend ehrlich und sachlich fundiert legt er den Finger in die offenen Wunden. Meines Erachtens sollte dieses aufwühlende Buch Pflichtlektüre für die Weiterbildung jeden Lehrers sein, denn hier finden sich Erfahrungsberichte von Hochbegabten, die von ihrer Schulzeit wenig Positives berichten. Und immer wieder steht der Vorwurf im Raum: „Hätte man meine Hochbegabung schon früher erkannt, wäre mir vieles erspart geblieben." Ich ergänze: wenn es zu diesem Zeitpunkt schon eine entsprechende schulische Förderung und Forderung gegeben hätte. Paturi hat eine bemerkenswerte, aber doch recht einfache und übersichtliche Tabelle erstellt, die ich hier gerne abbilden möchte, weil ich sie so fundamental wichtig finde. Diese Gegenüberstellung von Eigenschaften eines normalbegabten und eines hochbegabten Schülers sollte jede Lehrkraft kennen und verinnerlichen. Sie ist der erste Schritt, um Hochbegabung zu erkennen. Und wie du vielleicht erraten kannst, erkenne ich fast zu 100 % darin unseren Sohn wieder, was die Sache für mich im Nachhinein noch tragischer macht.

Diese Tabelle ist nicht schwarz/weiß zu sehen, gibt es doch vielfältige Ausprägungen davon. Paturi beschreibt dies eher als Grundtypen, an denen meiner Meinung nach ein erster Eindruck sehr gut gelingt. Umso erstaunter war ich, dass es in der Tat so einfach auf den Punkt zu bringen ist, auf nur einer Seite in seinem Buch. Und trotzdem ist dies kein Inhalt der Lehrerausbildung. Bekäme jede Lehrkraft in der Ausbildung während des Studiums diese Tabelle an die Hand, wäre es um einiges leichter, Hochbegabte und überdurchschnittlich Begabte, die mit ihrem andersartigen Denken und Verhalten auch dazu gehören, zu entdecken.

Hier also ein paar Auszüge der Gegenüberstellung, die sich bei Paturi in seinem Buch auf Seite 23/24 befindet (23).

- Normalbegabte Schüler lernen, um gute Leistungen zu erbringen. Hochbegabte Schüler lernen aus Neugier und nach ihrem Interesse. Sie richten sich selten nach dem Schulstoff.
- Normalbegabte akzeptieren den Schulstoff und beantworten die Fragen des Lehrers. Hochbegabte hinterfragen die Vorgaben und antworten mit Diskussionen, die bis ins Detail gehen können.
- Normalbegabte erledigen Aufgaben gewissenhaft, während Hochbegabte lieber eigene Projekte initiieren.
- Normalbegabte lernen anhand von Fallbeispielen, während Hochbegabte sich davon gelangweilt fühlen. Sie suchen lieber selbst nach Gesetzmäßigkeiten und erkennen diese auch schnell.
- Normalbegabte Schüler arbeiten mechanisch und kopieren das Wissen möglichst genau. Hochbegabte Schüler verabscheuen das Kopieren. Sie denken lieber kreativ, spielen herum und erfinden Neues.
- Normalbegabte Schüler folgen dem Unterricht aufmerksam. Hochbegabte reagieren auf den Unterricht emotional in alle Richtungen, von störend bis apathisch.
- Normalbegabte Schüler sind leistungsorientiert und freuen sich über gute Zensuren. Für hochbegabte Schüler sind Bewertungen eher sekundär, dafür sind sie zu selbstkritisch.
- Normalbegabte Schüler passen sich gut in die Gruppenstruktur ein. Hochbegabte Schüler sind oft Einzelgänger, die ihre intellektuelle Freiheit brauchen und nach Systemunabhängigkeit streben.
- Normalbegabte Schüler denken Schritt für Schritt. Hochbegabte Schüler assoziieren, denken komplex und ohne feste Reihenfolge.

Das Erkennen und Deuten der Auffälligkeiten wäre der erste wichtige Schritt, die Situation richtig einzuschätzen und weitere hilfreiche Maßnahmen einzuleiten. Zum Beispiel eine Begabungsdiagnostik durchführen zu lassen und daran anschlie-

ßend spezielle Förderungen und ein individuelles Eingehen auf den Schüler zu ermöglichen. Stärken stärken, Potenziale erkennen, sie wertschätzen und fördern würden dann den Unterricht begleiten.

Auch Detlef H. Rost und Jörn R. Sparfeldt bringen ihre Erkenntnisse ihrer Langzeit-Hochbegabten-Studie in einem Fachartikel auf den Punkt. Sie beschreiben, wie man hochbegabte Schüler erkennt, und haben dafür sogar ein Modul für die Lehrerausbildung entwickelt. Diese wird an ausgewählten Stellen in Deutschland eingesetzt, doch flächenübergreifen ist dies noch nicht angekommen. Rost schreibt: „Die Schülerin bzw. der Schüler zeigt besondere (intellektuelle) Leistungen in außerschulischen / außerunterrichtlichen Bereichen. Die Schülerin bzw. der Schüler hat sehr gute Leistungen in der Vergangenheit (Grundschule) erbracht, es ist danach jedoch ein massiver Leistungseinbruch erfolgt. Damit sind weder der ‚übliche‘ Leistungsknick beim Übergang in weiterführende Schulen noch der häufig in der Pubertät zu beobachtende vorübergehende Leistungsabfall gemeint. Die Schülerin bzw. der Schüler fällt bei der Einführung neuer Unterrichtsthemen besonders positiv auf (schnelle Auffassungsgabe), scheint aber im weiteren Unterrichtsverlauf ‚abzuschalten‘. Die Schülerin bzw. der Schüler passt nicht auf oder ist abwesend, bringt aber dann und wann (insbesondere bei schwierigen Themen) auffallend gute Beiträge. Die Schülerin bzw. der Schüler meldet sich nicht im Unterricht, weiß aber die richtige Antwort, wenn man nachfragt. Eltern, Nachbarn oder andere Bezugspersonen beobachten trotz schlechter Schulleistungen besondere Fähigkeiten und Expertise" (24).

Mittlerweile bin ich der Meinung, dass jeder Hochbegabte der Förderung bedarf, und zwar von Anfang an, ab dem Eintritt in die Schule, vielleicht sogar bereits ab der Vorschule. Nur so lernen Hochbegabte Lernstrategien, üben durchzuhalten und erleben wirkliche Erfolgserlebnisse. Das ist speziell bei den Kindern wichtig, denen sonst alles zufällt. Paturi geht sogar noch einen Schritt weiter und empfiehlt IQ-Testungen für alle Kinder. So könnten Kinder von Anfang an entsprechend gefördert und gefordert werden und viele Diskussionen auch mit Eltern vermieden werden. Zu dieser interessanten und sicher sehr hilfreichen Möglichkeit gibt es bestimmt kritische Meinungen, und selbst ich bin unentschlossen, ob dies ein

sinnvoller Weg wäre. Wenn du dich dafür interessierst, empfehle ich weiterführend die Lektüre seines Buches „Denken unerwünscht" (23). Paturi begründet in diesem seinen Vorschlag sehr detailliert und räumt Bedenken aus. Schließlich muss jeder angehende Schüler einen Schuleignungstest „bestehen", warum dann nicht einen IQ-Test integrieren, der das Erkennen von hochbegabten Schülern direkt möglich macht. Auch in die andere Richtung blickend könnte dies falsche Hoffnungen seitens der Eltern auf eine akademische Laufbahn bereits von Anfang an abfangen und dem Schüler eine glückliche Schullaufbahn ermöglichen, die optimal zu seinen Möglichkeiten passen würde und ihn nicht überforderte. Zudem könnte es den Wettbewerbsgedanken einiger Schüler wecken, doch besser zu sein als „die Hochbegabten", wodurch sie sich selbst zu Hochleistern motivieren könnten. Andererseits würde diese Vorgehensweise eine künstliche Trennung von Schülern begünstigen, die sich negativ auf das Zusammenleben in einer Klasse auswirken könnte, vor allem, wenn die Ergebnisse den Eltern mitgeteilt würden.

Diese Überlegungen möchte ich an dieser Stelle beenden, denn vielmehr fände ich es sinnvoll, das Schulsystem aufzubrechen und neu zu gestalten. Das würde den Raum für individuelle Förderung in jede Richtung öffnen und die Lehrkraft als Lernbegleiter und Coach sehr nahe an das Potenzial der einzelnen Schüler bringen. Auf diese Möglichkeiten sowie das Schulsystem als solches gehe ich in Kapitel 7 näher ein.

APATHIE STATT UNRUHESTIFTER

Ich bin mir sicher, wären unsere Lehrkräfte für Signale einer möglichen Hochbegabung sensibilisiert gewesen, hätten sie uns bestimmt früher in diese Richtung beraten und evtl. eine gründliche Begabungsdiagnostik empfohlen. Doch so blieb es bei der Erstellung von Förderplänen und dem Blick auf die Defizite, die offensichtlich waren. Die Meinung war stets, dass Sebastian Förderung benötigt, was ja auch stimmte. Doch leider nicht in der Form, wie es von den Lehrern vorgeschlagen wurde. Im Gegenteil, Sebastian ignorierte die Förderpläne weitestgehend.

Bei einem der Elterngespräche im 8. Schuljahr sprach uns dann der Klassenlehrer an. Er äußerte die Vermutung seiner Kollegen, dass möglicherweise ein ASS vorliegen könnte. Das jedenfalls würde seine Apathie im Unterricht erklären und dass er auf Nachfragen nicht reagiere. In der Tat formulierten sie einen Verdacht, den wir schon länger mit uns herumtrugen und über den ich mich bereits informiert hatte. Sebastian durchlief zu dieser Zeit eine körperliche Veränderung, die Pubertät. Er beklagte sich zunehmend über eine innere Unruhe und Zittern. Wir vermuteten, dass sich mit Einsetzen der Pubertät das ADHS und damit die Wirkweise der Medikamente veränderten. Nach dem Absetzen fühlte er sich besser und versuchte, seine innere Unruhe und die innere Anspannung, die ihn trotzdem noch plagten, durch Sport zu bewältigen. Das gelang ihm auch, doch die schulischen Leistungen wurden zusehends schlechter. Es zeichnete sich ab, dass er die 8. Klasse kaum schaffen würde, und so suchten wir den Kinderarzt auf. Wir überlegten gemeinsam, was zu tun wäre hinsichtlich der Medikation. Zeitgleich beantragten wir eine weitere Diagnostik, dieses Mal bezüglich ASS, um dies klinisch abklären zu lassen. Im zweiten Halbjahr erhielt Sebastian zunächst ein neues Medikament in einer anderen Dosierung und mit Retard-Wirkung. Das bedeutet, dass sich die Wirkstoffe innerhalb eines längeren Zeitraums nach und nach entfalten und das Medikament somit ein paar Stunden länger wirkt. Leider bekam er davon Kopfweh, ihn plagte Übelkeit und er wurde sehr müde. Auch nach einer Eingewöhnungszeit blieben diese Beschwerden bestehen. Nachmittags ging es ihm so schlecht, dass er einfach nur antriebslos war. Ebenfalls äußerte er, dass er mit dieser Antriebslosigkeit auch vormittags kämpfe. Also wechselten wir nach knapp 2 Monaten auf ein anderes

Medikament, welches er wesentlich besser vertrug. Nach dem ersten Tag kam er aus der Schule und berichtete, wie gut es ihm mit dem neuen Medikament gehen und er sich viel besser fühlen würde. Und tatsächlich stellte sich wieder eine Verbesserung seiner Schulleistungen ein. Es fiel ihm leichter, dem Unterricht zu folgen und er war von den Lehrern besser ansprechbar, was sie uns auch zurückmeldeten. Dies hielt bis zu den Sommerferien an, doch dann setzten erneut Nebenwirkungen ein. Sebastian beklagte sich wieder über Zittern und Anspannung, sodass wir die Medikamente komplett und für immer absetzten.

Trotz all der Experimente mit der richtigen Medikation hat es Sebastian jedoch zu einem positiven Punkt verholfen. Sein Klassenlehrer setzte sich dafür ein, dass unser Sohn pädagogisch versetzt werden konnte. Diese Versetzung wird selten genehmigt, denn es müssen sehr gute Gründe dafür vorliegen. Die Medikationsgeschichte und der Umstand, dass Sebastian durch den Medikamentenwechsel letztendlich wieder besser mitarbeitete und seine Noten sich zum Schuljahresende verbesserten, überzeugten die Lehrerkonferenz, ihm diese zu gewähren. So waren wir sehr glücklich und dankbar, dass Sebastian im Klassenverbund bleiben konnte. Sebastians Pubertät schritt voran und er veränderte sich grundlegend in dieser Zeit. Es passierte innerhalb weniger Wochen, dass unser sonst so körperlich unruhiger und oft anstrengender Sohn immer ruhiger wurde. Sein ganzes Wesen veränderte sich und seine Aufgeregtheit wandelte sich in tiefste Entspanntheit. Bis heute ist er die tiefenentspannteste Person, die wir kennen. Während andere Kinder in der Pubertät so richtig aufdrehen, aggressiv werden, ihre Ausfälle haben, aufgebracht sind und Türen knallen, war Sebastian immer die Ruhe selbst. Kein lautes Wort kam über seine Lippen und war nie frech zu uns oder anderen. Seine Ehrlichkeit war wie immer gnadenlos auf den Punkt und er strahlte eine tiefe Ruhe aus. Zwar beschwerte er sich weiterhin über eine innere Anspannung, die er aber mit Fitnesstraining gut in den Griff bekam. Dies absolvierte er stets in seinem Zimmer, machte Liegestützen, arbeitete mit Hanteln und hielt sich fit. Fitnessstudio oder Vereinssport lehnte er ab. Er fuhr höchstens eine Runde mit dem Fahrrad oder traf sich mit ein paar Freunden aus seiner Klasse, wenn auch selten und sporadisch. Einmal zu Halloween klingelte es an der Haustür. Es waren Schulkameraden aus der Grundschule. Sebastian ließ sich überreden, um die Häuser zu ziehen. Ich war glücklich, dass er endlich aus dem Haus ging, um „normale“ Dinge zu tun, die man in diesem Alter unternimmt als Jugendlicher. Und ich war aufgeregt, weil ich mir sofort Sorgen machte. Schließlich war ich es nicht gewohnt, dass unser Sohn abends aus dem Haus geht. Doch nach einer Stunde klingelte es an der Tür und er stand davor. Ich fragte verwundert, ob die anderen denn auch schon nach Hause gingen, da sagte er, nein, es hätte ihm keinen Spaß gemacht. Es wäre langweilig gewesen und er hätte gar nicht gewusst, worüber er sich unterhalten solle. Er würde das nicht brauchen. Also blieb es bei dieser einmaligen Erfahrung.

Als die Schule nach den Sommerferien wieder startete, begannen die ersten Termine im sozialpädiatrischen Zentrum in Marburg, um eine weitere Diagnostik durchführen zu lassen. Wir wollten wissen, ob sich der Verdacht des Vorliegens einer Autismus-Spektrum-Störung bewahrheitet.

Ich glaube, kein anderes Thema ist so vielfältig wie dieses, obwohl es nah an die Vielfältigkeit eines ADHS herankommt. Das ist jedenfalls der Eindruck, den ich in meinen Recherchen gewann. Trotzdem ist eine Verwechslungsgefahr zu anderen Störungen ständig präsent und wir bewegen uns wieder einmal im Dunstkreis der Doppel- und Fehldiagnosen, worauf ich in Kapitel 9 eingehe. Es ist so wichtig, dass ich das wieder und wieder betone, denn letztendlich liegt darin unser Leidensweg begründet, der sich fast ein junges Leben lang hinzog. Es gab eine Zeit, in der viele von Modediagnosen sprachen. Erst war es ADHS und kurz danach der ASS. Es geht sogar so weit, dass es Empfehlungen unter der Hand gibt, welche Klinik man speziell aufsuchen sollte, um nahezu sicher eine entsprechende Diagnose zu erhalten – so sagte es uns ein Kinder- und Jugendpsychologe in einer Diagnostik. Das zeigt eine der Problematiken in der klinischen Diagnostik. Viel zu vielen Kindern und Jugendlichen wurden ADHS-Medikamente verabreicht, damit sie im System (Schule) funktionieren und weniger auffallen. Doch selten wird die Frage gestellt, ob es nicht das System ist, das krankt. Es ist immer eine Frage des Blickwinkels. Dieser orientiert sich an gesetzlichen Grundlagen, medizinischen Definitionen und dem gesellschaftlichen Umgang damit. In diesem System bewegen wir uns und sollen funktionieren. Wenn etwas außerhalb der Norm ist, muss es krank sein und therapiert werden.

Nun möchte ich aus der Autismus-Spektrum-Störung keine Lappalie machen. Es ist wichtig, dass autistische Menschen die Möglichkeit auf für sie passende Umgebungen erhalten und entsprechende Unterstützung bekommen. In diesem Spektrum existierte bis 2022 der Asperger Autismus, der als Randerscheinung, eine Art „unsichtbarer Autismus", beschrieben wird (25). Das bedeutet, dass Menschen mit dieser Art von Herausforderungen bei der Verarbeitung von Reizen haben und sensorisch überempfindlich sind. Hinzu kommen Schwierigkeiten in sozialen Beziehungen. Das ist allen Menschen, die eine Autismus-Spektrum-Störung haben, gemein. Der Unterschied bei diesen Autisten ist, dass sie nach Außen normal wirken. Die Störung ist nicht sichtbar.

Sogar für Fachleute ist eine leichtere Form des Autismus oft kaum zu erkennen, da die Betroffenen sich nach und nach an die sozialen Anforderungen anpassen und das soziale Miteinander bis zu einem gewissen Grad erlernen. Somit könnte man sagen, dass Autisten gute Schauspieler sind (25). Wie mühsam das sein muss und wie sehr sie darunter leiden, kann man sich jedoch nicht vorstellen. Ebenfalls kann der Schulbesuch für sie überfordernd sein, da sie einerseits den Lernstoff lernen und andererseits die sozialen Regeln verinnerlichen müssen, um nicht aufzufallen und ihrem Wunsch zu entsprechen, dazu zu gehören. Unser Sohn klagte in der Schulzeit oft über eine innere Angespanntheit und ein körperliches Zittern, die er vor allem mit Sport als Ausgleich in den Griff bekam. Dass dies eine Folge dieser Anpassungsleistung war, ist nur eine Vermutung.

DIE ENTDECKUNG DES ASPERGER AUTISMUS

Der Wiener Kinderarzt Hans Asperger (1906–1980) untersuchte Kinder mit ausgeprägter Störung im Sozialkontakt und bezeichnete diese als autistisch. Damit beschrieb er Kinder mit einem auffälligen Sozialverhalten und Problemen in der interpersonellen Kommunikation. Bei ihnen war „keine Verzögerung der Sprachentwicklung oder qualitative intellektuelle Auffälligkeiten festzustellen. Seine Patienten zeigten durchgehend umschriebene Interessen und Aktivitäten, die einen Großteil ihrer Zeit und Energie in Anspruch nahmen (...) zwischen 1950 und 1970 wurde Aspergers Arbeit in deutschsprachigen Ländern sowie in Holland und Russland bekannt." (26) Heute spricht man in den Klassifikationssystemen zur Einordnung psychischer Erkrankungen nicht mehr vom Asperger Autismus, denn: „Im DSM-5 und der ICD-11 (gültig ab 2022) wird nicht mehr zwischen Autismus-Subtypen unterschieden und damit auch der Begriff Asperger-Syndrom aufgegeben. (...) Grund hierfür ist die zunehmende Erkenntnis in der Wissenschaft, dass eine klare Abgrenzung von Subtypen nicht möglich ist – und man stattdessen von einem fließenden Übergang zwischen verschiedenen individuellen Ausprägungen des Autismus ausgehen sollte" (27).

Folgende Eigenschaften für Menschen mit einer leichten Form der Autismus Spektrum Störung lassen sich zusammenfassen (Auszug (28)):

- Menschen mit dieser Störung finden den Kontakt mit anderen Leuten und den Aufbau von Beziehungen schwierig.
- Sie verstehen soziale Signale nicht gut, z. B. Anzeichen von Interesse oder Desinteresse beim Gegenüber.
- Sie haben gute sprachliche Fähigkeiten, aber oft Schwierigkeiten mit den sozialen Aspekten der Kommunikation.
- Oft verarbeiten sie Sinnesreize anders.
- Oft haben sie intensive (manchmal sehr spezielle) Interessen und ein Bedürfnis nach Beständigkeit und Vorhersagbarkeit.
- Sie haben Schwierigkeiten, „zwischen den Zeilen zu lesen", also das zu verstehen, was nicht direkt gesagt, sondern nur angedeutet wird.
- Oft zeigen sie selbst wenig Mimik und verwenden wenig Gestik.
- Wegen des mangelnden Blickkontakts und der reduzierten Körpersprache wirken sie möglicherweise distanziert, desinteressiert, abweisend, gefühllos oder schüchtern, obwohl sie vielleicht interessiert zuhören und gern Kontakt aufnehmen würden.
- Sie neigen dazu, sehr ehrlich und direkt zu sein, was auf andere unangemessen oder unhöflich wirken kann.
- Sie verstehen die „ungeschriebenen Regeln" nicht, die die meisten nicht-autistischen Menschen verstehen, ohne je darüber nachzudenken.
- Sie finden es häufig schwierig, Kontakt zu anderen Leuten auf eine sozial übliche Art aufzunehmen.
- Sie finden es schwierig, sich vorzustellen, wie es anderen gerade geht, wie viel sie über ein Thema wissen oder ob sie überhaupt daran interessiert sind.
- Sie haben oft ein Bedürfnis nach Beständigkeit, Routine und Struktur. Veränderungen, selbst kleine Änderungen im Tagesablauf oder in der Umgebung können Stress auslösen und zu Überforderung führen.

Es gibt noch viele weitere Symptome, die auf eine ASS schließen lassen. Diese findest du im zitierten Link. Ein wichtiger Aspekt ist, dass viele dieser Menschen ebenfalls hochbegabt sind. „Oft verfügen Kinder mit Asperger-Syndrom über ein hohes Sprachniveau und eine normale bis überdurchschnittliche Intelligenz" (29). Einige davon sind inselbegabt, was bedeutet, dass sie auf einem Gebiet eine extreme Begabung haben. „50 Prozent der bekannten Inselbegabten sind Autisten. Sie können sich eventuell nicht allein anziehen, können aber komplette Telefonbücher sowie Lexika auswendig lernen" (30). Das Schöne und Ermutigende ist, dass es mittlerweile Institutionen gibt, die Autisten in Arbeitsplätze vermitteln, die ihren Bedürfnissen gerecht werden und bei denen ihre speziellen Eigenschaften geschätzt werden.

Auf der Suche nach der Wahrheit hätte ich damals bei der aufgeführten Liste bei Sebastian hinter jedem Punkt einen Haken machen können. Wenn ich seine „autistischen Eigenschaften" ausführlich hätte beschreiben müssen, könnte ich viele Seiten füllen. In dieser Zeit las ich sehr viel darüber und studierte alle möglichen Symptome. Immer wieder erkannte ich Sebastian darin. Doch gleichzeitig war ich erstaunt darüber, wie viele Symptome sich mit denen des ADHS überschnitten. Das fand ich gravierend und ich konnte mir vorstellen, dass eine eindeutige Diagnostik, die lediglich auf Beobachtungen beruht, schwer sein müsse. Dass zudem die Symptome einer Hochbegabung das Bild noch undurchsichtiger machen können, war mir zum damaligen Zeitpunkt nicht bewusst, da wir bei Sebastian nicht von einer Hochbegabung ausgingen. Also schwankte ich zwischen ADHS und ASS und war persönlich überzeugt davon, dass beides zutreffen müsse. Die Empfehlung seitens der Lehrkräfte für eine Diagnostik verfestigte meinen Verdacht, dass bei Sebastian eine solche Störung wirklich vorliegen könnte. So beschlossen wir, ihn daraufhin untersuchen zu lassen. Nach einer erneuten körperlichen Untersuchung erfolgten einige Gespräche sowie ein weiterer Intelligenztest. Unser Sohn hatte sichtlich keine Lust auf diese klinischen Termine, aber er zog es geduldig mit uns gemeinsam durch. Beim Abschlussgespräch teilte uns der Psychologe mit, dass Sebastian normal intelligent sei und dass ein ADS vorliegen würde. Die Hyperaktivität, die vormals diagnostiziert wurde, schloss er jetzt aus, was wir bestätigen konnten. Eine Autismus-Spektrum-Störung verneinte er

jedoch, da er im direkten Kontakt keine Einschränkungen zeigte und dies somit nicht vorliegen könne. Abschließend fragte er Sebastian, was er abschließend von der Diagnostik halten würde. Sebastian entgegnete trocken: „Sie sehen mich hier nie wieder." Um es vorwegzunehmen: Nur ein Jahr später wunderte sich eine andere Psychologin, die ihn sechs Wochen während seiner Reha beobachtete, dass keine ASS-Diagnose ausgestellt wurde. Es wäre offensichtlich, dass dies der Fall wäre. Dies zeigt deutlich, wie sehr die Meinungen und Einschätzungen der Fachleute auseinanderliegen können. Ein weiterer interessanter Aspekt ist, dass Sebastian in dieser Diagnostik als „normal begabt" getestet wurde. Sebastian absolvierte den Test sehr widerwillig und hatte keine Lust darauf. Das spiegelte sich in seinen Ergebnissen wider. Diese nach unten zu beeinflussen ist kein Problem, denn es hängt vor allem auch mit der persönlichen Motivation und der Tagesform zusammen. Die IQ-Werte absichtlich nach oben zu schieben, gelingt hingegen nicht.

Also waren wir nach der Untersuchung auf dem gleichen Stand wie zuvor. Wir bedauerten jedoch als Eltern, dass wir unserem Sohn eine weitere Diagnostik zugemutet hatten. Welches Gefühl an Falschsein, Anderssein und Kranksein diese bei einem Jugendlichen hinterlässt, möchte ich mir nicht ausmalen. Doch wir versuchten ihn immer spüren zu lassen, dass er besonders ist und wir ihn so lieben, wie er ist. Wir ermutigten ihn stets, dass er seinen Weg finden wird, auch wenn dieser anders als für viele andere Menschen verlaufen wird. Wie sehr sich dieses bewahrheiten würde, ahnten wir zu diesem Zeitpunkt noch nicht.

KAPITEL 5: **PUBERTÄT**

„Du kannst deinen Kindern deine Liebe geben,
nicht aber deine Gedanken. Sie haben ihre eigenen."

Khali Gibran, Dichter, Philosoph und Maler (1883–1932)

ICH KANN NICHT MEHR

Sebastian wurde also pädagogisch versetzt, was bedeutete, dass er in seiner Klasse bleiben konnte. Die Medikamente hatte er zwischenzeitlich abgesetzt, da er sie nicht mehr wollte und vertrug. Das neunte Schuljahr startete ebenso holprig wie das Schuljahr zuvor endete. Ein Klassenlehrer-Wechsel erfolgte, was bedeutete, dass Sebastian wieder von vorne beginnen musste und zunächst keinen Fürsprecher hatte, der ihn wirklich gut einschätzen konnte. Das System in diesem Gymnasium sah vor, dass alle 2 Jahre ein neuer Klassenlehrer die Klasse übernimmt. Der Neue war gleichzeitig sein Mathelehrer, zu diesem hatte Sebastian jedoch keinen Draht. Er erzählte uns immer wieder, dass er die Themen nicht richtig erklären könnte und es einfach zwischenmenschlich nicht passte.

Der Kontakt zu einigen Klassenkameraden intensivierte sich in dieser Zeit. Sebastian traf sich öfter abends mit ihnen. Sie verabredeten sich online zum Spielen oder unternahmen Ausflüge mit dem Fahrrad und fuhren gemeinsam ins Phantasialand. Wir waren sehr froh, dass unser Sohn endlich mehr Kontakt zu seinen Mitschülern pflegte und sorgten uns wenig, wenn er abends einmal länger wegblieb. Er reizte es nie aus und benahm sich auch nicht daneben oder fiel wegen seines Verhaltens auf. Er war nach wie vor der freundliche, ruhige junge Mann, der scheinbar völlig gechillt seinen Alltag verbrachte. Schulisch blieben die Herausforderungen die gleichen. Wir versuchten ihm das Fach Deutsch näher zu bringen, saßen oft mit ihm zusammen und versuchten Metaphern in Kurzgeschichten oder Gedichten für ihn zu übersetzen, die er einfach nicht verstehen konnte. Wir nahmen Förderpläne von diversen Fachlehrern entgegen, die Sebastian weiterhin ignorierte, und besuchten fleißig Elternsprechtage. Der neue Spanischlehrer zeigte sich beeindruckt von Sebastian, da er sich sehr für Land und Leute interessierte und in diesen Unterrichtssequenzen regelrecht aufblühte und sein Interesse in Diskussionen deutlich machte. Doch in den theoretischen Unterrichtsinhalten, die auf dem Lehrbuch basierten, saß Sebastian weiterhin abwesend im Unterricht. Auch der neue Politik- und Wirtschaftslehrer äußerte Verwirrung über Sebastian. Er erlebte ihn einerseits hochinteressiert, motiviert und engagiert und andererseits still, zurückhaltend und nahezu bewegungslos – je nach Thema und Unterrichtsinhalt.

In Physik fand Sebastian wieder große Freude, da er einen Lehrer bekam, den er früher schon gehabt hatte und mochte. Hier glänzte er mit einer sehr guten Note, die sich leider nach einem erneuten Lehrerwechsel im zweiten Halbjahr von einer 1 auf eine 4 verschlechterte. Insgesamt rutschten seine Zensuren jedoch immer mehr ab und wir erhielten im Halbjahreszeugnis den Hinweis, dass die Versetzung gefährdet sei. Mittlerweile bekam Sebastian Nachhilfeunterricht in Spanisch. Die Grammatik fiel ihm leicht, aber er war einfach nicht dazu zu bringen, Vokabeln zu lernen, obwohl wir alles versuchten: Notizzettel in der Wohnung verteilen, Eselsbrücken bauen, Karteikärtchen, aufsprechen und immer wieder anhören – alle Anstrengungen verliefen im Sand, die Eigenmotivation war einfach nicht vorhanden.

Insgesamt fehlte es Sebastian an dieser „intrinsischen" Motivation, was seine Schullaufbahn zusehends erschwerte. Er hinterfragte Hausaufgaben und beschloss, dass es auch ohne gehen müsse. Nach wie vor machte er sich nichts aus einer Notenbewertung und schien sein drohendes Ende in der Klasse völlig zu ignorieren. Vielmehr war er überzeugt davon, das Ruder noch herumreißen zu können, und gleichzeitig stellt er die Schule und das System dahinter mehr und mehr infrage. Wir diskutierten sehr oft darüber, warum das eine oder das andere Fach wichtig sei und warum er sich dem fügen müsse im Sinne einer gesetzlich vorgeschriebenen Allgemeinbildung, um darauf aufbauend eine Ausbildung machen zu können. Diese Diskussionen führten wir intensiv und endlos. Aber er war für diese Argumentationen einfach nicht zu begeistern. Er beharrte auf seiner Meinung, sah aber nicht ein, dass er mit seinem Verhalten das System nicht ändern würde. Wir konnten es ihm nicht verübeln, denn im Grunde genommen wussten wir, dass er mit seinen Argumenten recht hatte. Wir gaben ihm auch recht, doch wir sahen uns nun einmal diesem System verpflichtet und machten uns Sorgen, dass hier bald etwas gewaltig schief laufen könnte. Da ich selbst die 8. Klasse wiederholt habe, klammerte ich mich an die Hoffnung, dass er von dieser Erfahrung ebenso positiv profitieren würde, wie ich es tat. Ich verlor aber dabei aus dem Auge, dass ich wegen Mobbing die Klasse wiederholt hatte und Sebastian hingegen in seinem Klassengefüge sehr gut eingebettet war. Das Thema der drohenden Nicht-Versetzung wurde immer größer in der Familie. Verzweifelt versuchten wir ihm klarzumachen, was passieren würde und was auf ihn zukommt, doch er blieb stets ruhig und ignorierte es konsequent. Er schien nicht in der Lage zu sein, die Konsequenzen abzuschätzen und vertraute darauf, dass er es doch noch schaffen könnte. Dieses Leben im Hier und Jetzt war der Grund, warum wir einen Autismus vermuteten, schien ihm dabei völlig im Weg zu stehen. Anstatt irgendwann einmal aktiv zu werden, nahm er es lässig zur Kenntnis, wie die Noten zusehends schlechter wurden. In uns schrillten bereits alle Alarmglocken, doch Sebastian schien völlig beratungsresistent zu sein. Das Thema prallte einfach an ihm ab. Und so kam es, dass Sebastian ein Zeugnis mit vielen schlechten Noten erhielt, die eine Versetzung unmöglich machten. Wir hatten es nun schriftlich, dass er die neunte Klasse wiederholen müsse. Das Einzige, worum Sebastian sich Gedanken machte, war, wie er es schaffen könnte, mit seiner alten Klasse auf die Klassenfahrt nach Berlin mitzukommen, die direkt in der ersten Woche des neuen Schuljahres stattfinden sollte. Er war im festen Glauben, dass ihm das gelänge. Die Klassenwiederholung schien bei ihm gedanklich keine Rolle zu spielen, er ignorierte diese Tatsache einfach, obwohl wir über die Ferien immer wieder versuchten, ihn darauf vorzubereiten und die Sache für ihn und in der Argumentation mit ihm positiv als Neuanfang zu bewerten.

Der erste Schultag nach den Ferien kam und wir weckten Sebastian wie jeden Morgen zur Schulzeit. Er zog sich an und dann hörten wir eine Weile nichts aus seinem Zimmer. Ich sah nach und bemerkte, wie er leicht zusammengesunken auf seiner Bettkante saß. Auf mein Nachfragen, was los sei, antwortete er nichts. Mein Mann kam hinzu und wir beide versuchten herauszufinden, warum Sebastian nicht weitermacht, da er den Bus verpassen würde. Sebastian äußerte, dass er sich nicht bewegen kann, er könne nicht in die Schule gehen. Er wolle ja, aber sein Körper würde ihm nicht gehorchen. Es schien, als sei er in eine Art Schockstarre gefallen. Wir unterhielten uns, versuchten ihn zu beruhigen und zu ermuntern, sprachen einfühlsam auf ihn ein, verfielen nach einer Zeit ins hilflose Schimpfen und wechselten wieder in den elterlichen Motivationsmodus. Es war nichts zu machen. Sebastian blieb auf seiner Bettkante sitzen, unfähig, sich zu erheben und seiner Morgenroutine weiter nachzugehen. Wir waren ratlos und versuchten herauszufinden, was ihn bewegte und wie wir ihn unterstützen könnten, in die Schule zu fahren. Doch es blieb dabei, Sebastian war wie gelähmt. In der Schule war in der ersten Woche direkt die Wanderwoche angesetzt und wir hatten in den

Ferien eine Liste mit den Aktivitäten der neuen Klasse bekommen. Am zweiten Tag fuhren sie mit dem Zug zu einem Ausflugsziel. Sebastian schaffte es und ich brachte ihn zum Bahnhof. An den darauffolgenden Tagen besuchte er noch zwei weitere Male die Veranstaltungen, jedoch nur mit großer Anstrengung und Verspätung. Eines Morgens schaffte er es, sich anzuziehen und zu frühstücken. Wir waren bereits frohen Mutes, als er plötzlich demotiviert den Kopf auf den Tisch legte und in sich versank. Nach diesem Ereignis war es dann endgültig. Sebastian weigerte sich, weiterhin in die Schule zu gehen. Ein alter Kindergartenfreund, der ein Jahr später eingeschult wurde und nun in seiner neuen Klasse war, änderte daran ebenfalls nichts. Es war kein lauter Protest, sondern die Verweigerung geschah still und leise. Noch nicht einmal Sebastian selbst konnte sagen, warum er es nicht schaffte. Er konnte es nicht in Worte fassen oder begründen. Es war ihm einfach körperlich nicht möglich. Wir ließen ihn erst einmal krankschreiben und überlegten, was zu tun sei. Die ersten Wochen vergingen und die Situation besserte sich nicht. Wir vereinbarten die ersten Termine in der Schule, um mit den Lehrern zu besprechen, wie es weitergehen könnte. Seine Klassenlehrerin war ebenfalls völlig ratlos, denn aufgrund der Klassenwiederholung kannte sie ihn überhaupt nicht. Diese Verweigerungshaltung der Schule gegenüber sollte bald auch Einfluss auf seine Tätigkeit als Zeitungsausträger haben. Auch hier sank die Motivation deutlich und eines Tages saß er im Flur und konnte sich nicht mehr dazu aufraffen. Sebastian führte diesen Nebenjob bereits seit 2 Jahren zuverlässig aus. Während er anfangs immer vormittags die Zeitungen austrug, verlegte er die Zeit des Austragens irgendwann auf die frühe Nachmittagszeit und dann sogar auf den Abend. Er fürchtete, Menschen in den Gärten oder vor den Häusern zu begegnen und hatte einfach keine Lust auf Small Talk. Diesem konnte er durch das spätere Austragen entgehen. Möglicherweise war er auch nur unsicher, was er auf Fragen antworten sollte. Nachdem er auch hier seinen Job verweigerte, meldeten wir ihn schnellstmöglich ab, denn wir wollten als Eltern nicht jedes Mal einspringen müssen.

Bis zu diesem Zeitpunkt und im Laufe der letzten Jahre hatten wir nun schon so viele Möglichkeiten und Ursachen für seine Schwierigkeiten in der Schule in Betracht gezogen. Wir wussten, dass unser Sohn ADHS hat, aber keinen Autismus.

Er hinterfragte ständig das Schulsystem. Wir dachten, dass er sich selbst im Weg stünde und er sich nur anpassen müsse. Es war schon immer problematisch bis unmöglich, ihn zu Dingen zu motivieren, in denen er für sich keinen Sinn sah. Aber dass er einmal so zusammenbrechen und verweigern würde, machte uns Angst. Denn wir wussten nicht mehr, wo wir ansetzen sollten. Obwohl ich stets viel recherchierte, mich informierte und ständig nach Lösungen suchte, stand ich jetzt völlig orientierungslos da. Wir fühlten uns wie in einer dunklen, ausweglosen Sackgasse, was äußerst frustrierend war. Das Schlimmste war, wir sahen keinen Weg, wie wir ihm noch helfen sollen. Sebastian hingegen vergrub sich immer mehr in sein Zimmer und kam immer seltener heraus. Was sollte er auch den ganzen Tag machen? Wir hatten aber nicht den Eindruck, dass er depressiv sei, sondern er schloss sich einfach nur aus der Welt und dem System da draußen aus, mit der er nicht zurechtzukommen schien. Wir Eltern versuchten gleichzeitig herauszufinden, was los ist mit ihm. Geduldige Gespräche, Schimpfen, Motivationsreden, Analysieren – wir probierten alles, um ihn zu motivieren und ihm auch nur das kleinste Detail zu entlocken. Wir sahen zu, wie er sich immer mehr in sein Zimmer zurückzog und die Tür mit einem Besenstiel verriegelte, da der Schlüssel vor längerer Zeit verloren gegangen war. Seine Großeltern, die im gleichen Haus wohnen, machten sich ebenso Sorgen und zückten wie wir auch die ganze Palette an Aktionen gegenüber Sebastian. Also blieb ihm aus seiner Sicht nur eins übrig: Die Tür verriegeln und sich der Welt da draußen entziehen, soweit es möglich ist. Er wechselte sogar seinen Tag-Nacht-Rhythmus, wogegen wir erst einmal nichts unternehmen konnten. Unser Sohn war gerade 16 geworden, ein Alter, in dem andere Jugendliche mit Gleichaltrigen die Welt entdecken. Doch er zog sich zurück. In den Momenten, in denen wir zusammen waren, zeigte er sich weiterhin als ein sehr freundlicher und fast fröhlicher Zeitgenosse. Auch wenn wir eine Depression fürchteten, so hatten wir nicht den Eindruck, dass er eine entwickelte. Er diskutierte nach wie vor viel mit uns über gesellschaftspolitische Inhalte, kritisierte weiterhin das Schulsystem und beschäftigte sich intensiv mit Themen, die ihn interessierten. Das merkten wir immer wieder, wenn er in Diskussionen ein Fachwissen hervorzauberte, was seinesgleichen suchte. Für uns war dies auch beruhigend, denn wir stellten fest, dass Sebastian nicht ausschließlich in der Online-Spielewelt versank, sondern weiterhin interessiert und offen für das Leben da draußen blieb, solange er nicht persönlich involviert war. Dass er die Schule verweigerte, nahm kaum Einfluss auf sein Verhalten.

Einmal spitzte sich die Situation gravierend zu. Sebastian weigerte sich morgens aus seinem Zimmer herauszukommen. Mein Mann versuchte ihn, mit Engelszungen dazu zu bewegen, die Tür zu öffnen. Von innen tat sich nichts, Sebastian ignorierte es. Mein Mann kündigte an, bis 10 zu zählen, er hätte die Chance, bis dahin herauszukommen. Wenn das nicht passiere, würde er zu ihm hineinkommen. Mit dieser Aussage wurde meinem Mann klar, dass er handeln müsse, wenn Sebastian auch das ignoriert. Er kämpfte sehr mit sich, wie er später erzählte, da er diesen Schritt gehen musste, um weiterhin als Vater glaubwürdig zu bleiben und Sebastian die Grenzen zu zeigen. Doch Sebastian ließ es darauf ankommen. Also begann mein Mann, die Tür gewaltsam zu öffnen. Er trat dagegen und es erstaunte ihn, dass es schwerer war als gedacht. Der Besen hinter der Tür war so angebracht, dass bei diesem Unterfangen nicht nur die Tür Schaden nahm, sondern die Zarge ebenfalls herausbrach. Diese Anstrengung wühlte meinen Mann emotional sehr auf. Ich stand zitternd daneben und beobachtete die Situation, ohne einzugreifen. Als er im Zimmer war, sah er, dass Sebastian sich immer noch nicht rührte. Seine Hilflosigkeit mündete in Wut, da Sebastian einfach im Bett liegen blieb. Also warf er ihm die Schuhe hin und forderte ihn auf, zu verschwinden, er wolle ihn nicht mehr sehen. Dann verließ er das Zimmer. Ich sagte Sebastian, er solle zu meinen Eltern fahren, die im gleichen Ort wohnen und dort den Tag verbringen. Den Nervenzusammenbruch, den ich als Mutter in der Grundschulzeit durchmachte, hatte jetzt mein Mann. Sämtliche Gefühle, die Hilflosigkeit und Verzweiflung, entluden sich in diesem Moment. Abends kam Sebastian wieder nach Hause, als sich die Situation beruhigt hatte und fand seine Tür zerstört vor. Erstaunlicherweise blieb Sebastian ruhig. Er nahm wortlos die Tür, trug sie in die Werkstatt und besserte sie aus Holzresten die halbe Nacht lang aus, bis sie wieder benutzbar war. Er reparierte die Zarge und baute die Tür ein.

Diese Situation berührte mich sehr und erstaunte mich gleichzeitig. Ich hätte damit gerechnet, dass Sebastian trotzig auf einer neuen Tür bestehen würde (was er trotzdem tat), hätte aber nicht erwartet, dass er die Tür in perfekter Art und Weise repariert. Sogar mein Mann war erstaunt über das handwerkliche, kreative Geschick, welches er damit einmal mehr bewies. Natürlich tat ihm die Situation sehr leid und sie sprachen sich aus. Mein Mann entschuldigte sich, aber es blieb der bittere Beigeschmack zurück, dass die Situation so nicht bleiben konnte.

Ich suchte unter anderem Hilfe beim Jugendamt und erkundigte mich, welche Maßnahme sie uns für unseren speziellen Fall empfehlen würden. Die Antwort überraschte mich und brachte mich fast zum Lachen, denn ich erhielt den Rat, zu einer Erziehungsberatung zu gehen. Das Thema hatten wir bereits im Kindergartenalter abgehakt. Also vereinbarte ich wieder einen Termin in der Schule, dieses Mal mit dem Förderschullehrer, der mir einen entscheidenden Tipp geben sollte.

SCHULVERMEIDUNG UND SCHULVERWEIGERUNG

Wenn ein Kind beginnt, die Schule zu vermeiden, ist dies ein großes Alarmzeichen. Das Schlimme daran ist, dass dies zunächst wenig offensichtlich sein kann. Je jünger das Kind ist, desto schwerer fällt es ihm, zu artikulieren, was hinter der Vermeidungshaltung in Wirklichkeit steckt. Bei unserem zweiten Sohn Henry haben wir dies sehr deutlich miterlebt. Seine erste Schulvermeidung begann schleichend in der dritten Klasse Grundschule. Bei Sebastian wurde die Vermeidungshaltung vor allem in der achten Klasse offensichtlich. Es ist ein Prozess, der erst nach und nach darauf schließen lässt, dass das Thema Schule beim Kind oder Jugendlichen in Schieflage geraten ist. Die Anzeichen für Schulvermeidung sind oft zunächst körperliche Beschwerden. Die häufigsten Symptome sind Bauchweh und Kopfschmerzen oder ein allgemeines Unwohlsein. Das Kind fehlt einen oder zwei Tage oder auch mal eine ganze Woche. Außenstehende können beobachten, dass die Fehlzeiten bedrohlich nach oben klettern. Diese unberechenbare Situation lässt Eltern irgendwann jeden Morgen zittern, ob es denn heute klappen wird. So jedenfalls haben wir es erlebt. Möglicherweise vertuscht das Kind seine Vermeidungshaltung durch morgendliche Toilettengänge, die angeblich in Durchfall ausarten, weswegen das Kind zu Hause bleiben will. Oder dass es immer öfter am Morgen den Bus verpasst und zu spät kommt oder erst zur dritten Stunde gehen möchte, weil es ihm dann bestimmt besser geht. Die Ursache dieser Symptome ist dem Kind oft selbst wenig bewusst. Wie gesagt, je jünger das Kind ist, desto schwieriger fällt es ihm, die eigentliche Ursache zu benennen. Das Ratespiel beginnt.

In Absprache mit der Schule erfolgt zunächst eine ärztliche Untersuchung, um organische Ursachen auszuschließen. Bleibt dies ergebnislos, folgt der nächste Schritt: Die Empfehlung, das Kind bei einem Psychologen vorzustellen. Meist führt der Weg Richtung Diagnostik, wobei die typischen Verhaltensauffälligkeiten ADHS, Angststörungen, Depression und weitere geprüft werden. Innerhalb dieser findet dann oft auch eine Intelligenzdiagnostik statt. Warum ich dieses Vorgehen für gefährlich erachte, habe ich bereits in Kapitel 3 ausführlich erläutert. Nach der Diagnostik erfolgen dann Therapien, die dem Kind helfen sollen, die Schulver-

meidung zu überwinden. Dieser Weg ist durchaus legitim, doch bei hochbegabten Kindern und vor allem unerkannt hochbegabten Kindern kann auf diese Art ein Leidensweg beginnen, der in die verkehrte Richtung führt und nachhaltig psychische Beeinträchtigungen hinterlässt, weil das Kind spürt, dass es irgendwie falsch ist oder dass mit ihm etwas nicht stimmt. Aus diesem Grund widme ich mich später in diesem Buch dem sensiblen Thema Fehl- und Doppeldiagnosen. Wichtig an dieser Stelle ist, wachsam für solche Möglichkeiten zu sein, diese als Eltern im Blick zu behalten und immer kritisch demgegenüber zu bleiben, was Ärzte und Psychologen raten.

Gelingt es nicht, die Schulvermeidung zu durchbrechen und das Kind dazu zu bringen, wieder regelmäßig zur Schule zu gehen, kann diese in eine Schulverweigerung umschlagen. Das kann plötzlich passieren. Das Kind äußert dann ab jetzt nicht mehr die Schule besuchen zu wollen und nennt dafür auch Gründe, wie es bei unserem jüngeren Sohn der Fall war. Davon erzähle ich ausführlich in einem späteren Kapitel. Es kann aber auch sein, dass das Kind einfach nur apathisch dasitzt, unfähig ist, sich zu bewegen und seine Situation zu begründen und somit der Besuch der Schule für längere Zeit erledigt ist. Das haben wir bei Sebastian in dieser Form erlebt. Bei ihm war es so, dass er zuvor passiv die Schule vermieden hat, indem er in einigen Unterrichtsfächern nur körperlich teilnahm. Er saß apathisch im Unterricht und war nicht ansprechbar. Erst beim Schuljahreswechsel kam es zu einer aktiven Schulverweigerung, indem er gar nicht mehr die Schule besuchen konnte. Birgit Reißig spricht in ihrem Bericht aus dem Jahr 2001 „Schulverweigerung – ein Phänomen macht Karriere – Ergebnisse einer bundesweiten Erhebung bei Schulverweigerern" von eben dieser passiven und aktiven Schulverweigerung, wobei die aktive Schulverweigerung, das tatsächliche Fehlen vom Ort der Schule, offensichtlich ist und Strafen aufgrund der Verletzung der Schulpflicht nach sich zieht (31).

Sicher gibt es hier noch viele weitere Ausprägungen der Schulverweigerung, denn jedes Kind, jeder Jugendliche reagiert sehr individuell darauf. Aus meiner Erfahrung heraus ist meist der Zeitraum um die 8. Klasse prädestiniert dafür. Tatsächlich bestätigen Birgit Reißig und weitere Autoren dies in ihren Untersuchungen (31).

Möglicherweise hängt dies mit den körperlichen und psychischen Veränderungen in der Pubertät zusammen. Das hat unter Umständen zur Folge, dass das Kind die Situation nicht mehr kompensieren kann und emotional in sich zusammenbricht.

Nun ist es so, dass es für Schulvermeidung ganz unterschiedliche Gründe gibt. Die eben beschriebenen Fälle mögen auf Hochbegabte zutreffen. Doch es gibt noch viele andere Gründe, die weitaus bekannter sind. Ich glaube, dass die Verweigerungshaltung von Hochbegabten nicht darauf gründet, dass sie „keinen Bock" haben, einem gewissen Gruppenzwang unterliegen oder aus Coolness die Schule schwänzen. Die Motive für ihre Schulverweigerung liegen ganz woanders. Denn Hochbegabte lernen von Natur aus gerne. Während die meisten im Schulsystem mehr oder weniger gut bestehen können, rebellieren einige gegen die Art und Weise der Wissensvermittlung und lehnen sie ab, was schließlich zu einer aktiven Schulverweigerung führen kann. Allen Schulverweigerern ist aber gemein, dass sie sich im System Schule nicht wohlfühlen, nicht gesehen fühlen, keinen Sinn für sich darin sehen, es ständig hinterfragen und schließlich in die Verweigerungshaltung gehen. Viele von ihnen verweigern Schule dann ganz bewusst, was einem Schulschwänzen gleichkommt. Doch es gibt auch die Schulverweigerungen, die aus der Not heraus passieren, weil die Kinder und Jugendlichen sich nicht mehr anders zu helfen wissen, um ihr eigenes Leiden zu mildern. Die Gründe hierfür sind so persönlich wie unterschiedlich.

An dieser Stelle möchte ich dir ein paar Zahlen zu Schulverweigerungen an die Hand geben. Eine konkrete Anzahl der Schulverweigerer in Deutschland wird offiziell nicht erhoben. Hier wird auf die Länder verwiesen, denn Schule ist aufgrund des Föderalismus Ländersache (32). Laut der Zeitung „Welt" schätzen Experten die Zahl jedoch auf ca. 300.000 pro Jahr (Stand 2009), wobei auch hier die bewussten Schulverweigerer im Fokus stehen (33). Wer diese Experten sind, bleibt ungenannt. Hört man darüber hinaus, dass mehrere Tausend Schüler im Jahr ohne Schulabschluss dastehen, wird schnell deutlich, dass zumindest für sie das System Schule versagt hat. Zu diesem Thema und auf alternative Wege für Schule gehe ich in Kapitel 7 näher ein. Denn auch im staatlichen Schulsystem schlummern viele Chancen, wie Schulen ihre Struktur ändern können, um auch diese Schüler best-

möglich aufzufangen und ihnen eine Perspektive zu bieten. Um nur ein Beispiel zu nennen: In einer Dokumentation über Schulverweigerung legte ein Großvater seinen alten Stundenplan neben den seiner Enkelin. Mehr als dreißig Jahre lagen dazwischen, doch die Stundenpläne glichen sich fast 1:1. Betrachtet man die gesellschaftliche und vor allem die technische Entwicklung für diesen Zeitraum, wird deutlich, wie sehr der Stundenplan von heute aus der Zeit gefallen ist. Ein Lehrer, bei dem ich eine Hospitation erleben durfte, brachte es auf den Punkt: „Das größte Problem ist, dass wir in einem Schulsystem leben, welches sich seit Kaiser Wilhelm wieder und wieder selbst reproduziert."

Typische Gründe für eine Schulverweigerung können sein:

- Bewusste Verletzung von gesellschaftlichen und elterlichen Normen
- Probleme mit Lehrern oder Mitschülern
- Materielle, soziale und kulturelle Armut
- Religiöse Gründe
- Mobbing
- Gesundheitliche Probleme, z. B. mit den Augen
  (Fehlsichtigkeit, Winkelsichtigkeit etc.) oder Ohren (z. B. Hyperakusis)
- Psychische Probleme wie Schulangst, Depressionen
- Überforderung z. B. bei Dyskalkulie, Legasthenie
- Hochsensibilität bzw. Hochsensitivität
- Underachievement bei Hochbegabung

Das Interessante ist, dass das Thema Underachievement und Hochbegabung bei Schulverweigerung/Schulabsentismus in den recherchierten Quellen fast nie eine Rolle spielt. Das Augenmerk liegt bei den Untersuchungen hauptsächlich auf den Schulschwänzern, die bewusst entscheiden, die Schule nicht mehr zu besuchen. Hier besteht aus meiner Sicht eine große Notwendigkeit, auch offiziell den Blick für andere Gründe wie Hochsensitivität, Hochbegabung, psychische Störungen oder Krankheiten zu öffnen, damit dieses Thema stärker in der Gesellschaft an-

kommt. Die Hoffnung ist, dass damit die Schulverweigerer nicht mehr alle über einen Kamm geschert und vorverurteilt werden.

Ist das Kind nun in den Brunnen gefallen, bleibt den Schulen oft nichts anderes übrig, als die Abstinenz beim Schulamt zu melden, sofern ärztliche Atteste fehlen. Denn hier handelt es sich um einen Verstoß gegen die Schulpflicht. In diesem Falle wird ein Ordnungswidrigkeitsverfahren eingeleitet. Bis zum 14. Lebensjahr haften die Eltern, danach der Jugendliche selbst. Die Höhe der Strafen ist je nach Bundesland unterschiedlich. „In einigen Bundesländern kann eine Schulverweigerung auch strafrechtliche Folgen haben. Im Saarland, in Hessen und in Bremen riskieren Schulverweigerer eine Freiheitsstrafe von bis zu sechs Monaten oder eine Geldstrafe von bis zu 180 Tagessätzen" (34). Sinn und Unsinn der Schulpflicht werden allgemein heiß diskutiert. Als Alternative wird eine Bildungspflicht diskutiert oder gleich die komplette Abschaffung der Schul- und Bildungspflicht gefordert. Bildungspflicht bedeutet, den regelmäßigen Nachweis von Leistungen im Rahmen des selbstbestimmten Lernens zu erbringen. Der Schüler entscheidet gemeinsam mit den Eltern, wie und ob er beschult wird oder inwiefern alternative Lernmethoden oder Online-Unterricht bis Freilerner Möglichkeiten genutzt werden. Es gibt sicher viele Meinungen dazu. Ich plädiere dafür, dass im Falle einer Schulverweigerung erst einmal genau hingeschaut werden sollte, um die Ursachen dafür herauszufinden und gezielt mit alternativen Methoden und Möglichkeiten zu unterstützen, anstatt das Kind und die Familie sofort zu kriminalisieren und mit Strafen zu belegen. So fühlten wir uns zumindest, als wir unser Ordnungswidrigkeitsverfahren vom Schulamt erhielten. Dieses konnten wir nach ausführlicher Begründung, persönlicher Kommunikation und Nachweisen glücklicherweise abwenden. Mehr dazu später.

Als Fazit möchte ich festhalten: Kommt es zu Vermeidungsreaktionen seitens des Kindes oder sogar zu einer passiven oder aktiven Schulverweigerung, ist es wichtig, ihm zu signalisieren, dass ihr als Eltern auf seiner Seite seid. Die Betroffenen benötigen unbedingt diesen Rückhalt, den sie offensichtlich in der Schule nicht erhalten. Auch wenn es schwerfällt und du möchtest, dass dein Kind in der Schule gut funktioniert und einen guten Schulabschluss erreicht, so ist es doch wichtig,

gemeinsam herauszufinden, was die Ursachen für diese Reaktionen sind. Bei unserem jüngeren Sohn war dies ein langer und sensibler Prozess, bis wir schließlich herausfanden, was passiert war und entsprechend handeln konnten. Steht ihr als Eltern hinter eurem Kind und seid offen für kreative Alternativen, finden sich schnell Möglichkeiten, um das Kind wieder zum Gang in die Schule zu bewegen. Unsere Erfahrungen mit Sebastian halfen uns dabei. Daher waren wir froh, dass wir die Schulverweigerung bei unserem jüngeren Sohn in der achten Klasse nahezu im Schnelldurchlauf zu einem positiven Ende führen konnten.

Sind die Schüler schon älter, sollten alle Beteiligten zusammenarbeiten und kreative Möglichkeiten finden, die Ursachen für die Schulverweigerung zu beheben. Dies beinhaltet auch das Suchen von Fachleuten und Institutionen, die sich mit dem Thema auskennen und den Prozess professionell begleiten können. Das Auffinden von Ursachen fiel uns im Fall von Sebastian schwer, da wir zunächst nicht wussten, worin die Schulverweigerung letztendlich begründet war. Uns fehlte der Ansatz für die weiteren Schritte. Den entscheidenden Tipp dafür haben wir dann von einem Förderschullehrer erhalten, was für uns wegweisend war – wie der Untertitel dieses Buches bereits verraten hat – und neue Türen geöffnet hat.

Das Öffnen dieser neuen Tür, die für uns wie ein Licht am Ende des Tunnels nach langer Dunkelheit war, ist der Kern und die Absicht, warum ich dieses Buch geschrieben habe. Denn ich möchte dir den Blick in alle möglichen Richtungen öffnen, um deine Suche im Falle einer Schulvermeidung oder Schulverweigerung zu erleichtern.

NEUE TÜREN ÖFFNEN SICH

Mittlerweile spitzte sich die Situation derart zu, dass mein Mann vor lauter Sorgen kaum noch in der Lage war, seiner Arbeit nachzugehen. Auch ich reduzierte meinen Arbeitsumfang und suchte stattdessen Lösungen. Eines Tages kam mein Mann nach Hause und hatte kurzfristig einen Termin für eine psychologische Beratung vereinbart, die ihm seitens seines Arbeitgebers ermöglicht wurde. Wir fuhren mit Sebastian dorthin und erzählten unsere Geschichte. In einem weiteren Termin sprach die Psychologin allein mit ihm, danach gab es ein Abschlussgespräch. Sie war unsicher, mit was wir es zu tun haben, tippte aber auf eine Angststörung und empfahl uns, Kontakt zu einem Kinder- und Jugendpsychologen aufzunehmen, um dies abklären zu lassen. Ich machte mich also auf die Suche nach einer entsprechenden Person und thematisierte dies bei einem unserer Elterngespräche in der Schule. Der Förderschullehrer gab mir den Tipp, mich bei Frauke Niehues zu informieren. Dass er damit den entscheidenden Auslöser für eine völlig neue Richtung gegeben hatte, war niemandem zu diesem Zeitpunkt bewusst. Nach dem Gespräch besuchte ich ihre Website und entdeckte zunächst, dass sie hochbegabte Jugendliche betreut, die ADHS haben. Hochbegabung, dachte ich, trifft jetzt weniger auf uns zu, aber aufgrund der attestierten überdurchschnittlichen Begabung in Verbindung mit ADHS fühlte ich mich auf der richtigen Spur. Ich las mich ein und entdeckte ihren Link zu ihrer Informationsseite www.können-macht-spass.de, die ich sogleich aufsuchte. Ich informierte mich detailliert zu den Themen und stieß auf einen Begriff, den ich bis dahin noch nie zuvor gehört hatte: „Underachievement" – hier in Bezug zu ADHS. (Den Begriff „Underachievement" erkläre ich gleich in diesem Kapitel.) Noch immer war Hochbegabung kein Thema, aber dass dies an dieser Stelle in Verbindung mit ADHS stand, welches ja diagnostiziert war, ließ mich aufhorchen. Endlich hatte ich den Heiligen Gral gefunden, so jedenfalls fühlte es sich nach unserer kurzen, aussichtslosen Episode an. Das Licht am Ende des Tunnels war wieder sichtbar und ich hatte etwas entdeckt, das Sebastians Verhalten erklären konnte. Ich erfuhr, dass wir nicht allein waren mit diesem Phänomen, sondern dass es offensichtlich eine Vielzahl von Jugendlichen betraf. Nachdem ich mich eingelesen und über verschiedene Ansätze informiert hatte, rief ich Frauke Niehues an in der Hoffnung, zeitnah einen Termin bei ihr zu erhalten. Doch leider war sie bis auf Weiteres ausgebucht. Sie verwies mich an eine Kollegin, die nach ihrem Konzept arbeiten würde. Ich rief sie an und wir erhielten kurzfristig einen Termin. Im ersten Gespräch fand eine Diagnostik statt, ich sollte dazu einen Fragebogen ausfüllen, während Sebastian mit ihr ins Gespräch ging. Ich spürte bereits, dass Sebastian und sie auf einem Level waren, aber ich mit ihrer Art weniger anfangen konnte. Am Ende des ersten Gesprächs sagte sie zu Sebastian: „Beweise mir, dass du in die Schule gehen willst und geh hin. Hast du das drei Wochen lang durchgezogen, dann kommst du wieder zu mir. Dann können wir zusammenarbeiten." Diese Aussage fand ich zu hart, denn ich wusste, dass Sebastian genau das nicht tun würde. Zudem fand ich die Aufforderung schon sehr gewagt, denn es gab ja einen Grund, warum er nicht mehr zur Schule ging. Ich hoffte, dass sie diesen mit ihm gemeinsam herausfinden und daran arbeiten würde, damit er es irgendwann wieder schaffen könnte. Also verlief diese Therapie schneller im Sand, bevor sie begonnen hatte.

Durch Zufall stieß ich dann im Internet auf einen Vortrag von Kajsa Johansson, in dem sie über das Thema Underachievement in einer Hochschule referierte (35). Während ich mir das anschaute, stand mir der Mund vor Staunen offen und ich fragte mich, woher sie meinen Sohn kannte, denn sie schien ständig von ihm zu sprechen. Ich recherchierte weiter und fand ein Video von Susanne Lausch zum Thema „Jugendliche Underachiever" aus ihrem Begabungskongress, in dem sie Bernd Weber interviewte (36). Auch hier kam ich aus dem Staunen nicht mehr heraus und ich erkannte in fast allem, was er sagte, unseren Sohn. Das war mein erster Kontakt zu „den Webers", den Begabungsspezialisten. Endlich hatte ich in Bernd einen Coach gefunden, der nur eine Autostunde entfernt war, die gleiche Geschichte wie Sebastian hatte und seine Arbeit genau dieser Zielgruppe widmete, in die unser Sohn hineinpasste. Das Beste war aber, dass Bernd und seine Frau gerade die Facebook-Gruppe von Susanne Lauscher übernommen hatten: „Hochbegabte Kinder kreativ und entspannt begleiten". Den Link findest du als QR-Code im Anhang. Ich wurde sofort Mitglied und sah mich um. Ich war erstaunt, wie viele Mütter und Väter sich hier im geschlossenen und geschützten Raum rege austauschten. Das machte mir deutlich, dass es sich um ein brisantes Thema handelt und die Betroffenen es vermeiden, in die Öffentlichkeit zu gehen. Die Gruppe ist

in den letzten drei Jahren von ca. 4.000 auf derzeit über 12.000 Mitglieder ange-
wachsen, was ich erstaunlich finde. Sollte es heute immer mehr Kinder geben, die
diese Problematiken aufweisen? Oder fand das Thema jetzt stärkere Beachtung,
weil sich Eltern mit der Pathologisierung ihrer Kinder nicht mehr abfinden wollten
und selbst aktiv würden? Der Austausch erfolgt in dieser Gruppe sehr wertschätzend und wohlwollend, vor allem auch dank der beiden Gruppen-Admins, die stets
die Beiträge und Antworten im Blick haben und immer bemüht um Fairness und
gegenseitige Wertschätzung sind. Während ich mich einlas, war ich sehr erstaunt
über die Ähnlichkeiten in den Biografien der einzelnen Kinder und Jugendlichen zu
unseren Kindern. Ich stellte Fragen, antwortete und diskutierte mit. Sobald eine
Mutter oder ein Vater ein Erfolgserlebnis teilte, konnte ich es kaum glauben. Sollte
es wirklich möglich sein, dass alles gut würde? Obwohl ich stark daran zweifelte,
war ich dankbar, diese Gruppe gefunden zu haben. Sie half mir, mich nicht mehr
allein und ausweglos zu fühlen, sondern gab mir Sicherheit. Gleichzeitig berührten
mich die Geschichten sehr. Die Gruppe war der Anlass dafür, dass ich dieses Buch
unter meinem richtigen Namen veröffentliche und auch die Namen meiner Kinder
nach eingehender Rücksprache und ihrem ausdrücklichen Einverständnis nenne.
Denn wie du später noch lesen wirst, bedrückte mich das Gefühl, dass sich Eltern
in solchen Gruppen verstecken müssen, um einer Stigmatisierung zu entgehen.
Doch ich möchte, dass das Thema stärker in die Öffentlichkeit rückt, damit gerade
die problematischen Hochbegabten eine Lobby erhalten und Hochbegabung nicht
mehr nur mit Elite, Genies, kleinen Überfliegern oder Arroganz in Verbindung gebracht wird. In den letzten Jahren hat sich in dieser Richtung einiges bewegt, aber
wir sind noch lange nicht so weit, dass wir sagen können, dass unsere Kinder die
beste Förderung bekommen, die sie benötigen. Daher stand mein Entschluss fest,
mit meinem Buch einen Beitrag zu leisten, und zwar ganz offiziell mit meinem Namen anstelle eines schützenden Synonyms.

Mein Mann befand sich während meiner Recherche in einem zweiwöchigen Ur-
laub und ich konnte es kaum erwarten, ihm diese beiden Videos vorzuspielen. Zwischenzeitlich hatte ich noch viele weitere Informationen gesammelt, aber dieses
Interview und der Vortrag brachten die Thematik perfekt auf den Punkt. Ich war
voller Vorfreude, eine Lösung für unser Problem parat zu haben.

Nachdem sich mein Mann diese Videos mit mir angeschaut hatte, war er meiner Meinung, bei Bernd Weber anzufragen. Wir hatten Glück, denn die Coachingtermine mit ihm waren stark nachgefragt, was deutlich machte, dass wir nicht allein waren mit dieser Problematik. Wir fuhren also hin zur Bestandsaufnahme. Bernd wollte sich unseres Sohnes annehmen und ihn begleiten. Dafür vereinbarten wir einen Termin, der im Herbst stattfinden sollte. Bereits beim zweiten Termin mit Bernd ging Sebastian in die Verweigerungshaltung. Doch wir schafften es, dass er ihn zumindest per Skype wahrnahm. Später konferierten beide fast nur noch online, bis auf wenige Ausnahmen, in denen Bernd Sebastian gerne persönlich sehen wollte. Wir bemerkten, dass Sebastian diese Termine sehr genoss, denn in Bernd fand er einen perfekten Gesprächspartner, der auf einem Level mit ihm war. Es war so, als hätte Sebastian nun endlich ein Puzzlestück in seinem Leben entdeckt, nach dem er gesucht und sich bisher aus Enttäuschung, es nicht zu finden, der Welt entzogen hatte. Diese Termine mit tiefgreifenden Diskussionen genoss er und freute sich über die gemeinsamen Interessen und Themen. Bernd holte Sebastian dadurch in seiner Lebenswelt ab, aber wenn es darum gehen sollte, einen Schritt in Richtung Schulbesuch zu machen, wurde es schwierig. Das Problematischste war, dass Sebastian kaum Zugang zu seinen Emotionen fand und er Ideen, Vorschläge oder Hilfsangebote direkt ausschlug, sofern er keinen Sinn darin sah. Er war unfähig, Kompromisse einzugehen, wenn er das Gefühl hatte, bevormundet zu werden und war gleichzeitig nicht in der Lage, die Konsequenz seines Verhaltens in der Zukunft abzusehen. Diese Mischung machte Sebastians Verweigerungshaltung sehr komplex und schwierig. Daher kam Bernd nur in kleinen Schritten voran. Seine Frau Renate war bei dem Erstgespräch ebenfalls anwesend. Sie empfahl uns, dass wir bei Sebastian eine Begabungsdiagnostik durchführen lassen sollten, um einen Eindruck über sein Potenzial zu erhalten, welches ihm auch helfen könne, bessere Entscheidungen für sich selbst zu treffen. Diesem Termin sahen wir mit Freude entgegen. Sebastian nahm diese Empfehlung wortlos hin. Für ihn war es nur wieder eine weitere Diagnostik, von denen er schon so viele gemacht hatte im Laufe seines jungen Lebens.

UNDERACHIEVEMENT

Wie erwähnt war ich überglücklich, als ich von diesem Begriff hörte. Es war regelrecht die neue Tür, die sich in der Dunkelheit öffnete und Licht in unsere Verzweiflung brachte. Underachievement wird wortwörtlich als Minderleistung übersetzt, was den Kern nur halb trifft. Felix R. Paturi spricht hingegen von einer „Resignation eines Genies" (23). Bevor wir tiefer in die Thematik einsteigen und weitere Aspekte der Definition aufgreifen, fasse ich noch einmal zusammen, welche Eigenschaften die meisten hochbegabten Kinder mitbringen, wenn sie eingeschult werden. Denn dies ist relevant, um zu verstehen, warum es überhaupt zu einem Underachievement bei Hochbegabten kommen kann:

- Hochbegabte Kinder sind äußerst neugierig und lernen um des Lernens willen.
- Sie werden oft mit einem Lernvorsprung eingeschult, das heißt, sie können lesen, schreiben oder in einem großen Zahlenraum rechnen.
- Die Motivation zum Lernen entstammt der natürlichen Neugier, Wissen zu erwerben, anstatt sich dem Wettbewerb mit den Mitschülern zu stellen.
- Sie sind oftmals einseitig interessiert und widmen sich vor allen diesen Themen, während sie andere Themengebiete vernachlässigen.
- Sie haben eine schnelle Auffassungsgabe und lehnen Wiederholungen und Übungen ab.
- Wenn sie an einer Sache interessiert sind, möchten sie alles bis in die Tiefe über das Thema wissen.
- Sie können sich schwer in Gruppen integrieren und sind eher Einzelgänger.
- Sie sind auf der Suche nach eigenen Lösungsansätzen, anstatt sich Lösungen vorgeben zu lassen.
- Flankierende Diagnosen sind bei Auffälligkeiten bereits gestellt (ADHS, ASS), wobei eine Hochbegabung möglicherweise noch nicht diagnostiziert wurde oder aber die Werte aufgrund der klinischen Diagnostik unrealistisch sind.

Nun stellen wir uns einmal vor, diese Kinder mit ihren besonderen Eigenschaften werden in eine 1. Klasse eingeschult. Völlig motiviert und neugierig starten sie in ihr Schulleben. Sie sind begeistert und freuen sich bereits seit Langem darauf,

endlich mehr oder richtig lernen zu dürfen. Die Eltern sind ebenfalls froh, dass ein neuer Lebensabschnitt beginnt, denn es fällt ihnen zunehmend schwer, Input für ihre wissbegierigen Kinder bereitzustellen. Während die ersten Schultage als aufregend empfunden werden, kehrt bald der Schulalltag ein. Die Kinder beginnen ihre Lektionen im Lesen, Schreiben und Rechnen. Die Resignationen sind vorprogrammiert, weil sich der erhoffte Wissenszuwachs zunächst in Grenzen hält und stattdessen sehr lange und intensiv einzelne Buchstaben und Zahlen geübt werden. Fordert das hochbegabte Kind nun ein, mehr zu lernen, weil es schnell vorankommt und als Erster fertig ist (sofern es die Art der Aufgaben nicht direkt hinterfragt), dann hören sie von der Lehrkraft Sätze wie: „Du musst dich gedulden" oder: „Warte auf die anderen". Das Kind wird regelrecht dazu gezwungen, zu warten, geduldig zu sein und versteht im Grunde genommen vielleicht noch nicht einmal, warum die anderen Kinder nicht dasselbe können wie es selbst. Also empfindet es mehr und mehr Langeweile, fühlt sich fehl am Platz und beschäftigt sich mit anderen Dingen. Es macht vielleicht seine Hausaufgaben im Unterricht, hilft anderen Kindern, ist kreativ, wird auffällig oder mutiert zum Klassenclown, träumt oder sucht sich andere Beschäftigungen. Erlebt ein Kind diesen Zustand jeden Tag aufs Neue, weicht die Motivation der Enttäuschung und die Neugier der Resignation. Schlimmer noch, das Kind verpasst möglicherweise den Anschluss, die ersten Lernlücken entstehen, Misserfolge werden mehr und Frustrationen setzten ein. Spätestens auf der weiterführenden Schule, wenn das Kind durch seine schnelle Auffassungsgabe das „Lernen nebenbei" nicht mehr kompensieren kann, wird das zu einem großen Problem. Natürlich gibt es Schüler, die diese Situation einigermaßen aushalten können und einfach ihre Leistungen in Form von guten bis sehr guten Noten erbringen, manche sogar bis zum Abitur. Dies gelingt jedoch oft nur bis zu einem gewissen Grad. Denn je höher die Schulstufe, desto schwerer fällt es ihnen, ihr Wissen zu kompensieren. Spätestens in der weiterführenden Schule kommt es dann oft zu den ersten Lernschwierigkeiten. Die Noten werden schlechter. Auf diese Weise sind schon so manche Hochbegabte zu Klassenwiederholern geworden oder resignierten bis hin zur totalen Schulverweigerung.

Warum passiert das? Ganz einfach, denn wenn ein Schüler etwas lernt, was er gerade so noch nicht kann, dann strengt er sich an, das Wissen zu erwerben. Er zeigt seine Leistungen und spürt anschließend ein Erfolgserlebnis, welches ihn zu weiteren Leistungen motiviert und antreibt. Ganz nebenbei lernt dieser Schüler Lernstrategien, Selbstorganisation und entwickelt Ehrgeiz. Doch das alles bleibt einem hochbegabten Schüler oft vorenthalten. Er ist in seinem Wissen und in seinen Fähigkeiten weit voraus, sodass der Lernstoff unterhalb seines Anforderungsniveaus liegt. Die Unterrichtsinhalte fallen ihm zu, er muss sich nicht anstrengen oder lernen. Folglich erlebt er auch keine Erfolgserlebnisse und wird keine Eigenmotivation entwickeln. Es gibt tatsächlich viele hochbegabte Erwachsene, die über fehlenden Antrieb klagen und enttäuscht von sich selbst sagen, dass sie nicht dranbleiben können. Die Ursache dürfte in der Schule zu finden sein. Lernstrategien, Selbstorganisation und eine nötige Lernstruktur bleiben aus. Auf diese Weise verbringt der Schüler Jahr für Jahr seine für ihn langweilige und oft empfundene unnötige Zeit in der Schule. Was er in jungen Jahren noch kompensieren kann, fühlt sich später so an, als sei der Zug abgefahren. Allein deswegen ist es so wichtig, dass hochbegabte oder sehr gut begabte Schüler von Anfang an gefördert werden, indem sie gefordert werden. Und zwar nicht, indem sie einfach mehr machen sollen, wie es das Enrichement-Konzept (siehe Kapitel 9) vorgibt, da es durchaus als Strafe empfunden werden könnte, sondern dass die Schüler in ihren Interessen abgeholt werden, ermutigt werden und ihr individuelles Potenzial auf diese Weise zeigen können. So kann die anfängliche Motivation wertschätzend in richtige Bahnen gelenkt werden und die Freude am lebenslangen Lernen erhalten bleiben.

Blicken wir zunächst auf die Zahlen, die in diesem Zusammenhang sehr interessant sind. „Hochbegabte ‚Underachiever‘ kommen anteilsmäßig selten vor. Dies sollte trotzdem zum Anlass genommen werden, bei schlechten Schulleistungen an ein eventuelles ‚Underachievement‘ zu denken. Bei rund 13 Millionen Schülerinnen und Schülern im deutschen Schulsystem gibt es – folgt man dem 2 %-Kriterium – ungefähr 260.000 hochbegabte Schülerinnen und Schüler. Legt man die obigen Grenzsetzungen an, also IQ ≥ 130 und maximal durchschnittliche Schulleistungen, ergeben sich mehr als 30.000 hochbegabte ‚Underachiever‘ (rund 12 % der Hochbegabten)“ (24). Dies ist ein kleiner Auszug der Ergebnisse der oft zitierten Rost-Studie, die auch als langzeitangelegte Marburger Hochbegabtenprojekt sehr bekannt ist. Überdurchschnittlich begabte Kinder ab einem IQ von 120 finden

jedoch keinen Platz in diesen Statistiken, daher dürfte der Wert viel höher liegen. Denn es wird immer deutlicher, dass ab einem IQ von 120 bereits die gleichen Denkstrukturen auftreten, wie sie ab einer Hochbegabung zu finden sind.

Die zitierte Studie begann im Jahr 1987 und wurde von dem Marburger Professor Detlev H. Rost initiiert. Damals sah er sich, wie er selbst beschreibt, Anfeindungen ausgesetzt und sogar mit Drohungen konfrontiert mit dem Ziel, die Studie zu stoppen. Doch er machte weiter und ließ an über 200 Grundschulen 7023 Drittklässler an Intelligenztests teilnehmen, um im Vorfeld die hochbegabten Kinder herauszufinden (37). Mit dieser Studie lenkte Detlev Rost große Aufmerksamkeit auf das Thema, zumal diese Studie vom Bundesbildungsministerium finanziert wurde. Doch bei all den positiven Aspekten bis hin zur Modell-Modulentwicklung für Lehramtsstudenten in Hessen zum Bereich Hochbegabung gibt es auch Kritikpunkte an der Studie. Diplom-Psychologin Frauke Niehues erläuterte einen davon im Rahmen eines Interviews mit dem Hochbegabtenverein MENSA, welches du auf YouTube im MENSA-Kanal findest. Sie beschreibt, dass in dieser Studie nur Schulen teilnahmen, die bereits offen für das Thema Hochbegabung waren und bereits Ressourcen dafür zur Verfügung stellten. Zudem wurde den jeweiligen Lehrern gesagt, dass es zwei Kinder in der Klasse zu beobachten gäbe, wovon eins hochbegabt und eins normalbegabt sein sollte. Das Problem dabei war, dass die Lehrkräfte dadurch bereits beeinflusst waren und ihr Verhalten darauf abstimmten, natürlich auch, um gute Ergebnisse in der Entwicklung beider Kinder zu erzielen. Trotzdem betont sie, wie relevant und hilfreich diese Studie grundsätzlich ist. Sie fasst es wie folgt zusammen: „Wenn Hochbegabte gute Rahmenbedingungen haben, dann geht es ihnen besser" (38).

Das Thema Underachievement ist derart vielfältig, dass ich ein paar Ursachen aus einem Interview von Karin Kahl mit dem Begabungsexperten Bernd Weber hier aufgreifen möchte. Er selbst definiert Underachiever als Minderleister mit zahlreichen Potenzialen, die nicht schulrelevant sind und sie diese daher im schulischen Umfeld nicht zeigen können. In dem Interview nennt er einige Hauptursachen für das Underachievement (39):

- Die Kinder haben ein sehr perfektionistisches Denken. Dieser hohe Anspruch an sich selbst blockiert sie, im Unterricht teilzunehmen. Die Folge ist, sie fallen ab in ihren Leistungen, da sie einfach mehr Zeit benötigen.
- Die Kinder haben Schwierigkeiten im sozial-emotionalen Bereich. Das drückt sich beispielsweise in einer asynchronen Entwicklung aus und ist auch oft ein Problem beim Überspringen von Klassen.
- Die Kinder sind äußerst lösungsbegabt, können aber nicht die kognitiv entwickelten Lösungen aufs Papier bringen. Je höher der Gesamt-IQ ist, desto schwieriger gelingt oft die Umsetzung in die Motorik. Eine unsaubere Heftführung oder Handschrift fällt somit negativ auf, zum Nachteil dieser Kinder.
- Die Kinder sind unterfordert, sie haben das Gefühl, keinen neuen Lernstoff zu erhalten, resignieren und schalten im Unterricht ab. Dadurch verpassen sie wiederum den Anschluss.

Ich möchte dich noch zu einer Gedankenreise einladen, zu der mich Felix R. Paturi inspiriert hat. Stell dir vor, du bist normalbegabt mit einem IQ von 100, was auf die meisten von uns zutrifft. Du wirst nun in eine Schule für Minderbegabte eingeschult, also auf eine klassische Schule für Kinder mit Lernschwierigkeiten. Du besuchst diese Schule jeden Tag für ca. 5–6 Stunden und sollst dort mindestens 9 Jahre lang ausharren. Wie würdest du dich fühlen? Würde dich das zufrieden machen? Würdest du Langeweile verspüren? Würdest du vielleicht sogar überlegen, überhaupt nicht mehr dorthin zu gehen? Genauso ergeht es einem hochbegabten Kind, welches anders, komplexer, schneller und tiefgründiger denkt, weil es gar nicht anders kann. Auch Andrea Brackmann greift solch ein Gedankenexperiment auf. Sie nennt das Beispiel von einem Hochschullehrer, dessen sozialen Fähigkeiten sich in einer ständigen Umgebung von Hooligans sicher schnell erschöpfen würden. In einem zweiten, ähnlichen Beispiel zu Paturi beschreibt sie einen normalbegabten Schüler, der alleine unter Hochbegabten ist. Alle anderen Schüler denken anders, begreifen schneller, reden anders und haben andere Interessen. Dieser Schüler würde sich schnell isoliert und verunsichert fühlen, an seinen Fähigkeiten zweifeln und möglicherweise depressive Züge entwickeln (40).

Ich denke, diese Gedankenexperimente verstärken das Gefühl dafür, was wir hochbegabten Kindern antun, die sich jeden Tag am falschen Platz fühlen und keinen Ausweg sehen. Wir verlangen von ihnen, die sich mit ihrer Hochbegabung meist allein in einer Klasse oder sogar in einem Jahrgang wiederfinden, sich ständig anzupassen und sich einzufügen. Das ist eine für Kinder kaum zu bewältigende Aufgabe, deren Konsequenzen sich bis in das Erwachsenenalter auswirken. Es bedarf dringend anderer Möglichkeiten in Form von neuen Schulsystemen, die für alle einen Platz bieten und in denen jeder sein individuelles Potenzial ausschöpfen kann, damit Schülerinnen und Schüler spüren, dass ihre Lehrkräfte ein Herz für sie haben. Was sie dazu beitragen können und warum eine Bildungsrevolution dringend nötig ist, erfährst du in Kapitel 7.

ALSO DOCH HOCHBEGABT!

Im Herbst fuhren wir zur Begabungsdiagnostik zu Renate. Da Sebastian bereits
16 Jahre alt war, entschied sie sich, ihn mit der Erwachsenen-Version des WISC
IV, also dem WAIS IV zu testen. Im Vorfeld musste ich einen Fragebogen ausfüllen.
Sebastian war entspannt und ein wenig neugierig, was auf ihn zukommen würde.
Nun kannte er Bernd und die Räumlichkeiten schon eine Weile und fühlte sich dort
gut aufgehoben. Renate nahm Sebastian mit in ihr Arbeitszimmer, während ich im
Vorraum wartete. Nach einiger Zeit kam er freudestrahlend aus dem Zimmer und
sagte zu mir, dass es das erste Mal gewesen sei, dass er sich bei einem IQ-Test so
wohl gefühlt hätte. Gleichzeitig ärgerte er sich, dass er das kleine 1x1 nicht konnte,
was ihn an ein paar Aufgaben scheitern ließ. Dies war das erste Mal, dass er sich
wegen Nichtkönnens von schulischem Stoff aufregte, worüber ich mich wiederum
freute in der Hoffnung, dass er es jetzt mit 16 vielleicht doch lernen würde. Trotz
dieses Umstands war er sehr glücklich und entspannt, es war offensichtlich, dass
er bei dem Test Spaß hatte. Dieses sollte immer das Ziel in einer Testsituation sein.
Renate agiert hier aus Erfahrung und schafft eine freundliche und entspannte Atmosphäre als notwendige Voraussetzung, dass die zu testende Person ihr volles
Potenzial zeigen kann. Sie berichtete nach dem Test, wie gut Sebastian mitgemacht
habe und dass sie über viele Dinge erstaunt gewesen sei, die er könne. Sie sah sich
bestätigt, den richtigen Test gewählt zu haben, der für Kinder wäre viel zu leicht
gewesen. Umso mehr warteten wir gespannt auf sein Testergebnis, welches wenige Tage später bei uns eintraf. Nun hatten wir es schwarz auf weiß, dass Sebastian
hochbegabt ist, mit einem Durchschnittswert von 131. Auch das sollte neue Türen
und Möglichkeiten öffnen, hoffte ich, was seine schulische Laufbahn angeht.

Zur gleichen Zeit kam die Schulverweigerung zu einem plötzlichen Ende, denn mit
Beginn der Corona-Pandemie mussten alle Schüler ins Homeschooling. Sie bekamen über einen Lernserver Aufgaben gestellt. Sebastian nahm sich den Aufgaben
motiviert an und beteiligte sich in den ersten Wochen. Das überraschte uns sehr.
Er recherchierte im Internet und löste die Aufgaben zwar rudimentär, aber in seiner ganz eigenen Art und Weise. Er wählte selbst seine Quellen aus, mit denen er
sich die neuen Lerninhalte beibrachte. Doch dieses eigenständige Lernen war nur

von kurzer Dauer und wenige Wochen später hörte Sebastian wieder damit auf. Wir vermuten, dass es unter anderem daran lag, dass er kaum Rückmeldung auf seine Aufgaben erhielt. In dieser Zeit waren die Lehrkräfte ebenfalls überfordert und Video-Unterricht wurde zu Anfang der Pandemie selten umgesetzt. Also verlor Sebastian die Lust und das Aufflammen der Motivation war schneller zu Ende als gehofft. In dieser Zeit coachte Bernd Sebastian weiterhin per Skype, während wir in der Schule Gespräche mit den Lehrern und dem Förderschullehrer führten und diese auf dem Laufenden hielten. Sebastian begleitete uns stets dabei. Der Förderschullehrer versuchte gemeinsam mit ihm zu erarbeiten, wie er ihn unterstützen könnte, doch letztendlich blieb es immer nur bei kleinen Möglichkeiten, die Sebastian kaum in Anspruch nahm. Im Frühjahr empfahl uns Bernd daher, dass wir eine Reha-Maßnahme in Betracht ziehen sollten, da er mit ihm ebenfalls an Grenzen stieß. Er nannte uns die Klinik für Kinder- und Jugendrehabilitation in Bad Gottleuba nahe Dresden. Den Chefarzt Milan Meder kannte er persönlich und er zeigte sich beeindruckt von seiner Art und Weise, die Kinder und Jugendlichen in ihrer Gesamtheit zu sehen und zu behandeln. So stellten wir bei der Rentenversicherung einen Antrag auf eine Reha für Sebastian und bereiteten ihn darauf vor. Falls du danach suchen möchtest: Milan Meder hat diese Position dort nicht mehr inne, sondern praktiziert seit Ende 2021 in seiner eigenen Praxis in Pirna. Wir warteten also auf Antwort der Rentenversicherung, in der Hoffnung, dass eine Reha schnell bewilligt würde. In der Zwischenzeit wurde Sebastian weiterhin vom Kinderarzt krankgeschrieben und die Zeit verging bis zu den Sommerferien. Zwischenzeitlich hatten wir eine Antwort von der Rentenversicherung erhalten, dass unserem Wunsch entsprochen würde und Sebastian für 6 Wochen eine Reha in Bad Gottleuba im August/September besuchen könne. Die Wartezeit von der Antragsstellung bis zum Beginn der Reha dauerte ca. 6 Monate. Das Positive, was wir der Corona-Pandemie abgewinnen konnten, war, dass ausnahmslos alle Schüler in die nächste Jahrgangsstufe versetzt wurden. So auch Sebastian, was zunächst sein Glück an dieser Stelle war.

HOCHBEGABUNG

Was ist eigentlich eine Hochbegabung? Hier kommen wir zum Kern dieses Buches. Ich greife das Thema erst in diesem Kapitel auf, da es vom Zeitraum besser in unsere eigene Geschichte passt. Denn erst im Alter von 16 Jahren wurde bei Sebastian die Hochbegabung festgestellt, viel zu spät aus heutiger Sicht.

Zunächst ist Hochbegabung / Hochintelligenz ein kognitives Potenzial. Menschen mit einer überdurchschnittlichen Begabung oder Hochbegabung denken anders, nämlich komplexer, intensiver und detaillierter. Sie präsentieren Lösungen, an die sonst niemand gedacht hat. Viele nehmen jedes Wort wörtlich und lassen keinen Raum für Interpretationen – oder finden zu viele Interpretationsmöglichkeiten. Spätestens bei unklar formulierten Aufgabenstellungen stehen sie vor einer Herausforderung, weil sie kaum in der Lage sind, zwischen den Zeilen zu lesen. Einfache Small-Talk-Floskeln können Hochbegabte bereits in ein tiefes Dilemma stürzen, weil sie wenig mit der Frage anzufangen wissen oder unsicher sind, wie sie sich adäquat verhalten sollen. Tatsächlich ist das laut Andrea Brackmann ein schwieriges Unterfangen für die Betroffenen, denn sie müssen sich durch akribisches Beobachten von sozialen Regeln ihr eigenes Verhalten regelrecht ableiten (40). Das ist anstrengend und erinnert sogar ein wenig an typische ASS-Symptome. So reagieren sie dann oft nonkonform oder kontern mit einer Antwort, mit der niemand gerechnet hat, die aber doch überraschend auf den Punkt ist. Hochbegabte sind in der Lage, die Perspektiven zu wechseln und Dinge aus ganz unterschiedlichen Blickwinkeln umfassend zu betrachten. Viele haben zwei Gesichter in ihrem Verhalten und ihren Gefühlen. Sie zeigen mutige Verhaltensweisen, sind neugierig, ehrgeizig und abenteuerlustig und sind zum anderen jedoch überaus sensibel, unsicher, zurückhaltend und schüchtern. Dies gibt starke Hinweise darauf, dass viele Hochbegabte ebenfalls hochsensibel sind, wenn nicht sogar alle. Ihr Innenleben ist äußerst reich und dadurch fällt es ihnen oft schwer, nach außen die Kontrolle zu wahren. Daher wirken Hochbegabte meist sehr kontrolliert, introvertiert und ein wenig arrogant und hölzern. Dass körperliche Auseinandersetzungen für sie eine Qual sein können, liegt in der inneren Reizüberflutung begründet, die mit der äußeren kollidiert. Es ist kein Wunder, dass diese Kinder schnell als Mobbing-

Opfer ausgesucht werden. Auf die Themen Hochsensibilität sowie Mobbing gehe ich in Kapitel 8 tiefer ein. Bleiben wir zunächst bei den typischen Eigenschaften von Hochbegabten. Bei Routineaufgaben und einfachen Aufgaben langweilen sie sich schnell und offerieren mangelhafte Ergebnisse, während schwierige und anspruchsvolle Aufgaben ihr tiefes Interesse wecken und sie zu Höchstleistungen anstacheln. Andrea Brackmann fasst ergänzend noch weitere Merkmale von Hochbegabten zusammen, die neben dem schulischen auch im familiären Umfeld oder im Freizeitbereich auffallen: „… geringes Schlafbedürfnis, erhöhte Lärmempfindlichkeit, ausgeprägter Erkundungsdrang, großer Wissensdurst, viele detaillierte Fragen, ständiges Bedürfnis nach Beschäftigung, sehr frühe Sprachentwicklung, Abneigung gegen größere Gruppen, Rückzug im Kindergarten, Bevorzugen von ruhigen Spielen mit Einzelnen, Orientierung an älteren Kindern" (6). Vor allem vereint Hochbegabte jedoch eine Eigenschaft: die immerwährende Neugier verbunden mit einem immerwährenden Zweifel. Sie sind ständig wie getrieben nach neuen Lösungen und mit bereits Gelerntem wenig zufriedenzustellen. Sie zweifeln an ihren Lösungen, suchen Alternativen und befinden sich stets auf der Suche nach dem Optimum. Dieses Getriebensein auf der Jagd nach neuen Themen, Wissen und Anreizen begleitet viele Hochbegabte ihr Leben lang. Albert Einstein sagte einmal: „„Es gibt zwei Arten, sein Leben zu leben: entweder so, als wäre nichts ein Wunder, oder so, als wäre alles ein Wunder." Es ist klar, dass Einstein danach lebte, als wäre alles ein Wunder. Viele Hochbegabte machen es ihm gleich, während andere resignieren.

Im Hinblick auf Schule kann das Verhalten von Hochbegabten Probleme aufwerfen. Werden beispielsweise unklare, also nicht eindeutige Aufgabenstellungen in Arbeiten gestellt, ist es möglich, dass ein hochbegabtes Kind diese nicht lösen kann, weil es die Frage nicht versteht, was dann natürlich als Fehler gewertet wird. Manche denken sogar so schnell, dass sie selbst kaum nachvollziehen können, wie sie zu der Lösung gelangt sind. Es ist klar, dass diese Kinder beim Aufschreiben von Lösungswegen an ihre Grenzen stoßen und die Aufgabe daher lieber verweigern, um ihren eigenen Perfektionismus, mit dem sie oft ausgestattet sind, nicht zu enttäuschen. Es kommt vor, dass sie mit Äußerungen und Denkweisen anecken, die andere Mitschüler oder sogar Lehrkräfte einfach nicht nachvollzie-

hen können. Ebenfalls lernen Lehrkräfte diese Schüler als völlig unterschiedliche Persönlichkeiten kennen, wie es bei uns der Fall war. Es gibt viele Merkmale, die eine Hochbegabung vermuten lassen, u. a. auf der Seite des Begabtenzentrums finden sich einige Hinweise darauf (29). Frauke Niehues führt Aspekte wie schnelles, komplexes und kritisches Denken, hohe logisch-analytische Fähigkeiten, intensive Konzentrationsfähigkeit und Ausdauer, Imaginationsneigung und Synästhesien, Abstraktionsfähigkeit, Kreativität, geringer Übungsbedarf, Wissbegierde, gesteigerter Inputbedarf, hohes Energielevel sowie eine gewisse Sensitivität auf. Dies wird begleitet durch Emotionalität und ein Gefühl des Andersseins (41). Einige dieser Merkmale werden zudem in Verbindung mit ADHS oder einer Autismus-Spektrum-Störung in Verbindung gebracht, wobei hier die Gefahr von Fehl- und Doppeldiagnosen besteht. Darauf gehe ich später in diesem Buch ein, da es auch für uns ein wichtiges Thema ist. Auch die Tabelle von Felix R. Paturi aus Kapitel 4 ist dazu sehr hilfreich, vor allem für Lehrkräfte, um eine mögliche Hochbegabung bei Schülern zu entdecken. Bei uns war es oft so, wenn mein Mann und Sebastian sich unterhielten und in die tiefsten Gefilde von Technik und Mathematik abtauchten, musste ich den Raum verlassen, da mir der Kopf wehtat und ich das Gefühl hatte, einen Knoten im Gehirn zu haben. Hochbegabung gibt es in unterschiedlichen Schwerpunkten, diese können aber nicht explizit getestet werden: intellektuell, künstlerisch, psychomotorisch und sozial oder eine Verbindung aus mehreren (42).

Wenn du liest, dass bei einem Menschen ein IQ von über 200 vorliegt, oder dass Albert Einstein einen IQ höher als 200 hatte, dann sind diese Zahlen mit Vorsicht zu genießen. Begabungswerte größer als 160 lassen sich kaum noch messen, zumindest im deutschsprachigen Raum. Das liegt daran, dass aufgrund des seltenen Vorkommens Vergleichswerte kaum vorhanden sind und die Fragen dementsprechend nicht normiert werden können. Und ob jemand einen IQ von 160 oder 185 hat, ist in diesen Regionen weniger relevant. Insgesamt gelten ca. 2–3 % der Bevölkerung als hoch- oder höchstbegabt. Mithilfe einer Gaußschen Normalverteilungsglockenkurve kann man die Intelligenz sehr gut veranschaulichen.

DIE GESCHICHTE DER HOCHBEGABUNG

Die Verteilung der Intelligenzwerte in der Bevölkerung stellt sich wie folgt dar:

- < 70: weit unterdurchschnittliche Begabung, 2,1 %
- 70–85: unterdurchschnittliche Begabung, 13,6 %
- 86–114: durchschnittliche Begabung, 68,2 %
- 115–129: überdurchschnittliche Begabung, 13,9 %
- 130–144: Hochbegabung, 2,1 %
- > 145: Höchstbegabung, 0,1 %

Den ersten IQ für Kinder definierte 1912 der deutsche Psychologe William Stern. Er sprach damals vom „Intelligenzalter" ohne Angabe eines konkreten Wertes, wie es heute der Fall ist. Zudem war dieser für Erwachsene ungeeignet. Obwohl man sich danach um IQ-Skalen bemühte und aus dieser Zeit sicher die oft skurrilen IQ-Einordnungen Prominenter stammen, wurde 1932 schließlich eine neue IQ-Skala von D. Wechsler eingeführt. Dieser maß die Abweichung des Wertes im Hinblick auf den Durchschnitt in der Bevölkerung (IQ=100). Mittlerweile werden die IQ-Tests wie der WISC (Wechsler Intelligence Scale for Children – vormals: HAWIK – Hamburger-Wechsler-Intelligenztests für Kinder) bzw. der WAIS (Wechsler Adult Intelligence Scale) regelmäßig neu normiert und an diese Normalverteilung angepasst (23).

Die Normierungsgeschichte der Intelligenztests findet man auf Wikipedia (45):

- 1956: HAWIK
- 1983: HAWIK-R (revidiert)
- 1999: HAWIK-III
- 2007: HAWIK-IV
- 2011: WISC-IV
- 2017: WISC-V

Die meisten Menschen haben einen IQ zwischen 85 und 115. Wer darüber liegt, ist überdurchschnittlich begabt, wer einen Wert von 130 erreicht, gilt als hochbegabt. Die Skala geht noch weiter in den Bereich der Höchstbegabung, die bei 145 beginnt (43). Gilt ein Kind nun als überdurchschnittlich begabt, kann es bereits mit den gleichen Herausforderungen konfrontiert sein wie ein hochbegabtes Kind. Daher sind diese Grenzen nicht starr, sondern als fließend anzusehen. Das Institut für Leistungsentwicklung schreibt, dass sich unter den Hochbegabten zwischen 15 und 20 % Underachiever befinden. „Ein Teil dieser Kinder fällt, wenn keine Hilfe kommt, durch die verschiedenen Schulformen durch bis zur Sonderschule für Lern- oder Verhaltensgestörte. Für die hochleistenden Hochbegabten gibt es private Vereinigungen und staatliche Initiativen zur Förderung; für die genannten 15 bis 20 % dagegen gibt es noch keine formellen Hilfsangebote. Rechenbeispiel: Von 1000 Kindern sind statistisch 20 hochbegabt. Von diesen sind wiederum 3 bis 4 Underachiever. In einer Stadt mit 25 000 SchülerInnen (ca. 280 000 Einwohner, 9 % Schüler) wären 90 bis 100 Kinder betroffen. Anmerkung: In der Praxis muss davon ausgegangen werden, dass die im Folgenden beschriebene Wirkung von schulischer Unterforderung nicht erst ab der Schwelle IQ 130 eintritt, sondern häufig bereits bei niedrigeren Schwellenwerten" (44).

Wie bereits in einem anderen Kapitel erwähnt, kommt es ebenso auf die gewählte Testdiagnostik sowie auf das Umfeld, das Wohlbefinden der zu testenden Person etc. an. Wir sind schließlich keine Maschinen, die stetig ihre konstante Leistung erbringen. Für die Forschung ist dennoch diese Einteilung wichtig, aber auch für die Begründung von Fördermaßnahmen, die beispielsweise nur Hochbegabten, also ab einem IQ von 130, zugutekommen. Aus diesem Grund haben wir viele Jahre nicht in diese Richtung gedacht, obwohl letztendlich bei unserem Sohn eine Hochbegabung vorliegt, wie sich herausstellte. Hier ist es noch wichtig zu erwähnen, dass sich die meisten Hochbegabten in ihrem Schulalltag sehr gut anpassen können und viele selbst nichts von ihrer Hochbegabung ahnen. Daher ist es nur ein kleiner Teil der Hochbegabten, die auffällig sind, zu Underachievern werden oder Schule verweigern. Und gerade hier wird die Verbindung zur Hochbegabung oft nicht erkannt. In den wenigsten Fällen gibt es Fördermaßnahmen für Hochbegabte mit Problemen in der Schule, also die Underachiever. Doch auch hochbegabten

Schülern, die den Unterricht problemlos und ohne zu Lernen bewältigen, drohen in der späteren Laufbahn unter Umständen Schwierigkeiten, da sie die Basics nicht erworben haben. Ihnen fehlen Lernstrategien und Erfolgserlebnisse, die auf eigene Anstrengungen und der Bewältigung von Herausforderungen beruhen. Das kann zu einem Abfall der Eigenmotivation führen und sich letztendlich darin zeigen, dass diese Menschen schwer dranbleiben können, zu schnell aufgeben und kaum Ehrgeiz entwickeln. Mit dieser Sichtweise sollte jedes hochbegabte Kind im Schulsystem gefördert werden. Ich gehe sogar noch einen Schritt weiter, denn viele Coaches und Forscher sprechen davon, dass das „anders denken" nicht erst ab einem IQ von 130 auftritt, sondern bereits ab einem IQ von ca. 120. Daher ist es wichtig, auch diese Kinder in diesen Bereich aufzunehmen. Wenn ich also von „Hochbegabung" spreche, dann schließe ich damit auch die überdurchschnittlich begabten Kinder ab einem IQ von ca. 120 ein.

Sind hochbegabte Menschen Hochleister?

Ich würde sagen: durchaus ja. So wie jeder Mensch von Natur aus gerne lernt, geht auch jeder Hochbegabte seinen Neigungen und Interessen nach, immer auf der Suche nach neuen Lösungen. Bei ihm sieht der intensive Prozess der Ideenfindung sicher etwas anders aus als bei Normalbegabten. Der Drang, den Dingen bis auf den Grund zu gehen, ist oft so groß, dass sie alles hinterfragen und analysieren – und am Ende sogar verwirrter und orientierungslos zurückbleiben können, als sie es vorher waren. Albert Einstein sagte schon: „Je mehr ich weiß, desto mehr erkenne ich, dass ich nichts weiß." Ich denke, das trifft es sehr gut. Stellt man aber die Frage, ob Hochbegabte Hochleister in Bezug auf Schule sind, fällt die Antwort sicher anders aus. Zieht man ein sehr gut begabtes Kind auf, neigt man dazu zu sagen, dass es doch so viel Potenzial habe und in der Schule zurechtkommen müsse. Es müsse ein Leichtes sein, Aufgaben zu lösen, am Ball zu bleiben, Arbeiten zu schreiben, neuen Stoff zu lernen und so weiter. Denn wir haben in den ersten Lebensjahren erfahren, wie wissbegierig und kreativ diese Kinder sind und dass Schule die anzustrebende Lösung sei, um diese Neugier endlich auf das nächste Level zu heben. Doch das ist ein Irrtum, dem wir als Eltern und auch sicher viele andere aufgesessen sind. Ich bedaure im Nachhinein meinem Sohn den Vorwurf

„Du bist doch so clever, warum ..." oft gemacht zu haben, aus Unverständnis der Problematik, die ursächlich dahintersteht. Es hat viele Jahre gedauert, dies zu verstehen. Daher kann ich gut nachvollziehen, dass es vielen Menschen schwerfällt, die Hochbegabung von einer Minderleistung gedanklich zu trennen. Es existieren Hochleister, die nicht hochbegabt sind, aber es einfach lieben zu lernen und der oder die Beste sein wollen. Doch es gibt Hochbegabte, die ein so großes Potenzial mitbringen, es aber aus den unterschiedlichsten Gründen nicht zeigen können oder wollen. Oder noch schlimmer, dass sie einfach ausgebremst werden. Es sind die Kinder, die oft bereits Lesen, Rechnen oder Schreiben können, wenn sie in die Schule kommen. Diese Kinder verfallen nach der Einschulung in tiefe Langeweile und werden unzufrieden. Ist der Anschluss wiederhergestellt, wird das Kind ausgebremst, weil der Unterricht nicht schnell genug voranschreitet und für das Kind unerträglich lange geübt und wiederholt wird. Diese Situation frustriert sie und es fällt ihnen zunehmend schwerer, ihre PS auf die Straße zu bringen. Ist das Kind aber in der richtigen Umgebung, wie es bei unserem jüngeren Sohn der Fall war, ist es durchaus möglich, dass diese Kinder schnell zu Hochleistern werden. Mehr dazu in Kapitel 8.

Natürlich ist die Presse voll von Wunderkindern, die hochtalentiert sind und gleichzeitig Leistung bringen. Die in jungen Jahren schon auf großen Bühnen stehen, als Jugendliche ihre Master-Abschlüsse machen oder bereits in der Forschung tätig sind. Diese leuchtenden Beispiele gibt es immer wieder. Und es wird klar, warum das Verständnis in der Öffentlichkeit fehlt, dass es bei dem Kind nebenan nicht so läuft, dass es scheinbar versagt und der Schulabschluss auf dem Spiel steht. Das ist schwer zu fassen, sogar für die eigenen Eltern des Kindes. Wenn du nun so ein Kind hast, das zwar hochbegabt, aber kein schulisches Hochleister-Kind ist, dann kommst du in einen Bereich, in dem oft wenig bis keine öffentliche Förderung möglich ist. Es existieren derzeit nur begrenzte Möglichkeiten, auf diese Kinder speziell einzugehen.

Glücklicherweise gibt es Underachiever-Coaches und immer mehr Psychologen, die sich dieses Themas annehmen. Aber du musst als Eltern schon sehr danach suchen und genau auswählen, damit das Kind nicht pathologisiert wird, wie so oft.

In den letzten Jahren findet allmählich eine Akzeptanz des Umstandes statt, dass Hochbegabte durchaus problematische Schüler sein können. Die Frankfurter Psychologin Andrea Brackmann schreibt 2012 in ihrem Buch „Jenseits der Norm – hochbegabt und hochsensibel", dass sich in den Kultusministerien, Schulen und Universitäten endlich etwas bewege. Seitens des staatlichen Schulsystems gibt es bereits seit Längerem zahlreiche Schulen mit einem Hochbegabten-Gütesiegel. Doch diese sind eher an die hochleistenden Hochbegabten adressiert als an die Hochbegabten, die durch ihr Verhalten störend auffallen oder sich im Underachievement bewegen. Andrea Brackmann äußert deutlich die Befürchtung, dass sich die Hochbegabtenförderung lediglich auf die erkennbaren Hochbegabten, also die Hochleister, beziehe und man diese speziell fördern wolle (40). Tatsächlich gibt es jüngst seit dem Februar 2021 eine neue Hochbegabten-Initiative in Hessen, Bayern und Sachsen, an der 27 Schulen beteiligt sind. Kultusminister Prof. Dr. R. Alexander Lorz und Ingmar Ahl, Vorstand der Zweckerfüllung der Karg-Stiftung, unterzeichneten einen Kooperationsvertrag zum Projekt „Karg Campus Hessen", welches gemeinsam mit der Dr. Rolf M. Schwiete-Stiftung durchgeführt wird. Für das „Finden und Fördern von Kindern und Jugendlichen mit besonders hohen kognitiven Potenzialen" soll es für drei Jahre Angebote für Lehrkräfte und Schulpsychologen geben (46). „Im Mittelpunkt stehen jetzt nicht mehr nur die Hochbegabten, sondern begabte, leistungsstarke und potenziell leistungsfähige Schüler, die es durch eine psychologische und pädagogische Diagnostik erst zu entdecken gilt", schreibt die FAZ dazu (47). Inwiefern dies Schulen interpretieren und auch die leistungsschwachen Schüler, die vorschnell als Klassenclown faul und störend auffallen, mit ins Kalkül der Möglichkeit einer leistungsbezogenen Diagnostik ziehen, ist fraglich. Da kommt es sicher auf die jeweilige Lehrkraft an, eine potenzielle Begabung auch dann erahnen zu können, wenn alle Zeichen auf etwas anderes hindeuten. Meines Erachtens sollte die Schulung der Lehrkräfte bereits an diesem Punkt beginnen und ich erinnere gerne noch einmal an die übersichtliche und einfache Liste von Felix R. Paturi aus Kapitel 4. Es bleibt abzuwarten, ob das 3-jährige Hochbegabten-Projekt erfolgreich sein wird, je nachdem, welche Maßstäbe man ansetzt. Trotzdem bin ich froh über jede Initiative dieser Art, denn damit bewegt sich etwas. Der Blick für die Thematik wird geöffnet und sensibilisiert. Es bleibt zu hoffen, dass letztendlich auch die unent-

deckten, problematischen Hochbegabten und die twice exceptional students davon profitieren dürfen. Das Bild der Underachiever darf sich in der Gesellschaft endlich ändern, die Menschen sollten sich so respektieren und angenommen fühlen, wie sie sind. Das gilt für alle Lebensbereiche, aber es ist noch ein langer Weg. Für die hochbegabten Kinder, die bereits ihre Schulkarriere mehr oder minder erfolgreich beendet haben, kommt diese Unterstützung natürlich zu spät. Möglicherweise haben sie das Glück, eine Förderschule für twice exceptional students (=Hochbegabung + Leistungsschwächen und Einschränkungen im sozialen und emotionalen Bereich) besuchen zu können, wie die Oswald von Nell Breuning-Schule Abteilung 2 in Offenbach. Diese Privatschule, die über staatliche Mittel finanziert wird, ist einmalig in ganz Deutschland. Wir hatten das Glück, dass unser Sohn auf diese eine Schule gehen konnte und sich damit endlich neue Türen öffneten und ihm einen Schulabschluss ermöglichten, nachdem das staatliche Schulsystem bei ihm offensichtlich versagt hatte.

Konflikte für Hochbegabte in der Schule

Hochbegabte denken anders, das habe ich bereits ausführlich dargestellt. Es existieren Unterschiede zu normalbegabten Menschen im Auffassungsvermögen. Trotzdem möchte ich ein paar allgemeine Impulse geben, um das Thema Hochbegabung stärker mit den Problemen im Schulsystem zu verknüpfen, welches ich im nächsten Kapitel aufgreife. Viele Hochbegabte lieben Zusammenhänge und können relativ einfach Dinge, die sie einmal verstanden haben, herleiten. Nehmen wir das 1x1 in Mathe, so wird das reine Auswendiglernen von Rechenformeln als lästig angesehen. Begreifen diese Kinder jedoch mathematische Zusammenhänge, fällt ihnen der Transfer zu anderen und sogar höheren Aufgaben leicht. So kommt es vor, dass sie herkömmliche Rechenwege erst gar nicht aufgreifen, sondern einen eigenen Weg zur Lösung finden. Leider weicht dieser oft genug vom vorgegebenen Lösungsweg ab, worauf der eigene an Gültigkeit verliert. Aus diesem Grund notieren viele Hochbegabte in einer Mathe-Arbeit lediglich das Ergebnis einer Aufgabe, ohne den Rechenweg aufzuzeigen. Ich kann mir vorstellen, dass dies aufgrund des schnellen Denkens oft auch unmöglich ist. Die Psychologin Andrea Brackmann sammelte in ihrer Praxis große Erfahrung mit

hochbegabten Kindern und Jugendlichen. Sie resümiert, dass monotones Üben und Wiederholen für diese Menschen oft eine Qual seien. Nicht nur die Langeweile spiele hier eine Rolle, sondern es würde einfach ihrer natürlichen Denkweise widersprechen. Als Beispiel nennt sie einen Auslandsaufenthalt, in dem Hochbegabte die Sprache sehr schnell lernen, aber Vokabeln lernen im Unterricht zur Qual wird, weil die Konzentration fehle und sie sich blockiert fühlten (40). Dieses Beispiel verdeutlich sehr schön, wie wichtig es für Hochbegabte ist, einen Sinn in dem, was sie tun und lernen, erkennen müssen. Nur dann gerät die Sache in ihren Fokus und diesem wird sich gern und intensiv gewidmet.

In der Schule wird der Lernstoff oft in der Form vermittelt, indem viele Beispiele zu einer Gesamtlösung führen oder eine Gesamtlösung anhand vieler Beispiele durchgespielt wird. Dazu kommt, dass Lehrkräfte aufgrund des Lehrplans vorgeben, wie diese Gesamtlösungen aussehen müssen, sodass wieder und wieder eine Reproduktion von bestehendem Wissen erfolgt. Dieser Zugang zu den Themen langweilt viele Hochbegabte so sehr, dass sie im Unterricht regelmäßig abschalten. Sie sehen den Sinn nicht darin. Möchten Sie dem einen Sinn geben und entwickeln eigene Hypothesen mit neuen Denkansätzen, dann finden diese selten Platz, denn sie weichen vom vorgegebenen Curriculum ab. Die Frustration setzt ein. Doch der Prozess der Thesenentwicklung und der kreativen Beweisführung wäre so wertvoll für die Entwicklung des selbstgesteuerten Lernens und vor allem für die innovative Ideenfindung. Es ist daher kein Wunder, dass viele Hochbegabte dank des Unterrichts daran schnell die Lust verlieren und ihr Ehrgeiz im Keim erstickt wird, sich selbstständig mit den Themen auseinanderzusetzen. Zudem müssen so viele Inhalte laut Lehrplan gelehrt werden, dass der Unterricht auseinandergerissen werden muss, um alles unterzubekommen. Quantität geht hier vor allem vor Qualität. Was viele vergessen: Quantität führt zur reinen Lernbulimie, während Qualität zum selbstständigen, eigenverantwortlichen Denken führt, was möglicherweise ist dies im Bildungssystem nicht gewollt ist. So werden die einzelnen naturwissenschaftlichen Fächer teilweise nur einmal im Halbjahr unterrichtet, ebenso die künstlerischen Fächer. Wie sollen da Zusammenhänge gelernt werden, die Hochbegabte für ihr Gesamtbild benötigen? Sie lieben es, in die Tiefe zu gehen und ein Thema bis ins kleinste Detail zu erforschen. Aber wenn eine lange Pau-

se zwischen den Themen entsteht oder diese auseinandergerissen und auf mehrere Schuljahre verteilt werden, ist das nicht mehr möglich. Ebenso sind wichtige Zusammenhänge zwischen den einzelnen Fächern kaum nachvollziehbar. Der Unterrichtsstoff gleicht dank des Lehrplans einem wahren Flickenteppich. Dabei wäre das Verständnis für das Ganze in Form eines großen Überblicks so wertvoll, auch für die weitere Schullaufbahn. Dass diese gestückelte Herangehensweise zu einem Problem geworden ist, wird an den Gründen deutlich, wieso Studenten ihr Studium abbrechen und einen beruflichen Wechsel anstreben. Sie haben in der Schule die Grundlagen der wissenschaftlichen Arbeitsweise nicht gelernt.

Hochbegabte lernen um des Lernens willen. Genau deswegen hinterfragen sie, was ihnen unklar ist. Das ist lästig für die Lehrkräfte, denn sie möchten den komplexen Lehrplan in der vorgegebenen Zeit erfüllen. Da bleibt wenig Raum für Erklärungen. Der Schüler verstummt irgendwann und hört auf zu hinterfragen. Das ist der Samen für ein weitgehend unreflektiertes Leben, in dem alles einfach hingenommen wird. Glücklicherweise können Hochbegabte nicht aufhören zu hinterfragen und machen es so lange, bis sie eine befriedigende Antwort erhalten. Auch wenn es im schlimmsten Fall bedeutet, dass vor lauter Frust der Schulbesuch verweigert wird. Denn Anpassung an das System ist für viele Hochbegabte keine Lösung und vor allem kein Lebensziel, das es zu erreichen gilt. Es ist für sie reine Zeitverschwendung.

An dieser Stelle möchte ich den Blick auf einen weiteren Aspekt legen, den Schule zu vermitteln versucht, damit die Schüler später im Leben besser bestehen können: Die Sozialkompetenz. Eine Schulklasse ist ein in sich abgeschlossenes soziales System. Es hat sich nicht freiwillig formiert, sondern bildet sich aufgrund von Geburtsjahrgängen. Klassenwiederholer und Klassenüberspringer ergänzen das soziale System ebenso wie Kinder, die einen Umzug aus dem Ausland oder Inland hinter sich haben. So finden sich zwischen 20 und 30 Individuen in einem Raum wieder und sind gezwungen, die Hälfte des Tages in einer Art Zwangsgemeinschaft miteinander zu verbringen. Es ist klar, dass es hier zu Konflikten kommen kann, die mehr oder minder schwer ausfallen können. Nun könnte man sagen, dass die Kinder den Umgang damit lernen müssen, denn später im Berufsleben

müssen sie all das beherrschen und bestehen. Es ist jedoch wesentlich einfacher für Erwachsene, die Arbeitsstelle zu wechseln als für Schüler die Schule, wenn es schwierig wird. Alleine diese Fragestellung birgt großen Diskussionsbedarf, das ist mir bewusst. Hier treffen viele Meinungen aufeinander: althergebrachte, moderne, offene und traditionelle. Die Frage, der ich an dieser Stelle nachgehen möchte, ist jedoch: Wie sieht es mit der Sozialkompetenz bei Hochbegabten aus? Wenn sich zwar die Gruppe nicht über einen Kamm scheren lässt, so wird doch deutlich, dass hier besondere Herausforderungen existieren. Diese Kinder sind oft mit dem ständigen Gefühl konfrontiert, nicht dazu zu gehören und anders zu sein, wobei sie den Fehler bei sich selbst suchen und eine objektive Einschätzung noch gar nicht vornehmen können. Daher lohnt ein Blick auf die möglichen sozialen Konfliktpunkte, um ihnen bestmöglich zu begegnen und um unsere Kinder liebevoll darin zu begleiten und zu stärken. Auf das Thema Selbstwert bei Hochbegabten gehe ich in Kapitel 8 näher ein.

Wir Eltern möchten, dass sich Kinder gut integrieren und sich für die Interessen ihrer Altersgenossen begeistern: Sport treiben, musizieren, treffen mit Freunden und andere Dinge. Wir sehen das Einfügen in soziale Strukturen und die dafür notwendigen emotionalen Fertigkeiten als wichtig an. Wir möchten, dass unsere Kinder beliebt sind und hoffen, dass sie es dadurch später in der Gesellschaft leichter haben. Die Frage ist, ob es wirklich wichtig und erstrebenswert ist, sich stets konform zu verhalten und sich an anderen zu orientieren. Ob es notwendig ist, in der Masse mitzuschwimmen und es so zu machen wie die anderen, um möglichst wenig Nachteile im Leben zu erhalten? Dies ist sicher eine Glaubensfrage, die jeder für sich selbst beantworten darf. Das Wichtigste in meinen Augen ist jedoch, die Kinder in ihrem Sein zu stärken und ihnen zu vermitteln, dass sie genauso richtig sind, wie sie sind und es wert sind, geliebt zu werden.

So orientieren sich Hochbegabte oft an älteren Kindern oder Erwachsenen, weil sie sich von ihnen auf Augenhöhe verstanden fühlen. Diese finden sie selten im gleichen Klassenverbund. Andererseits haben sie altersentsprechende Bedürfnisse. Hier gilt es hinzuschauen und dem Kind neben der Schule entsprechende Möglichkeiten zu bieten, wie spezielle Kurse, besondere Vereine oder sogar Mit-

gliedschaften und die Teilnahme an Veranstaltungen in Hochbegabtenvereine wie Mensa oder der DGhK e. V.

James T. Webb beschreibt in seinem Buch, dass der Anteil an introvertierten Menschen bei Hochbegabten höher ist als bei Normalbegabten (22). Dies kann wiederum durch eine erhöhte Sensibilität begründet sein, die viele Hochbegabte ebenfalls haben. Sie wirkt sich so aus, dass Kinder Zeit brauchen, um Situationen zu beobachten, sie einzuschätzen und sich einzuspüren, bevor sie handeln. Diese sollte ihnen zugestanden werden. Eine Schlussfolgerung daraus ist, dass sie möglicherweise Überraschungen eher ablehnen als bevorzugen. Speziell wenn eine Hochsensibilität vorliegt, ist es wichtig, dass die Kinder Zeit bekommen, auch für sich allein sein zu dürfen.

Wir sehen, dass unser Schulsystem gerade für hochbegabte Kinder eine große Hürde sein kann. Daher ist es notwendig, genau hinzuschauen, mit welchen Schwierigkeiten das eigene Kind konfrontiert ist und gemeinsam nach Lösungsansätzen in der Schule aber auch außerhalb zu suchen. Ich weiß aus eigener Erfahrung, dass sie innerhalb der Familie höchst unterschiedlich sind und damit mehrfach herausfordernd sein können.

KAPITEL 6: JUNGER ERWACHSENER

„Nur, wenn wir verstehen, können wir uns kümmern.
Nur wenn wir uns kümmern, können wir helfen.
Nur wenn wir helfen, können wir das Leben retten.“

Jane Goodall, Verhaltensforscherin (*1934)

WER SUCHET, DER FINDET

Nach den Sommerferien wurde Sebastian coronabedingt in die 10. Klasse versetzt und begann direkt seine Reha in Bad Gottleuba. Einen Tag vorher fuhren wir mit ihm los und verbrachten noch gemeinsame Zeit in Dresden. Am nächsten Morgen war es dann so weit. Wir erreichten die Klinik und durchliefen das Aufnahmeprozedere mit diversen Psychologen- und Arztgesprächen sowie die Einführung in das Haus, in dem er in den kommenden sechs Wochen wohnen sollte. Er teilte sich zunächst ein kleines Zimmer mit zwei anderen Jugendlichen, die aber die Reha bereits nach kurzer Zeit abbrachen. So konnte sich Sebastian über ein Einzelzimmer freuen, da niemand nachrückte. Der Betreuer drückte Sebastian während des Erstgesprächs einen Tagesplan in die Hand, in dem die Aktivitäten stündlich verzeichnet waren. Nachdem sämtliche Untersuchungen und Gespräche abgeschlossen waren, verabschiedeten wir uns von ihm. Sebastian schien sauer zu sein, dass er jetzt dableiben musste und sagte emotionslos: „Ihr könnt jetzt fahren, ihr wolltet ja, dass ich das hier mache." Während ich recht entspannt blieb im Vertrauen, dass dies eine gute Möglichkeit sei, damit Sebastian wieder mehr Zugang zu seinen Emotionen erlangt und ihm das Zusammensein mit anderen Jugendlichen guttun würde, litt mein Mann sehr unter der Trennung und fühlte sich schlecht. Der Abschied war für ihn fast unerträglich und es war für ihn, als hätte er seinen Sohn im Stich gelassen. Wir blieben sicherheitshalber noch ein paar Tage in Dresden und führten in den ersten Tagen regen WhatsApp-Kontakt. Sebastian schien ziemlich verzweifelt zu sein. Er sagte, es würde ihm nicht gefallen und es wäre eine unsinnige Aktion. Es ging sogar so weit, dass er mitteilte, wenn er ein Fahrrad und ein Zelt hätte, würde er jetzt nach Hause fahren. Von Dresden nach Mittelhessen. Ich ermutigte ihn immer wieder durchzuhalten, offenzubleiben und das durchzuziehen, es seien nur sechs Wochen und diese wären bestimmt schnell vorbei. Mit der Zeit hörten wir weniger von ihm und so rief ich einmal die Woche bei der Psychologin an, um mich nach dem aktuellen Stand zu erkundigen. Sie erzählte uns, dass Sebastian sich mehr und mehr emotional öffnen würde, wenn auch sehr vorsichtig. Er würde guten Kontakt zu den Mädchen knüpfen und wäre der Hahn im Korb. Er verhalte sich sehr hilfsbereit, offen und freundlich und beteilige sich an den Gemeinschaftsaktivitäten.

So vergingen die sechs Wochen und wir kehrten nach Dresden zurück, um ihn abzuholen. Während mein Mann sehr ruhig und entspannt blieb, konnte ich die Vorfreude einen Abend zuvor kaum aushalten, zumal sich die Klinik vom Hotel aus, in
der wir eine Nacht verbrachten, in Sichtweite befand. Als wir am nächsten Morgen
in die Nähe des Hauses kamen, in dem Sebastian untergebracht war, rannte ich
zur Eingangstür, schloss meinen Sohn fest in die Arme und heulte. Ich sagte ihm,
wie stolz ich auf ihn sei, dass er das durchgezogen hätte. Im Abschlussgespräch
mit der Psychologin brachte sie seine Schwierigkeiten im emotionalen Bereich auf
den Punkt und äußerte Verwunderung, warum er damals keine ASS-Diagnose erhalten habe. Er sei stark im Hier und Jetzt verankert und wirke oft abwesend und
„verpeilt". Das Planen von Zielen fiel ihm schwer und sie empfahl uns, dem noch
einmal nachzugehen. Sie erklärte uns den Abschlussbericht und ermunterte uns,
weitere Hilfe zu suchen, denn wir hätten Anspruch darauf. Wir erhielten nach
dem Abschlussgespräch einen ausführlichen Bericht, in dem die Notwendigkeit
der Förderung nach § 35a SGB VIII in Form von Eingliederungshilfen bescheinigt
wurde. Dies ist die formale Voraussetzung für das Jugendamt, um Fördermaßnahmen zu bewilligen. Nach dem Gespräch warteten wir, bis Sebastian alles für die
Rückreise zusammen hatte. Als ich sah, wie liebevoll ihn die Mädchen zum Schluss
mit langen Umarmungen und kleinen Geschenken verabschiedeten, spürte ich,
wie gut ihm die Reha getan hatte, wie sehr er integriert war und welchen großen
Schritt er gemacht hatte. Diese Erfahrung sollte sich im Nachhinein für seine weitere Zukunft als äußerst wichtig und hilfreich herausstellen.

Während der Reha besuchte Sebastian die Klinik-Schule, in der die Hauptfächer
unterrichtet wurden. Der Unterricht fand in kleinen Klassen statt und gestaltete
sich sehr individuell. Von seinem Gymnasium hatte er Materialien und Themen erhalten, die zu bearbeiten waren. Seine Leistungen wurden nach den sechs Wochen
durchweg im guten Bereich eingeschätzt. Obwohl er manchmal konkrete Anweisungen benötigte, so bewerteten die Lehrkräfte Sebastians Verhalten als hilfsbereit und freundlich. Er unterstütze andere Schüler, wenn sie Verständnisprobleme
hätten, und engagierte sich im Unterricht. Insgesamt fiel die Bewertung der Lehrkräfte sehr positiv aus.

Nach der Heimkehr war das Ziel, dass Sebastian wieder in die heimische Schule gehen sollte. Am ersten Morgen fuhr er mit seinem Klassenkameraden mit dem Fahrrad dorthin. Zu dieser Zeit fand pandemiebedingt noch Wechselunterricht statt, das heißt, die Klasse wurde in zwei Gruppen aufgeteilt und wochenweise abwechselnd in Präsenz unterrichtet. Die andere Gruppe machte währenddessen Homeschooling. Der erste Tag verlief recht positiv. Am zweiten Tag konnte sein Freund nicht mitkommen, weil er einen Arzttermin hatte. Demotiviert blieb Sebastian an diesem Tag ebenfalls zu Hause. Er legte seinen Kopf nach dem Frühstück frustriert auf den Tisch und sagte, er könne nicht fahren. Am dritten Tag fuhr sein Freund wieder mit und sie hatten 4 Stunden Blockunterricht Spanisch. Als Sebastian nachmittags nach Hause kam, sagte er zu mir: „Ich erinnere mich jetzt wieder, warum ich die Schule verweigert habe. Der Tag war einfach schrecklich." Als ich ihn fragte, warum das so sei, antwortete er, dass sie vier Stunden Spanisch hatten und er die ganze Zeit nur bewegungslos dagesessen hätte. Nach diesen vier Stunden hätte er Muskelkrämpfe bekommen und es wäre so langweilig gewesen. Da würde es auch nichts helfen, dass er Zahlen von 1 bis 2000 geschrieben hätte. Tatsächlich fand ich einige Zeit später in einem Collegeblock drei Blätter, die Zeile für Zeile vollgeschrieben waren mit Zahlen bis 2000. Langeweile im Unterricht äußerte er bereits früher manchmal, aber das nahmen wir nicht so ernst, denn jedes Kind langweilt sich hin und wieder in der Schule. Doch Langeweile spielt bei Hochbegabten eine andere Rolle. Zudem muss diese schlimmer und sogar körperlich schmerzhafter für ihn gewesen sein, als er es gegenüber uns erwähnte. Sebastian gehört zu den Menschen, die im Hier und Jetzt leben, was ihn schon immer sehr wortkarg machte, wenn ich ihn aufforderte, von seinem Tag in der Schule zu berichten. Dinge, die in der Vergangenheit lagen, hatte er bereits für sich abgehakt und fand sie nicht mehr erwähnenswert. In unseren Gesprächen ging es nie um Emotionen oder Befindlichkeiten, sondern immer nur um sachliche Themen, die ihn jetzt gerade im Moment beschäftigten. Sich Situationen in Erinnerung zu rufen, war für ihn eine Qual. Daher erhielten wir als Antwort oft nur ein „gut" oder „ja" anstelle ausführlicher Erklärungen. Für Sebastian und uns war nach diesem Spanisch-Erlebnis klar, dass er nicht mehr in die Schule gehen würde. Also mussten wir nach Alternativen suchen. Er unterlag zwar nicht mehr der Schulpflicht, verfügte jedoch über keinen qualifizierten Abschluss. Durch die Versetzung in die 10. Klasse hatte er theoretisch einen Hauptschulabschluss, doch dieser war durchzogen mit der Note 5. Er war nicht bewertbar, da er die meiste Zeit nicht in der Schule gewesen und somit keine Leistungen erbracht hatte. Also war das Zeugnis ein wertloses Stück Papier. Es musste eine Alternative her, und zwar schnell. Denn die Zeit lief uns davon für unseren Sohn, der in einem halben Jahr 17 werden sollte.

Unser Plan nach der Reha war nun ein Zusammenspiel aus drei gezielten Maßnahmen. Zunächst bemühte ich mich um eine Gruppentherapie, denn die Gespräche in der Gruppe hatten ihm offensichtlich gutgetan. Sebastian erzählte von sich aus, dass er sich besser gefühlt habe, weil er erkannt hatte, dass andere Jugendliche in seinem Alter ebenfalls große Probleme haben, wenn auch nicht die gleichen wie er. Er erzählte von einem Mädchen, das zu viel lernte und so ein Burn-out erlitt, oder einem anderen, das gemobbt wurde. Sebastian öffnete sich in den Gruppentherapie-Gesprächen emotional, diesen Prozess wollten wir intensivieren. Als zweite Maßnahme überlegten wir, dass er Fernunterricht bekommen sollte, denn das Homeschooling funktionierte am Anfang gut. Daher dachten wir, dass dies eine optimale Lösung für ihn sein könne, seinen Hauptschulabschluss oder sogar Realschulabschluss nachzuholen, um überhaupt Zukunftschancen in der Form einer Ausbildung zu erhalten. Dies wollten wir begleitet sehen durch einen Lernbetreuer, der sich mit ihm gemeinsam von zu Hause aus um die schulischen Belange kümmert und ihn dabei unterstützt. Es ist wie eine Art Schulbegleiter, nur eben für die Fernschule. Wir als Eltern sahen uns bei dem Reizthema nicht in der Lage, ihm adäquat zu helfen. Das sollte die dritte Maßnahme sein. Ich nahm Kontakt zum Jugendamt auf und schilderte den Fall. Der Ansprechpartner verwies mich an die Behindertenabteilung, ich solle da einen Antrag stellen, was ich auch tat. Ebenfalls nahm ich Kontakt zu der Flex Fernschule in Marburg auf. Diese waren bereit, Sebastian zu beschulen, die Finanzierung würde über das Jugendamt erfolgen. Zudem suchte ich eine Gruppentherapie, was aber zu Pandemiezeiten kaum angeboten wurde. Wir vereinbarten daher zunächst Einzeltermine bei einer Psychologin, bei der wir zeitnah den ersten Termin hatten.

Mittlerweile war es November und wir besuchten die wöchentlichen Termine gemeinsam bei der Psychologin. Ich war stets anwesend, was bedeutet, dass sie mich gleich mit therapierte. So jedenfalls hatte ich den Eindruck. Sie sprach mit Sebastian und gab ihm Aufgaben, die er zur nächsten Sitzung erledigen sollte. So sollte er nach Hochbegabten-Internaten recherchieren und sich nach Stipendien erkundigen. Er tat nichts dergleichen. Ich schob es darauf, dass er die Anweisung schnell wieder vergessen hatte, da er nicht „bis übermorgen" denken konnte oder den Sinn darin nicht sah. Ich verzweifelte immer mehr und eines Tages sagte sie einen rettenden Satz, der mich zunächst in den tiefsten Abgrund zog und doch gleichzeitig so heilsam war, wie es besser in diesem Moment nicht hätte sein können. Sie sagte zu mir: „Lassen Sie ihn los!" Sie erklärte weiter, dass sich Sebastian in einem Auge des Sturmes befände. Er säße seelenruhig und unbeteiligt auf seinem Stuhl und ließe alles mit sich geschehen. Die, die sich bewegten und um ihm herum in einem Tornado tanzten, seien wir Eltern. Er sei fast 17, wir könnten nichts mehr für ihn tun. Für ihn sei jetzt wichtig, dass er Kontakt zu Gleichaltrigen bekommt. Eine Fernschule würde er nicht durchziehen, so ihre Einschätzung. Das hatte gesessen. „Lassen Sie ihn los!" Ich war zunächst schockiert und der Schmerz entlud sich in Tränen. Auch als ich das meinem Mann später erzählte, musste ich weinen und es brauchte ein paar Tage, bis ich es verarbeitet hatte. Doch ich wusste genau, dass sie recht hatte und war ihr im Nachhinein so dankbar für dieses Wachrütteln. Sie empfahl uns jedoch, dass Sebastian in eine Klinik aufgenommen werden solle. Das wiederum war nicht unbedingt der Weg, den wir uns für unseren Sohn vorgestellt hatten.

DURCH HÖHEN UND TIEFEN

Der Antrag an die Behindertenstelle vom Jugendamt lief noch, und so nahmen wir schweren Herzens Kontakt zu der Vitos-Klinik auf, um uns über eine stationäre Aufnahme zu informieren. Im Dezember erhielten wir einen Termin zum Vorgespräch in der Ambulanz und von dort aus erfolgte die Empfehlung, einen Gesprächstermin in der kinder- und jugendpsychiatrischen Klinik in Herborn wahrzunehmen. Im Februar fand dieses Gespräch statt. Eine Psychologin der Klinik war anwesend und hörte sich unseren Fall genau an. Sie befragte unseren Sohn und uns. Im Gespräch wurde immer deutlicher, dass sie nicht wusste, wie sie Sebastian helfen könnte. Sie gab uns den Tipp, lieber noch einmal beim Jugendamt anzurufen und dort Möglichkeiten zu erfragen. Trotzdem würde sie ihn auf die Warteliste setzen lassen, die Wartezeit würde derzeit ein halbes Jahr betragen. Für uns war aber klar, dass wir alles tun mussten, um eine Unterbringung in der Klinik zu verhindern, denn wir wussten, dass dies der falsche Weg für Sebastian wäre, weil er ihn nur noch mehr in den Abgrund ziehen würde. Zudem empfanden wir den Besuch dort als sehr bedrückend, vor allem weil während der Zeit ein Kind für alle hörbar unaufhaltsam panisch schrie. Sebastian selbst sah sich nicht als krank an, sondern nur als Schulverweigerer und Kritiker am System. Wir Eltern hatten zwar die gleiche Meinung, fürchteten jedoch um seine Zukunft, die sich derzeit aussichtslos darstellte. Die Tragik der Pathologisierung begleitete uns schon sehr lange, nur hier war sie sehr deutlich und spürbar und zu einem düsteren Höhepunkt in der Geschichte geworden, die wir gemeinsam mit unserem Sohn durchstanden. Wir entschieden uns, noch einmal Kontakt mit dem Jugendamt aufzunehmen, aber nicht mit der Behindertenabteilung, wie uns damals vom Jugendamt empfohlen wurde. Ich besprach mit der mittlerweile neu eingesetzten Sachbearbeiterin des Jugendamtes das Vorgehen bezüglich der Antragstellung und ließ mir die notwendigen Unterlagen zusenden. Über meine Recherche erfuhr ich, dass wir als Eltern ein Wunsch- und Wahlrecht hinsichtlich der Unterbringung hätten, also gaben wir die Oswald von Nell Breuning-Schule Abteilung 2 in Offenbach als Wunsch an, die an das Theresien Kinder- und Jugendhilfezentrum e. V. in Offenbach angegliedert ist. Bereits vor ein paar Jahren hatte ich schon einmal nach einer alternativen Schule für Sebastian recherchiert und war auf diese gestoßen. Doch ich konnte keine Erfahrungsberichte finden. In einer Facebook-Gruppe schließlich machte ich eine Mutter ausfindig, deren Sohn ebenfalls vor längere Zeit dort beschult und untergebracht gewesen und die für einen Austausch offen war. Sie erzählte mir, dass die Schule zwar super sei, aber ihr Sohn die Wohngruppe als katastrophal erlebt hätte. Sie war die einzige Informationsquelle, die ich hatte, daher nahm ich damals Abstand von der Möglichkeit, unseren Sohn dort unterzubringen. Doch jetzt, drei Jahre später, führte mich mein Weg wieder dorthin, und ich sah keine bessere Möglichkeit für unseren Sohn als diese Schule. Ich wusste, er war mittlerweile alt genug, um sich dort gut zurechtzufinden und zu integrieren – vor allem mit der Erfahrung der sechswöchigen Reha im Gepäck. Ich telefonierte mit dem Sekretariat der Schule und holte die ersten Informationen ein. Die Schulleiterin sagte, dass eine Anmeldung nur über das Jugendamt erfolgen könne und dass wir neben der Förderung nach § 35a SGB VIII zusätzlich den sonderpädagogischen Förderbedarf seitens des Schulamtes benötigen. Von Letzterem hatte ich bisher noch nichts gehört, aber ich war mir sicher, dass wir auch diese Formalität bewerkstelligen würden, denn wir hatten schon so viel bewerkstelligt. Sebastian sollte ebenfalls eingebunden und vorbereitet werden, denn für uns und vor allem für das Jugendamt war es wichtig, dass er den Weg, den wir für ihn vorsahen, freiwillig mitgehen würde. So vereinbarte ich ein Telefonat zwischen dem Gründer der Schule und Leiter des Theresienzentrums Peter Eckrich und Sebastian. Dieses Gespräch war ein wichtiger und wertvoller Schlüsselmoment. Herr Eckrich brachte direkt auf den Punkt, wie Sebastian sei und welche Schwierigkeiten er habe, obwohl er unseren Sohn nicht kannte und er bis dahin auch noch nichts von sich erzählt hatte. Das erstaunte Sebastian und mich sehr und ich hatte den Eindruck, dass Sebastian sich ernst genommen und gesehen fühlte, was ihm merklich guttat. Das konnte ich ihm ansehen, denn er lachte bei dem Gespräch und wirkte gelöst. Herr Eckrich erklärte, dass genau solche Jugendliche, wie Sebastian einer sei, in dieser Schule einen perfekten Platz finden würden, da sie alle vor den gleichen Herausforderungen stünden. Er versprach Sebastian, dass er sich in der Schule sehr wohl fühlen würde, dies der richtige Ort für ihn sei und man ihm dabei helfen würde, „seine PS wieder auf die Straße zu bringen". Genauso empfand Sebastian es auch und plötzlich war er voller Vorfreude, die in den nächsten Tagen anhielt. Er konnte es kaum noch abwarten, dort einzuziehen und zu starten und wollte direkt seine Koffer packen. Doch der Antrag an das Jugendamt war gerade erst gestellt. Wir wussten, dass sich dies noch hinziehen konnte, hofften aber, dass er zu Beginn des neuen Schuljahres einen Platz bekommen würde.

Ein weiteres Gespräch mit dem Gymnasium, auf dem Sebastian immer noch angemeldet war, stand an. Mir war wichtig, alle im Boot zu haben und über den aktuellen Stand zu informieren. Der Förderschullehrer begleitete uns stets sehr einfühlsam und nannte uns die Ansprechpartnerin vom Schulamt, die wir als Nächstes aufsuchen sollten, um die sonderpädagogische Förderung zu beantragen. In dieser Zeit hetzten wir gefühlt von Termin zu Termin und von Antrag zu Antrag. Es war eine ereignisreiche Phase, aber wir wurden getrieben von der Hoffnung und der Aussicht, dass am Ende doch alles gut werden und Sebastian seinen Schulabschluss in einer für ihn passenden Umgebung erreichen würde. Wieder einmal war ich dankbar für meine Selbstständigkeit, die mir meine zahlreichen Aktivitäten in dieser Form ermöglichte.

Der Antrag war beim Jugendamt eingereicht, der erste Kontakt zur Wunsch-Schule hergestellt, also setzten wir zum nächsten Schritt an und vereinbarten einen Termin mit der Schulpsychologin des Schulamtes. Diese unterzog Sebastian einem Teilleistungstest und führte eine psychologische Untersuchung durch. Sie kam zu dem Schluss, dass er sehr intelligent sei, aber Unterstützung bei der Bewältigung seiner Lernaufgaben und Eigenmotivation benötige und befürwortete somit den Antrag auf sonderpädagogische Förderung. Dankenswerterweise bereitete der Förderschullehrer diesen Antrag vor und formulierte auf den Punkt, wo die Herausforderungen für Sebastian lagen und von welcher Unterstützung er am meisten profitieren würde. Denn zwischenzeitlich hatten wir überlegt, ob Sebastian alternativ in einer berufspraktischen Schule seinen Haupt- und Realschulabschluss nachholten und dabei bereits ein Ausbildungsjahr absolviert. Doch der Förderschullehrer kannte unseren Sohn mittlerweile näher und äußerte sich kritisch gegenüber dieser Idee. Er sagte uns, dass Sebastian in eine für ihn schwierige Umgebung geraten könne. Er würde möglicherweise mit körperlichen Auseinandersetzungen konfrontiert werden, da er mit seiner direkten, unverblümt ehrlichen Art sehr wahrscheinlich anecken und auf Unverständnis stoßen würde. Zudem könne er dort sicher keine tiefgründigen Gespräche auf Augenhöhe führen und wäre doch wieder ein Außenseiter. Er sprach sich dafür aus, dass Sebastian unter seinesgleichen kommt, in den Austausch mit anderen Hochbegabten geht, um sich endlich angenommen und „normal" zu fühlen. Daher empfahl auch er die Oswald von Nell Breuning-Schule, die Förderschule für Hochbegabte, und eine Wohngruppe, in der ebenfalls Hochbegabte zusammenwohnen. Denn das hatte Herr Eckrich vom Theresienzentrum bei unserem Telefonat betont. Er lege Wert darauf, dass die Hochbegabten auch in den Wohngruppen zusammen sind, damit die Zugehörigkeit, die so lange unerfüllt geblieben war, endlich erlebt werden kann und dies eine therapeutische Wirkung hat.

Dem Antrag auf sonderpädagogische Förderung müssen das Schulamt, der Förderschullehrer als auch die Schulleitung des Gymnasiums zustimmen. Sie ist nicht so einfach zu bekommen, da der Förderbedarf in der Regel Mehrarbeit für die Schulen bedeutet. Wir erhielten jedoch den positiven Bescheid, worüber wir sehr glücklich waren. Diese Bescheinigung reichten wir dem Jugendamt nach, womit wir alle Voraussetzungen für unseren Wunsch nach der Oswald von Nell Breuning-Schule und der Wohngruppe als erfüllt sahen. Nachdem alle Unterlagen bei der Sachbearbeiterin vorlagen, vereinbarte diese einen Anhörungstermin, der mit uns, Sebastian, dem Leiter der Abteilung, ihr selbst und einer neutralen Person stattfinden sollte. Dies sollte über Zoom ablaufen, da wir uns immer noch in Pandemie-Zeiten befanden. Ich sollte 10 Minuten Gelegenheit erhalten, unser Anliegen vorzutragen, wonach sich dann das Gremium beraten würde. Im Anschluss würden wir das Ergebnis erhalten. Ich bereitete mich akribisch auf meine 10 Minuten vor und schaffte es in dieser Zeit die komplette Geschichte von Sebastian mitsamt seinen Herausforderungen auf den Punkt zu bringen. Danach bekamen wir einige Fragen gestellt, beispielsweise, warum es ausgerechnet Offenbach sein solle, denn heimatnah gäbe es doch bestimmt auch passende Möglichkeiten für ihn. Ich verneinte dies in Bezug auf die Hochbegabtenförderung und des gleichzeitigen sozialen Förderaspektes. In diesem Moment war ich sehr froh über das Wunsch- und Wahlrecht. Danach wurden wir gefragt, warum wir nicht schon früher Kontakt mit dem Jugendamt aufgenommen hatten. Ich antwortete, dass uns niemand über die Möglichkeiten informiert hatte, denn Jugendamt wird oft mit Kin-desmissbrauch, Aggressionen, Verletzung des Kindeswohls etc. gleichgesetzt. In dieses Schema würden wir nicht passen. Dass das Jugendamt aber sehr wohl auch in solchen Fragen zur Seite stehen würde, war uns bisher nicht bewusst gewesen. Meine Kontaktaufnahme ein Jahr zuvor mit dem Tipp der Erziehungsberatung verschwieg ich an dieser Stelle. In den nächsten Wochen stellte uns die Wartezeit auf eine harte Geduldsprobe und oft blieben Nachfragen nach dem Status an unsere Sachbearbeiterin unbeantwortet. Wir fürchteten, dass uns die Zeit davonlief. Wir schalteten sogar einen Mediator ein, der den Kontakt herstellen sollte. In der Zwischenzeit recherchierte die Sachbearbeiterin nach alternativen, heimatnahen Lösungen und offerierte uns zwei Internate. Der erste Vorschlag war für verhaltensauffällige Kinder ausgelegt mit dem Ziel, diese möglichst schnell wieder ins staatliche Schulsystem, also die Heimatschule, zu integrieren. Hier sahen wir Sebastian nicht, denn der Hochbegabten-Aspekt war nicht erfüllt. Der zweite Vorschlag war ein Hochbegabteninternat. Doch bei der Recherche und dem Blick auf die Internetseite wurde schnell deutlich, dass es sich um ein Hochleistungsinternat handelt, welches einen sehr exklusiven Eindruck machte. Auch da sahen wir Sebastian nicht. Denn er war zwar hochbegabt, benötigte aber Förderung, vor allem aufgrund seines ADS. Davon war auf der Website nichts zu lesen. Interessanterweise spiegelt dieses Internat recht gut das Verständnis von Hochbegabten in der Öffentlichkeit: Elite, Exklusivität, Hochleistung. Wir lehnten also die Angebote ab, was die Sachbearbeiterin bereits erwartete, und blieben bei unserem Wunsch, dass Sebastian in Offenbach untergebracht und beschult wird.

Zwischenzeitlich erhielten wir einen Anruf eines Therapeuten der Vitos-Klinik, dass jetzt ein Platz freigeworden wäre und Sebastian den stationären Aufenthalt antreten könne. Ich informierte ihn, dass wir auf Antwort des Jugendamtes warteten und dass unser Sohn daher noch nicht kommen könne. Die Entscheidung würden wir in den nächsten Tagen erwarten. Der Therapeut interessierte sich sehr für unseren Fall und fragte, ob wir uns kurz unterhalten könnten. Ich erzählte ihm von unserer Geschichte und dass wir die Schule in Offenbach mit Wohngruppe in Betracht ziehen. Er bestärkte mich. Es sei die beste Entscheidung, die wir für unseren Sohn treffen könnten. Er hätte schon einmal einen ähnlichen Fall gehabt und der Jugendliche wäre auch nach Offenbach gewechselt, mit Erfolg. Für diesen Austausch war ich sehr dankbar und teilte seine Fürsprache unserer Sachbearbeiterin vom Jugendamt mit, denn ich hoffte, dass je mehr Fachleute sich für unseren Wunsch aussprachen, unsere Chancen der Verwirklichung steigen würden. Die Sachbearbeiterin des Jugendamtes setzte sich ebenfalls sehr dafür ein, erfuhr aber Ablehnung von der Amtsleitung. Daher erhielten wir zunächst einen positiven Bescheid zur Finanzierung der Wohngruppe, die der Schule sollte jedoch negativ beschieden werden, so ihre Aussage. Das wunderte uns, wird die Schule doch generell rein von den Jugendämtern finanziert. Aber das sei Auslegungssache und ein Zugeständnis, jedoch kein Muss, erklärte sie uns. Die Amtsleitung lehnte es also ab. Zu diesem Zeitpunkt war ich bereit, bis zum Äußersten zu gehen und zur Not die Presse einzuschalten. Denn es konnte doch nicht sein, dass nach diesem aufreibenden Jahr die Schulbildung und vor allem ein qualifizierter Schulabschluss an der Finanzierung der Schule scheitern würde. Wo war denn die hochgepriesene Hochbegabtenförderung, wenn man sie brauchte? Vor allem wenn doch schon eine Schule gefunden worden war, die perfekt zu den Herausforderungen des Jugendlichen passte und dort bestmögliche Hilfestellung zu erwarten war, damit der Jugendliche zu einem funktionierenden Teil der Gesellschaft wird und später seinen Beitrag leisten kann?

Zum Verständnis, wie sehr diese Schule zu unserer Situation passt, zitiere ich einen Auszug des Schulprofils aus der Website der Schul-Abteilung 2: „In der Abteilung 2 der Oswald von Nell Breuning-Schule werden ausschließlich Schüler und Schülerinnen (SuS) mit Hochbegabung oder einer gemessenen Intelligenzdiagnostik in der Nähe der Hochbegabung unterrichtet (ab IQ 120). Zugleich haben viele SuS der Abteilung Leistungsschwächen, sodass die tatsächlich erbrachten Schulleistungen signifikant vom intellektuellen Potenzial (Hochbegabung) der SuS abweichen (Potenzial-Performanz-Diskrepanz). Darüber hinaus sind alle SuS der Abt. 2 mehr oder weniger von psychischen Problemen betroffen, die individuell sehr verschiedenartig ausgeprägt sind (häufige Diagnosen sind: Störung des Sozialverhaltens, ADHS, Autismus, Asperger-Autismus, Autismus-Spektrum-Störung). In formaler Hinsicht kommt diese Problematik dadurch zum Ausdruck, dass nahezu alle SuS unter § 35a (SGB VIII) fallen und zudem alle vom Schulamt den sonderpädagogischen Förderbedarf im Bereich soziale und emotionale Entwicklung zugesprochen bekommen haben. Die für unsere Schülerschaft typische Kombination von Hochbegabung plus Leistungsschwächen und Einschränkungen im sozialen und emotionalen Bereich führt sehr häufig zu ganz erheblichen Schwierigkeiten in der Schule, im sozialen Miteinanderund damit häufig einhergehend zu extremen Belastungen des familiären Systems. Die Typik dieser Schülerschaft wird häufig unter den Begriff der twice exceptional students subsumiert oder aber als Underachiever-Problematik bezeichnet. Alternativ dazu könnte man auch von problematisch-hochbegabten Schülern und Schülerinnen sprechen, für die Hochbegabung unter bestimmten Bedingungen ein Risiko ist" (48). Genau hier sahen wir unseren Sohn perfekt abgebildet. Wir hatten alle Formalitäten zusammengetragen, um ihm den Besuch an dieser Schule zu ermöglichen. Sollte es nun an einer Finanzierung der Schule scheitern? Die Sachbearbeiterin hatte, um sich ein besseres Bild der komplexen Gesamtsituation zu machen, zu einem runden Tisch eingeladen. Zu diesem Termin waren wir als Familie sowie der Förderschullehrer und die Schulpsychologin anwesend. Alle Beteiligten befürworteten den Besuch dieser Schule mit angeschlossener Wohngruppe. Die Sachbearbeiterin machte klar, dass sie nicht für die Schulbildung des jungen Menschen verantwortlich seien, sondern nur für die soziale, emotionale Entwicklung. Dennoch war ihr die Problematik sehr bewusst und wir diskutierten auch hier verschiedene Lösungsansätze. Der Förderschullehrer sprach sich vehement dafür aus, dass Sebastian genau dort seinen Platz finden solle, währenddessen die Unterbringung in einer heimatnahen Wohngruppe mit dem Besuch einer anderen Schule oder einer berufsvorbereitenden Einrichtung sicher zum jetzigen Zeitpunkt zum Scheitern verurteilt wäre. Dieser Aussage stimmte die Schulpsychologin zu. Wir und Sebastian machten ebenfalls unseren Standpunkt klar. Sebastian äußerte selbst, dass er gerne nach Offenbach gehen möchte und so nahm die Sachbearbeiterin ihre gesammelten Eindrücke mit zurück in das Jugendamt. Sie wollte helfen, das spürten wir, doch andererseits waren ihr die Hände gebunden. Mittlerweile hatte die Zuständigkeit in der Amtsleitung gewechselt, doch auch hier entschied man gegen eine Schulfinanzierung – immer mit der Begründung, dass das Jugendamt nicht für die Schulbildung verantwortlich sei. Die Zeit drängte immer mehr und Sebastian stand kurz vor seinem 17. Geburtstag. Die Sommerferien sollten bald beginnen und wir sahen uns wieder ohne Ausweg. Doch dann startete die Sachbearbeiterin einen letzten Versuch und besprach den Sachverhalt noch einmal mit ihren Vorgesetzten. Wie durch ein Wunder wurde dieses Mal der Schulfinanzierung positiv entsprochen und wenige Tage später hielten wir den erlösenden Brief mit der Zusage für die Finanzierung der Schule für ein Jahr in unseren Händen. Diesen Bescheid erhielt auch die Förderschule und so bekamen wir einen Termin für ein Orientierungsgespräch über Zoom. Herr Eckrich leitete das Gespräch, die Schulleiterin war ebenfalls anwesend sowie eine Sekretärin, die das Protokoll auf einem Flipchart verfasste. Herr Eckrich stellte Sebastian viele Fragen und er antwortete fleißig. So machte sich die Einrichtung ein Bild der Situation und am Ende sagte Herr Eckrich: „Sebastian, wir haben einen

Platz für dich und würden uns freuen, wenn du ab dem neuen Schuljahr zu uns kommst." Er bekam die Gelegenheit, in der letzten Woche vor den Sommerferien eine Schnupperwoche zu absolvieren und einen Einblick in Schule und Wohngruppe zu erhalten.

TWICE EXCEPTIONAL STUDENTS

Neben dem Begriff „Underachievement" gehören die twice exceptional students ebenfalls erst seit Kurzem zu meinem Sprachrepertoire. Besonders schön finde ich die Übersetzung, denn „twice exceptional students" bedeutet wörtlich übersetzt „zweifach außergewöhnliche Schüler bzw. Studenten". Das klingt doch erst einmal positiv. Welche Brisanz hinter dieser doppelten Außergewöhnlichkeit steckt, schauen wir uns jetzt näher an. Es existiert bis zum heutigen Zeitpunkt kaum deutschsprachige Literatur zu diesem Thema. Aus diesem Grund sind auch nur sehr wenige Institutionen und Schulen auf die besondere Klientel vorbereitet und bieten geeignete Hilfestellungen an. Ist ein Kind hochbegabt, dann kann es bereits für alle Beteiligten eine große Herausforderung sein, den Wissensdurst, die Neugier oder den Entdeckerdrang zufriedenzustellen. Liegt gleichzeitig ein AD(H)S oder ASS vor, sind wir mit zwei Gegebenheiten konfrontiert, die sich gegenseitig ins Gehege kommen können. Generell ist es immer schwierig, genau festzulegen, ob eine Verhaltensauffälligkeit wirklich vorliegt oder ob wir bereits den Bereich der Doppel- und Fehldiagnostik betreten. Klar ist, wir begeben uns auf sehr dünnes Eis, denn die Grenzen sind fließend und gleiche Symptome können unterschiedlichen Ursachen zugeordnet werden. Zum Thema Doppel- und Fehldiagnostik erfährst du mehr in Kapitel 9.

Derzeit existiert nur eine Schule in ganz Deutschland, die sich der Zielgruppe der twice exceptional students ganz offen widmet. Daher zitiere ich an dieser Stelle noch einmal den Abschnitt aus der Website der Oswald von Nell Breuning-Schule in Offenbach: „Die für unsere Schülerschaft typische Kombination von Hochbegabung plus Leistungsschwächen und Einschränkungen im sozialen und emotionalen Bereich führt sehr häufig zu ganz erheblichen Schwierigkeiten in der Schule, im sozialen Miteinander und damit häufig einhergehend zu extremen Belastungen des familiären Systems. Die Typik dieser Schülerschaft wird häufig unter den Begriff der twice exceptional students subsumiert oder aber als Underachiever-Problematik bezeichnet. Alternativ dazu könnte man auch von problematisch-hochbegabten Schülern und Schülerinnen sprechen, SuS für die Hochbegabung unter bestimmten Bedingungen ein Risiko ist" (48). Eine weitere

wissenschaftliche Definition von Yewchuk & Lupart, 1993 lautet: „(mit) twice exceptionals werden Individuen bezeichnet, die in einem oder mehreren Bereichen besonders begabt sind und gleichzeitig eine emotionale, physische, sensorische oder psychische und/oder Entwicklungsbeeinträchtigung oder Lern- und Leistungsschwierigkeit haben" (49). Vivian van Gerven und Nele Scharffenstein greifen in ihrer Präsentation „Mehrfach außergewöhnliche Kinder – Bedürfnisse und Unterstützungsmöglichkeiten" einige wichtige Punkte auf. Sie sprechen davon, dass es sich bei den twice exceptionals um einen sehr sensiblen Bereich handelt, da hier eine defizitäre Sichtweise (Störung und kritische Diagnose) sowie eine potenzialorientierte Sichtweise (Hochbegabung) aufeinandertreffen und auf einen Nenner gebracht werden müssen. Zusätzlich ist es notwendig, mögliche Fehl- und Doppeldiagnosen im Blick zu behalten. Hier wird deutlich, wie komplex dieses Thema ist. Die beiden Autorinnen weisen darauf hin, wie wichtig es für die Lehrkräfte ist, über dieses Thema Bescheid zu wissen und Auffälligkeiten erkennen zu können. Sie sollten sich darüber bewusst sein, dass ein „mögliches Nebeneinander" von Defiziten und Potenzialen in dieser Form existieren kann und dass sich diese gegenseitig maskieren und kompensieren können, also jeweils für sich unentdeckt bleiben. Zudem sollten sie die Merkmale von Begabungen und psychischen Störungen kennen und bei Bedarf mit Eltern, Lehrern und mit auf dem Gebiet erfahrenen Psychologen zusammenarbeiten. Individuelle Profile sind hier bei standardisierten Testverfahren anzuwenden und eine ganzheitliche Diagnostik durchzuführen (49). Ergänzend dazu zeigen die beiden Autorinnen in ihrer Präsentation einige Möglichkeiten auf, diese Kinder zu unterstützen, wenngleich dies einem ständigen Austesten und Anpassen gleicht. Denn jedes Kind ist anders, und jeder twice exceptional student bedarf individueller Unterstützung. Bei meiner Recherche nach Material für dieses Buch zu diesem Thema fiel mir auf, dass die Suchmaschinen viele englische Fachartikel anzeigten. Es wurden keine Psychologen genannt und nur wenig deutschsprachige Literatur empfohlen. Das ist für mich ein Zeichen, dass dieses Forschungsgebiet speziell in den deutschsprachigen Ländern noch in den Kinderschuhen steckt.

Wie immer ist es ein Zusammenspiel aus verschiedenen Faktoren, die wichtig für den Erfolg unserer zweifach außergewöhnlichen Kinder sind. Zum einen trägt

unser Wissen dazu bei, das Problem sichtbar zu machen. Wenn ihr als Eltern wisst, dass dieses Phänomen existiert und zumindest in anderen Ländern dazu geforscht wird, kann das in Diskussionen mit Lehrkräften und Psychologen helfen und einen Weg aufzeigen. Zum anderen gehört dieses Thema meines Erachtens unbedingt in die Lehrerausbildung. Natürlich soll und kann eine Lehrkraft keine Diagnosen stellen oder eine Patentlösung im Gepäck haben. Dazu sind die Klassen einfach zu groß, um jedem Schüler gerecht zu werden und die Lehrpläne zu voll um individuellen Raum zu schaffen. Es reicht schon aus, wenn die Lehrkraft Kenntnis über das Thema hat, weil sie es in der Lehrerausbildung gelernt hat. Es genügt, dass sie einschätzen kann, wie bestimmte Auffälligkeiten gewertet werden könnten und daran anknüpfend eine Diagnostik durch Fachleute anstoßen kann, ohne sich selbst mit Vorurteilen oder falschen Ängsten im Weg zu stehen. Darüber hinaus braucht es eine Diagnostik, die meines Erachtens immer bei einem professionellen Begabungsdiagnostiker beginnen sollte, besonders dann, wenn das Kind Anzeichen einer höheren Begabung zeigt. Erst danach sollte eine klinische Diagnostik in Betracht gezogen werden. Niemals mehr würde ich den umgekehrten Weg wählen, wenn ich heute das Rad um 12 Jahre zurückdrehen und alles noch einmal neu entscheiden könnte. Daher formuliere ich dies unbedingt als Empfehlung an dich.

Würden sich weitere spezielle Schulen entwickeln nach dem Vorbild der Oswald von Nell Breuning-Schule Abteilung 2 in Offenbach, die sich auf twice exceptional students spezialisiert haben, dann wäre vielen Kindern und Jugendlichen geholfen, die zwar von einer Hochbegabung profitieren könnten, aber gleichzeitig von Leistungsschwächen und Einschränkungen im sozialen und emotionalen Bereich ausgebremst werden. Für uns war diese Schule jedenfalls die Rettung in buchstäblich letzter Sekunde. Noch heute bin ich allen Beteiligten dankbar, die uns unterstützt haben, unserem Sohn diesen ganz besonderen Weg zu ermöglichen.

EIN NEUER WEG BEGINNT

Eine Woche vor Beginn der Sommerferien und sehr schnell nach unserem Orientierungsgespräch wurde Sebastian zu einer Probewoche in die Wohngruppe und in die Schule eingeladen. Normalerweise erfolgt zuerst ein Besuch der Eltern und des Kindes in der Wohngruppe zum Kennenlernen und danach wird entschieden, ob sie infrage käme. Doch die Zeit hatten wir nicht und genau hier erleichterten Sebastians Erfahrungen der Reha den Einstieg. Wir packten das Nötigste ein für diese Woche und brachten ihn an einem Sonntagnachmittag in die Wohngruppe. Ein Betreuer empfing uns und klärte uns über das Prozedere auf. Sebastian hatte einige Fragen und hier bemerkten wir bereits, dass er unserem Sohn sachlich, geduldig und auf Augenhöhe antwortete und mit ihm diskutierte. Das empfanden wir als sehr angenehm. Der Betreuer gefiel uns auf Anhieb, denn er strahlte Ruhe aus und machte einen entspannten Eindruck. Er sollte später einer der beiden Bezugsbetreuer für Sebastian werden. Wir verabschiedeten uns und vereinbarten einen Termin für Freitag, zu dem wir nach Offenbach in das Theresienzentrum eingeladen wurden. Es befindet sich fast direkt gegenüber der Schule und Sebastian wurde von einem weiteren Betreuer abgeholt. Es war schön, unseren Sohn wiederzusehen und erlösend zu hören, dass ihm die Woche in der Wohngruppe und in der Schule, in der er hospitiert hatte, sehr gefallen hatte. Der Betreuer sagte zu Sebastian, dass sie ihn als Person als sehr angenehm empfinden würden. Er passe gut in die Wohngruppe und dürfe herzlich gerne dort einziehen, sie würden einen Platz für ihn freihalten. Es war Anfang Juli und Sebastian musste noch drei Wochen warten, da die Maßnahme seitens des Jugendamtes erst zum 1. August bewilligt wurde. Doch der Betreuer sagte zu, dass Sebastian bereits bei den Ferienaktivitäten dabei sein kann. Wir fuhren gemeinsam zur Wohngruppe, wo Sebastian seine Sachen abholte, und anschließend nach Hause. Sebastian erzählte begeistert, dass er sich in der Wohngruppe wohlfühle und alle dort sehr nett wären. Er freundete sich direkt mit einem Jungen an, der ebenfalls in die Schule ging, also auch hochbegabt war. Ebenso erzählte er von der Schule, dass sie ihm auch gefallen würde. Er hospitierte in der Jahrgangsstufe 10, teilweise sei ihm der Unterricht schwergefallen, aber es habe ihm Spaß gemacht.

Die Schüler seien dort alle irgendwie anders, er habe sich sehr gut mit ihnen verstanden und sofort Kontakte geknüpft. Es war eine Erlösung für uns das zu hören. Wir waren voller Hoffnung, dass nun alles gut werden würde. Jetzt war es endlich soweit und unser Sohn durfte seine Chance ergreifen.

Sebastian sollte die Klasse 10 nach den Sommerferien besuchen. Das legten die Lehrkräfte fest, nachdem sie sich während der Hospitationswoche ein Bild von ihm machen konnten. Auf ihn wartete ein Jahr in einer besonderen Schule mit der Chance auf einen Hauptschulabschluss oder sogar einen Realschulabschluss und eine Wohngruppe, in die er sich prima einzufügen schien. Während der Ferien wurde Sebastian von der Gruppe zu einer Kanufahrt abgeholt und nach wenigen Wochen war er bereit für seinen schulischen Neustart rund 60 Kilometer entfernt von zu Hause. Wir packten alles zusammen und brachten Sebastian in die Wohngruppe. Dort traf er sofort alle Vorbereitungen, sich heimisch einzurichten, inklusive vieler LED-Lichterketten, die er so liebte, seinen Handstaubsauger, einen Ventilator und genügend Kabel für die Technik.

Die Betreuer empfanden Sebastian als einen sehr angenehmen Mitbewohner und freuten sich, dass er sich direkt engagierte. Er mähte den Rasen, half in der Küche und übernahm weitere Aufgaben. Besonders das Restaurieren von Möbeln machte ihm Spaß, hier wurde er von seinem Bezugsbetreuer eingebunden. Er liebte es, dort alles zu entdecken und lernte nach und nach auch die anderen Bewohner der Wohngruppe kennen. Es war eine Gruppe mit vier Jungs und vier Mädchen im Alter ab 15 Jahren sowie drei jungen Erwachsenen, die sich in der Verselbstständigungsphase befanden, sich also teilweise selbst versorgten. Sebastian erhielt vom Jugendamt Taschengeld und Kleidergeld, wie alle anderen auch. Wir Eltern wurden finanziell gemäß unserem Einkommen herangezogen.

Sebastian besuchte jeden Tag die Schule, die knapp 20 km entfernt war. Die Klassengröße war zunächst das Einzige, was uns Sorgen machte. Denn eigentlich waren zwei 10. Klassen geplant mit jeweils maximal 6–7 Jugendlichen. Doch die Klassen mussten aufgrund eines Lehrermangels zusammengelegt werden.

Das führte in der Eingewöhnungszeit zu Schwierigkeiten, die sich jedoch nach einiger Zeit beruhigten. Hochbegabte Schüler sind sicher eine Herausforderung für jede Lehrkraft. Wir wussten, wenn alle die Inhalte so hinterfragen, wie unser Sohn es tat, hatten es die Lehrkräfte nicht leicht. Trotzdem funktionierte es und Sebastian bekam eine sehr nette und engagierte Klassenlehrerin. Diese berichtete uns, wie schnell er sich einfügen würde und dass es bereits nach wenigen Tagen so war, als würde er die Schule schon lange besuchen. Er sei gut integriert und habe Kontakte mit seinen Mitschülern geknüpft. Das freute uns sehr zu hören, hatte er doch im Gymnasium immer ein wenig die Außenseiterrolle gehabt, da er einfach anders war. Die anderen Schüler schätzten ihn zwar für sein Expertenwissen, aber im Grunde genommen konnten sie wenig mit ihm anfangen. Im Gegensatz dazu verlief das erste halbe Jahr reibungslos. Der Mathelehrer zeigte sich begeistert, dass Sebastian trotz 2 Jahre Schulabstinenz über ein großes Grundwissen verfügte. All das erfuhren wir von der Klassenlehrerin, die bei den regelmäßigen Quartalsgesprächen gemeinsam mit dem Jugendamt anwesend war. Wir waren also immer im Bilde, was die Schulsituation anging. Besonders erstaunlich war, wie Sebastian seinen Schulweg bewältigte. Er musste zunächst zum Bus laufen, fuhr dann 10 Minuten zum Bahnhof und weiter eine halbe Stunde mit der S-Bahn nach Offenbach und gelangte dann mit dem Bus zur Schule. Vom ersten Tag an war dies kein Problem. Wenn jemand einen hervorragenden Orientierungssinn hat und sehr gut mit Fahrplänen umgehen kann, dann unser Sohn. Das kam ihm jetzt besonders zugute. Die Eingewöhnungsphase dauerte ca. ein halbes Jahr und Sebastian zeigte sich von seiner besten Seite, doch dann änderte sich die Situation.

„KALIMERO IST GESCHLÜPFT"

Sebastian fiel es zunehmend schwerer, morgens aufzustehen und pünktlich zur Schule zu fahren. Der Nachtdienst in der Wohngruppe weckte ihn, doch auch nach dem dritten und vierten Wecken blieb er immer noch liegen. Irgendwann stand er auf und nahm den nächsten Bus, was aber zur Folge hatte, dass er in der ersten Stunde zu spät kam. Sein Argument war, dass die Lehrkräfte teilweise ebenfalls zu spät kommen würden und ihm das auch zustünde. Dies wurde von den Verantwortlichen jedoch anders gesehen, und so sammelte er unentschuldigte Fehlstunden, die sich im Zeugnis verewigen sollten. Für Fehltage, an denen es ihm schlecht ging, musste er selbst dafür sorgen, dass er ein Attest beim Arzt hole und in der Schule vorlege. Das funktionierte so weit gut. Wir machten uns große Sorgen, als die Betreuer die Situation des Zu Spät-Kommens mit uns besprachen. Denn genau das war schon immer der Knackpunkt gewesen, ihn dazu zu bewegen, aufzustehen und in die Schule zu gehen. Die Betreuer beschlossen, mit Sebastian die Situation zu besprechen. Als sie ihn fragten, was er meine, was ihm helfen würde, antwortete Sebastian wie immer in seiner eigenen Logik: „Ich stehe nicht auf, wenn ihr mich ständig weckt. Lasst mich morgens in Ruhe, ich wecke mich selbst und stehe dann auf." Weder die Betreuer noch wir glaubten daran, dass Sebastian dies wahr macht. Doch er belehrte uns eines Besseren, denn tatsächlich stand Sebastian mit seiner selbst gewählten eigenverantwortlichen Variante besser auf. Es wurde mal wieder deutlich, wie ungern sich Sebastian etwas sagen lässt und er in diesem Fall in das komplette Gegenteil verfällt nach dem Motto: „Du hast mir das gesagt, jetzt mache ich es erst recht nicht." Dieses Verhalten äußerte er auch immer öfter zu Hause, sodass wir uns in unseren Forderungen zurückhielten und andere Formulierungen auf Augenhöhe fanden. So funktionierte es viel besser. Denn auch die Betreuer forderten uns auf, dass wir uns bezüglich der Schule einfach zurückhalten und die Zeit mit ihm als Familie genießen dürften.

Sebastian besuchte uns alle 2 Wochen an den Wochenenden. Vom Jugendamt war vorgeschrieben, dass ihm 42 Besuchstage für zu Hause im Jahr zustehen. Meist fuhr er mit dem Zug, manchmal holten wir ihn ab. Eines Tages, als wir ihn wieder abholten, wollte eine Betreuerin mit uns sprechen. In der Wohngruppe gab es insgesamt 6 Betreuer, zwei davon waren seine Bezugsbetreuer, ein Mann, der eher die väterliche, kumpelhafte, aber doch sehr konsequente Rolle einnahm und eine Frau, die sich sehr liebevoll und mütterlich, aber trotzdem bestimmt um ihn kümmerte , so nahmen wir es von außen wahr. Wir liebten diese Mischung und Sebastian wohl auch. Dieses Mal sprach aber eine andere Betreuerin mit uns. Ihre ersten Worte waren: „Kalimero ist geschlüpft". Damit meinte sie, dass Sebastian sich nun vollkommen eingelebt hätte und jetzt, nach einem halben Jahr, Schwierigkeiten auftreten würden. Anfangs wäre er sehr engagiert gewesen, doch nun würde er sich immer mehr in sein Zimmer zurückziehen und sich kaum noch eigenverantwortlich um Dinge kümmern. Wenn man ihn ansprechen würde, wäre er hilfsbereit, aber er hätte aufgehört, von sich aus seine Hilfe anzubieten. Ich vermutete, dass für Sebastian wieder Langeweile nach den ersten aufregenden Eindrücken eingekehrt war und er deshalb so reagierte. Die Betreuerin sprach davon, dass sie den Eindruck hätten, dass er leichte Depressionen oder doch eine ASS haben könnte. Daher wollten sie es gerne noch einmal von einem Kinder- und Jugendpsychologen abklären lassen. Sie erklärte uns sein auffälliges Verhalten. Sie sagte, Sebastian würde sich manchmal so sehr in tiefe Argumentationen oder in seine Gedankenkonstrukte verstricken, dass er anschließend Schwierigkeiten hätte, dort allein wieder herauszufinden. Das würde ihn deprimieren und verzweifeln lassen. Daher sprach sie sich für eine weitere Diagnostik aus, zu der wir unsere Zustimmung gaben. Es fanden mehrere Termine in einer Kinder- und Jugendpsychologischen Praxis in der Nähe der Wohngruppe statt. Beim Abschlussgespräch nahmen wir sowie ein Betreuer teil. Das Ergebnis rückte Sebastians Hochbegabung in ein neues Licht, welches uns überraschte und gleichzeitig auf einfache Weise erklärte, worüber wir uns in der ganzen Komplexität in den letzten Jahren Gedanken gemacht hatten.

DEPRESSIONEN?

Wir hörten bereits im Grundschulalter von Sebastians Lehrerin die sorgenvolle Aussage, dass er einen traurigen Eindruck machen würde. Darauf sprachen uns auch andere Menschen an, die mit Sebastian zu tun hatten. Dies empfanden wir als Eltern jedoch ganz anders. Wir schätzten unseren Sohn zwar nicht als emotionalen Menschen ein, sondern empfanden ihn als gedanklich oft abwesend. Sobald er sich innerlich mit einem Thema beschäftigte, sah man ihm das an. Sein Blick war hoch konzentriert, fast starr, seine Körperhaltung apathisch. In diesen Momenten war er kaum ansprechbar. Plötzlich jedoch begann er zu reden, als wäre ein Schalter umgelegt. Er schüttete einen Schwall an neuen Erkenntnissen über uns aus und diskutierte diese lebhaft, ganz gleich, ob wir gerade selbst mit anderen Dingen beschäftigt waren oder nicht. Er verlangte in diesen Momenten unsere ganze Aufmerksamkeit.

Dieses Verhalten erinnerte eher an autistische Züge, aber weniger an Depressionen. Daher wehrten wir den Eindruck von außen immer ab und sagten, dass dies nicht der Fall sei. Natürlich zeigte er diese Momente auch in der Schule, was die Lehrkräfte vor allem in der weiterführenden Schule ebenfalls beunruhigte. Und trotzdem hatten wir nie den Eindruck, dass Sebastian unter etwas leidet oder sich mit unangenehmen Dingen herumplagt. Eher waren wir sicher, dass er wieder in seinen Gedanken verstrickt war und irgendwo in den endlosen Tiefen eines spannenden Themas unterwegs war auf der Suche nach neuen Erkenntnissen. Dennoch wurden wir hellhörig, als uns seine Betreuer der Wohngruppe sagten, dass Sebastian sich oft so sehr in Gedanken verstricken würde, dass er dort nicht mehr alleine herauszukommen schien und es den Eindruck mache, dass es ihn belasten würde. Daher beschlossen sie nach Rücksprache mit uns, ihn noch einmal einem Kinder- und Jugendpsychologen vorzustellen. Wir waren gespannt, was dort herauskommen würde. Waren wir wirklich blind und Sebastian hatte doch eine Depression? Wir zweifelten das stark an, da wir ihn nie in diese Richtung erlebt hatten, auch wenn er sich für lange Zeit in sein Zimmer zurückgezogen hatte. Doch wenn er herauskam, war er zwar ein ernster, aber dennoch positiver und fröhlicher Jugendlicher sowie ein sachlich sehr tiefgründiger und lebhafter Gesprächspartner. Also

beschäftigte ich mich mit dem Thema Depressionen und möchte ein paar Daten und Fakten dazu wiedergeben. Ich möchte erwähnen, dass ich dazu weniger recherchierte als zu anderen Themen. Daher erhebe ich keinen Anspruch auf Vollständigkeit oder wissenschaftliche Korrektheit.

Laut den „Neurologen und Psychiatern im Netz" können folgende Symptome auf eine Depression hinweisen (50):

- Schmerzen (z. B. unspezifische Kopf- oder Bauchschmerzen)
- Ständige Müdigkeit, Energiemangel
- Reizbarkeit, Angst
- Zunehmende Lustlosigkeit, Apathie
- Missmutige Stimmungslage
- Schlafstörungen
- Appetitlosigkeit

Es gibt viele Ausprägungen von Depressionen, auf die ich hier nicht eingehen möchte. Liest man sich die obenstehende Liste durch, passen die Punkte durchaus zu den Symptomen, die einer Schulvermeidung vorausgehen. Dass Hochbegabte durch ihr nonkonformes Verhalten zudem den Eindruck entstehen lassen können, depressiv zu sein, oder wirklich dazu neigen, ist ein wichtiger Fakt. Erinnern wir uns wieder an die Eigenschaften von Hochbegabten, so fällt uns ein, dass sie sich tiefgreifend mit vielfältigen Themen beschäftigen. Diese können sich schon einmal zu einer Art überwältigendem „Sorgenwirrwarr in ihrem Kopf" entwickeln, wie Psychologin Valerie Sabater in ihrem Artikel schreibt. Sie unterliegen einem erhöhten Risiko, sich übermäßig Sorgen zu machen und aufgrund dessen pessimistisch in die Zukunft zu blicken. Das kann durchaus eine Depression auslösen. Sie berichtet von einer Studie der Neurologin Nancy Andreasen, dass „Genies stark dazu neigen, unterschiedliche Störungen zu entwickeln, insbesondere bipolare Störungen, Depressionen, Angstzustände und Panikattacken." Ein weiterer Aspekt ist die oft mit der Hochbegabung verbundene Sensitivität, mit der sie „sehr sensibel auf die Probleme der Welt reagieren". Vor allem der Gerechtigkeitssinn wird bei ihnen besonders gefordert (51). Interessant ist in dem Zusammenhang, dass viele Hoch-

begabte erst durch eine diagnostizierte Depression von ihrer Hochbegabung erfahren (52). Das lässt sich gut nachvollziehen, denn aufgrund ihrer anderen Art zu denken und zu empfinden fällt es ihnen schwer, sich zugehörig zu fühlen. Dieses ständige Erleben der Andersartigkeit tragen unerkannte Hochbegabte wahrscheinlich seit früher Kindheit ständig mit sich herum und machen sich selbst dafür verantwortlich. Selbstzweifel verstärken sich sowie ein Gefühl von innerer Ablehnung ihrer eigenen Person. Eine zusätzlich erlebte Ausgrenzung von anderen Menschen eröffnet die Tendenz zu depressiven Verstimmungen bis hin zur Depression.

Ich möchte betonen, dass auch bei diesem Thema die Gefahr von Fehl- und Doppeldiagnosen lauert. Es ist dramatisch, sich vorzustellen, welche Wirkung eine medikamentöse Behandlung gegen eine Depression bei einem gesunden Menschen haben muss, der hochbegabt ist und daher nur Symptome einer Depression zeigt, ohne aber wirklich eine Depression zu haben. Umso wichtiger ist es, hier genau hinzuschauen und bei dem Verdacht einer Hochbegabung zunächst eine Begabungsdiagnostik durchführen zu lassen.

Plötzlich ist alles anders

Wie bereits erwähnt, fanden wir uns als Familie zum Gespräch zur letzten Diagnostik ein. Der Psychologe sagte uns, dass für ADHS, ASS und Depression keine oder nur leicht erhöhte Werte vorlägen, die jedoch keinen Anlass zur Sorge bereiten und nicht weiter untersucht werden müssten. Er schätzte die Situation so ein, dass das heterogene Hochbegabungsprofil unseres Sohnes die Ursache für sein Verhalten wäre. Wie bereits geschrieben, liegt bei Sebastian ein extremer Ausschlag nahe der Höchstbegabung im Bereich des wahrnehmungsgebundenen logischen Denkens vor, während andere Werte sich fast 30 Punkte tiefer befinden. Daraus schlussfolgernd dürfe kein Gesamt-IQ errechnet werden. Die Schwierigkeiten, die sich aus der Kombination dieser Einzelwerte ergäben, könnten sich symptomatisch wie ADHS, ASS und Depression äußern. Diese differenzierte Sicht auf das Hochbegabtenprofil war für uns etwas ganz Neues und so beschäftigte ich mich das erste Mal mit dem Thema Höchstbegabung. Auch Renate und Bernd We-

ber deuteten in früheren Gesprächen an, dass Sebastian in diesen Bereich fallen könnte, da er typische Verhaltensweisen zeigen würde.

Bevor ich auf die Höchstbegabung und die wissenschaftlichen Untersuchungen diesbezüglich näher eingehe, möchte ich noch einmal erwähnen, dass bereits überdurchschnittlich Begabte Auffälligkeiten eines Hochbegabten aufweisen, da der Übergang fließend ist und diese nicht erst ab einem Gesamt-IQ von 130 auftreten können. So ist es denkbar, dass sich die Eigenheiten von Höchstbegabten ebenfalls schon ab einen niedrigeren Gesamt-IQ als 145 zeigen können. Genau hier begründet sich der Ansatz von Frauke Niehues, sich das Hochbegabtenprofil genauer anzuschauen, um in der Beratung und Begleitung besser differenzieren zu können. Diese Sichtweise ähnelt sicher auch dem speziellen Thema Inselbegabung und ausgeprägten Begabungen in einem Thema wie Musik, Sport, Sprachen, Mathe, Kunst und anderen Bereichen. Diesem wollte ich jetzt näher auf den Grund gehen und erlebte bei meiner Recherche viele Aha-Erlebnisse, die mich oft sprachlos zurückließen.

Höchstbegabung als Ursache

Während Hochbegabung rein technisch gesehen ab einem IQ von 130 beginnt, so spricht man bei einem gemessenen IQ ab 145 von einer Höchstbegabung, was ca. 0,1 % der Bevölkerung betrifft. Du kannst dir sicher vorstellen, dass Eigenheiten von Hochbegabten ebenso auf Höchstbegabte zutreffen und sich dabei intensiver zeigen können. Darüber existiert bisher nur wenig Literatur, denn dieses Feld ist zumindest im deutschsprachigen Raum, im Gegensatz zu den USA, wenig erforscht. Andrea Brackmann nahm in ihrem Buch „Extrem begabt" dazu eine Einordnung vor, die ich im Folgenden wiedergeben und diskutieren möchte. Ich war nicht in der Lage, das Buch von Andrea Brackmann am Stück zu lesen. Die Gemeinsamkeiten der Beschreibungen zu unserem Sohn waren so gravierend, dass ich Zeit brauchte, dies emotional zu verarbeiten, vor allem im Hinblick darauf, was in der Vergangenheit anders hätte laufen können, wäre dies neben der eigentlichen Diagnose „Hochbegabung" früher in den Fokus gerückt worden.

Andrea Brackmann fasst in ihrem Buch mögliche Anzeichen von Höchstbegabung zusammen, die auf eigenen Test-Beobachtungen beruhen (53):

- Höchstbegabte Kinder sind im Erstkontakt eher ruhig und zurückhaltend.
- Sie tasten ihre Umgebung ab und sprechen nur leise oder zögerlich.
- Sie meiden oft Blickkontakt und nehmen viele Details wahr.
- Sie handeln bedacht, zögern öfter und brauchen sanfte Ermutigung.
- Offene Fragen verunsichern sie.
- Sie sind direkt und schnörkellos, sie achten wenig auf soziale Konventionen.
- Sie können stur, hartnäckig und eigensinnig sein.
- Sie können sich extrem gut konzentrieren und in ihre Arbeit versinken.
- Höchstbegabte Erwachsene haben Strategien entwickelt, „normal" zu erscheinen und sich anzupassen.
- Sie wirken sozial kompetent, fühlen sich aber oft unsicher, verwirrt und innerlich angespannt.
- Es fällt ihnen schwer, das Verhalten anderer zu verstehen und es erscheint ihnen oft unehrlich oder nicht gerecht.
- Sie sind oft extrem leistungsfähig, vielseitig und ausdauernd, sind aber andererseits mit Phasen extremer Erschöpfung konfrontiert.
- Sie können vieles überragend gut, aber anderes dafür überhaupt nicht, was sie stark an sich zweifeln lässt.
- Der Widerspruch zwischen Verletzlichkeit und Stärke ist bei ihnen besonders stark ausgeprägt.

In dieser Aufstellung wird deutlich, was uns der Psychologe im Gespräch mitteilte. Viele Eigenheiten weisen in ihrer Ausprägung Parallelen zu einer Autismus-Spektrum-Störung und zur Depression auf. Aber auch Zeichen von erhöhter Sensibilität sind erkennbar, die wiederum mit einer Angststörung in Verbindung gebracht werden könnten. Die Gefahr der Doppel- und Fehldiagnostik ist aus meiner Sicht in diesem Bereich noch höher als bei einer Hochbegabung, zumal die wissenschaft-

lichen Erkenntnisse für Höchstbegabungen noch in den Kinderschuhen stecken. Aus diesem Grund ist es durchaus hilfreich, einen Blick in Richtung Genies und ihre persönlichen Geschichten mit all ihren Herausforderungen zu werfen.

In ihrem Buch nimmt Andrea Brackmann die Profile herausragender Persönlichkeiten und Genies wie Albert Einstein, Pablo Picasso, Steve Jobs, Marie Curie und weiteren unter die Lupe. Zudem zieht sie Parallelen zu Klienten aus ihrer Praxis als Diplom-Psychologin und Verhaltenstherapeutin und als Hochbegabtenforscherin. Erinnerst du dich noch an den Vergleich, wie sich Hochbegabte in einer Schulklasse mit Normalbegabten fühlen müssen? Nämlich so wie ein Normalbegabter in einer klassischen Förderschulklasse. Betrachten wir die andere Richtung, wird deutlich, dass dies ebenso für Höchstbegabte gelten kann, die sich in einer Hochbegabtenklasse befinden. Mit steigendem Grad der Begabung nehmen die Besonderheiten im Denken, Erleben und Verhalten zu. Das bedeutet, dass extrem begabte (höchstbegabte) Kinder noch mehr Schwierigkeiten im Schulkontext haben können als Hochbegabte. Andrea Brackmann führt dazu aus, dass Höchstbegabte sich nur mit sehr wenigen Menschen identifizieren können. Sie laufen beispielsweise erst dann zur Hochform auf, wenn das Interesse von Hochbegabten bereits erlischt. Zudem seien die Einzelaspekte von Höchstbegabung oft noch nicht bekannt, was eine Einordnung und Hilfestellungen schwierig mache (53). Allein die Messung von einer Höchstbegabung bis 160 ist rein technisch erst seit 2013 mit dem WAIS-V möglich. Die Herausforderung besteht darin, dass Vergleichswerte in diesem extremen Bereich fehlen. Die Luft nach oben wird sozusagen immer dünner, zumal die Tests von Zeit zu Zeit neu normiert werden müssen. Dazu kommt, dass bereits Hochbegabte gewisse Eigenheiten bei der Begabungsdiagnostik offenbaren, die in die Beobachtung und Gutachtenerstellung mit eingehen. Wie verhält es sich aber mit der Diagnostik im Höchstbegabungsbereich? Diese dürften noch einmal auf einem anderen Level stattfinden, der kaum abzudecken ist. Aus diesem Grund ist es sicher eine große Herausforderung, Höchstbegabte zu diagnostizieren und ihnen Hilfestellungen zukommen zu lassen. Doch gerade das ist in diesem Bereich ebenso wichtig, um eine bestmögliche Potenzialentfaltung zu ermöglichen.

Dass eine optimale Umgebung auch für Höchstbegabte wichtig ist, brauchen wir aufgrund unserer persönlichen Erfahrungen nicht mehr zu diskutieren. Doch wo finden sich solche Möglichkeiten? Zumindest in Hochbegabtenklassen oder -schulen, wenn nicht sogar im Homeschooling. „Je stärker also die Akzeleration (beschleunigtes Aneignen von Wissen) und je mehr Kontakte zu Gleichbegabten, umso mehr Lebenszufriedenheit, beruflicher Erfolg, akademische Laufbahnen, bessere soziale Beziehungen und umso stabiler das Selbstwertgefühl bei Höchstbegabten. (…) Soziale Anpassung ist heute (aus guten Gründen) oberstes Gebot, scheint aber für sehr außergewöhnliche Kinder und Jugendliche nicht immer die beste Lösung zu sein" (53). Letztendlich ist auch eine Höchstbegabung eine Herausforderung, und in vielen Punkten erkenne ich Parallelen zu Sebastian, obwohl eine eindeutige Höchstbegabung nicht vorliegt. Die Konsequenz ist auch hier, dass nur eine richtige Umgebung das Beste aus Kindern herauszuholen vermag. Und das haben wir letztendlich erreichen können.

KAPITEL 7: REALSCHULABSCHLUSS

„Wir müssen Ausdauer und vor allem Vertrauen in uns selbst haben.
Wir müssen glauben, dass wir begabt sind
und dass wir etwas erreichen können."

Marie Curie, Physikerin und Chemikerin (1867–1934)

KLASSENBESTER

Es ist schon erstaunlich, dass es ein Jugendlicher nach 2 Jahren Schulverweigerung auf einer Regelschule schafft, fast durchgängig ein ganzes Jahr die Schule zu besuchen. Ich denke, hier spielen verschiedene Faktoren mit. Zum einen profitierte unser Sohn von einer anderen Lernumgebung, die sich auf hochbegabte Underachiever spezialisiert hat. In den Klassen sind weniger Schüler und die Lehrkräfte wissen mit dieser speziellen Klientel umzugehen. Unser Sohn fasste dort sofort Fuß und fügte sich nach wenigen Tagen bereits so sein, dass die Lehrkräfte das Gefühl hatten, er wäre schon immer da gewesen. Ein weiterer Punkt, der seinen Schulbesuch begünstigte, war sicher das Umfeld in der Wohngruppe, die erzieherisch und liebevoll konsequent, aber ohne emotionale Verstrickungen besser mit ihm umgehen konnten, als wir jemals in der Lage gewesen wären. Wir sehen das nicht als Scheitern unsererseits. Denn eine Eltern-Kind-Beziehung in so einer komplexen Situation hat natürlich eine schwierige und herausfordernde Geschichte, von der du in diesem Buch bereits lesen konntest. Die Betreuer der Wohngruppe hingegen betrachteten Sebastian völlig unvoreingenommen und betreuten ihn mit all ihrer Erfahrung bestmöglich. Er war zum Start in der neuen Schule 17 Jahre alt. Trotz der möglichen asynchronen Entwicklung war er mittlerweile so weit, dass er mit mehr Verständnis und Weitblick der aktuellen Situation gegenüberstand. Er spürte und wusste, dass es für ihn die letzte Chance auf einen guten Haupt- oder Realschulabschluss war. All das hat ihn motiviert, ein ganzes Jahr die Schule zu besuchen. Letztendlich mit Erfolg. Er fasste nicht nur die Hauptschulprüfung ins Auge, sondern direkt die Realschulprüfung. Wir hätten vor kurzer Zeit noch nicht zu träumen gewagt, dass unser Sohn einen Abschluss bekommt nach alldem, was geschehen war.

Die Betreuer der Wohngruppe bestellten für Sebastian Vorbereitungsmaterialien, damit er sich auf die Prüfungen vorbereiten kann. Mit einem besorgten Schmunzeln ahnend, was nun passieren würde, erwarteten wir, dass sie nach der Prüfung ungeöffnet und unberührt in der Originalverpackung verbleiben würden. Doch wir wurden eines besseren belehrt, was uns glücklich stimmte. Sebastian bereitete sich sehr gründlich und eigenständig mithilfe dieser Lernmaterialien auf seine Prüfungen vor. Mit jeder Prüfung, mit jeder Präsentation schien er dazu zu lernen und sich leichter motivieren zu können. Denn hier trat ein interessantes Phänomen ein: Er wurde sofort mit einer Note belohnt, die für ihn Sinn machte, da er sie für etwas gebrauchen konnte. Das war Anreiz für ihn, sich mit dem Lernstoff zu beschäftigen, auch wenn er Themen oft erst in letzter Sekunde erarbeitete.

Die Realschulprüfungen begannen, es folgten zwei Wochen mit vier schriftlichen Klausuren in Deutsch, Englisch, Mathe und Geschichte. Deutsch lief mittelmäßig, bei Englisch und Mathe hatte er ein super Gefühl. In Chemie machte er sich keine Sorgen, lediglich Geschichte bedrückte ihn aufgrund der vielen auswendig zu lernenden Geschichtsdaten. Einige Zeit später bekamen wir die mündlichen Prüfungstermine seitens der Schule mitgeteilt. Ich schaute die Listen durch und fand Sebastian nur bei der Deutsch-Prüfung wieder. Die Regel bei der nicht-schulischen Realschulprüfung besagte, dass bei einer schriftlichen Note schlechter als 1 die Schüler in die mündliche Nachprüfung müssen, sonst nicht. Ich schaute wiederholt die Listen durch, aber es war wirklich richtig, dass unser Sohn nur in die Deutsch-Nachprüfung musste. Uns blieb vor Staunen der Mund offenstehen, denn das bedeutete, dass Sebastian in Englisch und Mathe eine 1 in der schriftlichen Prüfung haben musste. Wir erfuhren sogar später, dass er in Mathe der Einzige in der 14-köpfigen Klasse war, der das erreicht hatte. Somit war er in diesem Fach Klassenbester. Wer hätte das gedacht nach den Erfahrungen, die hinter uns lagen, dass unser Sohn das schafft! Während wir unglaublich stolz auf Sebastian waren und es nach wie vor sind, freute er sich ebenso über sein Ergebnis. Früher waren ihm alle Noten, die er schrieb, egal, ganz gleich, ob es eine 5 oder eine 1 war. Er zeigte nie Freude oder Ärger darüber, denn die Noten ergaben für ihn keinen Sinn. Umso größer war unsere Begeisterung, dass unser Sohn plötzlich an sich zweifelte, ob er noch mehr in der Präsentation hätte machen können oder dass er sich ärgerte, zu wenig geschrieben zu haben. Und trotzdem freute er sich, dass er eine 1 hatte und war stolz darauf, der Klassenbeste zu sein. Das zeigte den Riesenfortschritt, den er in diesem Jahr in der Wohngruppe erreicht hatte. Offensichtlich hatte er wieder Zugang zu seinen Emotionen gefunden, auch wenn er es massiv abstreiten würde. Denn nach wie vor ist Sebastian ein sehr sachlicher Typ, auch wenn er die kleinen Gefühlsausbrüche nicht mehr verbergen kann. Dann jedoch kam sein schwierigstes Fach: Deutsch. Seine Meinung zu der Sinnhaftigkeit dieses Faches hatte sich nur in Nuancen verbessert. Zumindest die Ankündigung, dass er einen Sachtext analysieren konnte, beruhigte ihn ein wenig. Die schriftliche Prüfung absolvierte er mit einer ausreichenden Note, in der mündlichen Prüfung holte er ein wenig auf, doch es blieb bei einer 4 in dem Fach. In der Präsentation über die Pyramiden in Gizeh, die als Zulassung zur Prüfung diente, erhielt er eine 3. Chemie, eins seiner Lieblingsfächer, wurde nur mündlich geprüft. Dort erreichte er eine 2, jedoch ärgerte er sich gleichermaßen, da er lieber eine 1 gehabt hätte. In Geschichte fehlte ihm nur 1 Punkt zu einer 1, aber mit einer 2 war er auch hier sehr glücklich und froh, dass die Prüfungen vorüber waren. So schloss er seine Realschulprüfung mit der Note 2,2 ab. Dieses Ergebnis wäre noch vor einem Jahr und nach zwei Jahren Schulverweigerung undenkbar gewesen. Also genossen wir alle das kleine Wunder, was da gerade geschehen war, und waren einfach nur stolz auf unseren Sohn, dass er das geschafft hatte. Zugleich waren wir dankbar dafür, dass er die Möglichkeit erhalten hatte.

LERNEN IST EINFACH – ODER?

Für viele überdurchschnittlich begabte oder hochbegabte Kinder stellt das Lernen in der Schule eine besondere Herausforderung dar. Darauf möchte ich erst im nächsten Abschnitt näher eingehen. An dieser Stelle wage ich einen kleinen Exkurs zum Thema Lernen allgemein.

Gehen wir dazu ganz an den Anfang. Zu unserem ersten Tag auf dieser Welt. Das Lernen beginnt, wenn wir den Mutterleib verlassen (und sicher auch schon davor). Wir sind als Neugeborene und Babys zahlreichen neuen Eindrücken ausgesetzt und lernen, sie zu unterscheiden und einzuordnen. Fortschreitend mit der körperlichen Entwicklung lernen wir Neues, wie den Daumen von Papa festhalten, essen, krabbeln und laufen. Würden wir von Natur aus nicht lernen wollen, würden uns diese Dinge nicht gelingen. Die wichtigste Motivation weiterzumachen sind die Erfolge, die wir damit haben. Alles geht immer ein Stückchen besser, bis wir die nächste Stufe gemeistert haben. Auch im Kleinkind- und Kindesalter lernen wir weiterhin gerne. Wir entdecken pausenlos unsere Umwelt und sind irgendwann wahre Meister darin, unsere Eltern mit neugierigen Fragen zu löchern. Die Eigenmotivation ist also von Geburt an bei jedem Menschen vorhanden, ansonsten würden heute viele immer noch krabbeln und hätten niemals laufen gelernt. Die Einstellung, die manche nach ihrem Schulabschluss äußern: „Gut, dass ich nicht mehr in Schule bin, denn ich hasse es, zu lernen", mag gar nicht dazu passen. Sie übersehen, dass wir trotzdem jeden Tag neue Erfahrungen machen und daraus lernen. Daher ist es traurig, dass das Wort „Lernen" für viele zu einem Schreckgespenst mutiert. Irgendwann zwischen Kindheit und Schulzeit erleben wir anscheinend Situationen und Erlebnisse, die unsere innen liegende (intrinsische) Motivation zu Lernen ausbremsen. Vielleicht wurde diese durch unsere Eltern gebremst, die uns genervt im Kindesalter baten, nicht mehr so viel zu fragen oder uns mit anderen demotivierenden Aussagen wie „dazu bist du noch zu klein" oder „das geht dich nichts an" verstummen ließen. Möglicherweise liegt der Auslöser im Kindergarten und Schule, wenn der Lehrplan Einzug hält und die Kinder nicht mehr nur das lernen, was sie möchten, oder das „Wie" der Wissensvermittlung auf eine Weise geschieht, die nicht den Vorstellungen oder dem Lerntyp entspricht.

Spätestens dann kann die Eigenmotivation einen Knick bekommen, der sich bei dem einen mehr, bei dem anderen weniger ausbildet. Die Frage ist daher, wann und warum sich die Motivation zu lernen ändert und ob „Lernen" immer das Gleiche ist oder differenziert betrachtet werden muss? Die Motive, warum wir lernen, sind unterschiedlich. Allgemein gesagt bedeutet Lernen immer Erwerb und Verarbeitung von Wissen. Anschließend erfolgt die „Fähigkeit zur Anpassung des eigenen Verhaltens aufgrund des angeeigneten Wissens" (54). Doch wie man sich neues Wissen aneignet, dazu gibt es weitere Unterscheidungen. Zu beachten ist, dass der Mensch zwar willig ist, Neues zu lernen, um weiterzukommen, sich zu entwickeln und neue Ziele zu erreichen, jedoch ist er gleichzeitig bestrebt, dafür möglichst wenig Anstrengung aufzubringen, um dies zu erreichen. Er handelt also nach dem ökonomischen Prinzip, mit möglichst geringem Aufwand ein optimales Ergebnis zu erreichen. Nehmen wir die psychologische Sichtweise hinzu, erfahren wir, dass Lernen auf unterschiedlichen Ebenen stattfindet, je nachdem, ob Lernen aus eigener Motivation oder äußerem Druck heraus geschieht, und welche Folgen zu erwarten sind, also wie relevant die daraus resultierenden Ergebnisse für die eigene Lebenssituation bewertet werden. Betrachten wir uns nun die klassisch definierten Lernprozesse:

- Die einfachste Art zu Lernen ist die Habituation und Sensibilisierung. Ein Reiz wird irgendwann zur Gewohnheit und muss daher nicht mehr beachtet werden, oder löst im Gegensatz dazu jedes Mal automatisch eine bestimmte Handlung aus, wie beispielsweise unser aufmerksames Verhalten bei Erklingen einer Sirene.
- Die klassische Konditionierung ist ein Lernprozess, der ebenfalls automatisch und ohne unser Zutun abläuft. Du kennst sicher das Experiment von Pawlow mit der Glocke, die Hunden signalisiert, dass es nach Erklingen etwas zu Fressen gibt und somit automatisch ihr Speichelfluss angeregt wird.
- Die operante Konditionierung bzw. das Verstärkungslernen zielt auf das Verhalten anderer Personen ab, wie das erwartete Lob oder der Tadel eines Lehrers nach ausgeführter Aufgabe.
- Das komplexe Lernen ist, wie der Name schon sagt, ein Aneignen komplexer Strategien zur Problemlösung, wobei sich die drei zuvor erwähnten Arten zu Lernen hier vereinen können.

Abstraktion und mentales Vorstellungsvermögen sind wichtige Voraussetzungen für diese Lernform.

Insgesamt können wir ergänzen, dass implizites, also Lernen aus dem Leben heraus automatisch und unbewusst geschieht und es von der Wirkung stabiler und ganzheitlicher ist (Beispiel: Laufen lernen) während explizites, also bewusst angeeignetes Wissen fehleranfälliger ist und analytischer Fähigkeiten bedarf (Beispiel: Unterricht in der Schule) (54).

Wenn wir berücksichtigen, dass wir stets den Weg des geringsten Widerstandes wählen, um uns Wissen anzueignen, wird bei den Lernprozessen klar, dass je komplexer sie sind, sie umso anstrengender und abstrakter werden. Aus diesem Grund untersuchen Wissenschaftler und Pädagogen, wie Lernprozesse optimiert und Wissen für jeden typgerecht z. B. im Unterricht zugänglich gemacht werden kann. Das Ergebnis ist die Definition verschiedener Lerntypen. Die sgd – Deutschlands führende Fernschule – fasst die Lerntypen auf ihrer Website wie folgt zusammen (55):

- Auditiver Typ: bevorzugt Lernen durch Hören und Sprechen
- Optisch-visueller Typ: bevorzugt Lernen durch Sehen bzw. Beobachten
- Haptisch-kinästhetischer Typ: bevorzugt Lernen durch Anfassen und Fühlen
- Kognitiv-intellektueller Typ: bevorzugt Lernen durch Lesen und Denken

Somit dürfte es einfach sein, für jeden Schüler das perfekte Lernangebot individuell bereitzustellen. Doch es kommt etwas dazwischen: Die Vielfalt der Menschen mit all ihren Prägungen, Erfahrungen und Lebenswelten. Haben wir in der Schule etwa 25 oder mehr dieser unterschiedlichen Persönlichkeiten in einer Klasse zusammengewürfelt, so wird spätestens hier klar, dass das Vermitteln von Lernstoff ein immenser Kraftakt seitens der Lehrkräfte ist. Dieser ist im Schulalltag kaum zu stemmen. Darauf möchte ich später näher eingehen, wenn ich das Schulsystem unter die Lupe nehme.

Zurück zum Lernen: Die Frage ist, wann ändern sich unsere Motivation und die Einstellung zum Lernen, wo wir doch als Kinder höchst motiviert waren, alles zu lernen, was möglich ist? Wann beginnt es, schwierig zu werden und wann lehnen wir das Lernen immer mehr ab? Ich denke, der Wandel erfolgt mit ca. 6–7 Jahren, wenn wir in die Schule kommen. Dann zieht sprichwörtlich der Ernst des Lebens ein. Es ist vorbei mit all dem Spaß im Kindergarten, wo uns die Erzieher mit Spiel und Freude unbedarft von festen Lehrplänen neue Dinge beibrachten. Zwar wird diese spielerische Art zu Lernen anfänglich von Lehrkräften in der Grundschule weitergeführt, doch der Unterricht erfolgt ab hier in vorgegebener Struktur und nach Lehrplan, dem sich alle Kinder zu fügen haben. Besonders Hochbegabte stoßen jetzt an ihre Grenzen, wobei ich auf die Gründe dafür später näher eingehe, warum das so ist. Die anfängliche Begeisterung am Lernen, die wir aus dem Kindergarten mitbrachten, weicht mit dem Eintritt in die Schule dem Zwang, den Lehrplan zu erfüllen. Dinge wie Noten, Notenschlüssel, Leistungsbewusstsein und dergleichen stehen ab jetzt mehr und mehr im Fokus. Natürlich wird angenommen, dass wir diese Eigenschaften brauchen, um im Leben weiterzukommen und in der Gesellschaft zu bestehen. Doch die Basis, die hier geschaffen wird, ist in meinen Augen brüchig. Statt auf Zusammenhalt, das Erreichen gemeinsamer Ziele sowie auf die Eigenverantwortung für das eigene Handeln und Denken zu setzen, beginnt unterschwellig das gegeneinander gerichtete Konkurrenzdenken. Manche Kinder möchten besser sein oder sie unterwerfen sich dem Gruppenzwang und strengen sich besonders an, um dazu zu gehören. Andere Kinder entwickeln Neid und Missgunst und stellen sich gegen andere, um sich abzugrenzen. Sie beginnen möglicherweise zu hänseln und zu mobben, weil sie sich selbst nicht vorführen lassen möchten. Die Motive können hier ganz unterschiedlich sein. Kinder beginnen zudem in diesem Alter anders zu denken. Das bedeutet, die Unbedarftheit aus Kindergartentagen schwindet und verändert sich, eigene Meinungen, Einstellungen und die Persönlichkeit bilden sich stärker heraus. Dazu kommt, dass jedes Kind einen anderen Background mitbringt. Unterschiedliche Familienkonstellationen treffen aufeinander und reiben sich aneinander. Jedes Kind genoss eine andere Erziehung und verinnerlichte unterschiedliche Werte. Im Grunde genommen propagieren wir Chancengleichheit und unterstützen gleichzeitig den Wettbewerb. Das Lernen erfolgt immer weniger aus der Freude heraus, sich Wissen anzueignen, sondern aus Motiven der Konkurrenz um gute Noten und beste Zeugnisse. Wissen wird messbar und vergleichbar gemacht und sagt auf der anderen Seite so wenig über den Menschen dahinter aus. Der ganzheitliche Blick geht in der Schule unter. Die Aufmerksamkeit, Zuwendung und Wertschätzung für den einzelnen Schüler verlieren sich in der Masse, worin einzelne Kinder aufbegehren und sich so ihre Aufmerksamkeit verschaffen – im Positiven wie im Negativen. Die Spirale kann sich weiter drehen in Richtung Verhaltensauffälligkeiten oder sensiblem Verhalten bis hin zur Resignation. Die Ausbildung persönlicher Stärken wird größtenteils durch das „über einen Kamm scheren" zunichtegemacht, da aufgrund des Schulalltags längst nicht mehr jedes Kind so gefördert und gefordert werden kann, wie es in dieser frühen Phase wichtig wäre. Individualität weicht der Massenabfertigung. Wie soll die Freude am Lernen genährt werden, wenn Lernen nur noch dem Leistungsgedanken und dem Wettbewerb unterliegt? Wie sollen Lerninhalte ganzheitlich und möglichst implizit aufgenommen werden, wenn Stundenpläne und Fachunterricht den Lernstoff künstlich zerreißen? Es ist also kein Wunder, wenn „Lernen" zunehmend negativ belegt wird und schließlich zu einem Stigma mutiert.

Da ich das Thema „selbstgesteuertes Lernen" später noch aufgreife, möchte ich an dieser Stelle einen alternativen Ansatz der Lernmotivation vorstellen. Max Sauber benennt in seinem Podcast die vier Bildungsantriebe der Alliance for Self-Directed Education. Er differenziert die vier Bildungsantriebe und hebt sie somit von den klassischen Definitionen ab. Sauer betitelt die vier Bildungsantriebe mit Neugierde, Spieltrieb, Soziabilität und Planungstrieb (56):

- Der elementarste Antrieb ist auch hier die angeborene Neugierde. Wir erforschen, experimentieren und sammeln Informationen, ganz genau so, wie es Wissenschaftler machen. Werden wir nicht künstlich ausgebremst, darf sich dieser Trieb weiterentwickeln und verfeinern.
- Der Spieltrieb ergänzt die Neugierde und unterstützt nach dem Entdecken das kreative Üben. Spielen geschieht mit der Motivation des Spaßes und nicht mit der Absicht, sich zu bilden, der Bildungserwerb ist nur ein willkommener Nebeneffekt. Erhöhte emotionale Zustände unterstützen die Gedächtnisbildung und wecken den Wunsch, immer wieder Neues zu erfahren.

- Durch die große Fähigkeit, uns anzupassen, lernen wir voneinander. Unser Überlebensinstinkt unterstützt uns dabei. Wir möchten wissen, was andere um uns herum wissen und unsere Gedanken wiederum mit anderen teilen. Das Prinzip des Lernens durch Beobachtung greift hier besonders. Vor allem über die Sprache erhalten wir Zugang zu unendlichem Wissen, wie es heute im Internet zur Verfügung steht.
- Als vierter Trieb kommt der Planungstrieb hinzu. Wir sind bestrebt, vorauszudenken und machen Pläne. Wir denken darüber nach, wie wir unsere Ziele in der Zukunft erreichen können. An diesem Punkt knüpfen wir an das selbstgesteuerte Lernen an.

Erhalten Kinder und Jugendliche genügend Raum, die genannten Bildungstriebe zu schulen, können sie diese perfektionieren. Das Lernen aus Fehlern gehört dazu. In Bezug auf das Schulsystem und die Anwendung dieser vier Bildungstriebe fasst Max Sauer dies ernüchternd zusammen: „Herkömmliche Pflichtschulen unterdrücken diese Antriebe, insbesondere die ersten drei, ganz bewusst, um die Konformität zu fördern und die Kinder auf den Lehrplan der Schule zu fixieren. Bei der selbstbestimmten Bildung hingegen werden diese natürlichen Antriebe zur Entfaltung gebracht" (56).

Wir sehen, Lernen ist äußerst komplex im Zusammenspiel mit Schule, Elternhaus und Gesellschaft und es existieren unterschiedliche Sichtweisen auf dieses Thema. Die Lust am Lernen, um sich Wissen anzueignen, wofür jeder brennt, verkommt in vielen Schulen nach und nach zu einer Pflichtveranstaltung. Das Nichterreichen wird mit Konsequenzen belegt, die sich auf das ganze Leben auswirken können. Besonders Hochbegabte leiden unter diesem Aspekt und gelangen in der Institution Schule oft und schnell an ihre Grenzen. Erhält das Kind jedoch Raum für die individuelle Entwicklung und darf es sich ausprobieren, fernab von vorgegebenen Lösungen, stehen die Chancen für ein eigenverantwortliches Leben wesentlich besser. Dafür braucht es Vertrauen und die Fähigkeit loszulassen. Doch das sind Dinge, die in der schulischen Bildung selten Platz finden (57).

Lernen in der Schule – eine Herausforderung für Hochbegabte

Die Aspekte der Selbstorganisation, der Eigenmotivation und der Selbststrukturierung spielen eine große Rolle, wenn es um das schulische Lernen geht. Diese zu fördern und zu fordern ist eine wichtige Aufgabe. Während die Eigenmotivation für viele Menschen im schulischen Lernprozess erhalten bleibt, kann diese für Hochbegabte zu einem Stolperstein in der Schullaufbahn werden. Gerade sie zeigen die ersten Auffälligkeiten, wenn sie motiviert ihre ersten Schultage und -wochen hinter sich gebracht haben und plötzlich desillusioniert zurückbleiben, weil Schule doch nicht dem entspricht, was sie freudig erwarteten.

Hugo Gaudig, Philologe, Theologe und Begründer der Arbeitsschulbewegung, erklärt diese Problematik mit der Ausprägung der Leistungsmotivation, die von der Erwartung von Erfolgserlebnissen abhängt. Ein ausführlicher Artikel dazu findet sich auf der Seite der Hochbegabtenhilfe. Der Normalfall ist, dass ein Schüler eine Aufgabe bekommt, die etwas über seinem Niveau liegt. Er empfindet dies als Herausforderung und ist motiviert, sie zu lösen, auch wenn ihn zunächst Zweifel beschleichen, ob er sie überhaupt bewältigen kann. Doch er wird angetrieben von der Erwartung eines Erfolgserlebnisses. Hat er die Aufgabe gelöst, ist er sich seiner Handlungsmacht bewusst und ein Zufriedenheitsgefühl stellt sich ein. Dieser Vorgang wird begleitet von einem Dopaminausstoß, wie Henning Scheich vom Leibniz-Institut für Neurobiologie in Magdeburg herausgefunden hat. Dopamin gilt als Antrieb für Motivation und führt zu einer Ausschüttung von Opiaten. Die Stimmung steigt, Glücksgefühle entstehen und die Informationen vom Kurzzeit- ins Langzeitgedächtnis werden übertragen. Dies passiert mit jeder Aufgabe, die dem Schüler gestellt und als Herausforderung bewertet wird. Der Zusammenhang zwischen geleisteter Anstrengung und dem Erfolgserlebnis steuert somit die Lernbiografie und den schulischen Werdegang des Schülers, da sie Einfluss auf seine Selbsteinschätzungen und Erwartungen haben. Die Leistungsmotivation ist also der wichtigste Grund, warum der Schüler bereit ist, sich anzustrengen in der Hoffnung auf neue Glücksgefühle. Hochbegabte hingegen sind oft von der durch die Schule gestellten Herausforderung ausgeschlossen, da sich der Unterricht am mittleren Standard der Leistungsmöglichkeiten einer

Klasse orientiert. Die Inhalte „fliegen" ihnen zu und es ist für sie gerade in den ersten Schuljahren ein Leichtes, diese zu lösen, ohne jedoch Erfolgserlebnisse aufgrund eigener Anstrengungen zu erleben. Hilfe erhalten eher die lernschwächeren Schüler, um diese bei der Erreichung ihrer Ziele zu unterstützen, wohingegen die leistungsstarken Schüler sich selbst überlassen sind im Glauben, sie seien schlau genug und benötigten keine Unterstützung. Leistungsmotivation bedeutet also, dass die Aufgabe, die zu lösen ist, schwer genug sein muss, um sie als Herausforderung zu begreifen, aber dennoch die Aussicht ermöglichen, bewältigt werden zu können. Dieser Situation sind Hochbegabte kaum ausgesetzt, wenn sie in die Schule kommen. Sie langweilen sich, beginnen zu stören oder flüchten sich in Tagträume und schalten ab (58).

Hochbegabte lernen anders. Sie widmen sich mit Hingabe den Themen, die sie interessieren, einfach deswegen, weil sie diese aus einer natürlichen Neugierde heraus erfahren möchten. Jedoch korrelieren die Themen selten mit den Themen des Lehrplanes, weshalb Konflikte mit der Schule vorprogrammiert sind. Möglicherweise hätten solche Schüler durchaus ein Interesse daran, diese Themen zu lernen, aber sicher auf die Art und Weise, wie sie es für richtig halten und die für sie eine persönliche Herausforderung darstellt, womit wir wieder bei der Leistungsmotivation wären. Es ist davon auszugehen, dass die von ihnen bearbeiteten Themen stärker in die Tiefe gehen, als der Lehrplan es erfordern würde. Zudem könnten sie ungewöhnliche Lösungen entwickeln, die ebenfalls das festgelegte Ziel des Lehrplans verfehlen könnten. Ganz sicher ist es der instinktive Wunsch von vielen Hochbegabten, ein Thema allumfassend zu erlernen, ohne dabei die künstlichen Themen-Schnitte, wie sie im Lehrplan üblich sind, zu durchlaufen. Beispielsweise lernen sie ein wenig Geometrie in der 6. Klasse, dann wieder in der 7. Klasse und dann wieder in der 8. Klasse. Diese Aufteilung wirkt für sie kontraproduktiv und sinnlos. Norbert Harburger schreibt dazu, dass „das A und O beim Lernen ist, Lerninhalte so zu verarbeiten, dass die neuen Informationen mit bereits vorhandenem Wissen verknüpft werden. Umgekehrt bedeutet das: Alles, was im Gehirn nicht mit schon bestehendem Wissen verlinkt werden kann, wird wieder vergessen" (59). Hochbegabte lieben thematische Zusammenhänge und stellen Verknüpfungen her, an die andere noch nicht einmal denken.

Ein weiterer lohnenswerter Blick ist der auf das Mindset, also die Art zu denken. Die Psychologin Carol Dweck unterscheidet dabei zwei Ausprägungen: das Fixed-Mindset und das Growth-Mindset. Beim Growth-Mindset, also der „wachsenden Art zu denken", agieren die Kinder lernorientiert. Oder anders gesagt: Der Weg ist das Ziel und dort wartet eine Belohnung. Misserfolge sind Lernchancen mit dem Ziel, sich zu verbessern. Diese Kinder suchen die Herausforderung in der Erwartung von Glücksgefühlen. Im Gegenzug dazu steht das Fixed-Mindset, also die „fixierte Art zu denken". Hier werden Herausforderungen gemieden. Stellt sich nach dem ersten Versuch kein Erfolg ein, wird die Herausforderung aufgegeben unter dem Vorwand, dass die Fähigkeit nicht vorhanden ist. Einen Wechsel des Mindsets konnte ich bei Sebastian beobachten. Während er als Kind ständig Wege zur Verwirklichung seiner Ideen suchte und an kreativen Einfällen nicht zu bremsen war, änderte sich dies in der Pubertät. Gelang ihm hier etwas nicht beim ersten Mal, gab er auf und hielt sich auf diesem Gebiet für dumm. Dank der veränderten Situation heute entwickelt er wieder sein Growth-Mindset. Er nimmt Herausforderungen gerne an und sucht Wege, diese zu erfüllen. Man könnte auch sagen, er beginnt, seine PS wieder auf die Straße zu bringen, während er seit seiner Schulzeit mit angezogener Handbremse fuhr. Frauke Niehues gibt auf der Homepage „Können macht Spaß" zwei Hinweise, wie man ein Growth-Mindset fördern kann. Zum Ersten sollte das Kind nicht für seine Intelligenz an sich gelobt werden, sondern für seine Anstrengung zur Lösung einer Herausforderung. Zum Zweiten ist es wichtig, dass Hochbegabte in der Schule Aufgaben erhalten, die so schwer sind, dass ihr Erfolg auf ihre Mühe zurückzuführen ist, anstatt dass ihnen die Lösung zufällt (60).

Die interessante Frage bleibt, wie es gelingt, dass Schule ein Ort für alle Schüler wird, in dem alle die Möglichkeiten erhalten, sich Wissen anzueignen und gleichzeitig ihre sozialen Kompetenzen zu entwickeln, mit dem Ziel, in der Gesellschaft zu bestehen und handlungsfähig ihren eigenen Weg zu gehen. Dazu später mehr.

HOCHBEGABTE DENKEN ANDERS

An dieser Stelle möchte ich eine kleine Anekdote erzählen, die im Zusammenhang mit Prüfungen steht und die dir als Leser noch einmal einen guten Einblick geben kann, wie Hochbegabte denken und welche Gefahren im Schulsystem diesbezüglich lauern. Wenn Lehrkräfte ein Kind vor sich haben, welches in der Grundschule das 1x1 lernen soll und keine Fortschritte erkennbar sind, werden sie den Eindruck erhalten, das Kind sei minderbegabt oder faul. Diese Denkweise und Einstellung sind durchaus nachvollziehbar, besonders dann, wenn das Kind noch dazu eine Verweigerungshaltung an den Tag legt und den Unterricht stört oder sogar sabotiert. Stellt euch vor, ihr als Eltern habt alles versucht, um eurem Kind das 1x1 nahezubringen. Ihr habt Lieder gesungen oder auf CD laufen lassen, Plätzchen gebacken, um einen praktischen Zugang zu geben, Post its in der ganzen Wohnung verteilt, eine magische 1x1 Tafel benutzt, bei dem erst die Wärme des Fingers das Ergebnis offenbart, ihm sachlich erklärt, warum es wichtig ist, das 1x1 zu können und vieles mehr. Aber euer Kind hat das alles erfolgreich ignoriert mit dem Satz: „Warum soll ich das auswendig lernen, ich kann es mir doch herleiten." Genau so lief es bei uns ab. Sebastian musste erst 16 werden, um sich darüber zu ärgern, dass er das kleine 1x1 nicht konnte. Der Anlass war die Begabungsdiagnostik, in der er aufgrund seiner mangelnden Fähigkeit die eine oder andere Aufgabe nicht lösen konnte. Das beschäftigte ihn sehr lange, und trotzdem lernte er es auch jetzt nicht. Zwei Jahre später, als Sebastian seine Note 1 der Realschulprüfung in Mathe präsentierte, unterhielten sich mein Mann und ich uns darüber. Es war ganz typisch für unseren Sohn, dass er kein 1x1 kann, aber die komplizierten Matheaufgaben löste. Das Gleiche beobachteten wir im Fach Geschichte. Er kann sich fast keine Jahreszahlen merken. Ganz klar, denn sie sind für ihn unwichtig. Es ergibt für ihn einfach keinen Sinn, das wissen zu müssen. Viel mehr interessieren ihn die historischen Hintergründe, über die er stundenlang diskutieren kann und über die er über ein immenses Hintergrundwissen verfügt, weil es ihn interessiert. Dieser Fakt faszinierte uns beide schon immer.

Was ich damit ausdrücken möchte ist, dass Hochbegabung gar nicht vermutet wird, wenn Kinder bereits an den Basics scheitern. Viel zu oft las ich schon den

Satz besorgter Eltern, die nach einem Elterngespräch äußerten, dass ihr Kind doch erst einmal die grundlegenden Aufgaben lösen müsse, bevor es an die schwierigen und herausfordernden Aufgaben darf. Hier liegt der Denkfehler, denn in Wirklichkeit ist es genau das, was Hochbegabte benötigen: die Herausforderung, bei der sie erst richtig in Fahrt kommen. Doch das bleibt vielen Kindern verwehrt. Aufmerksam werden sollten Eltern und Lehrkräfte, wenn das Kind mit anderen Dingen brilliert, die nicht unbedingt dem Schulstoff entsprechen. Es existieren Möglichkeiten, diesen Kindern alternative Themen zu geben, die komplizierter sind und weniger auf Wiederholungen ausgerichtet ist. Drehtürmodelle ermöglichen den Kindern, in einzelnen Fächern höhere Klassen zu besuchen. Auch ein Überspringen der Klasse kann hilfreich sein. Jedes Kind ist hier unterschiedlich und jedes Kind reagiert anders. Der Schlüssel liegt hierbei oft in der Familie, denn Eltern wissen genau, wo die Stärken ihrer Kinder liegen und wie eine optimale Förderung aussehen kann. Doch leider stimmt das Bild der Eltern oft nicht mit dem der Lehrkräfte überein. Eine klare, faire und offene Kommunikation ist daher wesentlich aus Sicht der Lehrkräfte und aus Sicht der Eltern. Jeder möchte sein Bestes geben, aber das Wichtigste ist das Wohl des Kindes. Es wird und muss Lösungen geben für Kinder, die anders sind, weil sie die Welt einfach anders sehen, intensiver erleben und sich ganz andere Fragen stellen als viele Normalbegabte. Daher braucht es dringend der Aufklärung und Sensibilisierung für das komplexe Thema der überdurchschnittlichen und hohen Begabung mit all den Fallstricken, Doppel- und Fehldiagnosen. Ich kann es nicht oft genug betonen, und daher tue ich es auch an dieser Stelle.

Im Grunde genommen sollte auch das Kind nach seinen Bedürfnissen gefragt werden, was viel zu oft unterlassen wird. Was wünscht es sich, welche Lernumgebung braucht es? Was stört es am Unterricht, wie könnte er besser für es laufen? Es ist so wichtig, auch das Kind zu hören, denn oft unterhalten und entscheiden sich Erwachsene über die Köpfe der Kinder hinweg, ohne sie einzubeziehen, weil wir denken, wir kennen unser Kind sehr gut und wissen es besser. Alle ins Boot zu holen gewährleistet, dass alle an einem Strang ziehen. Das Kind spürt, dass es ernst und seine Meinung für wichtig genommen wird.

Sebastian äußerte einmal, dass er sich für die Klassenarbeiten einen Raum wünsche mit einer grauen Wand, da hätte er nichts, was ihn ablenke. Eine andere eindrucksvolle Geschichte erzählte mir die Begabungsdiagnostikerin Renate Weber. Sie war mit ihrem Kind im Grundschulalter bei einem Psychologen, dieser bat das Kind, ein Bild zu malen. Das Kind nahm einen schwarzen Stift und malte damit das ganze Blatt voll. Der Psychologe war ziemlich erschrocken und stufte das Kind als depressiv ein, er empfahl eine Therapie. Renate vermutete schon, dass etwas ganz anders dahinterstecken könnte und fragte es auf den Nachhauseweg, warum es denn nur in schwarz gemalt hätte. Darauf antwortete das Kind, dass die anderen Stifte nicht gespitzt gewesen waren. Diese Geschichte hat mich sehr berührt, denn hier trifft vieles zusammen. Das Kind denkt und fühlt anders aufgrund seiner Hochbegabung und bringt das mit der Wahl seiner Stifte zum Ausdruck. Der Psychologe fragte das Kind nicht, warum es schwarze Stifte auswählte, sondern belegte es direkt mit einer Diagnose, die sich natürlich als fehlerhaft herausstellte. Als das Kind von seiner Mutter gefragte wurde, hat es ehrlich geantwortet und so einen wichtigen und wertvollen Einblick in seine Art zu Denken und zu Fühlen gegeben.

Wenn du Mutter oder Vater eines hochbegabten Kindes bist, kennst du sicher Geschichten wie diese. Es ist so wichtig, sich auf die Bedürfnisse des Kindes einzustellen, anstatt zu erwarten, dass das Kind sich auf dich einstellt. Denn das ist für diese besonderen Kinder nicht zu bewerkstelligen. Sie funktionieren eben nicht einfach so, sondern hinterfragen oder wehren sich. Sie brauchen eine andere Erziehung, andere Ansprachen, andere Kooperationsmöglichkeiten. Das bedarf des Einfühlungsvermögens und der Geduld, das Kind und seine Eigenarten bis ins Detail kennenzulernen und sich darauf einzustellen. So holst Du das Kind ab, wo es steht, und es kann sich von dort aus entwickeln. Das ist der für mich einzig sinnvolle Weg. Herkömmliche Erziehungsmethoden greifen selten und daher ist es durchaus anstrengend und herausfordernd, Eltern eines hochbegabten Kindes zu sein. Es funktioniert nicht zu sagen: „Da musst du durch" oder „das macht man halt so, weil es die anderen auch machen". Wo wir schon direkt beim nächsten Thema wären.

UNSER SCHULSYSTEM

Dieses Unterkapitel ergäbe Stoff für ein ganzes Buch. Da es so wichtig ist, nimmt es an dieser Stelle einen großen Teil ein. Denn hier steckt die Hauptursache für die Probleme, mit denen viele hochbegabte Kinder im Laufe ihrer Schulkarriere konfrontiert werden, wobei einige Leidensgeschichten bereits im Kindergarten beginnen können. Der folgende Text deckt jedoch nicht nur den Bereich der Underachiever oder problematischen Hochbegabten ab, sondern umfasst alle Schüler. Würde man nämlich überlegen, wie man hochbegabte Kinder am besten fördern könnte, entstünde möglicherweise die Idee, reine Hochbegabten-Schulen zu gründen. Diese gibt und gab es in der Tat bereits meist in Form von Hochbegabten-Internaten. Doch sie werden eher von den unproblematischen Hochbegabten besucht, die zugleich Hochleister sind. Dazu kommt, dass diese Internate oft sehr kostspielig sind und somit den meisten vorenthalten bleiben. Insgesamt betrachte ich die Existenz reiner Hochbegabtenschulen kritisch, denn der Umgang mit Menschen mit normaler Begabung ist ebenso wichtig für die soziale und emotionale Entwicklung Hochbegabter. Zudem gibt es Beispiele, in denen Schulgründungen gescheitert sind, da die Klientel der hochbegabten Kinder aufgrund ihrer speziellen Anforderungen sehr schwierig zu bewerkstelligen ist, besonders wenn es sich um Underachiever oder twice exceptional students handelt. Werden beispielsweise normalbegabte Lehrkräfte für diese Schule verpflichtet, birgt dies ein hohes Risiko dafür, dass der Unterricht einfach ausgehebelt wird. Denn die Argumentation von hochbegabten Underachievern geschieht oft sehr eloquent und hartnäckig – du kennst das sicher als betroffene Mutter oder Vater aus dem Familienalltag. Also müssten für diese Schüler ebenso hochbegabte Lehrer eingesetzt werden, um das „anders denken", aufzufangen sowie angemessen und auf Augenhöhe darauf reagieren zu können.

Mein kritischer Blick auf Schulen für Hochbegabte hinterlässt bei dir vielleicht ein Fragezeichen, denn unser Sohn besuchte letztendlich in seinem letzten Schuljahr eine Förderschule für Hochbegabte mit Zulassungsvoraussetzung ab einem IQ von 120. Doch dies hat einen anderen Aspekt. Die Schuljahre zuvor fühlte er sich als nicht-zugehörig, anders und fehl am Platz. Er fand seine Mitschüler zwar nett,

aber diese wussten nie richtig etwas mit Sebastian anzufangen, er blieb immer ein Einzelgänger. Aus diesem Grund war die neue Schulumgebung mit anderen Hochbegabten heilsam für ihn. Er fühlte sich das erste Mal in seinem Leben normal im Klassenverbund. Das ist auch der Grund, warum viele Menschen den Weg in den Verein Mensa finden, um sich dort mit Gleichgesinnten auszutauschen. Trotzdem denke ich, dass reine Hochbegabtenschulen eine Ausnahme bleiben und eher als eine letzte Möglichkeit dienen sollten, wenn gar nichts mehr geht und das Kind unterzugehen droht. Ich jedenfalls bin sehr dankbar, dass es diesen Ort, der einzigartig in Deutschland ist, für uns und für andere Kinder mit ähnlichen Erfahrungen gibt. Es war Sebastians letzte Chance, einen Abschluss, der einen weiterführenden Bildungs- oder Berufsweg überhaupt erst ermöglicht, zu erhalten. Doch es gibt andere Wege, um Schüler ganz gleich welcher Begabung im staatlichen Schulsystem von Anfang an zu fördern und zu fordern, damit es gar nicht so weit kommen muss. Leider bilden diese Möglichkeiten große Ausnahmen und sind derzeit nur vereinzelt in Pilotprojekten mutiger Schulleiter und Lehrkräften zu finden, die ich aber im Folgenden noch beleuchte.

Werfen wir zunächst einen Blick in die Geschichte unseres deutschen Bildungssystems. Zu unterscheiden ist die Unterrichtspflicht von der Schulpflicht. Erstere wurde bereits 1794 verankert, Eltern hatten die Pflicht, ihre Kinder Zuhause zu unterrichten. Konnte dies nicht erfüllt werden, mussten die Kinder in die Schule geschickt werden. Die Schulpflicht, in der jedes Kinder die Schule besuchen muss, wurde dann 1919 in der Weimarer Republik festgelegt. Mindestens acht Schuljahre Volksschule mit anschließender Fortbildungsschule bis zum 18. Lebensjahr waren verpflichtend (61). Heute ist die Schulpolitik in Deutschland Ländersache, und zwar seit den 1950er-Jahren. So bilden 16 Bildungsminister ein gemeinsames Gremium einer ständigen Kulturministerkonferenz, wobei die gefassten Beschlüsse für die Teilnehmer nicht bindend sind, bis sie von den jeweiligen Landesorganen positiv beschieden und umgesetzt werden. Die Folge ist ein aufgeblähter und dadurch träger Entscheidungsapparat der einzelnen beteiligten Landesministerien. Seit 2017 existiert ein Zentralabitur – zumindest auf dem Papier. Dieses kann wiederum freiwillig von den Ländern umgesetzt werden und gilt nicht für alle Prüfungsfächer (62). Insgesamt hinterlässt der Bildungsföderalismus einen

Beigeschmack von Schwerfälligkeit, Inflexibilität, Trägheit und Unverbindlichkeit, was sich auch bei der Gestaltung der Lehrpläne äußert, die je nach Bundesland mit unterschiedlichen Begriffen belegt werden, wie „Bildungspläne", „Kernlehrpläne", „Rahmenlehrpläne" oder „Richtlinien". Die inhaltliche Verantwortung obliegt den einzelnen Bundesländern. Bildungsziele und konkrete Lerninhalte werden darin festgehalten, mal mehr oder weniger detailliert ausgeführt. Ebenso wird der Grad des Spielraumes festgelegt, der den Lehrern bei der Unterrichtsgestaltung einge-räumt wird. Auch hierzu habe ich Lisa gefragt, was ihre größten Kritiken am staat-lichen Schulsystem sind. Sie hat bereits einige Praxisjahre nach dem Lehramtsstu-dium für Haupt- und Realschule hinter sich und fasst zusammen: „Es wird zu wenig in Bildung investiert! Zu große Klassen, keine entsprechenden Räumlichkeiten zur Differenzierung, zu wenig Zeit für die einzelnen Schüler, Bürokratie." Ich denke, das hat sie sehr gut zusammengefasst.

Blicken wir über den Tellerrand des Mikrokosmos Lehrplan hinaus wird deutlich, dass sich unsere Welt immer schneller entwickelt und neues Wissen täglich hin-zukommt. Doch bis es zu einem politischen Konsens zu zeitgemäßen Unterrichts-inhalten kommt, dauert es unter Umständen mehrere Jahre. Ich brauche nur das Stichwort Digitalisierung und der Umgang mit den digitalen Medien zu nennen. Erst im Jahr 2022 startete ein Modellversuch in Hessen mit einem Unterrichts-fach „Digitale Welt" an 12 Schulen. Es ist ein Anfang, aber erstens viel zu spät und zweitens nur ein fast unscheinbarer Modellversuch. Auf von Schülern genannte Themen-Impulse, die nicht Inhalt des aktuellen Lehrplans sind, gehen Lehrkräf-te selten ein. Das können sie schon zeitlich nicht leisten, was im Umkehrschluss bedeutet, dass dank des übervollen Lehrplans die Lebenswelt der Schüler quasi ignoriert wird. Daneben besteht die Schwierigkeit in unserem Schulsystem darin, dass es ganz unterschiedliche Schulsysteme und –modelle in den einzelnen Bun-desländern gibt. Die Gewerkschaft Erziehung und Wissenschaft (GEW) spricht in diesem Zusammenhang zu Recht von einem „Bildungsflickenteppich Deutschland" (63). Erwähnen möchte ich an dieser Stelle ein einschneidendes Ereignis, welches sich im Jahr 2000 ereignete. Es war die erste PISA-Studie, die einen regelrechten Schock bei den Bildungsverantwortlichen auslöste. Denn Deutschland fand sich plötzlich in den Bereichen Lesekompetenz, Mathe und Naturwissenschaften weit

unterhalb des OECD-Durchschnitts wieder. Daraufhin wurden die Bildungsausgaben seitens des Bundes nahezu verdoppelt und beispielsweise Ganztagsschulen eingeführt sowie frühkindliche Förderungen optimiert (64). Zumindest haben sich die Ergebnisse bis 2009 wesentlich verbessert, doch bei den Neuntklässlern ab da wieder verschlechtert. Es fehlt also noch einiges, um zu den führenden Ländern aufzuschließen. Denn so, wie wir uns bemühen, tun dies ihrerseits natürlich auch andere Länder, um ihre Werte zu verbessern. Der OECD-Bildungsdirektor und Pisa-Chef Andreas Schleicher bringt das Problem auf den Punkt. Er spricht davon, dass die Ursache für das schlechte Abschneiden beim Unterricht selbst liegt. Dabei bezieht er sich exemplarisch auf den Matheunterricht und spricht sich für weniger Formeln lernen und mehr Praxisbezogenheit des Unterrichtsstoffes aus. Mathematik dürfe kein totes Fach sein, in dem Rechenprozeduren einfach übernommen und auswendig gelernt werden. Er rät den Kultusministerien, sich des Themas anzunehmen und aus Gesprächen mit protestierenden Schülern zu lernen. Als Beispiel verweist er nach Asien: „In einer japanischen Klasse stellt der Lehrer ein Problem in den Raum – und alle entwickeln gemeinsam eine Herangehensweise für die Lösung" (65). Sein Beispiel für das Fach Mathematik lässt sich beliebig auf andere Fächer übertragen.

Eine weitere Entwicklung in den letzten 50 Jahren zeigt, dass mehr und mehr ein Wettlauf der hohen Schulabschlüsse in Deutschland zu beobachten ist. Möglicherweise liegt es daran, dass wir als Gesellschaft in der Maslowschen Bedürfnispyramide mittlerweile an der Spitze beim Thema „Selbstverwirklichung" angekommen sind. Die Auswüchse des Wettlaufs äußern sich beispielsweise in den Anforderungen für eine handwerkliche Berufsausbildung. Während vor einigen Jahren noch ein Haupt- oder Realschulabschluss ausreichte, wird heute oft das Abitur als Voraussetzung verlangt. Die Bildungsanforderungen sind also deutlich gestiegen. Und doch hört man zunehmend Klagen seitens der Ausbildungsbetriebe, dass es große Lücken bezüglich Basiskenntnissen bei den künftigen Auszubildenden gibt oder wichtige Werte und Eigenschaften wie Teamarbeit, Freundlichkeit, Anstand etc. fehlen. Anscheinend klafft die Schere zwischen dem, was auf dem Papier steht und was tatsächlich geleistet werden kann, stark auseinander. Ich wage eine These, dass die meisten Schüler ihren Lernstoff schnell wieder verges-

sen. Der Fokus liegt vor allem auf den Prüfungen, um diese mit einer möglichst guten Note abzuschneiden – Stichwort Lernbulimie. So bleibt wenig hängen, was den Rückschluss zulässt, dass die meiste Schulzeit verschwendete Zeit ist. Der Mathematiker und Managementberater Gunter Dueck bringt es in einem Vergleich schön auf den Punkt. Wir füllen die Köpfe der Kinder mit Aktenordnern an totem Wissen, obwohl in der Arbeitswelt kreative Problemlöser gefordert sind. Neugier, Begeisterungsfähigkeit und Kreativität würden in der Schule zerstört. So behandle man Kinder nicht als individuelle Rennpferde, sondern würde sie zu geduldigen und dressierten Postpferden schulen (66).

Betrachten wir dazu den Trend der letzten 50 Jahre bezüglich der Schulabschlüsse. Während sich im Jahr 1975 die Abiturientenquote bei 14,7 % befand, so lag sie 25 Jahre später, also 2020, bereits bei 37,2 % – Tendenz steigend (67). Dass dabei die guten Noten leichter vergeben werden, ist eine oft geäußerte Vermutung, die sich in Einzelfällen bestätigt. So schreibt die FAZ in ihrem bezeichnenden Artikel „Die Glaubwürdigkeit des Abiturs ist in Gefahr", dass die Aussagekraft von Noten nach der Flut von Bestnoten im hessischen Abitur immer mehr verloren geht. Noch nie gäbe es so viele Schüler mit der Bestnote 1, 2022 lag der Anteil bei 4,5 %, während es 2007 gerade einmal 1,1 % waren. Gleichzeitig würden die Noten jedoch keinen Anstieg des allgemeinen Bildungsniveaus widerspiegeln (68). Die Folge ist, dass sich viele Abiturienten für ein Hochschulstudium entscheiden, anstatt eine Ausbildung zu beginnen. Begannen im Jahr 1995 noch ca. 250.000 Abiturienten ein Studium, so hat sich die Zahl bis 2020 verdoppelt auf knapp 500.000 Studenten (69). Hier folgt das große Erwachen, was sich in der Anzahl der Studienabbrecher mit 27 % manifestiert. Diese entscheiden sich dann für eine berufliche Neuorientierung. „Die Ursachen dafür (den Studienabbruch) liegen in fehlenden Orientierungen, nebulösen Studienmotivationen, uneingelösten Erwartungen, mangelnden Berufsvorstellungen und schwierigen Arbeitsmarktlagen" (70). Hochschullehrer attestieren zudem eine mangelnde Studierfähigkeit und stellen Wissenslücken in Mathe, den Naturwissenschaften sowie der Sprachbildung fest. Da seien Aufbaukurse notwendig (68). Aufgrund des hohen Zulaufs versuchen Universitäten diesen einzudämmen und führen für immer mehr Fächer den Numerus clausus ein. Aber die Abschlussnote des Abiturs sagt noch lange nichts über

die besagten Fähigkeiten, die Voraussetzung für ein Hochschulstudium wären, aus. Die Durchführung von Aufnahmeprüfungen ist oft zu aufwendig. Wir sehen, die Art der Schulbildung wirkt sich bis ins Studium hinein aus. Es macht dabei den Anschein, als stünde die angemessene Vorbereitung für die künftige Laufbahn von Schülerinnen und Schülern einem „nach mir die Sintflut" zu weichen. In der Gesellschaft ist das Erlangen des Abiturs heute fast zu einer Mindestanforderung für gesellschaftliche Anerkennung geworden. Besucht ein Kind dagegen eine Hauptschule, haftet ihm der Status eines Förderschulkindes an. Tatsächlich werden immer mehr Hauptschulen geschlossen und in andere Schulformen integriert. Die Frage ist, wo dieses „Bildungswachstum" noch hinführt.

Kommen wir wieder zurück und betrachten unser derzeitiges Schulsystem. Das funktioniert meines Erachtens am besten mit normalbegabten Schülern, die sich gut in soziale Systeme integrieren und Vorgaben der Lehrkräfte ungefragt übernehmen und ausführen können. Sie durchlaufen ihre Schulkarriere meist ohne große Hindernisse. Jenseits dieser sehr breiten Mittelspur gibt es auf der einen Seite Schüler, die eine Minderbegabung aufweisen. Es gilt der allgemeine Tenor, die Schwächeren zu fördern und so entstanden die ersten Integrationsklassen in Grundschulen. Schüler mit einem größeren Bedarf an Förderung können eine Förderschule besuchen, die es mit unterschiedlichen Schwerpunkten im staatlichen Schulsystem gibt. Betrachten wir nun die andere Seite, die Schüler mit einer Hochbegabung, wobei ich Schüler ab einem IQ ab 120 einschließe. Förderbedarf erscheint unnötig, da sie nach landläufiger Meinung das Potenzial besitzen, leicht im Unterricht mitzukommen und gute Noten zu schreiben. Eine sehr gute Schullaufbahn sei hier vorprogrammiert. Und wer trotzdem schlechte Noten hat oder sogar droht zu versagen, kann nicht hochbegabt sein, so die gängige Meinung. Im Gegenteil, eine Förderung von Hochbegabten könnte sie arrogant werden lassen oder gar eine Elite ausbilden. Interessanterweise haben gerade vor dieser Tatsache viele Lehrkräfte und Schulleiter Angst und lehnen eine Förderung kategorisch ab. Was viele nicht nachvollziehen können: Hochbegabte verfügen über eine andere Art zu denken. Ihre Denkstrukturen sind komplexer, detaillierter, ausführlicher, vernetzter, umfassender und tiefer. Sie haben eine schnelle Auffassungsgabe und sind daher von Wiederholungen gelangweilt. Was aber noch wichtiger ist zu

wissen: Sie besitzen von Natur aus eine angeborene Neugier, der sie nachgehen möchten, in allem, was sie tun. Dazu gehören leider weniger die Inhalte der vorgegebenen Unterrichtsfächer durch den Lehrplan oder die Art und Weise, wie der Stoff vermittelt wird. Die Bewertung durch Schulnoten ist vielen Hochbegabten egal, da der Wissenserwerb als solches im Vordergrund steht und selten der Ehrgeiz, gute Noten zu erzielen. Was erschwerend hinzukommt, ist, dass sie sich selten am Wettbewerb mit ihren Mitschülern beteiligen und resistent gegen jegliche Gruppendynamik in diese Richtung sind. Wie motiviert man also solche Schüler in einer Schule, die den Lernstoff vorgibt und ihnen die Möglichkeit, selbst neugierig Lösungen zu finden, vorenthält? Wie sollen sie mit einem nach Fächern getrennten Stundenplan Freude an den jahrgangsübergreifend gestückelten Lerninhalten haben, wo sie doch Zusammenhänge lieben und diesen auf den Grund gehen wollen? Die Suche nach einem selbstgesteuerten Lernen, welches Spaß macht und die eigene Neugier am Leben erhält, ist also groß und wird doch bereits in der Grundschule im Keim erstickt, wenn die jungen, motivierten Schüler dazu genötigt werden, eine Doppelseite den Buchstaben „A" zu üben oder in einem Zahlenraum zu rechnen, den sie längst beherrschen.

Ich erinnere an dieser Stelle noch einmal an die Vorgaben der Kultusministerkonferenz, in denen es heißt: „Schülerinnen und Schüler müssen spüren, dass ihre Lehrerinnen und Lehrer ‚ein Herz' für sie haben, sich für ihre individuellen Lebensbedingungen und Lernmöglichkeiten interessieren und sie entsprechend fördern und motivieren, sie fordern aber nicht überfordern. Verantwortung, Bereitschaft und glaubwürdiges Handeln aller Lehrerinnen und Lehrer auch für ein gutes Schulklima und ein partnerschaftliches Schulleben sind dafür förderliche Voraussetzungen. Dafür ist die praktische Zusammenarbeit der Lehrenden erforderlich und notwendig, insbesondere auch bei der glaubwürdigen Vermittlung von Teamfähigkeit bei den Lernenden" (19). In diesem Text ist die Rede von einem partnerschaftlichen Schulleben, förderlichen Voraussetzungen, einem guten Schulklima, Interesse an individuellen Lebensbedingungen und Lernmöglichkeiten. Das hört sich prima an, doch es wirft die Frage auf, ob dies im aktuellen Schulsystem überhaupt umsetzbar ist. Sind die Lehrkräfte nicht vielmehr überfordert, weil die Klassen zu groß sind und der Blick auf den Einzelnen verloren geht? Gilt die Lehrkraft

nicht immer noch als unangreifbare Autoritätsperson und ist ein partnerschaftliches Schulleben überhaupt gewünscht? Wer kümmert sich um Lehrkräfte, wenn
sie aufgrund der schwierigen Bedingungen kurz vor dem Burn-out stehen und resi-
gniert überlegen, den Beruf zu wechseln? Bleibt da noch Platz und Zeit für ein ehrli-
ches Interesse am einzelnen Schüler, wenn ständig wechselnder Fachunterricht die
Nähe zu ihnen quasi unmöglich macht? Ich sehe hier eine tiefe Schlucht zwischen
Anspruch und Wirklichkeit. Das dürfte vor allem auch Referendaren, die frisch von
der Uni kommen, unangenehm auf die Füße fallen. Mit neuen Ideen, Methoden und
Zielen sind sie hoch motiviert bereit, diese in der Schule zu verwirklichen und fri-
schen Wind hineinzubringen und werden doch oft jäh vom Kollegium gestoppt und
nahezu assimiliert. Die jungen Lehrkräfte müssen dann schnell entscheiden, ob sie
sich resignierend fügen, kräftezehrend gegen den bestehenden Strom schwimmen
oder ihren Weg in Privatschulen fortsetzen, die meist aufgeschlossener gegenüber
ihren Ideen und ihrem Engagement sind. Doch auf diese Weise können sich keine
neuen Lernformen etablieren. Der Schulalltagsstrom fließt unaufhörlich in alter
Gewohnheit weiter. Der Ruf nach der Abschaffung der Schulpflicht von Freiler-
nen wird gleichzeitig immer lauter. Bernhard O. A. Gademann, Internatsdirektor
in der Schweiz, bringt es in einem Zitat auf den Punkt: „Wie viel dreht sich heute
um Benchmarks, um Prüfungen, bei denen das Ergebnis der Aufgaben von vor-
neherein feststeht? Prüfung schreiben, das ist eine Fähigkeit, die heute noch viel
weniger als früher jemals im Leben gebraucht wird. Die Schulen müssten akzeptieren, dass das, was heute vermittelt wird, irrelevant ist, dass es nicht funktioniert.
Die Lehrkräfte sind unzufrieden, die Eltern sind unzufrieden, die Schüler sowieso.
Es ist eigentlich keiner zufrieden und trotzdem geht es jeden Tag immer so weiter.
Das ist verrückt" (71).

Insgesamt ist es doch für alle Schüler und vor allem auch für die Gesellschaft ein
Zugewinn, wenn sie zu selbstständigen und eigenverantwortlichen Menschen he-
ranwachsen, die lösungsorientiert ihre täglichen Herausforderungen meistern.
Genau diese Kompetenzen sind in nahezu jeder Stellenanzeige lesbar: Teamfähigkeit, Kritikfähigkeit, Kommunikationsfähigkeit, Empathie, Kreativität, Eigenverantwortlichkeit, Eigeninitiative etc. Die Frage ist, ob die Schülerinnen und Schüler dieses Handwerkszeug in ihrer Schulkarriere an die Hand bekommen haben

oder einfach erwarten, dass ihnen im nächsten Lebensabschnitt die Aufgaben und Lösungen wieder vorgesetzt werden und sie schon gesagt bekämen, was sie zu tun haben. Diese Weisungsempfängnis mag für viele Berufe ausreichen, aber wenn wir uns im höheren Bildungsniveau bewegen, wirkt sich dieser schulische Background dabei hemmend aus.

Und doch gibt es Hoffnung, aus der zu Stein erstarrten Schulsystemstruktur hervorbrechen. Wie ein Löwenzahn auf dem asphaltierten Bürgersteig fassen immer mehr Schulleiter gemeinsam mit einem motivierten Lehrerteam Mut und engagieren sich auf eine ganz andere Weise für ein besseres Schulleben. Sie stellen sich die Frage, ob das gewohnte Schulsystem weiterhin sinnvoll umsetzbar ist, und antworten mit neuen Konzepten. Alte Lehrmethoden, in denen Inhalte vorgegeben werden und Schüler diese auswendig kennen müssen, ohne eigene Lösungswege zu entdecken, werden beiseitegelegt. Sie verlassen das bisherige System, in dem sich eine regelrechte „Lernbulimie" entwickelt hat: So viel Lernstoff wie möglich in kurzer Zeit aufnehmen, zu den Prüfungen auskotzen und dann vergessen. Sie haben erkannt, dass eine eigenständige und ganzheitliche Herangehensweise an die Themen, das Darstellen von Zusammenhängen und die einprägsame und lebendige Vermittlung für die künftigen Erwachsenen, die ein selbstständiges und eigenverantwortliches Leben führen sollen, die bessere Wahl ist. So, wie es Andreas Schleicher bereits am Beispiel mit Blick auf Japan formuliert hat.

Markus Hengstschläger bringt in seinem Buch „Die Lösungsbegabung: Gene sind nur unser Werkzeug. Die Nuss knacken wir selbst!" eine neue Sichtweise ins Spiel. In einem Welt-Interview geht er der Frage, was Bildung sei, auf den Grund. Er erläutert, dass die herkömmliche Betrachtungsweise darauf abzielt, dem Schüler vorgefertigtes Wissen und bewährte Lösungen zu vermitteln. Das sei wichtig und unverzichtbar. Doch zusätzlich braucht es Kompetenzen, die „ungerichtet" sind, wie er sie nennt. Das bedeutet, mit kritischem Denken, Recherchen, Kreativität und Teamfähigkeit sollen Schüler ermutigt werden, eigene Lösungen zu finden, damit sich Neues entwickeln kann. Dieses schult die Lösungsbegabung. Dafür braucht es jedoch auch Zeit, Geduld und den Mut, sich auszuprobieren. Wichtiger noch: Dies können sogar Eltern bereits früh mit ihren Kindern üben (72).

Betrachten wir uns die bereits erwähnten Eigenschaften von Hochbegabten, so sehen wir, dass genau diese Lösungsbegabung bereits stark ausgeprägt ist und sich in einer unstillbaren Neugier sowie dem Drang auf der Suche nach eigenen Lösungen äußert. Vorgefertigtes wird oft vehement abgelehnt, das eigene Entdecken steht im Vordergrund. Wird diese natürliche Lösungsbegabung im Schulalltag dann aus erwähnten Gründen jäh eingedämmt, entsteht Frust. Staut sich dieser über mehrere Jahre auf, ist es kein Wunder, dass diese Schüler das Schulsystem hinterfragen bis dahin, dass sie es sogar ganz verweigern.

Ein Lösungsansatz wäre neben der Überarbeitung und Verschlankung der Lehrpläne alte Lehr- und Lern-Systeme aufzubrechen. Durch die allgemeine Schulung der Lösungsbegabung würden alle – Hochbegabte, Normalbegabte und Minderbegabte – einbezogen und bestens auf das Leben danach vorbereitet. Jeder Schüler gibt so viel Input hinein, wie er kann und zieht das für sich heraus, was er benötigt. Gleichzeitig erhält er eine individuelle Unterstützung auf Augenhöhe, die er braucht. Die Schüler würden zu mehr Eigenverantwortung geführt, was sich positiv auf ihr Selbstbewusstsein auswirkt. Doch für einen solchen Wechsel im „bewährten" Schulsystem braucht es Mut seitens der Verantwortlichen und Vertrauen in ihre Schützlinge. In vielen privaten und freien, alternativen Schulen, wie Montessori-Schulen („Hilf mir es selbst zu tun"), Waldorfschulen (ganzheitliche Entwicklung des Kindes), Freinetschulen (selbstständig Wissen aneignen auf Grundlage eigener Neugier) und weiteren werden solche eigenverantwortlichen Konzepte bereits umgesetzt und gelebt. Im Internet findest du zu diesen Schulkonzepten weitere Informationen. Jedoch sind es oft Privatschulen mit kleinen, überschaubaren Klassen, wobei die Finanzierung den Eltern obliegt.

In diesem Zusammenhang möchte ich die Friedrich-Wilhelm-Raiffeisenschule in Wetzlar als Beispiel nennen, die seit 2007 „anders" Schule macht. Die genossenschaftlich organisierte Schule basiert auf der Deutschen Fernschule, die 1971 gegründet wurde. Derzeit besuchen ca. 150 Schülerinnen und Schüler die Wetzlarer Präsenzschule. Diese Schule unterrichtet nach dem WEiSE-Konzept (werteorientierte Erziehung in individualisierten Schuleinheiten mit Eltern) und ermöglicht ein individualisiertes und selbstgesteuertes Lernen. Sie orientiert sich

dabei an der Vermittlung von Werten und Weisheit. „Wissen ohne Werte ist Bildung ohne Sinn", erklärte mir der Schulleiter Georg A. Pflüger in einem Gespräch die grundsätzliche Ausrichtung der Schule. Wissen nimmt hier einen selbstverständlichen Stellenwert ein, der nicht extra betont werden muss. Der menschliche Schatz an Erfahrungen, Erkenntnissen und Werten, der zu einem guten Leben führt, ist in diesem Konzept inkludiert. „Diese dynamische Lebensklugheit oder Lebenstüchtigkeit kann also gelehrt und gelernt werden und hat nichts zu tun mit starren Lehrsätzen und macht viele von uns widerstandsfähig gegen Gefahren wie Mutlosigkeit, Süchte oder Extremismus", schreibt das Team um den Schulgründer in seinem pädagogischen Konzept (57). Fächer wie Geschichte, Erdkunde, Politik und Wirtschaft sowie Religion, Ethik, Philosophie und Psychologie werden zu einem Gesamtkomplex, weil sich „der Mensch und sein Verhalten nicht in Fächer trennen lässt und weil im ‚Projekt' das menschliche Verhalten am besten nachvollzogen werden kann" (57). Neben den Lehrkräften werden die Eltern in das Schulleben einbezogen. Dies geschieht durch die freiwillige Übernahme von bestimmten Aufgaben, wie die Gestaltung von AGs oder das Leisten von Arbeitseinsätzen in der Schule, die besonders im Konzept der genossenschaftlichen Schule für einen großen Zusammenhalt in der gesamten Schulgemeinschaft sorgen. Ebenso zielen Elternfortbildungen darauf ab, sich mit neuen pädagogischen und gesellschaftlichen Themen auseinanderzusetzen, was wiederum für ein größeres gegenseitiges Verständnis im Miteinander sorgt.

In einem Gespräch erläuterte mir der damalige Schulleiter Georg A. Pflüger das Konzept von Peter und Doris Fratton, auf dem diese Schulform basiert. Peter Fratton berücksichtigte in seinem Schulkonzept die drei Arten der Wissensaneignung: Das selbstbestimmte Lernen, das Lernen in der Gruppe und das Lernen durch Zuhören. Die Umsetzung dieses Schulkonzepts basiert auf einer Schularchitektur mit spezieller Raumgestaltung, entworfen von seiner Frau Doris Fratton. Das selbstbestimmte Lernen findet in einem Lernatelier statt, in der jeder Schüler für sich lernt. Das Lernen in der Gruppe erfolgt in einer ansprechenden Umgebung, in der sich alle frei bewegen können. Das Lernen durch Zuhören wird durch Klassen- oder Inputräume gewährleistet. Der Kritiker könnte meinen, dass das selbstbestimmte Lernen den Kindern zu viele Freiheiten ließe und die Schüler ohne Halt

und Struktur sich selbst überlassen wären. Fratton sah sich mit diesen Bedenken bereits 1980 konfrontiert. Damals gründete er sein erstes „Haus des Lernens". 30 Jahre später hatten sich bereits 140 Schulen diesem Konzept des autonomen Lernens angeschlossen und es umgesetzt. Den Zweiflern entgegnet er, dass „das persönliche Gespräch, die Begleitung jedes Einzelnen ein Tragpfeiler des Konzeptes" ist (73).

Etwas differenzierter sieht es Georg A. Pflüger. Während unseres Gesprächs schränkte er die Umsetzung des Konzeptes ein. Es würde einer gewissen Reife seitens der Schüler bedürfen, damit sie das selbstgesteuerte Lernkonzept annehmen und erfolgreich für sich umsetzen könnten. Das funktioniere erfahrungsgemäß ab der siebten Klasse besser, während die jüngeren Schüler etwas mehr Struktur im Klassenverband benötigen und gleichzeitig an das System der Selbststeuerung herangeführt würden. Ich denke, es kommt immer darauf an, welche intellektuellen und persönlichen Eigenschaften die Schüler von sich aus mitbringen. Eine Pauschalisierung ist dabei schwierig, wobei ich dies einklammern möchte, da mir die schulische Praxis fehlt. Ich finde es in jedem Fall wichtig, für alle einen Raum zu schaffen, in dem sich die Schüler frei entfalten können und gleichzeitig die Struktur und den Halt bekommen, wenn sie sie konkret benötigen. Zudem ist der Eindruck, dass die Schüler sich selbst überlassen sind, eine falsche Einschätzung von Außenstehenden. Denn auch in diesem Schulsystem existieren Regeln, Termine und Leistungsnachweise, an die die Schüler gebunden sind. Ohne das würde ein „freies" System nicht funktionieren. In diesem System dürfen Schüler je nach Kompetenzen und Fähigkeiten offene Vertrauensstufen erlangen, die gleichzeitig mit gewissen Pflichten verbunden sind. So setzt die Friedrich Wilhelm Raiffeisen-Schule dies mit den drei Lernstufen (begleiteter Lerner, freier Lerner, Lernprofi) um, wobei jeder neue Schüler mit der Stufe des begleiteten Lerners beginnt, in der die Strukturen sehr ähnlich sind zu herkömmlichen staatlichen Schulen. Setzt der Schüler seine Pflichten eine Zeitlang um, hat er die Möglichkeit, in die nächste Lernstufe zu gelangen. Bei Misslingen kann er jedoch zurückgestuft werden. Letztendlich passen die Mitglieder dieser Schulformen ihren Schulalltag immer wieder den aktuellen Herausforderungen an, um optimale Voraussetzungen für bestmögliche Ergebnisse zu erzielen.

Es wäre ein Einfaches, die Vorteile dieser alternativen Schulformen in die staatlichen Schulen einfließen zu lassen. Dass dies funktionieren kann, zeigen immer mehr mutige Schulleiter und Lehrkräfte. Sie trauen sich, das alte, eingerostete System zu verlassen und entwickeln Schule hin zu mehr selbstgesteuertem Lernen. Lehrkräfte werden zu Lernbegleitern und die Vermittlung der Inhalte erfolgt fächerübergreifend. Schule wird zu einem Ort der Inspiration und der gegenseitigen Wertschätzung auf Augenhöhe. Als ein Beispiel für eine staatliche Gesamtschule sei hier die Richtsbergschule in Marburg genannt, die vor einigen Jahren in der 5. Klasse mit diesem Konzept begonnen und dies mittlerweile auf weitere Schulstufen ausgeweitet hat. In einer offenen Lernlandschaft können Schüler und Schülerinnen zusammenarbeiten und die Lehrer als Fachexperten jederzeit bei Fragen aufsuchen. In einem Lernatelier hat jeder Schüler seinen eigenen Arbeitsplatz und Stille zum Arbeiten. Regelmäßig finden persönliche Coachinggespräche zwischen den Schülern und ausgewählten Lehrern statt. Klassische Unterrichtsstunden existieren nicht mehr, stattdessen gibt es kurze Anleitungen und einen Wochenplan. Der Unterricht findet ganzheitlich und praxisbezogen statt. Die Synergie-Effekte sind hoch, da Unterrichtsthemen in verschiedenen Fächern gleichzeitig abgedeckt werden können. Die Schule, die sich als Erlebnisort sieht, schreibt auf ihrer Website unter anderem zu dem Konzept PerLenWerk: „Das PerLenWerk (Personalisierte Lernumgebung mit Werkstätten) ist eine neue Art zu Lernen und Schule zu erleben. Diese neue Lernkultur fördert Lernpartner*innen in ihrer Selbstständigkeit, stärkt ihre Kompetenzen und bereitet sie gut auf ihre weitere Schul- und Berufslaufbahn vor" (74).

Einen tieferen und wichtigen Einblick in den Schulalltag veröffentlichte die Website der „Lehrer-News" in einem sehr lesenswerten Artikel. Hier ein Auszug: „Im ‚PerLenWerk' können die Schüler:innen in einer konzentrierten Umgebung, dem sogenannten Lernatelier, an individuellen Arbeitsplätzen oder bei Bedarf auch in Gruppen in der Lernlandschaft gemeinsam lernen. Die Kinder der 5. und 6. Klassen sind dabei zusammengelegt und erhalten ein personalisiertes Lernangebot, das sie an ihren I-Pads bearbeiten sollen. Ein wichtiger Bestandteil der personalisierten Lernumgebung sind wöchentliche 15-minütige Coaching-Gespräche mit dem/der Lehrer:in. In diesen wird über die vergangene Woche, den Lernfortschritt,

potenzielle Probleme und die Planung für die jeweils kommende Woche gesprochen. An der Richtsberg Gesamtschule werden Lehrkräfte außerdem „Lernbegleiter" genannt. Jede:r Lernbegleiter:in ist dabei für 15 Kinder aus den Jahrgangsstufen 5 bis 8 verantwortlich. Stundenpläne oder Klassenverbände gibt es in der altbekannten Form nicht mehr, da die Jahrgangsstufen im Lernatelier oder der Lernlandschaft gemischt sind. Die Klassenarbeiten oder Klausuren, die eigentlich aus der Schule gar nicht wegzudenken sind, nennen sich hier ‚Gelingensnachweise' und sind nicht mit der üblichen Form eines Leistungsnachweises vergleichbar. Ein solcher ‚Gelingensnachweis' findet alle 14 Tage statt und fragt dabei die Lerneinheit ab, die der/die Schüler:in gerade abgeschlossen hat. Die sonst alle 8 Wochen üblichen viel umfangreicheren Klassenarbeiten sollen dadurch ersetzt werden. Der Nachweis wird vom jeweiligen Lernbegleiter abgeholt und die Schüler erhalten auf diese Weise so viel Zeit, wie sie brauchen. Wenn sie den ‚Gelingensnachweis' nicht in ausreichender Qualität erbringen konnten, dürfen die Schüler:innen ihn wiederholen. Je nach Leistungsstand lernen die Kinder auf unterschiedlichen Anforderungsniveaus, die sie bei Bedarf jederzeit wechseln können" (75). Noch einmal: Es handelt sich hierbei um eine staatliche, inklusive, integrierte Gesamtschule mit einem Ganztagskonzept. Es funktioniert also auch im staatlichen Schulsystem sehr gut – wenn Schulleiter und Lehrkräfte mutig handeln und ihren Schülern Vertrauen schenken.

Auch Paturi berichtet von einem Experiment im Albrecht-Ernst-Gymnasium in Oettingen. Hier beschloss der engagierte Schulleiter, die fünfte und sechste Klasse gemeinsam zu unterrichten. Dazu wurden die Klassenräume baulich umgestaltet und geöffnet. Rund 100 Schüler arbeiten in einem Gesamtkomplex, auf Frontalunterricht wird verzichtet. Die Lernbetreuer (vormals Lehrkräfte) widmen sich kleinen Gruppen und vergeben Projekte, wobei die Themen bewusst fachübergreifend gewählt sind. Das Arbeitsmaterial besteht in Form von Hinweisen, wo Input dazu zu finden ist. Die Schüler erledigen diese Projekte sehr gerne und merken teilweise gar nicht, dass ihnen der Schulstoff aus dem Lehrplan quasi „untergejubelt" wird. Erstaunlich ist vor allem, dass sich AD(H)S-Symptome in dieser Schulform kaum noch zeigen. Jeder Schüler hat die Möglichkeit, gemäß seinem intellektuellen Niveau sich selbst einzubringen. Paturi fasst zusammen: „Eine idealere Form,

sowohl intellektuell schwächere wie stärkere Schüler individuell zu fördern und sie dabei dennoch in einen sozialen Verbund zu integrieren, kann ich mir kaum vorstellen" (23).

Besonders gefördert wird mit solchen Beispielen die Selbststeuerung und Eigenverantwortlichkeit der Schüler. Da ist es meiner Ansicht nach ganz gleich, in welcher Intelligenzstruktur die Kinder und Jugendlichen zu Hause sind. Jeder gibt das hinein, was er imstande ist zu leisten und wird danach bewertet. Damit werden auch Hochbegabte gefordert und können sich mit ihrem Potenzial bis in die Tiefe entfalten. Sie finden in dieser Schulform die Freiheit, den Dingen auf den Grund zu gehen und ihre Lernfreude auszuleben. Voraussetzung ist jedoch auch die Offenheit seitens der Lehrkräfte für die besondere Denkstruktur von Hochbegabten. Schulungen, Weiterbildungen und auch das gezielte Einsetzen von hochbegabten Lehrkräften erleichtert dieses Verständnis füreinander. Denn so, wie auch besonders geschulte Lehrkräfte im sonderschulischen Bereich eingesetzt werden, kann es nur ein Zugewinn für Hochbegabte sein, wenn sie mit Lehrkräften zusammenarbeiten, die ebenfalls Erfahrung mit ähnlichen Denkmustern und –strategien haben, also selbst hochbegabt sind. Das hat sehr wenig mit Eliteförderung zu tun, wie sie gesellschaftlich immer noch negativ bewertet wird, sondern trägt den Fördergedanken in sich. Und natürlich geht es auch um die Förderung von Potenzialen. Bleibt die Freude am Lernen bei Hochbegabten erhalten, anstelle im Keim erstickt zu werden, darf sich ihr Potenzial entfalten und große Ideen in jeglicher Richtung hervorbringen. Ein Zugewinn für unsere ganze Gesellschaft!

Und nicht nur das. Denn es gibt eine Zutat, eine besondere Eigenschaft, die für jeden Schüler ganz gleich welcher Begabung hilfreich ist. Es ist die Begeisterung. Ich sprach davon, dass im Kindergarten den Kindern mit Spiel und Spaß an der Sache neue Dinge vermitteln werden, ganz besonders in der Vorschule bis in das erste Jahr der Grundschule. Recht schnell findet der Wechsel in den strukturierten Lehrplan statt mit dem Ziel, die Leistungen bewertbar und vergleichbar zu machen. Für viele bedeutet dies einen Knick in der Eigenmotivation. Gerald Hüther, Professor für Neurobiologie in Göttingen, hat dazu eine wichtige Botschaft. Er betont, dass es im Informationszeitalter nicht mehr viel nützt, auswendig gelerntes Wissen ab-

zuspeichern, sondern dass im Gegensatz dazu die Kreativität, eigene Visionen und Ideen mehr denn je gefragt sind. Schulen müssten daher Wissen anders vermitteln und vor allem eins fördern: die Begeisterung fürs Lernen. Neueste Hirnforschungen deuten nach Hüther darauf hin, dass bei der Geburt bereits ein Überschuss an Vernetzungen im Gehirn existiert und Kinder aufgrund dessen von Anfang an über optimale Voraussetzungen zum Lernen verfügen. Die Hirnstrukturen passen sich dann im Laufe der Zeit an. Im Gegensatz dazu steht der alte Glauben, dass sich Vernetzungen im Gehirn erst im Laufe der Jahre aufbauen. Diese neuen Erkenntnisse haben Konsequenzen für die Schule, denn die Lehrkräfte sollten bestrebt sein, die Kinder für den Lehrstoff zu interessieren und vor allem zu begeistern. Unter diesen Voraussetzungen gelänge es, dass Kinder die Freude am Lernen behalten. In der Praxis sähe es dann so aus, dass die Schule ein Ort des Wissens wäre, die den Kindern ein Angebot unterbreitet, sich dieses Wissen unter ermutigenden und inspirierenden Bedingungen anzueignen, und zwar so, wie es zu jedem Schüler passt (76). Dass dies heute schon mit alternativen Schulformen gelingen kann, habe ich in meinen Beispielen bereits dargelegt. Die Erkenntnisse von Hüther weisen noch in eine weitere Richtung. Sie besagen, dass das „gemeinsame Eintrichtern gleicher Wissensinhalte" (76) nicht möglich ist, wie es in der Praxis derzeit umgesetzt wird. Hüther plädiert daher für altersgemischte Gruppen, in denen jahrgangsübergreifend gelernt werden kann.

Wissen wird dann zwar weniger vergleichbar, dennoch bleibt die Freude am Lernen erhalten und wirkt sich auf das ganze Leben aus. Nicht jeder Schüler würde die gleichen Bildungsinhalte wählen, was aufgrund der naturgegebenen Individualität, Interessen und Fähigkeiten sowieso zu hinterfragen ist. Das bedeutet, diese offene Lernstruktur würde den Lehrplan ad absurdum führen, was ich ab einer bestimmten Bildungsstufe, die für mich bereits nach dem Lesen- und Schreibenlernen sowie den Grundrechenarten beginnt, befürworten würde. Ich bin mir sicher, dass sich jedes Kind das Wissen zu eigen macht, welches es für sinnvoll erachtet, wenn es durch seine Außenwelt animiert wird, ohne von vornherein einem Zwang für bestimmte Lerninhalte zu unterliegen. Würde Wissen so aufbereitet, dass es Schüler im Sinne einer ganzheitlichen und praxisorientierten Bildung begeistert, würden Schulen zu Wissensorten, Orten der Begegnung und

212

Spezialisierung, in dem jeder mit höchster Motivation seine Begabungen entwickeln und intensivieren könnte. Dies wäre zum Wohle der ganzen Gesellschaft, dessen bin ich mir sicher. All das sind mutige Ausblicke in eine Zukunft, die in weiter Ferne zu sein scheint. Aber ich finde es lohnt sich, auf diese Ziele hinzuarbeiten. Im Ergebnis wachsen in solchen zukunftsorientierten offenen Schulsystemen selbstbewusste Menschen heran, die selbstständig, eigenverantwortlich und vor allem wissbegierig und neugierig ins Leben starten und ihre Freude am lebenslangen Lernen behalten. Von Konzepten des selbstgesteuerten Lernens mit einer positiven Lern- und Beziehungskultur können viele staatliche Schulen vor allem profitieren, wenn Kinder früh in ein solches System hineinwachsen. Ein Wechsel in ein derartiges Schulsystem in späteren Jahrgängen ist problematischer, da die Schüler bereits gewohnt sind, dass ihnen die Lerninhalte mundgerecht präsentiert werden. Wechseln sie beispielsweise in der fünften Klasse in ein offenes System, könnten sie überfordert sein. Daher ist es notwendig, diese Schüler aufzufangen und sie behutsam in die neue selbstgesteuerte und eigenverantwortliche Lernstruktur zu begleiten. Wie dies funktionieren kann, habe ich mir angeschaut. Im Rahmen meiner Buchrecherche und weil ich natürlich neugierig war, wie so etwas in der staatlichen Schulpraxis aussehen kann, besuchte ich die Richtsbergschule in Marburg und nahm an einer der dort angebotenen Hospitationstage teil. Einen ausführlichen Bericht dazu liest du im nächsten Kapitel.

Und noch einmal: Ja, es braucht Mut, eingefahrene Wege zu verlassen. Es braucht Mut, loszulassen und nicht alle Inhalte wie vorher nach Lehrplan einfach vorzugeben, sondern ein gewisses Vorschuss-Vertrauen in die Fähigkeiten und Fertigkeiten der Schüler zu haben. Doch ich bin überzeugt davon, dass nur dieses Konzept die Erfüllung aller Punkte ermöglicht, die in der Erklärung des Kultusministeriums gefordert werden. Gerne wiederhole ich diese noch einmal: „Schülerinnen und Schüler müssen spüren, dass ihre Lehrerinnen und Lehrer ‚ein Herz' für sie haben, sich für ihre individuellen Lebensbedingungen und Lernmöglichkeiten interessieren und sie entsprechend fördern und motivieren, sie fordern aber nicht überfordern. Verantwortung, Bereitschaft und glaubwürdiges Handeln aller Lehrerinnen und Lehrer auch für ein gutes Schulklima und ein partnerschaftliches Schulleben sind dafür förderliche Voraussetzungen" (19).

Wir können festhalten: Der Mensch an sich will lernen und trägt die Freude und die Kompetenz daran von Geburt an in sich. Daher wäre ein förderliches Schulsystem die beste Begleitung. Die Frage ist, wie ein allgemeiner Wechsel dorthin gut und schnell gelingen kann. Ich bin der Überzeugung, dass eine wirkliche Reformation der Schule nur von der Basis her erfolgen kann. Es wäre schön, wenn es immer mehr staatliche Schulen wie die Richtsberg-Gesamtschule oder das Albrecht-Ernst-Gymnasium gäbe, die das System Schule anders gestalten und gleichzeitig als staatliche Schule für alle offen stünden. Dazu braucht es mutige Lehrkräfte, neue Methoden und ein zugewandtes und wertschätzendes Miteinander. Revolutionen beginnen immer an der Basis, damit sich „oben" etwas ändert. Gerald Hüther schließt ein Interview von 2012 mit folgenden Worten: „Ich bin ein bisschen frech und verkünde hier in Deutschland, dass es in sechs Jahren solche Schulen, wie wir sie heute noch kennen, nicht mehr geben wird. Was jetzt in den Betrieben und in den Universitäten gebraucht wird, sind junge Menschen, die begeisterte Entdecker und Tüftler und Gestalter sind. Und die vor allen Dingen gelernt haben, dass man sich gemeinsam mit anderen auf den Weg machen muss" (76).

Dieses Buch schreibe ich 11 Jahre nach diesem Zitat. Ein nüchterner Blick auf die Situation verrät, dass sich bisher nur wenig geändert hat. Daher schließe ich mit einem Zitat von Richard David Precht: „Wir brauchen keine weitere Bildungsreform, wir brauchen eine Bildungsrevolution!" (66).

WILLKOMMEN IN RUHIGEM GEWÄSSER

Du möchtest sicher wissen, wie es weitergegangen ist mit Sebastian. Abschließend möchte ich sagen, dass wir heute jeden Tag genießen und einfach nur stolz sind. Unser Sohn ist wieder zu seiner Hochform aufgelaufen, hat seine Handbremse gelöst und bringt seine PS auf die Straße. Nach seinem Realschulabschluss besuchte er auf Anraten der Betreuer eine berufsvorbereitende Bildungsmaßnahme. In dieser konnte er verschiedene Berufe kennenlernen. Er wohnte in einer Wohngruppe, in der er wesentlich mehr Freiheiten hatte und Eigenverantwortung zeigen musste, was beispielsweise sein Kernthema des morgendlichen Aufstehens umfasste. Er entschied sich, den Metallbereich und den IT-Bereich zu testen. Nachdem er den IT-Bereich ausprobierte hatte, sagte er, dass ihm dies zu langweilig sei. Er hätte dort keine körperliche Herausforderung. Also verbrachte er die meiste Zeit im Metallbereich und lernte dort viele Dinge, die er an den Wochenenden zu Hause weiter praktizierte. Nach drei Wochen im Metallbereich baute er als erstes den Taipeh-Tower in 2,50 Meter Höhe nach. Zu Hause erstellte er gemeinsam mit seinem Vater einen Schreibtisch für sein Zimmer und diverse Metallteile für elektrotechnische Einrichtungen. Mein Mann ist besonders glücklich, dass Sebastian so aktiv und interessiert ist. Er genießt es sehr, mit ihm Zeit zu verbringen.

Während der Bildungsmaßnahme besuchte Sebastian ein dreiwöchiges Praktikum in einem mittelständischen Elektronikunternehmen. Nach einem Besuch einer Berufsmesse schrieb er eigenständig Bewerbungen an Unternehmern, unter anderem auch bei diesem. Im Vorstellungsgespräch bekam er die Zusage für das Praktikum. Dieses gefiel ihm so gut, dass er sich für eine Ausbildung dort interessierte. Da er während des Praktikums einen positiven Eindruck hinterließ, erhielt er einen Ausbildungsplatz.

Ich erzählte dir bereits in früheren Kapiteln, wie sehr Sebastian im Legospielen aufging und die Zeit vergaß. Wie er tüftelte, ausprobierte, entdeckte und sich alle Informationen zu den Themen beschaffte, die er wollte. Wir hätten nie gedacht, dass er nach seiner Verweigerungsphase wieder dahin zurückfindet. Heute ist er immer auf der Suche nach Optimierungen, was unsere Hauselektronik angeht.

Er recherchiert, probiert aus, und zwar so lange, bis es funktioniert, ohne vorher aufzugeben. Er beteiligt sich sehr aktiv im Familiengeschehen, kocht, macht Gartenarbeit und diskutiert mit uns. Es ist einfach schön zu sehen, wie aus unserem Sohn ein eigenständiger junger Erwachsener geworden ist, der nun bereit ist, seinen eigenen Weg voller Ideen im Kopf, Motivation und Zielen vor Augenzu gehen. Vor allem hat sich sein Verhältnis zur Schule geändert. Auch wenn es Dinge gibt, die ihm nicht gefallen, geht er gerne dorthin. Mehr noch, er entwickelt einen lang vermissten Ehrgeiz, in der Schule sehr gute Noten zu schreiben. Dieser wurde bereits bei einwöchigen überbetrieblichen Unterweisungen belohnt. Dort glänzt er regelmäßig mit seinem Können und seinem autodidaktischen Wissen. Es macht ihn stolz, dass seine praktische Arbeit als Vorzeigearbeit für die anderen Auszubildenden herangezogen wird. Wiederholt erhält er auf seine Leistungen Traumnoten, die ihn zum Klassenbesten in diesen praktisch-theoretischen Weiterbildungen machen, die dreimal pro Lehrjahr stattfinden. Seine Probleme beim morgendlichen Aufstehen sind ebenfalls wie weggeblasen. Es ist ihm wichtig, pünktlich um 6.30 Uhr an der Arbeit zu sein, wofür er selbstständig aufsteht und fast nie verschläft. Sebastian ist ein gern gesehener und tatkräftiger Arbeitskollege und bei seinen Auszubildenden-Kollegen beliebt. Er gibt gewissenhaft seine Stundenlisten ab, führt ordentlich sein Berichtsheft und denkt eigenständig an Termine und Fristen. Insgesamt ist Sebastian zu einem selbstbewussten jungen Mann mit Zielen für seine Zukunft geworden. Er weiß um seinen Wert und steht dafür ein. Für diese Geradlinigkeit bewundere ich ihn sehr.

Dass sich die Situation so positiv entwickelt, wünsche ich allen Eltern, die Ähnliches durchgemacht haben wie wir. Es soll dir an dieser Stelle Hoffnung geben, dass alles gut werden kann, auch wenn du in den schwierigen und hoffnungslosen Phasen nicht dran glauben kannst. Das konnten wir ebenfalls nicht. Aber es ist möglich.

Alles ist möglich.

„*Lehre tut viel, aber Aufmunterung tut alles.*"

Johann Wolfgang von Goethe, Dichter (1749–1832)

DER JÜNGERE BRUDER ZIEHT NACH

Kaum hatte sich die Situation mit Sebastian endlich geklärt, kündigten sich die nächsten Herausforderungen an. Ich wunderte mich schon, denn das Aufatmen, die Erleichterung, die Freude an der neuen Wohngruppe mit der wundervollen Möglichkeit, seinen Schulabschluss nun doch zu erreichen, hielt sich bei mir in Grenzen. In mir blieben Zweifel zurück mit einem diffusen Gefühl, dass es noch nicht zu Ende ist. Manche Eltern berichteten mir, dass eine Leere zurückbleibt, wenn endlich alles in die richtige Richtung läuft. Genau diese Leere spürte ich jetzt auch. Ein Gefühl, dass irgendetwas fehlt. Ich erklärte es mir so, dass jetzt der große Aufwand und der Einsatz vorbei sind und ich nun endlich wieder Zeit finden würde, meinem eigenen Business nachzugehen. In Wirklichkeit war es jedoch eine Vorahnung. Denn fast gleichzeitig, als Sebastian in die Wohngruppe einzog, begannen die Probleme seines jüngeren Bruders Henry. Eine Familie ist immer ein Konstrukt aus verschiedenen Polen, die sich gegenseitig beeinflussen. Möglicherweise schlüpfte Henry nun unbewusst in die frei gewordene Rolle von Sebastian, was uns seitens einer Förderschullehrerin später einmal so erklärt wurde. Das Phänomen der Rollenübernahme existiert tatsächlich und wird in der Psychologie untersucht. Doch heute gehe ich davon aus, dass Henry seine eigenen Herausforderungen bereits sein ganzes Leben lang mit sich trug, diese sich mit der Zeit verdichteten und nun offensichtlich wurden.

Es begann mit der Klassenfahrt der 7. Klasse vor den Sommerferien und kurz nach der Corona-Pandemie. Ich erinnere mich, als ich Henry abholte, begrüßte er mich mit den Worten: „Ich fahre nie wieder auf Klassenfahrt." Er wollte so schnell wie möglich nach Hause. Ein Sonnenbrand zierte sein Gesicht, Kleidung und Schlafsack waren durchnässt. Sie hatten in Tippis übernachtet, und es hatte sehr viel geregnet. Allein das war schon eine Herausforderung für ihn. Doch was ihn weitaus mehr beschäftigte war, dass ihn seine Klassenkameraden und einer seiner ehemals besten Freunde immer wieder wegen seiner langen Haare und seines Aussehens ärgerten. Das machte ihm zu schaffen, das spürte ich. Henry setzt in solchen bedrückenden Momenten oft sein Pokerface auf, um sich nichts anmerken zu lassen, aber innerlich fühlte er sich aufgewühlt, enttäuscht, wütend und nahm es sich sehr zu Herzen. Wir als Eltern kennen unser Kind sehr gut, daher wissen wir, was in diesen Momenten wirklich in ihm vorgeht und welche Welten dort zerbrechen. Doch dazu möchte ich vorne anfangen und dir zunächst einen Einblick in den Background unseres hochsensiblen Sohns geben.

Henry war, ganz anders als Sebastian, ein sehr anhängliches Kind. Er liebte es, auf dem Arm getragen zu werden, genoss den Körperkontakt und schrie sofort, wenn ich auch nur versuchte, ihn in den Laufstall zu legen. Du erinnerst dich, Sebastian mochte es sehr, dort zu liegen und sich mit dem klappernden Hängespiel zu beschäftigen. Ich stillte Henry ein ganzes Jahr lang voll, denn er verweigerte sämtliche Nahrungsangebote. Erst dann begann er, ein wenig Birnenbrei mit Schmelzflocken zu essen. Ausschließlich. Eine Neurodermitis plagte ihn, daher empfahl uns der Kinderarzt, auf rote Lebensmittel sowie auf Zitrusfrüchte zunächst zu verzichten. Das war kein Problem, denn das wollte Henry sowieso nicht und die Neurodermitis verschwand dank eines gezielt eingesetzten homöopathischen Präparats recht schnell wieder. Seine Ernährung gestaltet sich bis heute äußerst überschaubar, Nudeln, Kartoffeln oder Reis mit Butter, Laugenbrezel, Brötchen, Brot mit Butter und Salz, Vanillejoghurt, Karotten-Apfel-Salat, saure Gurken und manchmal Fleischsalat. Hier ist jedoch Vorsicht geboten, denn unser Sohn erkennt die unterschiedlichen Marken am Geschmack. Sobald wir die Sorte unbemerkt wechseln, merkt er es sofort und sagt, es schmecke ihm nicht. Das gilt auch für die einzelnen Brotsorten, was es manchmal wirklich schwierig macht. Denn dann isst er auch einfach mal nichts. Neue Gerichte oder Lebensmittel ausprobieren ist seit jeher schwierig. Mittlerweile mag er auch Fast Food und eine ganz bestimmte Cerealien-Sorte. Glücklicherweise waren seine Blutwerte bei einer Untersuchung in Ordnung. Diese Sensibilität für Nahrungsmittel galt ebenso für neue Erlebnisse und Unternehmungen. Henry war ein sehr vorsichtiges Kind und suchte immer meine Nähe. Besonders vor Tieren hatte Henry große Angst. Als er gerade einmal sitzen konnte und wir mit dem Buggy spazieren fuhren, kamen wir an einer Pferdekoppel vorbei. Obwohl sich die Pferde in der hintersten Ecke aufhielten, machte Henry seinen Körper steif und drückte sich mit dem Gesicht weg und in die Seitenwand des Buggys. Er hatte große Angst und wir mussten schnell weiterfahren. Bei Spaziergängen rannte er zu mir, sobald ein Hund in Sichtweite war, streckte

mir seine Arme entgegen und rief „Hoch hoch!". Ich musste ihn so lange tragen,
bis sich der Hund weit von ihm entfernt hatte. Wir erinnerten uns jedoch an keine
Begebenheit, die einen Grund für die Angst geliefert haben könnte, und ich sagte
oft scherzhaft: „Das hat er aus seinem letzten Leben mitgebracht." Diese Angst
hat sich mittlerweile abgeschwächt. Seine Neugier und Faszination und vielleicht
auch seine erreichte Körpergröße tragen dazu bei, dass er sich heute mit Hunden
befreundeter Familien beschäftigt, sofern sich diese nicht allzu schnell bewegen
oder plötzlich laut bellen. Als wir einmal Bauernhofurlaub machten, Henry war da
10 Jahre alt, ging der sehr betagte Berner Sennenhund mit Henry abends im Hof
und der näheren Umgebung spazieren. Ja, das war richtig herum formuliert, denn
der Hund gab seinen allabendlichen Weg vor und Henry begleitete ihn treu. Zu ihm
schien Henry eine besondere Verbindung zu haben.

Bereits im Kindergarten schloss Henry die ersten Freundschaften. Als er sich
mit diesen zum Spielen nachmittags verabreden wollte und der erste und zweite
Freund keine Zeit hatten, war es jedoch, als würde sich die Erde unter ihm auftun
und er fiel in ein tiefes, schwarzes Loch. Er weinte stark, rollte sich zusammen und
sagte, dass ihn keiner lieben würde und er sterben wolle. Das Verhalten zog sich
bis in die Grundschule fort. In solchen Momenten konnte ich ihm nur still beiste-
hen und erst nachdem er sich beruhigt hatte, einfühlsam mit ihm reden und ihn so
wieder aufbauen. Auf lautes Schimpfen reagierte er stets mit Rückzug. Er ertrug
keine große Lautstärke und ich erinnerte mich, dass ich als Kind ebenso war. Daher hatte er mein vollstes Verständnis dafür, auch wenn ich oft den Vorwurf hörte,
zu weich zu sein. Das ließ ich jedoch an mir abprallen und handelte so, wie ich es
für richtig hielt. Erst mit den Jahren schwächte sich dieses extreme Verhalten ein
wenig ab, doch er blieb weiterhin sehr empfindsam. Er schien zudem ein großes
Gespür für Menschen zu haben und konfrontierte mich oft mit überraschenden
Erkenntnissen über die eine oder andere Person.

Unternahm ich etwas mit ihm, beispielsweise Ausflüge ins Senckenbergmuseum
oder in den Zoo (er liebte Tiere, obwohl sie ihm Angst machten), löcherte er mich
oft mit komplexen philosophischen Fragen. Auch das erstaunte mich, und ich
freute mich über den Austausch. Bei uns ist es so, dass Henry und ich eine starke

Verbindung zueinander haben und mein Mann und Sebastian sehr eng miteinander verbunden sind. Obwohl wir eine Familie sind, leben hier quasi zwei Welten unter einem Dach. Eine höchst sachlich-logische Welt und eine hochsensible, emotionale Welt. Ich empfinde dies als eine wundervolle Ergänzung auf allen Ebenen, von der jedes einzelne Familienmitglied profitiert.

In der Grundschulzeit saß Henry in der Klasse neben seinem besten Freund. Sie bildeten ein eingespieltes Team und halfen sich gegenseitig. Beide wollten vor allem eins: Lernen. Dann begann die dritte Klasse und die Lehrerin beschloss, die beiden auseinanderzusetzen, damit beide andere und neue Eindrücke sammeln konnten. Henry wurde an einen Gruppentisch platziert, an dem die lebendigen und lauten Jungs saßen. Das war der erste Punkt, der zu unüberwindbaren Problemen für unseren Sohn führen sollte. Zur gleichen Zeit wechselte im Fußballtraining der Trainer. Henry stand gerne im Tor und bekam von einem Torwarttrainer ein spezielles Torwarttraining. Zwischen beiden herrschte eine gute Verbindung. Spielte Henry hingegen mit der Mannschaft auf dem Feld, war sein Verhalten sehr defensiv und er überließ oft den Ball den anderen Jungs, die vorwitziger waren als er selbst. Doch im Tor bewies er Stärke, da er immer einen sehr guten Überblick über alles behielt. Besonders beim Elfmeterschießen schien er oft vorzuahnen, wohin der Spieler schießen würde, und hielt so viele Bälle. Nachdem Henry einige Jahre bei seiner Lieblingstrainerin, welche die Mannschaft seit der Bambini-Mannschaft trainierte, gespielt hatte, sollte er aus Altersgründen in die nächsthöhere Mannschaft mit einem neuen Trainer wechseln. Aber Henry kam mit diesem Trainer nicht zurecht. Er sagte mir einmal, dass dieser Trainer arrogant und ungerecht sei, das würde er spüren und würde sich daher nicht wohlfühlen. Also verweigerte er mehr und mehr das Training. In der Schule spitzte sich die Situation ebenfalls zu, denn Henry äußerte immer öfter Bauchweh am Morgen. Anfangs dachte ich, es hätte organische Gründe. Als es überhandnahm und dieses Bauchweh immer unberechenbarer und ohne scheinbaren Anlass auftrat und sich die Fehlzeiten vermehrten, sprachen wir mit der Lehrerin. Sie nahm im Unterricht nichts Außergewöhnliches wahr und so konsultierten wir den Kinderarzt. Zunächst untersuchte dieser ihn von Kopf bis Fuß und nahm Blut ab, fand aber keine organischen Ursachen. Da sich die Situation nicht besserte, empfahl uns der Kinderarzt eine Diagnostik in der Kinder- und Jugendpsychiatrie. Das unterstützte die Lehrerin ebenso, denn die Fehlzeiten nahmen gefährlich zu. Sogar die Versetzung stand auf dem Spiel. Also vereinbarten wir einen Termin und die Diagnostik begann. In wenigen Sitzungen wurde Henry untersucht und sollte einen Multiple Choice-Fragebogen ausfüllen, um eine mögliche Angststörung herauszufinden. Ebenfalls wurde eine Intelligenzdiagnostik durchgeführt. Henry fühlte sich unwohl und wollte, dass ich die ganze Zeit dabei bin, was er auch entgegen dem Wunsch der Ärztin durchsetzte. Das Ergebnis war, dass Henry eine soziale Phobie habe und überdurchschnittlich begabt sei (IQ 125). Laut Psychologin sei die niedrige Verarbeitungsgeschwindigkeit zudem die Bestätigung für ADS. Während das Sprachverständnis und die anderen Werte bei über 130 lagen, lag die Verarbeitungsgeschwindigkeit nur bei 90. Mir war suspekt, dass der „Beobachtungs"-Diagnostik keine Fragebögen für die Lehrkräfte oder Eltern zugrunde gelegt wurden und die Psychologin diese Diagnose offensichtlich aufgrund des einen niedrigen Wertes festlegte. Als ich beim Abschlussgespräch eine mögliche Hochsensibilität erwähnte und diese als den Grund für die niedrige Verarbeitungsgeschwindigkeit zu erklären versuchte, schaute sie mich nur verständnislos an und lehnte dies ab. Mittlerweile hatte ich mich in dieses Thema eingelesen und erkannte viele Gemeinsamkeiten der Ausprägungen zu Henry – und auch zu mir selbst. Hochsensibilität spielt in der offiziellen psychologischen Diagnostik keine Rolle, zumal es kein Krankheitsbild ist, sondern eine besondere Eigenschaft.

Mit der Diagnose ADS sowie der irrwitzigen Empfehlung, Medikamente in Betracht zu ziehen, sprachen wir mit der Lehrerin. Sie schüttelte nur mit dem Kopf und erkannte kein ADS bei Henry. Nichts würde in der Schule darauf hindeuten, und auch ihre Kollegen und Kolleginnen könnten hiervon nichts erkennen. Also suchten wir weiter nach der Ursache, denn Henry verweigerte immer noch die Schule, die Diagnostik hatte daran nichts geändert. Nach vielen einfühlsamen Gesprächen mit Henry, der die Ursache in seinen jungen Jahren nicht benennen konnte, erkannten wir dennoch mit der Zeit drei mögliche Ursachen. Zum einen war das Wegsetzen von seinem besten Freund ein großer Auslöser. Henry fühlte sich am Gruppentisch nicht sicher, denn hier ging es grob zu. Es wurden Mäppchen weggenommen, körperliche Aggressionen ausgetauscht und ständig geschwätzt oder

Blödsinn gemacht. Wie gesagt, Henry hatte Freude am Lernen und hasst es bis heute, wenn ihn jemand davon abhält. Wir sprachen mit der Klassenlehrerin und sie stimmte nach längerem Hin und Her zu, ihn und seinen besten Freund wieder an einen Zweiertisch zusammen zu setzen. Der zweite Auslöser war das Fußballtraining. Hier erreichten wir, dass Henry ein weiteres Jahr in der jüngeren Mannschaft verbleiben konnte, aber aus Altersgründen nicht mehr bei Turnieren mitspielen durfte. Das war ihm nur recht, denn das gehörte nicht gerade zu seinen Highlights. Er spielte, weil es ihm Spaß machte, aber weniger, um sich im Wettbewerb zu beweisen. Henry war sichtlich erleichtert und genoss von da an sein Fußballtraining wieder sehr. Zumindest für ein Jahr. Danach zog er einen Schlussstrich, da er doch in den nächsten Jahrgang wechseln musste und dem anderen Trainer unterstellt gewesen wäre. Doch es gab noch einen dritten Auslöser, von dem wir zunächst nichts wussten. Erst nach einfühlsamen Gesprächen erzählte Henry davon. Er wäre vor einiger Zeit mit einem Freund nachmittags auf dem Schulhof der Grundschule Spielen gewesen. Dort sprach ihn ein älterer Junge an. Wir wissen, dass dieser Junge geistig beeinträchtigt ist. Er bedrohte die beiden und sagte, wenn sie jetzt nach Hause gehen würden, würde er sie umbringen. Diese Situation machte Henry solche Angst, dass der gesamte Ort rund um die Schule für ihn zur Bedrohung wurde. Es brauchte sehr viel Einfühlungsvermögen, um diesen für ihn wieder sicher zu machen. Aber auch das gelang uns gemeinsam mit der Klassenlehrerin und so schafften wir es mit viel Geduld und vielen Gesprächen, dass Henry wieder zur Schule ging. Das Thema Schulverweigerung war vom Tisch. Zunächst.

Henry wechselte zur fünften Klasse in eine nahegelegene integrierte Gesamtschule. Diese Schule besuchen ca. 800 Schüler und seine Freunde besuchten diese ebenfalls. Der Start verlief positiv und er fühlte sich lange Zeit sehr wohl dort. Den Englisch-Unterricht liebte er besonders, und so kam er in der sechsten Klasse direkt in den A-Kurs. Zur Erklärung: Die integrierten Gesamtschulen in Hessen verfügen über ein Kurs-System, und so werden die Schüler in den Hauptfächern in A-, B- oder C-Kurse nach und nach eingeteilt (Hauptschul-, Realschul-, Gymnasialniveau) sowie in einigen Nebenfächern in E- (Erweiterungs-) und G- (Grund-) Kurse. Henry kam also in den A-Kurs in Englisch und die Lehrerin war begeistert von ihm. Sie lebte das, was vom Kultusministerium gefordert wurde: Sie hatte ein

Herz für Kinder und interessierte sich für ihre Schüler. Ihre wertschätzende Art
fiel uns positiv auf und das meldeten wir ihr gerne zurück. So schrieb sie während
des Homeschoolings in der Corona-Pandemie an jedes Kind eine handgeschriebe-
ne Osterkarte oder mailte zwischendurch, wie sehr sie den Unterricht mit ihren
Kindern genoss und sich auf die nächste Unterrichtsstunde freue. Henry fühlte
sich und seine Leistungen von ihr gesehen und wertgeschätzt. Und genau das ani-
mierte ihn zu Höchstleistungen. Er schrieb viele 1en und beteiligte sich mündlich
stark. Doch etwas anderes fiel uns in diesem Zusammenhang auf. Dass Henry eine
schnelle Auffassungsgabe hatte, wussten wir bereits seit Langem. Er schien sich
alles sofort behalten zu können und war auch in der Lage, es nach längerer Zeit
wiederzugeben. In Englisch konnte er die Vokabeln nach einmal Anschauen auswendig, auch wenn es sich um 2 Seiten Vokabellisten handelte. Eines Tages las ich
in seinem Hausaufgabenheft, dass er im Fach Deutsch ein Gedicht vortragen sollte. Ich stutzte und fragte ihn, ob wir dafür noch einmal üben sollten. Er schüttelte
den Kopf und sagte: „Kann ich schon." Ich fragte ihn, wann er es denn gelernt habe,
denn zu Hause hatte er dies nicht gemacht. Er sagte: „Ich habe es mir in der Schule 1–2-mal angeschaut im Unterricht." Ich blätterte die Seite in seinem Deutsch-
ordner auf und forderte ihn auf: „Na, dann leg mal los!". Er zitierte das Gedicht
mit perfekter Betonung und ohne nachzudenken auswendig. Es handelte sich hier
um eine ganze DIN-A4-Seite, die zweispaltig mit Reimen in teilweise altdeutscher
Sprache befüllt war. Mir blieb vor Staunen der Mund offen stehen, ich konnte
es einfach nicht glauben. Aber jetzt war mir klar, warum er so schnell Vokabeln
lernte. Ich genoss es sehr, hatte ich doch die Erfahrung mit Sebastian im Hinterkopf mit den mühsamen und oft vergeblichen Stunden des Lernens von Vokabeln.
Hier wurde deutlich, dass Henry ein Sprachentalent haben musste. Er zeige sich
schon immer sehr interessiert an englischen Begriffen. Bereits im Vorschulalter
weigerte er sich, sich etwas Vorlesen zu lassen, und forderte seinen Papa bei der
Gute-Nacht-Geschichte auf, dass er ab jetzt alles selbst lesen möchte. So lernte er
lesen, bevor er in die Schule kam, auch wenn wir dies lieber verhindern wollten,
damit er sich später nicht langweilen würde. Die Neugier in Bezug auf Sprache war
bei ihm schon immer stark ausgeprägt und so begann er mit 13 Jahren Japanisch
zu lernen. Die Anime-Serien begeisterten ihn und er hatte keine Lust auf englische
Untertitel. Also legten wir ein Konto ein Duolingo an und Henry lernte eins der

beiden japanischen Alphabete und die ersten Redewendungen. Zudem schaut er meist englische Videos und tauscht sich mit englischen und deutschen Freunden in Online-Spielen aus.

Natürlich gab es auch Fächer, die ihm weniger Spaß machten. Dies war aber eher den äußeren Umständen geschuldet als dem Thema an sich. Manchmal war es die Klassensituation, denn mit den wechselnden Kursen erfolgte bei jedem Fach eine andere Klassenzusammensetzung. Die vielen Eindrücke und ständigen Wechsel fielen Henry zunehmen schwerer zu verarbeiten, auch wenn er sich wenig anmerken ließ. In manchen Fächern hatte er einen Platz neben Schülern, die viel schwätzten und er fühlte sich ungerecht behandelt, wenn die Lehrerin ausgerechnet ihn dafür verantwortlich machte, weil sie es falsch einschätzte. Er saß lieber neben ruhigen Schülern, die ebenfalls dem Unterricht folgten. Elterngespräche mit den Lehrkräften kamen kaum zustande, da diese von den Lehrern terminiert wurden, die sich meldeten, sofern Redebedarf bestand. Die Eltern bekamen zunächst nicht diese Möglichkeiten, sondern mussten sich persönlich bei den Lehrern melden. Das war der erste große Unterschied zu Sebastians Gymnasium, der bei mir einen merkwürdigen Beigeschmack hinterließ. Und dann kam die Klassenfahrt, die für Henry den Anfang seiner unüberwindbaren Probleme darstellen sollte. Doch zunächst noch ein paar Informationen zu einem Thema, welches oft mit einer Hochbegabung einhergehen kann.

HOCHSENSIBILITÄT

Vieles in unserer Welt folgt dem Pareto-Prinzip, was grob gesagt eine 80/20-Aufteilung bedeutet (eigentliche Bedeutung des Prinzips: Durch 20 % des Einsatzes erreichen wir 80 % der Ergebnisse). Ähnlich aufgeteilt ist der Anteil an hochsensiblen Menschen in unserer Gesellschaft. Die Frage ist, ob Hochsensibilität eine Schwäche oder eine Stärke ist? Ich denke, dies liegt im Auge des Betrachters. Gesamtgesellschaftlich gesehen können wir davon ausgehen, dass dies eher als Schwäche betrachtet wird. Doch welcher Schatz sich dahinter verbirgt, wird oft verkannt. Das ist jedenfalls meine persönliche Meinung dazu.

Hochsensibilität ist eine angeborene Charaktereigenschaft und keine behandlungsbedürftige Krankheit. Erst in den letzten Jahren gelangte das Thema immer stärker in die Öffentlichkeit. Mittlerweile gibt es viele Coaches auf dem Markt, die sich dem explizit widmen. Sie zeigen Strategien, wie man persönlich mit solch einer Charaktereigenschaft im Alltag umgeht. Ihr einen Namen zu geben ist das eine, doch das Leben damit eine andere. Hochsensibilität ist ein komplexes Thema und bei jedem Betroffenen anders ausgeprägt. In diesem Kapitel nehme ich eine Einordnung vor und gehe auf die verschiedenen Aspekte und Auswirkungen ein. Wenn du vermutest, dass dein Kind und möglicherweise andere Familienmitglieder hochsensibel sein könnten, lohnt sich in jedem Fall ein intensiver Blick darauf. Denn den betroffenen Kindern sollte man in der Erziehung differenziert begegnen, sie schützen, aber auch darin begleiten, ihre Herausforderungen meistern zu können. Die Autorin Elaine N. Aaron ist selbst Betroffene und beschäftigt sich intensiv in ihren Büchern mit dem Thema. Als ich ihr Buch „Das hochsensible Kind – wie Sie auf die besonderen Schwächen und Bedürfnisse Ihres Kindes eingehen" las, erlebte ich einige Aha-Effekte und erkannte mich selbst in vielen Wesenszügen wieder. Das erklärte, warum Henry und ich uns so stark miteinander verbunden fühlen, wohingegen Sebastian und sein Vater eine eigene, starke Einheit bilden, die konträr zu uns zu sein scheint. Dennoch möchte ich in Bezug auf Hochsensibilität nicht von Schwächen sprechen, denn im Grunde genommen ist sie eine große Stärke, wenn sie von den Betroffenen als solche erlebt wird und der Umgang damit selbstbewusst geschieht. In Interaktionen mit

anderen könnte sie jedoch als Schwäche ausgelegt werden. Das spürt man, wenn man das Thema anschneidet und das Gegenüber dies belächelt oder als Ausrede hinstellt. Natürlich kann sich kein „normal" fühlender Mensch in das innerliche Erleben einer hochsensiblen Person hineinversetzen. Daher ist es nur natürlich, dass das Verständnis dafür fehlt, da die Eigenheiten einfach nicht nachvollzogen werden können und somit als verweichlicht abgetan werden. Doch Hochsensibilität ist ein besonderer Schatz, um den es sich zu kümmern lohnt, um gestärkt aufzuwachsen und sein Leben in positiver Weise führen zu können. Dazu bedarf es bestimmter persönlicher Strategien, die jeder für sich selbst entwickeln darf. Unsere Aufgabe als Eltern ist es, unsere Kinder dabei zu begleiten. Am Ende des Buches findest du einen Link zu einem Fragebogen, den Elaine N. Aaron entwickelt hat, um herauszufinden, ob dein Kind oder du selbst hochsensibel sein könntest.

Zunächst möchte ich darauf eingehen, was Hochsensibilität bedeutet und wie sich diese Eigenschaften zeigen können. Wie erwähnt sind es Charakterzüge, die angeboren sind und keinen unmittelbaren Auslöser haben. Aaron schreibt, dass ca. 15–20 Prozent der Menschen betroffen sind (77). Der Kinderpsychologe W. Thomas Boyce vergleicht in seinem Buch wiederum die beiden grundsätzlichen menschlichen Wesenszüge mit Löwenzähnen, (ca. 80 %) und Orchideen (20 %). Er wählte dieses Beispiel, um zu verdeutlichen, dass Orchideen keine „verkappten" Löwenzähne sind, sondern als ein eigenständiges Gewächs unter den richtigen Bedingungen seine Schönheit entfaltet (78). Der Vergleich sensibilisiert dafür, dass diese Menschen genau so richtig sind, wie sie sind. Neben der groben Verallgemeinerung ist es dennoch wichtig, sollte es Hinweise auf eine Hochsensibilität geben, hinzuschauen und zu differenzieren. Hochsensibilität kann alle Sinne umfassen oder sich auf wenige oder nur einen Sinn konzentrieren. Die Folge ist immer eine sensible Reaktion, ganz gleich, ob es sich um Geschmack, Licht, Geräusche, Haptik, Geruch oder empathische Eindrücke handelt. Es ist, als würden hochsensible Menschen generell wesentlich intensiver und tiefer empfinden. Genau das ist es, was ihnen zu schaffen macht und warum sie sich in vielen Situationen überfordert fühlen und Zeit für die Reizverarbeitung benötigen. Das wichtigste Signal, was wir unseren Kindern mitgeben können, ist, dass wir sie in ihrem Sein so annehmen, wie sie sind, und gemeinsam mit ihnen Strategien entwickeln, wie sie damit gut

umgehen können. Oder bildlich im Beispiel von Boyce gesprochen, dass wir ihnen die Bedingungen ermöglichen, wie sie Orchideen benötigen, um zu gedeihen und blühen zu können. Während ein Löwenzahn in der Lage ist, unter widrigsten Begebenheiten zu wachsen und sich sogar durch eine Asphaltdecke zu kämpfen, so fallen bei empfindlichen Orchideen die Blüten ab, sobald sie Zugluft ausgesetzt wurden oder die Sonneneinstrahlung zu stark ist.

Elaine N. Aaron schrieb ihr Buch, um dem Wesenszug der Hochsensibilität einen Namen zu geben und ihn aus der Pathologisierung zu lösen: „Die Psychologen sprachen von niedriger Reizschwelle, angeborener Schüchternheit, Introvertiertheit, Ängstlichkeit, von Hemmungen, einer negativen Grundhaltung oder Furchtsamkeit" (77). Beim Lesen dieses Zitats wird deutlich, wie negativ und defizitorientiert diese Betrachtungsweise ist. Zudem ist die „Hochsensibilität" in keinem Diagnostikkatalog vorhanden und bleibt daher bei Untersuchungen unberücksichtigt, wie ich im letzten Kapitel in Bezug auf Henrys klinische Diagnostik bereits erwähnte. Bei uns wurde stattdessen ein ADS diagnostiziert. Werten wir die Eigenschaften um und betrachten sie unter dem Aspekt der Hochsensibilität wird deutlich, dass die Symptome zwar gleich sind, aber die Ursache eine andere ist und nicht „geheilt" werden kann. So neigen hochsensible Kinder dazu, sich in unangenehmen Situationen zurückzuziehen und ängstlich zu verhalten. Das ist das, was wir von außen wahrnehmen. In Wirklichkeit beobachtet das hochsensible Kind zunächst die Situation und bewertet sie für sich, um dann entsprechend aktiv zu werden. Den Kindern diese Zeit der Beobachtung zu geben ist so wichtig, um sich selbst darauf einstellen zu können. Rat-Schläge wie: „Stell dich nicht so an" oder „Jetzt mach endlich" sind bei diesen Kindern fehl am Platz und bewirken meist das Gegenteil. Es ist im Grunde genommen eine einfache Rechnung: Je mehr Eindrücke das Kind verarbeiten muss, weil es aufgrund seiner Hochsensibilität für Sinneseindrücke allgemein durchlässiger ist, desto mehr Zeit braucht es, diese zu sortieren, zu ordnen und dann für sich zu entscheiden, wie es reagieren soll. Hochsensibilität ist, als wären die Filter für äußere Eindrücke um das Zehnfache offener und differenzierter als bei anderen Menschen. Dies alles will erst einmal bewältigt werden. Der äußere Eindruck, der entsteht, ist, dass das Kind zu langsam ist (z. B. in der Verarbeitungsgeschwindigkeit) und daher krank sein müsse (oder eben ADS

hat). Das entspricht dem, was wir erlebt haben. Elaine N. Aaron fasst es wie folgt zusammen: Hochsensible Menschen nehmen ihre Umgebung und ihre Umwelt deutlicher und feiner wahr und denken gründlich nach, bevor sie handeln. Sie sind meist mitfühlend, klug, intuitiv, kreativ, umsichtig und gewissenhaft. Sie fühlen sich häufig überwältigt von äußeren Einflüssen wie starke Geräuschpegel sowie anderen Reizen, die auf sie einströmen. In diesen Situationen ziehen sie sich lieber zurück und können einen scheuen, furchtsamen Eindruck machen. Gelingt ihnen das nicht, wirken sie übererregbar und empfindlich. Einige Sinnesorgane scheinen bei hochsensiblen Menschen besonders gut ausgeprägt zu sein, zumindest aber gelangen die empfangenen Reize stärker ins Bewusstsein. Sie sind insgesamt schmerzempfindlicher und reagieren intensiver auf Medikamente und Genussmittel. Ihr Immunsystem ist reaktionsfreudiger, häufig treten Allergien auf. Auch intellektuell machen sich Hochsensible mehr Gedanken als andere und möchten den Dingen genau auf den Grund gehen. Das spüren Außenstehende oft an den tiefgründigen Fragen, die sie stellen. Ihre Intuition ist stark ausgeprägt und sie können sich in andere Menschen sehr gut einspüren. So fallen emotionale Reaktionen durchaus stärker aus, im positiven wie im negativen Sinne. Ihr Gefühlsleben ist sehr intensiv und rege. Diese Besonderheiten können bei Hochsensiblen komplett oder nur in Teilen zutreffen (77). Boyce betont zusätzlich in seiner Wortwahl den wichtigen Unterschied, dass hochsensible Menschen nicht empfindlicher, sondern empfindsamer sind (78).

Das Thema Hochsensibilität ist äußerst komplex, aber gleichzeitig sehr spannend. Ich empfehle unbedingt die Lektüre des Buches von Elaine N. Aaron, um tiefer einzusteigen. Neben dem Schutz und dem offenen Ohr, das wir diesen Kindern bieten sollten, sowie einem differenzierten Umgang jenseits üblicher Erziehungsmethoden ist es wichtig, das Kind in seinem Sein zu stärken und gemeinsam zu überlegen, wie es Herausforderungen meistern kann oder es dabei zu unterstützen, wie es sich selbst vertrauen und Dinge selbst in die Hand nehmen kann.

An dieser Stelle ziehen wir eine Verbindung zur Hochbegabung. Denn du wirst möglicherweise bereits in den vorangegangenen Ausführungen einige Parallelen entdeckt haben. Hochbegabte möchten den Dingen ebenfalls auf den Grund

gehen, sie hinterfragen und beschäftigen sich intensiv mit ihren Themen. Sie sind offener für äußere Eindrücke und achten auf die kleinsten Details, sie sind empfänglicher dafür. Genau dies gehört auch zu den Eigenschaften der Hochsensibilität. Andrea Brackmann erwähnt die erhöhte Erregbarkeit des Nervensystems in Form einer geistigen Überaktivität und beschreibt in ihrem Buch von Kindern, die sich in ihren frühkindlichen, körperlichen und seelischen Empfindungen sehr sensibel zeigten. Hochbegabte haben die Fähigkeit, Informationen schneller und komplexer zu verarbeiten aufgrund ihrer Sensibilität gegenüber Sinnesreizen und emotionalen Reizen. Diese Reizoffenheit von Hochbegabten ist der Reizoffenheit von Hochsensiblen sehr ähnlich. Zahlreiche Wissenschaftler haben sich mit der erhöhten Sensibilität von Hochbegabten beschäftigt, wobei der Verdacht nahe liegt, dass beides oft einhergeht (40). Ob die Ursache der zusätzlichen Sensibilität in einer höheren Wahrnehmungsfähigkeit, also einer Hyper-Reaktivität des zentralen Nervensystems liegt, wird noch diskutiert. Die Studienlage ist bisher uneinheitlich und kaum beachtet, doch in vielen Untersuchungen zeigten sich erhöhte Werte der intellektuellen, imaginativen, emotionalen und sensorischen Sensitivität im Vergleich zu Nicht-Hochbegabten. So beschreibt es auch James T. Webb in seinem Buch und bezieht sich auf Studien des Psychiaters und Psychologen Kazimierz Dabrowski. „Dabrowski und andere nach ihm beobachteten, dass hochbegabte Kinder besonders zu solch einer erhöhten Sensitivität neigen" (22). Festzuhalten ist in jedem Fall, dass ein Großteil der Hochbegabten hochsensibel zu sein scheint, aber nicht alle hochsensiblen Menschen hochbegabt sein müssen. Die Hochsensibilität kann bei höchstbegabten Genies sogar noch stärker ausgeprägt sein. Gerade in den Lebensgeschichten besonders begabter Persönlichkeiten sind bestimmte Schutz- und Bewältigungsmechanismen erkennbar wie eine übertriebene Ordnung, Abgrenzung und Isolierung, Präzision, aber auch die Betonung der Sachlichkeit. Das sind alles persönliche Strategien, die aufgrund einer Hochsensibilität entwickelt werden. Van Gogh war auf der einen Seite unstetig und sensibel, zeigte aber andererseits großen Mut und Sturheit, sich in gefährliche Situationen zu begeben. Einstein war lärmempfindlich, fühlte sich oft überfordert von zu vielen Menschen und war nur in der Stille und Abgeschiedenheit wirklich glücklich. Trotzdem legte er sich immer wieder mit Universitätsprofessoren und der Wissenschaftselite an, um seine Überzeugungen darzulegen und zu bekräftigen. Die

erwachsene Käthe Kollwitz wird als stark, sanft und unermüdlich beschrieben. Sie setzte sich trotz ihrer Feinfühligkeit in der Armenpraxis ihres Mannes ein und organisierte später Anti-Kriegsdemonstrationen. Insgesamt zeigen viele Genies eine Kombination von hoher Risikobereitschaft und Sensibilität. Sie reagieren heftig auf Ungerechtigkeiten und sind mitfühlend. Aus ihrer Sensibilität scheinen sie jedoch eine starke Kraft zu entwickeln, die sie antreibt und ihre persönlichen Grenzen überschreiten lässt, jenseits der gesellschaftlichen Norm (53).

Man kann es so beschreiben, dass sich bei Hochsensiblen (wie auch bei Hochbegabten) oft zwei Seelen in einer Brust befinden. Das wird in Situationen deutlich, in denen das Kind einerseits selbstbewusste Wesenszüge zeigt und plötzlich wieder ganz anders reagiert. Oft hängt dies mit der äußeren Umgebung und der gefühlten Sicherheit zusammen. Boyce schreibt in seinem Buch davon, dass Orchideen-Kinder durchaus mutig und abenteuerlustig sind. Das gelingt jedoch nur, wenn sie gleichzeitig Sicherheit durch Routinen und Eintönigkeit erhalten (78). Es ist so, als würden sich diese Kinder erst auf diesem ausgleichenden Vertrauens-Fundament, welches ein gesunder Familienalltag bieten sollte, entwickeln können. Wir beobachten, dass Henry beispielsweise an Orten, an denen er sich sicher fühlt, durchaus offen, eloquent-frech und körperlich aktiv sein kann. An unsicheren Orten, wozu ich seine alte Schule zähle, setzt er eine Art Pokerface auf, zeigt im Zweifelsfall keine Gesichtsregung und ist in sich gekehrt. Doch fasst er einmal Vertrauen, blüht er auf und zeigt sein wahres Gesicht. Von mir selbst kenne ich dies ebenfalls sehr gut. In unbekannten Situationen, die ich grundsätzliche gerne meide, halte ich mich sehr zurück und nehme eine stille Beobachterposition ein. Wie mir zugetragen wurde, wirke ich dann arrogant, als wolle ich mit den anderen nichts zu tun haben. Doch habe ich Vertrauen gefasst und es ist mir möglich, die Situation und die Menschen einzuschätzen, blühe ich auf und werde plötzlich sehr redselig. Trotzdem ziehe ich kleinere Gruppen oder ein Frühstück mit einer Freundin großen Menschenansammlungen vor. In diesen überwältigt es mich, „überall gleichzeitig" mit meinen Gefühlen zu sein und sie aus meiner Umgebung aufzusaugen, was mich sehr überfordert. Paturi spricht in seinem Buch von der Reizüberflutung, der viele Hochbegabte ausgesetzt sind, und warnt davor, vorschnelle Diagnostiken wie AD(H)S auszusprechen. Das Thema Doppel- und

Fehldiagnostiken führe ich im nächsten Kapitel ausführlicher aus. Insgesamt kann die erhöhte Sensibilität eine Bereicherung für Hochbegabte darstellen, aber auch zu einem großen Stressfaktor werden. Resilienz, also die psychische Widerstandskraft, wird als heroisch angesehen, während Verletzlichkeit als feige bewertet wird, so beschreibt Boyce es in seinem Buch (78). Genau das dürfte der Grund sein, weshalb hochsensible Kinder außergewöhnlich oft Mobbing-Opfer sind. Sie bilden aufgrund ihrer Andersartigkeit und Empfindsamkeit eine willkommene Zielscheibe und reagieren intensiver auf Anfeindungen. Dazu kommt, dass sie seltener auf Konfrontationskurs gehen und auf Rache sinnen, sondern sich lieber zurückziehen und still leiden. Das Wichtigste ist in diesem Fall, sich hinter das Kind zu stellen, es ernst zu nehmen, es zu stärken und Strategien zu entwickeln, mit dieser Situation umzugehen. Lehrkräfte sollten involviert werden, um gemeinsam an einer Lösung zu arbeiten. Ich weiß aus eigener Erfahrung, wie sensibel das Thema Hochsensibilität in diesem Zusammenhang ist. Doch manchmal bleiben als letzte Möglichkeit nur ein Klassen- oder ein Schulwechsel. Befindet sich das Kind oder die Orchidee, um das Bild von Boyce zu bemühen, in einem wohlwollenden Umfeld, kann es neue Sicherheit erleben und seine Blüten zum Wachsen und Blühen bringen. Auch hier gilt: Die richtige Umgebung ist eine Wohltat für die individuelle Entwicklung. Doch gleichzeitig ist es wichtig, dem Kind nicht nur den Schutz zu gewähren, sondern es darin zu unterstützen, Flügel zu entwickeln und selbst fliegen zu lernen. Es ist nicht einfach, dem eigenen Bedürfnis, das Kind in allen Bereichen beschützen zu wollen, zu widerstehen und ihm Dinge zuzutrauen. Auch das kann ich aus eigener Erfahrung bestätigen, zumal ich selbst mit sensiblen Wesenszügen konfrontiert bin. Umso dankbarer war und bin ich immer wieder für die Klarheit und Geradlinigkeit meines Mannes. Es ist einfach notwendig, das Kind liebevoll in die richtige Richtung zu schubsen und es seine eigenen Erfahrungen auf unbekanntem Terrain machen zu lassen. Je mehr Situationen dieser Art diese Kinder meistern, umso mehr Sicherheit erhalten sie, auch in der nächsten zu bestehen. Diesen Mittelweg zu finden ist eine Herausforderung, denn wir befinden uns hier immer zwischen einer möglichen Überforderung und einer schädlichen Abschirmung von wichtigen Erfahrungen. Daher gilt hier noch einmal mein Credo: Schau genau hin und unternimm kleine, sensible Schritte, die der Situation und dem Kind angemessen sind. Ich bin sicher, dass du mit der Zeit ein Gefühl dafür entwickelst.

SCHULE? NICHT MEHR IN DIESE!

Die Klassenfahrt im Juni war wie erwähnt eine Katastrophe für Henry. Er erzählte später, wie er von seinen Mitschülern wegen seiner langen Haare aufgezogen wurde. Sie riefen ständig seinen Namen, und sobald er zu ihnen schaute, lachten sie ihn aus, weil er den Kopf ein wenig schief hielt. Damals wollte er noch kein Haargummi nutzen, um sich die mittlerweile schulterlangen Haare zusammenzubinden. Aufgrund seiner langen Haare beschimpften ihn diese Schüler als „Obdachlosen". Sie hörten damit auch nach den Sommerferien nicht auf. Henry berichtete immer wieder, wie er ausgelacht wurde und an den Haaren gezogen wurde. Auch zog man seinen Schulranzen nach hinten, sodass er samt diesen fast umfiel. Einmal sagte er zu mir, er würde Kapuzenpullis tragen, damit er die Nackenschläge, die er immer beim Hinausgehen aus dem Raum erhalten wurde, weniger stark spüren würde. Das war bereits in der 6. Klasse und die Situation beruhigte sich glücklicherweise bald wieder. Bei den aktuellen Vorkommnissen war eine kleine Gruppe mit einem Hauptakteur beteiligt, die sich Henry als Opfer aussuchten. Die Situation klingt von außen betrachtet möglicherweise nicht so tragisch, aber es sind die vielen Kleinigkeiten, die Henry sich immer mehr in sich zurückziehen und die Ängste wachsen ließen. Zudem standen ihm seine Freunde selten tatkräftig bei, sondern hielten sich zurück. Eines Nachmittags, als Henry auf den Beginn seiner AG (Arbeitsgemeinschaft) wartete, stellte er sich zu einer Gruppe Schüler, unter denen sich ein Freund von ihm befand. Dieser sagte zu einem anderen Mädchen: „Du darfst Henry treten, wenn du möchtest." Sie nahm ihm beim Wort und verpasste Henry einen heftigen Tritt gegen das Schienbein. Als er mir dies am Abend zeigte, sah ich eine 10 cm lange Schürfwunde an dieser Stelle. Ich fragte Henry, wie er denn reagiert hätte. Er sagte, dass er still geblieben sei und ich wusste, dass er in dieser Situation wieder sein Pokerface aufgesetzt hatte. Er bestätigte mir aber, dass er innerlich wütend und maßlos enttäuscht war, wie sein eigener Freund so etwas tun konnte. Ein anderes Mal trat ihm ein Mitschüler so fest mit dem Knie in das Steißbein, dass wir beim Arzt abklären ließen, ob etwas gebrochen sei. Henry hatte danach starke Schmerzen und nahm zwei Wochen lang ein Kissen mit in die Schule, auf das er sich setzte.

Auseinandersetzungen kommen in Schulen immer vor, auch körperliche. Das kann passieren, wenn viele unterschiedliche Kinder aufeinandertreffen und gezwungen sind, in der Schule oder in der Klasse Zeit miteinander zu verbringen. Während das eine Kind Hänseleien lässig zur Kenntnis nimmt, reagiert ein anderes Kind sehr sensibel und empfindsam darauf. Henry reagierte insofern, dass er immer öfter morgens über Bauchweh und Übelkeit klagte und mehr und mehr Schultage verpasste. Im Oktober, nach einem Elternabend, gingen wir zum Klassenlehrer und baten ihn um einen Termin, denn wir befürchteten, dass sich Henrys Ängste verschlimmern und es zu einer Schulverweigerung kommen könnte. Dem wollten wir vorbeugen. Kurze Zeit später hatten wir einen Termin mit dem Lehrer und der Förderschullehrerin, die er direkt mit ins Boot holte. Wir äußerten unsere Befürchtungen und erklärten die Situation aus unserer Sicht, die uns Henry weitergegeben hatte. Ich erwähnte, dass wir uns sorgten, dass er die Schule verweigert und dass ich mich freuen würde, gemeinsam mit den Lehrkräften an dem Problem zu arbeiten. Überraschenderweise entgegnete der Klassenlehrer, dass Henry „da durchmüsse" und es kein Mobbing in der Klasse geben würde. Die Klasse hätte einen guten Zusammenhalt und solche Vorkommnisse könnten nicht sein, sie seien normal unter Gleichaltrigen. Damit tat er die Sache ab und zog eine rote Linie. Er warf uns vor, dass Henry mit uns spielen würde und er sich in der Schule ganz normal verhalten würde. Außerdem zog er in diesem Gespräch ältere schriftliche Entschuldigungen von uns in Zweifel, die bereits mehr als ein Jahr zurücklagen. Diese hätte er nicht gelten lassen können, da sie teilweise fadenscheinig waren. Ehrlich gesagt wunderte ich mich bereits seit Längerem über unentschuldigte Fehltage im Zeugnis, führte dies aber darauf zurück, dass Henry vergessen hatte, die Entschuldigungen den Fachlehrern vorzuzeigen und hinterfragte es nicht weiter. Von dem Klassenlehrer hätte ich jedoch erwartet, dass er bei unklaren Entschuldigungen bei uns nachhakt und uns dies nicht eineinhalb Jahre später unter die Nase reibt in einem Elterngespräch, um das wir als Eltern gebeten hatten. Mein Eindruck wurde immer größer, dass man sich die Eltern in dieser Gesamtschule gerne auf Abstand hält. Das Gespräch verlief mehr oder weniger einseitig. Der Klassenlehrer gestand jedoch zu, dass die Förderschullehrerin sich um Henry kümmern solle. Bereits am übernächsten Tag holte der Klassenlehrer Henry aus seinem Deutschunterricht heraus und warf ihm vor, tags zuvor die Englischarbeit geschwänzt zu haben.

Henry ging es tatsächlich an dem Morgen nicht gut und ließ sich von mir nach der zweiten Stunde abholen. Er verpasste die Englisch-Arbeit und machte sich große Sorgen, dass er nun eine 6 bekommen würde. Die Englisch-Lehrerin beruhigte ihn. Henry durfte die Arbeit nachschreiben und er bekam eine 1. Uns zeigte dies, dass der Klassenlehrer wohl wenig Interesse an unserem Sohn hatte und anscheinend nicht wusste, dass Englisch sein bestes und sein Lieblingsfach war. Er sagte Henry bei dem kurzen Gespräch vor der Klassentür, dass er ab jetzt eine Attestpflicht habe und ohne dieses nicht mehr fehlen dürfe. Natürlich fragten seine Mitschüler nach diesem Intermezzo, was los sei, denn der Klassenlehrer hatte die Tür offen gelassen, sodass alle mithören konnten. Dies war Henry äußerst unangenehm. Ein paar Tage später erhielten wir die Attestpflicht von der Schulleitung schriftlich per Brief unter Androhung von Bußgeld bei Zuwiderhandlung. Meine Wut auf diese Schule begann zu wachsen, denn so etwas kannte ich von Sebastians Schule nicht. Das hier war kein Miteinander zum Wohle des Kindes, sondern ein Gegeneinander und ein stures Durchsetzen aller gesetzlichen Möglichkeiten seitens der Schule. Das wurde auch nach dem zweiten Elterngespräch deutlich. Den Termin hatten wir gemeinsam im Vorfeld vereinbart, um den Status zu besprechen. Mein Mann und Henry waren ebenfalls anwesend. Die Situation hatte sich zwischenzeitlich nur leicht verbessert. Wir schilderten unsere Herangehensweise und die Förderschullehrerin berichtete, wie sie ihn unterstütze. Doch der Klassenlehrer schüttelte während des Gesprächs mehrfach den Kopf und offerierte uns dann zum Schluss, dass dies ja „schon das zweite Kind" wäre, welches verweigern würde. Das könne er uns schon voraussagen. Das Problem läge nicht an der Schule, sondern in unserer Familie. Er empfahl uns eindringlich, zu einer Familientherapie zu gehen. Ich war baff und schockiert über diese Grenzüberschreitung und sehr dankbar, dass mein Mann anwesend war. Dieser sagte ihm, dass er sich kein Urteil erlauben könne, da er unsere Familiensituation und unseren zweiten Sohn nicht kennen würde. Doch der Klassenlehrer blieb bei seiner Meinung. Im anschließenden Gespräch sagte uns die Förderschullehrerin, dass es durchaus dazu kommen könne, dass das zweite Kind in die Rolle des ersten Kindes schlüpft, also in unserem Falle eine Verweigerungshaltung gegenüber der Schule einnimmt. Sie empfahl uns, wenn sich die Situation nicht bessern würde, Henry in eine Tagesklinik zu geben, zumindest aber bald einen Kinder- und Jugendpsychiater aufzusuchen, um die

Probleme professionell abklären zu lassen. Sie selbst würde überlegen, wie sie die Situation für Henry erleichtern könne. Ich machte also wieder einen Termin in der Kinder- und Jugendpsychiatrischen Ambulanz. Doch ich hatte insofern dazugelernt, dass ich Henry bei Renate Weber anmeldete, um im Vorfeld eine Begabungsdiagnostik machen zu lassen, denn ich wusste zu diesem Zeitpunkt bereits, dass ein solcher Test nur alle 2 Jahre wiederholt werden sollte. Henry selbst äußerte schon länger den Wunsch, auch mal eine Diagnostik wie sein Bruder zu machen. Die Förderschullehrerin setzte ich in Kenntnis über den Termin und sie bat mich darum, dass ich die Ergebnisse mit ihr besprechen solle, evtl. gäbe es damit weitere Fördermöglichkeiten.

Im Dezember besuchten wir Renate Weber und Henry unterzog sich dem Test. Sie erzählte, dass er anfangs unsicher war, aber sobald sie ihm erklärte, wie die nächsten Schritte ablaufen, ruhig wurde und sich entspannte. Das kannten wir bereits von ihm. Als er vor wenigen Jahren einen Fahrradunfall hatte und die Wunde nicht verheilte, sagte uns der Arzt, dass wir direkt ins Krankenhaus fahren sollen. Henry weinte panisch und wollte nicht. Ich fragte ihn ruhig: „Ok Henry, wann willst du ins Krankenhaus?". Er antwortete: „Morgen früh um 10." Ich willigte ein und am nächsten Morgen fuhr Henry, ohne mit der Wimper zu zucken mit mir ins Krankenhaus, ließ sich untersuchen und sogar am gleichen Tag unter Vollnarkose operieren, da ihm ein fingergroßes Stück Holz im Bein steckte, welches von außen nicht sichtbar war. Während Henry auf der einen Seite sehr empfindsam und fast panisch reagiert, so erleben wir ihn in diesen Situationen bewundernswert gefasst und tapfer, wenn er die Zeit bekommt, sich darauf einzustellen. Nach der Begabungsdiagnostik erzählte ich Renate unsere Geschichte mit der Schule. Sie fand dies auch alles sehr merkwürdig und schade und empfahl uns, wenn wir einen Familientherapeuten aufsuchen wollten, dann jemanden, der sich mit Hochbegabung auskennt. Ein paar Tage später erhielten wir die Auswertung und es war zu lesen, dass Henry hochbegabt ist mit dem Durchschnitt von 131, genau wie sein Bruder. Sein Begabungsprofil sah jedoch vollkommen anders aus, es war wesentlich homogener. Die Werte Sprachverständnis, visuell-räumliche Verarbeitung und fluides Schlussfolgern lagen in einem sehr hohen Bereich dicht beieinander, wogegen die Verarbeitungsgeschwindigkeit eine große Diskrepanz von 41 Punkten aufwies. Diese kannten wir bereits von der ersten Diagnostik und wussten, dass sie verschiedene Gründe haben kann, wie ein ausgeprägter Perfektionismus oder eben eine Hochsensibilität. Ich bin zwar keine Psychologin, aber ich erkläre es mir so, dass es einfach länger dauert, bis die Befragten sich in der Lage sehen, eine perfekte Antwort zu geben, um nichts falsch zu machen, oder es einfach länger dauert, bis alle Eindrücke aufgrund der hohen Sensibilität verarbeitet sind und sie erst dann reagieren. Ebenfalls berechnet wurde der Allgemeine Fähigkeitsindex sowie der kognitive Leistungsindex. Auch hier wurde eine Diskrepanz von 28 Punkten deutlich, was auf ein Underachievement hindeutete. Das rückte die Schulvermeidung von Henry in ein weiteres Licht und beleuchtete Punkte, an die wir vorher noch nicht dachten. Vielleicht war die Gesamtschule einfach das falsche Schulsystem für Henry, obwohl er sich im Grunde genommen dort wohlfühlte. Schulisch schien sich die Situation vor Weihnachtsferien wieder zu normalisieren. Eine Maßnahme war beispielsweise, dass Henry nach Schulschluss kurz mit seinem Vater telefonierte, um ihm vom Schultag zu berichten, und ich ihn dann abholte, da er dadurch den Bus verpasste. Er hatte viel Kontakt mit der Förderschullehrerin und besonders nach Gesprächen mit ihr gelangen ihm die nächsten Schritte besser. Sie wurde zu einem Anker im Schulgebäude für ihn.

Die Maßnahmen fruchteten, sodass Henry sich wieder sicherer fühlte. Nach den Weihnachtsferien gelang der Einstieg gut, doch die Probleme nahmen bald wieder zu. Ich vereinbarte ein Gespräch mit der Förderschullehrerin und setzte sie in Kenntnis bezüglich des Ergebnisses der Begabungsdiagnostik. Als Fördermöglichkeit war seitens der Diagnostikerin aufgeführt, dass Henry mehr Vorbereitung und Zuwendung benötigt, um sich sicher zu fühlen. Es war bemerkenswert, dass dies scheinbar die erste IQ-Diagnostik war, die die Förderschullehrerin zu Gesicht bekam. Die Hochbegabung spielte jedoch bei den weiteren Fördermaßnahmen keine Rolle, denn die drohende Schulabstinenz stand erst einmal im Vordergrund. Henry erhielt Förderpläne, um diese Situation zu verbessern. Der letzte Förderplan sah vor, dass Henry nur stundenweise beschult werden sollte, in den Fächern, die ihm leichtfielen. Französisch gehörte nicht dazu. So änderte die Lehrerin zum Halbjahreswechsel die Sitzordnung. Ein Schüler aus einer anderen Klasse, mit dem er sich als Sitznachbar ein wenig angefreundet hatte, saß jetzt woanders. Seine

Klassenkameraden hatten ihn zu ihnen umgesetzt, weil er an dem Tag der Änderung krank war. Henry musste sich an einen Einzeltisch setzen, weil er neben einem weiteren Mädchen der einzige aus seiner Stammklasse im Französisch-Unterricht war und sonst niemanden kannte. Zudem fiel ihm das Lernen immer schwerer. Ihm fehlte der Bezug zu der Sprache, denn die ersten Monate des neuen Unterrichtsfachs fielen in die Zeit der Pandemie und der Unterricht erfolgte ohne Videokonferenzen. Die Kinder sollten sich stattdessen die Sprache in Hörbeispielen anhören und es wurden ihnen viele Aufgaben gestellt. Irgendwann kapitulierte Henry und entschied, dass er diese Sprache hasst. Dass sich dieses Blatt einmal wenden sollte, davon erzähle ich später.

Henry konnte die Anfeindungen und die kleinen spitzen Bemerkungen seiner Mitschüler kaum noch ertragen. Immer, wenn er einen Tag fehlte, hörte er am nächsten Morgen Vorwürfe seiner Klassenkameraden, wie: „Na, auch mal wieder da?". Allein das wurde ihm zu viel, und er traute sich kaum noch, wenn er wegen Krankheit, Impfungen oder kieferorthopädischen Behandlungen zwischendurch einen Tag versäumte, in die Schule zu gehen. Also verbrachten wir Tage und Wochen in der morgendlichen Unsicherheit, ob Henry es heute schaffen würde. Wenn es funktionierte, freuten wir uns. Oft saß er jedoch morgens im Auto, weinte, zitterte und war unfähig, auszusteigen und das Schulgelände zu betreten. Eines Morgens nahm ich ihn nach einer halben Stunde schimpfen, Mut zureden, Frustration und Ärger wieder mit nach Hause. Mein Mann war noch da und sagte, das könne nicht sein. Vehement redete er auf Henry ein und war überzeugt davon, dass er es als Vater schaffen würde. Sie fuhren wieder zur Schule und mein Mann erlebte seinen Sohn, wie er im Auto fast zusammenbrach. Es tat ihm so leid, und in diesem Moment wurde ihm klar, dass dies nicht gespielt ist. Also brachte auch er ihn wieder mit nach Hause. An anderen Tagen gelang Henry der Schulbesuch besser.

Einmal erzählte mir Henry von einem Freund, der im Unterricht neben ihm saß. Dieser lästerte über einen anderen gemeinsamen Freund. Dies enttäuschte und verunsicherte Henry tief, denn er hatte nun Angst, dass die Lästerei auch über ihn stattfand, wenn er nicht dabei war. Kurz darauf gab es zwei Situationen, an denen Henry seine Klasse morgens nicht vorfand. Er war ein wenig zu spät gekommen und die Klassentür war abgeschlossen. Er vermutete die Klasse im Sprachlabor, fand sie aber dort auch nicht vor. In der Zwischenzeit wurde Henry immer unsicherer, wurde ängstlich und reagierte körperlich mit starken Kopfschmerzen. Er hielt es nicht mehr aus und lief nach Hause. Diese Situation wiederholte sich eine Woche später erneut.

Wir begannen eine Angsttherapie bei einer Therapeutin, bei der ich kurzfristig einen Termin erhalten hatte. Diese spürte bereits, dass sie Henry bezüglich der bisherigen Schule nicht mehr helfen konnte. In der Tat verschlimmerte sich die Situation recht schnell bis zu einem Morgen im März, an dem er wieder zusammengerollt und weinend im Bett lag und sagte: „Ich will ja in den Unterricht gehen, aber nicht mehr in diese Schule." In diesem Moment spürte ich regelrecht, wie der Vorhang fiel und mir war klar, dass gestern der letzte Tag gewesen war, an dem Henry diese Schule besuchte. Natürlich standen wir unserem Kind in dieser schwierigen Zeit bei, denn das Schlimmste, was passieren kann, ist, wenn sich die Eltern auf die Seite der Schule stellen und ihrem Kind nichts glauben oder ihm sogar Lügen oder Schauspielerei unterstellen. Ich vermag mir nicht vorzustellen, welches Vertrauen in diesem Moment in den kleinen Herzen vernichtet wird. Daher zog ich die Reißleine und sagte zu ihm, dass wir eine Lösung finden werden. Als mein Mann nach Hause kam, erklärte Henry, wie schlecht es ihm gehen und er nicht mehr in diese Schule gehen würde. Ich war überrascht und dankbar, als mein Mann sofort zu mir sagte: „Melde ihn dort ab und melde ihn in der Wetzlarer Schule an." Also nahm ich sofort Kontakt zu eben dieser Schule auf. Die Attestpflicht lief natürlich weiter und ich hatte alle Hände voll zu tun, die Atteste zu besorgen, denn die Unterrichtstage, an denen Henry fehlte, waren zahlreich. Unser Kinderarzt begleitet unsere Kinder bereits seit der Geburt. Sebastians Geschichte kannte er und so schilderte ich ihm jetzt die Situation von Henry. Er erklärte sich bereit, Henry für mehrere Wochen krank zu schreiben mit dem Hinweis, dass wir eine Lösung benötigen. Auch er sprach sich für die Tagesklinik aus, sollte ein Schulwechsel nicht funktionieren. Also machten wir uns auf den Weg, eine neue Schule für unseren Sohn zu finden und hofften inständig, dass es die Wetzlarer Schule sein würde, was unser großer Wunsch war.

MOBBING

Dass Schüler sich gegenseitig ärgern, könnte man leider fast als normal bezeichnen, denn unser Bildungssystem zwingt sie dazu, nahezu täglich in jahrgangsbezogenen Klassen in einem Gebäude zusammen zu sein, miteinander klarzukommen und um die besten Noten zu konkurrieren. Es ist unausweichlich, dass es hier zu Differenzen und Auseinandersetzungen kommt. Auf die Notwendigkeit der Schulpflicht oder einer Bildungspflicht als Alternative möchte ich in diesem Buch nur am Rande eingehen. Darüber hinaus möchte ich später einige Ansatzpunkte geben, um mehr Wertschätzung und mehr Respekt füreinander in Schulen einzubringen. Das dürfte aber kaum in überfüllten Klassen mit Fachlehrer-Unterricht und mit überforderten Lehrkräften gelingen, die zudem unter der großen Herausforderung stehen, vollgestopfte Lehrpläne und die individuellen Bedürfnisse der Schüler unter einen Hut zu bekommen. Auch hier ist den Lehrern kein Vorwurf zu machen, außer wenn sie das Vorliegen eines Mobbings kategorisch von sich weisen und versuchen, den Eltern die Schuld in die Schuhe zu schieben. Es ist immer ein Zusammenspiel von mehreren Elementen, die hier zusammenwirken. Dies beginnt bei der Persönlichkeit des Opfers, geht weiter bei der Dynamik der Gruppe inkl. der Persönlichkeit und der Geschichte des Täters bis hin zur Aufmerksamkeit der Lehrkräfte und der Schulkultur, in der sich alle bewegen. Doch wie erwähnt ist es wohl unausweichlich, dass es unter den beschriebenen Voraussetzungen zu Mobbingvorfällen kommt, da die Aufmerksamkeit der Verantwortlichen nicht immer da sein kann, wo sie in dem Moment erforderlich wäre. Täter agieren zudem geschickt und verstehen es, das Mobbing zu vertuschen. Verharmlost werden sollte es aber in keinem Fall, sobald ein Schüler darunter leidet und beginnt, Anzeichen von Schulvermeidung zu zeigen.

Der Begriff Mobbing hat seinen Ursprung in der Tierverhaltensforschung. Seit den 1980er-Jahren hielt er Einzug als Beschreibung eines gesellschaftlichen Phänomens. Der Psychologe Dan Olweus widmete sich der Erforschung von Gewalt an Schulen (79), doch eine einheitliche Definition gibt es bis heute nicht. Daher führe ich hier ein Beispiel für eine Definition von Mobbing von Christoph Seydl an, welches sich auf Wikipedia findet.

DEFINITION VON MOBBING

- Verhaltensmuster: Mobbing bezieht sich auf ein Verhaltensmuster und nicht auf eine einzelne Handlung. Die Handlungsweisen sind systematisch, das heißt, sie wiederholen sich ständig.
- Negative Handlungen: Mobbingverhalten kann verbal (zum Beispiel Beschimpfung), nonverbal (zum Beispiel Vorenthalten von Informationen) oder physisch (zum Beispiel Verprügeln) sein. Solche Handlungen gelten üblicherweise als feindselig, aggressiv, destruktiv und unethisch.
- Ungleiche Machtverhältnisse: Die Beteiligten haben unterschiedliche Einflussmöglichkeiten auf die jeweilige Situation. Eine Person ist einer anderen Person unter- beziehungsweise überlegen. Dazu ist kein Rangunterschied nötig. Eine Ungleichheit kann durch die bloße Anzahl bedingt sein: viele Personen gegen eine Person.
- Opfer: Im Handlungsverlauf bildet sich ein Opfer heraus, das infolge ungleicher Machtverhältnisse Schwierigkeiten hat, sich zu verteidigen.

Dan Olweus betrachtet dagegen auch einzelne schikanöse Vorfälle als Mobbing, wenn diese sehr schwerwiegend sind (80).

Die Frage ist immer: Wo hört Ärgern auf und wo beginnt Mobbing? Was sind die Anzeichen dafür, dass Lehrkräfte dem nachgehen sollten? Was ist das Zeichen für Eltern, dass sie intervenieren sollten? Die Grenzen sind fließend. Dabei kommt es aus meiner Sicht nur auf einen ganz bestimmten Aspekt an, der im Nachsatz der Aufzählung deutlich wird. Denn bereits ein einziger Vorfall kann ein Trauma auslösen, welches für den Empfänger zur Last wird und sein gesamtes Leben negativ beeinflussen kann. Doch auch „leichte" Mobbingfälle können tragische Auswirkungen haben, wenn das Opfer beginnt, darunter zu leiden. Tanja Rödig, psychologisch-systematische Persönlichkeitsberaterin und Coach, die unter anderem als Mobbingberaterin in Grundschulen arbeitet, erzählte in dem Interview mit Karin Kahl „Innerlich starke Kinder mobben nicht" (81) ihre eigene, bewegende Geschichte. Sie litt sehr unter einer einzigen getätigten Aussage eines Arztes, der

Weg aus diesem Trauma zurück war schmerzhaft und anstrengend. Zur Verdeutlichung, wie unterschiedlich die Auswirkungen von Mobbing sein können, gab sie ein Beispiel von einem Jungen wieder, der eine Brille bekam und diese das erste Mal in der Schule tragen sollte. Der eher sensible Junge schämte sich dafür, war unsicher und fühlte sich unwohl. Prompt wurde er von den anderen Kindern immer wieder ausgelacht und litt sehr darunter. Die gleiche Geschichte könnte auch einem selbstbewussten Jungen widerfahren, der stolz auf seine neue Brille ist. An diesem Jungen prallen die Anfeindungen ab, ohne Spuren zu hinterlassen. Beide Situationen haben Opfer und Täter, nur wirken sie völlig anders. Jetzt könnte man meinen, die Sensibilität und Unsicherheit des ersten Jungen wären die Ursache des Problems. Doch das wäre zu kurz gedacht und das Problem bliebe ungelöst. Dieser Junge könnte dann von seiner Lehrkraft oder den Eltern hören: „Da musst du durch." Leider ist es nicht so einfach. Denn das Ärgern, die Hänseleien hinterlassen Spuren. Dies kann bis dahin führen, dass das Kind morgens mit Bauchschmerzen und Kopfschmerzen im Bett liegt und unfähig ist, in die Schule zu gehen.

Insgesamt können die Auswirkungen von Mobbing vielfältig sein (82):
- Physische Schädigungen (Verletzungen)
- Psychische Schädigungen (z. B. Zerstörung des Selbstbewusstseins)
- Psychosomatische Reaktionen (z. B. Appetitlosigkeit, Bauchschmerzen, Albträume, Schlafstörungen)
- Sonstige Reaktionen (z. B. Unkonzentriertheit, Leistungsrückgang, Fehltage durch „Krankheitstage" oder Schwänzen, Rückzug aus sozialen Bezügen, Ängste, Depressionen bis zu Suizidversuchen oder vollzogenem Suizid)

Werden diese Merkmale offensichtlich, liegt laut Tanja Rödig Mobbing vor. Sie macht klar, dass Mobbing immer von dem abhängt, was es beim Opfer auslöst. Die Ursache kann wie gesagt ein einziger Vorfall, aber auch eine Serie von wiederkehrenden Geschehnissen sein. Sobald das Opfer darunter leidet, können wir von Mobbing sprechen. Mobbing läuft meist in Strukturen mit gleicher Rollenverteilung ab. Es gibt einen oder mehrere Täter und einen oder mehrere Opfer. Die Unterstützer bilden gemeinsam mit dem Täter eine Gruppe und stärken diesen durch ihre Bewunderung. Dem gegenüber stehen die Verteidiger, die zum Opfer halten.

Am Rande stehen die Zuschauer, die sich nicht einmischen möchten oder die ganze Situation ignorieren. Rollenspiele können dabei helfen, diesen Kreislauf zu durchbrechen, indem die Sichtweisen der anderen Personen nachgespielt und klar kommuniziert werden. Hier empfiehlt es sich immer, Experten hinzuzuziehen, die mit geeigneten Maßnahmen wie Rollenspiele präventiv oder akut unterstützen.

Es kommt viel zu oft vor, dass Schulen das Vorliegen von Mobbing leugnen. Das geschieht teils aus Unwissenheit, weil es nicht wahrgenommen wird, oder aus Hilflosigkeit, weil Lehrkräfte nicht wissen, wie sie damit umgehen sollen und es lieber ignorieren. Als Eltern gibt es nur eins, was tun ist. Das Wichtigste ist, die Sorgen und Ängste ihres Kindes ernst zu nehmen und ihm beizustehen. Die Eltern sind oftmals der einzige Halt, den diese Kinder haben, wenn ihnen sonst niemand glaubt. Lehnt die Schule Maßnahmen zur Mobbingbekämpfung ab, kann ein Mediator z. B. über das Jugendamt zur Vermittlung eingeschaltet werden. Dieser könnte in der Klasse hospitieren und durch gezielte Aktivitäten die Situation auflösen. Walter Neumann berichtete in einem weiteren Interview mit Karin Kahl „Mobbing in der Schule – was tun?" (83) aus seiner Praxis als psychologischer Berater von Jugendlichen in Schulen. Er erzählte, dass die Ursachen für Mobbing sehr vielseitig sind und es immer hilfreich ist, sich Unterstützung von außen zu holen. Oft sind die Täter selbst Opfer in anderen Lebenssituationen und versuchen durch die Täterschaft, ihr persönliches Gleichgewicht unbewusst wieder herzustellen. Sie erhalten durch ihr Verhalten die Aufmerksamkeit ihrer Klassenkameraden und fühlen sich dadurch besser. Wenn man das verstanden hat, ist es leichter, gemeinsam gegen das Mobbing zu vorzugehen. Täter ignorieren zudem, was sie ihren Opfern mit ihren Handlungen antun. Sobald dies ans Licht kommt und das Opfer seine Ängste in einem geschützten Rahmen mutig und offen thematisieren kann, kann sich das Bild ändern und die Täter bleiben nicht selten schockiert und peinlich berührt zurück. Walter Neumann bezieht daher immer Opfer und Täter gleichermaßen und soweit möglich in seine Coaching-Arbeit ein.

Trotz allem bleibe ich dabei, dass die Ursache für Mobbing in der Schule vor allem im völlig veralteten Schulsystem zu finden ist. Wie bereits am Anfang dieses Abschnitts erwähnt, sind Schüler dank der Schulpflicht gezwungen, sich einer Umge-

bung zu fügen, die sich für sie als überfordernd entpuppt oder einfach nicht passt. Gleich zwei Beispiele dafür finden sich in unserer Familie, auch wenn bei Sebastian kein Mobbing vorlag. Eine Bildungspflicht anstelle der Schulpflicht, in der Schüler die Schule besuchen können, wenn sie das möchten, aber auch in einer selbst gewählten Umgebung lernen dürfen, wäre in vielen Fällen hilfreich, um eine Schulverweigerung zu vermeiden und Eltern unnötig zu kriminalisieren, wenn ihr Kind längere Zeit nicht zur Schule geht oder gehen kann. Ich gehe davon aus, dass trotzdem weiterhin 80 % der Schüler wie gewohnt die Schule besuchen würden. Doch den restlichen 20 %, wenn wir vom Pareto-Prinzip ausgehen, sollten keine Steine in den Weg gelegt werden, wenn sie sich für Online-Unterricht, Homeschooling mit den Eltern oder eine der Freilerner-Einrichtungen entscheiden, sofern sie ihre Bildungspflicht erfüllen und wie andere Schüler ihre Leistungen nachweisen. Das würde allen Beteiligten helfen. Mit dieser Unterstützung würde ihnen eine große Last von den Schultern genommen werden. Noch besser wäre es natürlich, wettbewerbsstarke und ausgrenzende Situationen erst gar nicht entstehen zu lassen, sondern das Schulsystem von der Basis her zu revolutionieren und mit neuen Möglichkeiten die Grundlage für Wertschätzung, Respekt und mehr Herz für die Schülerinnen und Schüler zu legen. Auch dieses Thema hat bereits genug Beachtung gefunden in diesem Buch.

Als Familie sind wir glücklich, dass ein Wechsel in passende Schulen funktioniert hat. Besonders im Falle unseres jüngeren Sohnes hätte dieser nicht besser verlaufen können. Denn dank der Wertschätzung und des Respekts in der neuen Schule und des großen Herzens für die Schüler konnte auch Henry sich wieder auf das, was ihm in der Schule besonders Spaß macht, konzentrieren.

DIE RICHTIGE UMGEBUNG STATT FAMILIENTHERAPIE

Am gleichen Tag, als der Vorhang fiel und Henry klarmachte, dass er nicht mehr in diese Schule gehen wird, rief ich bei der besagten Wetzlarer Schule an. Wir kannten die Schule bereits, da wir uns dort vor vielen Jahren für Sebastian informiert hatten, er aber dann doch die Grundschule im Ort besuchte. Heute jedoch sahen wir keinen anderen Ausweg, als zu versuchen, in der Privatschule einen Platz zu bekommen. Ich rief dort an und erklärte unseren Notfall. Denn wir haben eine Schulpflicht und diese muss aktuell erfüllt werden. Mit einem Attest von 6 Wochen im Rücken waren wir zuversichtlich, in dieser Zeit eine schulische Alternative für Henry zu finden, in der er sich wohler fühlen würde. Doch im Hinterkopf hatte ich die Aussage meiner Freundin, die dort Lehrerin ist. Sie erwähnte ein paar Monate zuvor, dass es bald keine freien Plätze mehr geben würde. Trotzdem kontaktierten wir die Schule, schilderten unseren Fall und äußerten die Hoffnung mit der Frage, ob Henry zeitnah dorthin wechseln kann. Die dortige Stufenleiterin nahm unsere Anfrage zur Kenntnis und teilte uns mit, dass momentan alle Plätze belegt seien, es aber vielleicht zum nächsten Schuljahr funktionieren könne. Wir warteten also weiter und hofften auf positive Nachricht. Die Zeit verging und wir näherten uns immer mehr den Sommerferien. Ich wusste, ich musste handeln. Ich nahm Kontakt zu dem Gymnasium auf, welches Sebastian bis zu seinem Schulwechsel besucht hatte. Ich war mir sicher, dass sich Henry dort mittlerweile wohlfühlen würde, denn er war älter geworden und ich hoffte, dass er die größere Schule trotz seiner Sensibilität gut würde bewältigen können. Zudem war mir das Gymnasium als wertschätzender und hilfsbereiter Ort in positiver Erinnerung geblieben und ich war zuversichtlich, dass dieser auch Henry guttun würde. So nahm ich Kontakt mit der pädagogischen Leiterin auf und wir vereinbarten ein Gespräch.

Zwischenzeitlich erhielten wir Post vom Schulamt. Inhalt war die Eröffnung eines Ordnungswidrigkeitsverfahrens mit einer Liste von angeblichen unentschuldigten Fehltagen, die von der Gesamtschule dorthin gemeldet worden war. Sie hatten also ihren letzten Joker gezogen. Direkt am nächsten Tag rief ich im Schulamt an und fragte nach einem Gesprächstermin, denn ich wollte die Situation gerne

persönlich erklären. In einem freundlichen Gespräch erläuterte mir die Ansprechpartnerin, dass dies aus Corona-Gründen nicht möglich sei, und wir vereinbarten,
dass ich eine schriftliche Stellungnahme sende. Sofort setzte ich mich dran, legte
eine Tabelle mit den angemahnten Fehltagen an und schrieb zu jedem Tag eine Begründung. Interessanterweise waren bei den genannten Fehlzeiten bereits formale Fehler enthalten. So wurde ein Samstag als Fehltag und ein Donnerstag mit 12
Stunden Fehlzeit aufgeführt. Einige Termine ließen sich erklären, nämlich dass die
Atteste doch vorlagen oder an den angemahnten Tagen Gespräche mit der Förderschullehrerin stattfanden und dies wohl nirgendwo als „anwesend" eingetragen
worden war. Ein Fehl-Zeitraum basierte auf einer Mail, die ich geschrieben hatte
mit dem Wortlaut „Anbei das Attest ...". Ich hatte jedoch vergessen, das PDF anzuhängen. Leider hatte ich daraufhin keinerlei Aufforderung erhalten, es noch zu
senden. Dann gab es zwei Atteste, die von einigen Fachlehrern nicht unterschrieben worden waren. Die Regel an dieser Schule ist, dass die Schüler die Atteste jedem Fachlehrer vorzulegen haben. Durch Krankheit und Fehltage hat Henry es
aber nicht jedem zeigen können und nach einer Woche vergaß ich, diese Atteste
noch einmal einzuscannen und an den Klassenlehrer zu senden. Es kostete einiges
an Recherchearbeit, alle vorliegenden Atteste und Fehltage abzugleichen. Ebenso
formulierte ich einen ausführlichen Situationsbericht des letzten Jahres, seitdem
das Mobbing begonnen hatte, und beschrieb möglichst sachlich das Verhalten der
Lehrkräfte in dieser Zeit. Das alles sendete ich direkt am nächsten Tag zum Schulamt. Das weitere Verfahren sah vor, dass die Schule zu meiner Antwort Stellung
nehmen sollte.

Ein Tag später, meine Stellungnahme lag den Lehrkräften noch nicht vor, fand ein
Gespräch mit der Gesamtschule statt, zu dem uns die Schulleitung geladen hatte.
Bei diesem Termin waren die Schulleiterin, der Klassenlehrer und die Förderschullehrerin anwesend sowie mein Mann und ich. Ich erzählte in ruhigem Ton, aber innerlich aufgewühlt, dass Henry nicht mehr kommen würde und wir stattdessen
eine andere Schule für ihn suchen. Auch in diesem Gespräch vertraten die Schulleiterin sowie der Klassenlehrer weiterhin ihre Meinung, dass das Problem nicht in
der Schule liegt, sondern in der Familie. Es würde in unserer Familie einiges nicht
stimmen. Henry und ich würden uns gegen meinen Mann stellen, der dann klein

beigeben müsse. Die Schulleiterin riet uns eindringlich, dass wir eine Familientherapie machen sollten. Das fand ich erstaunlich und äußerst übergriffig, denn sie kannte unseren Sohn überhaupt nicht und uns sah sie zum ersten Mal. Als der Besuch einer anderen Schule thematisiert wurde, sagten sie uns, dass sie keinesfalls eine Empfehlung für ein Gymnasium aussprechen würde, und sagte voraus, dass unser Sohn dort keinen Platz finden könnte, das würden die Noten nicht hergeben. Die Aussage klang fast wie eine Drohung. Sie befürworteten jedoch den Besuch der Privatschule, die wir angefragt hatten. Als sie auf die Atteste zu sprechen kam, antwortete ich, dass die Situation der Attestpflicht schwierig sei, da Henry jedem einzelnen Fachlehrer das Attest zum Abzeichnen zeigen müsse. Zur Klärung dieser Frage hatte ich im Vorfeld die Förderschullehrerin und etwas später den Klassenlehrer angeschrieben, ob es hier andere Lösungen geben würde. Auf beide Anfragen erhielt ich nie eine Antwort. Auch die Elternbeirätin, mit der wir uns vorher über unseren Fall in einem persönlichen Gespräch berieten, wusste keine Antwort auf diese Frage. Bezeichnend war, dass die Schulleiterin auf meine Antwort trotzig entgegnete, dass die Schüler die Atteste im Sekretariat abgeben können. „Das muss ein Achtklässler wissen!". Ich fand es interessant, dass außer ihr mir niemand sonst diese Antwort geben konnte. Auf meine Frage, warum in dem Schreiben vom Schulamt ein Samstag sowie ein Donnerstag mit 12 Stunden Fehlzeit aufgeführt war, winkte sie nur ab und sagte, solche Fehler könnten passieren, das sei ja wohl nicht tragisch. Das sahen wir jedoch völlig anders. Denn wenn es darum geht, Eltern zu verklagen und ihnen eine Ordnungswidrigkeit anzuhängen, dann sind es sehr wohl die kleinen Details, die ausschlaggebend sind. Jedenfalls waren wir froh, den Raum und die Schule an diesem Vormittag nach dem sehr anstrengenden Gespräch verlassen zu können und sahen uns in unserer und Henrys Entscheidung ganz klar bestätigt. An dieser Stelle möchte ich noch einmal die Aufgabe des Lehrers, wie in Kapitel 4 erwähnt, hervorheben: Schülerinnen und Schüler müssen spüren, dass ihre Lehrerinnen und Lehrer ‚ein Herz' für sie haben, sich für ihre individuellen Lebensbedingungen und Lernmöglichkeiten interessieren" (19). Doch das Gegenteil war in dieser Schule passiert. Wir hatten immer das Gefühl, dass die Eltern auf Abstand gehalten werden und ganz klar eine rote Linie an Verantwortlichkeiten gezogen wird. Davon ausklammern möchte ich das Verhalten der Förderschullehrerin, die sich in der schwierigen Zeit wirklich sehr für Henry interessierte und einsetzte, sowie seine Englischlehrerin, die genau die Vorgaben des Kultusministeriums lebt und bei der sich die Schüler gesehen fühlen. Das Ordnungswidrigkeitsverfahren wurde übrigens zu unseren Gunsten eingestellt.

Kurze Zeit später fand das Gespräch im Gymnasium mit der pädagogischen Leiterin statt. Sie erkundigte sich zunächst, wie es Sebastian geht, denn wir pflegten nach der Schulverweigerung weiterhin Kontakt. Ich finde es wichtig, die Menschen, die uns unterstützt und geholfen haben, über den Werdegang von Sebastian zu informieren. Ich gehe davon aus, dass sie in so einem besonderen Fall, wie Sebastian es war, interessiert sind zu erfahren, wie die Geschichte weitergeht. Das bestätigen jedenfalls die Antworten, die ich darauf erhielt. Henry erzählte ihr von seinen Mobbing-Erfahrungen in der Gesamtschule und dass er gerne die Schule wechseln würde. Das Gymnasium wäre seine zweite Wahl, wenn es in der Privatschule keinen Platz geben würde. Henry erzählte erstaunlich offen und viel. Auf dem Nachhauseweg äußerte er später, dass er die Schulatmosphäre dort sehr genossen hat und er die ehemaligen Lehrkräfte von Sebastian, denen wir begegnet sind und mit denen wir kurz gesprochen hatten, als zugewandt empfunden hat. Nach einer halben Stunde im Gespräch fragte uns die pädagogische Leiterin, ob wir denn eine G-Empfehlung hätten. Diese würde zwar nicht bei einem Wechsel in die weiterführende Schule nach der 4. Klasse benötigt, wohl aber bei einem Wechsel innerhalb der Mittelstufe. Es wäre eine wichtige formale Voraussetzung. Diese konnten wir nicht vorweisen und wir wussten, dass wir keine Empfehlung von der Gesamtschule erhalten würden. Doch die fehlende G-Empfehlung hat auch ihre Geschichte, die seitens der Gesamtschule völlig unberücksichtigt blieb. Den Zeugnissen ist nicht zu entnehmen, dass Henry vor der Pandemie alles dafür tat, in Mathe in den A-Kurs zu wechseln. Er stand seit einem Jahr auf einer 2, also passten die Noten. Jedoch wurden durch die Pandemie und das Homeschooling die Kurswechsel ausgesetzt, weshalb Henry im B-Kurs verblieb. Während der Pandemie rutschte sein Notendurchschnitt allmählich von einer 2,3 auf eine 3,3, da seine Motivation gegen Ende der langen Zeit einfach nachließ, wie bei vielen anderen Schülern auch. Er hatte in der siebten Klasse das berühmte „Corona-Zeugnis", und direkt anschließend begann das Mobbing mit den Hänseleien. Daher fand ich es schade, dass die Entscheidung der Gesamtschule rein auf den Noten fundierte und seine Anstrengungen vor der Pandemie, die schulische Situation sowie Henrys Begabungen keine Rolle spielten. Ich war darüber sehr enttäuscht und hatte mir bereits ein Argumentationsschema zusammengestellt, um eine G-Empfehlung auf anderem Weg zu bewirken. Ich war sogar bereit, den „Hochbegabten-Joker" zu ziehen. Wenn nicht jetzt, wann dann? „Hessen rühmt sich mit der Hochbegabten-Förderung, dann darf Hessen jetzt auch mal zeigen, wie es sie in unserem Fall umsetzt", dachte ich. Mein erstes Telefonat führte ich mit dem Schulamt in unserem Landkreis, in dem wir wohnen und in dem die Gesamtschule ansässig ist. Doch hier konnte mir die Schulaufsicht keine positive Nachricht geben und bat mich, dass ich mich an das Schulamt in dem Landkreis wenden solle, in dem das Gymnasium seinen Standort hat. Mit diesem Vorhaben im Sinn klingelte plötzlich das Telefon. Es waren mittlerweile nur noch vier Wochen bis zu den Sommerferien. Die Sekretärin der Wetzlarer Privatschule lud uns in diesem Telefonat zu einem Kennenlern-Gespräch ein. Das war eine äußerst überraschende Wendung und ich war überglücklich, denn das konnte bedeuten, dass Henry nun doch einen Platz in seiner Wunschschule bekommen würde. Also sagten wir direkt den Termin für den nächsten Tag zu.

Am nächsten Tag fuhren wir zu der Friedrich Wilhelm Raiffeisen-Schule, eine integrierte Gesamtschule in privater Trägerschaft, basierend auf einem Genossenschaftsmodell. Ich berichtete bereits in Kapitel 7 über dieses Schulmodell des selbstgesteuerten Lernens. Wir erhielten eine Schulführung und Henry sollte von sich erzählen. Die Stufenleiterin fragte Henry abschließend: „Auf einer Skala von 1 bis 10 – wie gerne möchtest du zu uns kommen?". Henry sagte: „Hmmm, auf einer Skala von 1–10, – dann 11!". Die Stufenleiterin äußerte auch ihre Sorgen, dass Henry die Schule wieder verweigern würde. Ich versuchte ihre Bedenken auszuräumen, denn ich war mir sicher, dass Henry in einer wertschätzenden und vertrauensvollen Umgebung aufblühen und sich wohlfühlen würde. Allein die Atmosphäre, als wir die Schule eine Stunde zuvor betreten hatten, empfanden wir beide als sehr positiv. Es waren nach Schulschluss noch drei Lehrkräfte anwesend, die uns alle freundlich, fast fröhlich begrüßten und auch schon wussten, dass Henry ein neuer Schüler sein würde. Ich erlebte das Verhalten der Lehrkräfte als zugewandt und aufmerksam. Das hinterließ sofort einen sehr positiven Eindruck bei

Henry und mir. Am Ende des Gesprächs fragte die Stufenleiterin, ob Henry einen Tag hospitieren wolle. Er sagte sofort zu und ein paar Tage später verbrachte er einen ganzen Schultag dort.

Als der Morgen gekommen war, stand Henry schon lange vor Schulbeginn selbstständig auf und machte sich fertig. Es war keine Spur von Angst oder Unsicherheit zu spüren. Sein Hospitationstag sollte von 8 bis 15 Uhr dauern. In der Schule angelangt bat er mich, doch mit hineinzukommen, aber er fühlte sich immer noch wohl, obwohl er ein klein wenig aufgeregt war. An der Tür stand schon ein Lehrer, der uns vom Vorgespräch kannte. Er hakte Henry sofort unter und zog ihn mit sich ins Gebäude. Henry lachte und das Eis war gebrochen. Später erzählte mir Henry, wie er sich sofort integriert fühlte. Sein Vorteil war, dass die Tochter meiner Freundin und Lehrerin ebenfalls die Schule besuchte. So fand er sich schnell an ihrem Gruppentisch wieder und wurde in das Gruppengeschehen einbezogen. Wusste er zwischendurch mal nicht, was er tun oder wohin er gehen solle, fragte er einfach jemanden und bekam sofort freundliche Hilfe. Das gefiel ihm sehr gut. Nachmittags gab es eine AG zum Thema WEiSE, sie bauten Boxen für verschiedene Kontinente. Als ich ihn abholte, war Henry sehr glücklich. Die erste Rückmeldung, die ich von der Stufenleiterin erhielt, war ebenso sehr positiv, denn sie hatte bei Lehrkräften und Mitschülern nachgefragt, ob Henry gut zu ihnen passen könnte. Sie bat uns, eine Nacht darüber zu schlafen und ihr dann unser Ergebnis mitzuteilen, sie selbst würden sich auch noch einmal Gedanken machen. Sie fragte Henry noch, ob er sich nicht langweilen würde, da er ja die Klasse wiederholte. Zur Erklärung: Die nächsthöhere Klassenstufe war bereits voll belegt. Zudem hatte Henry durch seine Fehlzeiten Lücken aufgebaut, sodass es für ihn ok war, die Klasse zu wiederholen, wenn dies die einzige Möglichkeit wäre, in diese Schule aufgenommen zu werden. Henry antwortete, das wäre für ihn in Ordnung. Der stellvertretende Schulleiter, der bei dem Gespräch danebenstand, sagte daraufhin zu Henry: „Weißt du was, wenn du fertig bist mit deinem Wochenplan, dann kommst du einfach zu mir, wir finden schon spannende Projekte für dich." Damit war das Problem für Henry gelöst. Henry schlief also eine Nacht darüber und am nächsten Tag informierte ich die Stufenleiterin, dass Henry gerne kommen möchte. Nur kurze Zeit später erhielten wir den Schulvertrag zugesendet. Auf dem Nachhauseweg nach dem Hospitationstag erzählte Henry mir im Auto, dass sie Französisch gehabt hätten. Es hätte ihm sehr gut gefallen und er hätte sich auch beteiligt. „Mama, mein Hassfach könnte jetzt durchaus zu meinem Lieblingsfach werden", sagte er zu mir. Die Lehrerin meldete zurück, dass Henry für seine mündliche Beteiligung heute eine 1 erhalten hätte. In Englisch machte Henry einen Einstufungstest, da das Fach klassenübergreifend unterrichtet wird. Er schnitt bei diesem Test mit sehr guten Ergebnissen ab, sodass er direkt in der höchsten Stufe landete. Diese positiven Erfahrungen bilden einen positiven Einstieg und ich war mir sicher, dass Henry in dieser Schule seinen Weg geht und sein Potenzial voll entfalten kann. Wie sehr meine Erwartungen übertroffen werden sollten, und dass es doch noch zu Schwierigkeiten kommen sollte, war zu diesem Zeitpunkt noch nicht zu erahnen.

HIMMELHOCHJAUCHZEND, ZU TODE BETRÜBT

Der erste Schultag nach den Sommerferien war gekommen und Henry besuchte die neue Schule. Die ersten drei Tage verliefen völlig unkompliziert, doch am vierten Tag beschwerte er sich über Kopfweh und wollte zu Hause bleiben. Sofort ergriff uns Panik, denn wir befürchteten, dass dies der erste Schritt zu einer erneuten Schulverweigerung sein könnte. Wir flehten ihn an, versuchten ihn zu überzeugen, schimpften, wurden laut und wussten nicht mehr, was wir tun sollen. Also meldete ich ihn von der Schule ab. Die Situation an diesem Morgen war für alle äußerst unangenehm und es war deutlich zu spüren, dass wir sehr schnell als Familie an unsere Grenzen kamen. Daher bat ich den Lerncoach zu vermitteln. Dank ihrer Erfahrung schaffte sie es, unsere unterschiedlichen Sichtweisen gerade zu rücken. Sie riet uns, geduldig zu sein. Dass Henry nach kurzer Zeit schlappmache, sei normal. Natürlich würden bei uns die alten Muster ablaufen, das verstehe sie, doch wir sollen einfach vertrauen. Henry bat sie, sich auch in unangenehmen Situationen zu überwinden und ließ sich das Versprechen geben, sein Bestes zu leisten. Mit diesen motivierenden Worten und dem Wissen darum, dass es ganz normal sei, mit vielen neuen Eindrücken nach einer langen Schulverweigerung sowie seiner Sensibilität schlappzumachen, beobachteten wir die Situation in den nächsten Wochen. Diese gestalteten sich ebenfalls sehr unruhig, denn unser Sohn blieb schätzungsweise die Hälfte der Zeit zu Hause. Trotzdem schaffte er sein Lernpensum ohne Probleme, denn er hatte das Ziel, in Kürze von einem „begleiteten Lerner" zu einem „freien Lerner" zu werden. Er wollte sich in der Schule frei bewegen, denn sein Platz im Lernatelier, an dem er sitzen sollte, bis er seinen Wochenplan fertig hatte, gefiel ihm weniger gut.

Kurz vor den Herbstferien fragte er mich, ob er sich ein Buch bestellen dürfe. Das überraschte mich, gehören doch unsere Söhne zu den Nicht-Lesern, jedenfalls, was gedruckte Bücher betrifft. Henry hatte sich ein Psychologiebuch in englischer Sprache ausgesucht: „The Laws of Human Nature" von Robert Greene. Natürlich bestellten wir es und Henry nahm es mit in die Schule. Immer dann, wenn er mit seinen Aufgaben fertig war, las er in dem Buch und diskutierte mit uns auf den Autofahrten und zu Hause über die Inhalte. Das fand ich spannend, da mich diese Themen ebenfalls sehr interessieren. Gleichzeitig begann er in der Schule mit den Lehrern über Mathe und Astrophysik zu diskutieren. Auch dazu informierte er sich, schaute sich viele Dokumentationen an und tauschte sich mit seinem Bruder und seinem Vater aus. Ich nahm dies mit Freude wahr, da dies bedeutete, dass der PC als Lieblingsbeschäftigung in den Hintergrund trat.

Etwas später im November holte ich Henry in der Schule ab. Es war 20 Minuten nach Schulschluss. Als ich die Schule betrat, saß unser Sohn an der Theke, in der Hand ein Chemie-Modell und neben ihm sein Lehrer, der ihm die chemische Reaktion des Feuerzeuganzünders erklärte. Henry stellte Fragen und sie diskutierten einfach weiter. Ich war erstaunt darüber, dass sich ein Lehrer nach Schulschluss fachlich so intensiv mit einem Schüler beschäftigte. Ab diesem Zeitpunkt schien bei Henry ein letzter Knoten geplatzt zu sein. Seitdem war es ihm das Wichtigste, jeden Tag zur Schule zu gehen und pünktlich zu sein. Auch wenn ihn Schnupfen plagte oder er leichtes Kopfweh hatte, stand er auf und überwand sich. Dieses Verhalten war neu für uns. Und es ging noch weiter. Henry begann, sich für die Einrichtung seines Zimmers zu interessieren und räumte um. Er probierte Klavier zu spielen und machte Sport. Bei Geburtstagen und Treffen mit Freunden nahm er jetzt aktiv teil und diskutierte mit, anstatt sich in schnell wieder in sein Zimmer zurückzuziehen.

Im Dezember fand das erste Elterngespräch statt. Natürlich vereinbarte ich Termine mit allen Lehrkräften, die ihn unterrichteten. Sie waren durchweg voll des Lobes für unseren Sohn, über seine Neugier, seine Fragen, sein Interesse an vielen Themen und seine Leistungen. Aufgrund dessen entstand die Idee seitens einiger Lehrkräfte, ob für Henry ein Klassensprung interessant wäre. Das hatten wir nicht erwartet und waren zunächst unsicher, ob dies eine gute Entscheidung sei. Fachlich gesehen war dies sicher kein Problem, aber möglicherweise schwierig für seine soziale Entwicklung. Obwohl die 9. Klasse bereits überfüllt war, war es für die Lehrkräfte wichtiger, Henry zu fördern. Es wäre falsch, wenn er sein Potenzial nicht nutzen dürfe und man ihn künstlich zurückhalten würde. Letztendlich war es Henrys Entscheidung, und er wollte es unbedingt. Er langweilte sich und wünschte sich mehr Herausforderung. Zudem wäre er dann endlich in der Klasse mit den Jugendlichen, mit denen er in den Pausen öfter zu tun hatte. Trotzdem orientierte sich Henry mehr an den Lehrkräften und genoss die fachlichen Diskussionen mit ihnen, zumal er im ersten Halbjahr wenig Kontakt zu den Mitschülern pflegte. Solange er sich aber damit wohlfühlte, war das für alle Beteiligten in Ordnung. Wir respektierten die Entscheidung der Versetzung zum Halbjahr in die nächste Klassenstufe der Schule sehr, denn wir wussten, dass es Mehraufwand bedeuten würde. Umso dankbarer waren wir für die Möglichkeit und wurden in unserer Entscheidung bestärkt, die richtige Schule gewählt zu haben.

Zum zweiten Halbjahr normalisierte sich die Situation wieder etwas. Henry fühlte sich im Kontext mit seinen Mitschülern immer wohler und baute Freundschaften auf, vor allem zu den Schülern, die wie er gerne ungestört lernen wollten. Die Mathelehrerin erzählte mir bei einer Begegnung kurz nach dem Halbjahreswechsel, dass sie es schön fand, wie Henry jetzt angekommen sei und sich sichtlich wohlfühle. Er hätte Spaß und würde viel lachen mit den anderen. Was sie aber besonders finden würde, wäre seine Art, sich auszudrücken. Er hätte die Fähigkeit, anderen Menschen schlagfertig die Meinung ins Gesicht zu sagen, aber auf eine derart sprachlich eloquente und charmante Art, dass ihm niemand böse sei, sondern teilweise sogar erst einmal darüber nachdenken müsse. Diese Seite kannten wir an Henry, da er sie zu Hause in Diskussionen oft zeigt. Dass er dies in der Schule ebenfalls machte, war für mich ein wichtiges Zeichen, dass er sich an diesem Ort sicher fühlte und Vertrauen zu den Menschen dort hatte. Für uns war wieder einmal sehr deutlich geworden: Sobald die Kinder in der richtigen Umgebung sind, blühen sie auf und können ihr volles Potenzial entfalten. Dass jedoch die intensiven Gefühlswelten von Hochsensiblen wie Welten aufeinanderprallen können, sollten wir kurze Zeit später erleben. Denn es passierte etwas zu diesem Zeitpunkt Undenkbares. War unser Sohn gerade noch liebend gerne in die Schule gegangen und war sogar enttäuscht, als es Weihnachtsferien gab und die Schule pausierte, so stellte sich schleichend eine gegenteilige Stimmung ein, die sich mehr und mehr verstärken sollte. Der Ausdruck „himmelhochjauchzen zu Tode betrübt" beschreibt die Situation auf den Punkt. Wo gerade noch höchste Motivation herrschte, wich dies dem Gefühl der Unsicherheit und des „Nicht Dazu-Gehörens". Henry äußerte immer öfter am Morgen Befindlichkeiten, die sich nach längeren Gesprächen als Selbstwert-Probleme entpuppten. Jedenfalls versäumte er häufiger die Schule. Tatsächlich summierten sich die Fehlzeiten auf, sodass die einst gute Stimmung nach den Osterferien immer mehr in sich zusammenbrach und unser Sohn gleich mit. Einen festen Auslöser dafür konnten wir nicht ausmachen. Obwohl wir viel mit ihm redeten, so waren es doch diverse Kleinigkeiten, die ihm den Schulbesuch mehr und mehr erschwerten. Sechs Wochen vor den Sommerferien besuchte er die Schule dann gar nicht mehr. Es war für uns ein Rätsel und für ihn anscheinend auch, denn er selbst konnte keine Ursache nennen. Doch es mündete immer wieder in einem Thema: dem eigenen Selbstwert.

Wir wussten, dass unser Sohn in der Schule geliebt und geschätzt wurde, von den Lehrern als auch von den Mitschülern. Er wurde vermisst und wir erhielten viele Nachfragen. Auch er selbst wollte sehr gerne wieder dorthin gehen – aber er konnte einfach nicht. Mittlerweile hatte sich in ihm eine Blockade aufgebaut, die ihm den Schulbesuch unmöglich machte. Wir vermuteten, dass irgendetwas vorgefallen sein musste. Möglicherweise nur eine Kleinigkeit oder eine Summe von Kleinigkeiten. Oder etwas hatte ihn getriggert, was mit seinen Mobbingerfahrungen zu tun hatte, die vielleicht immer noch unverarbeitet in ihm schlummerten. Zwar nahmen wir damals psychologische Hilfe in Anspruch, doch ich merkte auch, dass ihn das nicht weiterbrachte oder ihm half. Wie bei Sebastian schien die Situation komplex und kaum zu greifen. Mit dem Hinweis von Renate Weber im Hinterkopf, im Falle einer Therapie jemanden hinzuzuziehen, der sich auch mit Hochbegabung auskennt, nahmen wir Kontakt zu Bernd Weber auf. Denn das Thema erscheint trotz der Komplexität recht einfach: Selbstwert, Hochbegabung und Hochsensibilität sind ein Pulverfass und für viele Betroffenen eine große Herausforderung.

SELBSTWERT BEI HOCHBEGABTEN

Schaut man sich die Eigenschaften von Hochbegabten an, springt einem sofort eins ins Auge: Hochbegabte denken sehr viel und sehr intensiv. Betrachtet man dazu die Eigenschaften von Hochsensiblen, so kommt Folgendes hinzu: Sie fühlen sehr viel und sehr intensiv. Du kannst dir sicher vorstellen, dass diese Kombination so manche Schwierigkeit mit sich bringt. Zudem zweifeln viele Hochbegabte an sich und ihren Fähigkeiten, weil sie oft das Gefühl haben, nicht in die Gesellschaft zu passen. Die Angst „aufzufliegen", weil sie selbst von sich denken, nicht zu genügen, kommt dazu. Sie haben das Gefühl, dass ihre guten Ergebnisse und Ideen nur einem glücklichen Zufall statt den eigenen Fähigkeiten geschuldet sind. Diese „Hochstapler"-Angst trägt übrigens den Fachbegriff Impostor-Syndrom.

Wir Menschen möchten dazugehören und Teil der Gruppe sein. Wir möchten akzeptiert, geschätzt und geliebt werden. Die meisten von uns definieren ihren eigenen Wert darüber. Besonders Jugendliche, wenn sie während der Pubertät auf der Suche nach ihrer persönlichen Identität sind und sich abgrenzen, suchen gleichzeitig nach dem Gefühl, dazu zu gehören. Doch wenn sie als Kind bereits das Gefühl hatten, anders zu sein, wie sollte dieses Gefühl dann in der Pubertät verschwinden? Ich bin davon überzeugt, dass es sich in dieser schwierigen Zeit verstärkt. Zumal die körperlichen und geistigen Veränderungen sie derart beschäftigen, dass sie diese aufgrund ihrer Hochsensibilität sicher wesentlich intensiver erleben als manche Gleichaltrigen. Wenn sie dann noch sehen, wie die Vorlieben vieler Klassen- und Schulkameraden sich plötzlich ändern und Dinge wie Motorrad fahren, Alkohol trinken und Partys feiern zum Lebensinhalt werden, dann fühlen sie sich abgedrängt, sofern sie nicht die gleichen Interessen teilen. Natürlich klingt dies nach einer Pauschalisierung, aber sicher können sich einige in diese Situation einfühlen. Ich selbst habe es so erlebt und ich beobachte es ebenso bei meinen Söhnen. Es ist dann kein Wunder, dass sie unsicher in ihrem Tun werden, sich verletzlich fühlen und keine Angriffsfläche bieten wollen, zumal die meisten Hochbegabten ein ausgeprägtes Gerechtigkeitsgefühl begleitet, welches für Konflikte sorgen kann. Sie entziehen sich lieber unangenehmen Situationen und isolieren sich nach dem Motto: „Welt, bleib draußen." Das Geschenk der Hochbega-

bung und auch der Hochsensibilität, welches sie mit ihrer Geburt erhalten haben, erscheint in dieser Zeit als Fluch. Gerade in dieser Zeit wäre der Austausch mit Gleichgesinnten so wichtig, um ihre eigenen Potenziale zu erkennen, doch die Gefahr ist groß, dass sie sich dieser Möglichkeit lieber entziehen. Leider bleibt dann auch das Training von sozialen Kontakten und Beziehungen auf der Strecke, was in diesem Alter so wichtig wäre.

„Hochsensible und Hochbegabte werden als anders wahrgenommen, schlimmstenfalls hagelt es verletzende oder beleidigende Kritik. Das ist eine Erfahrung, die viele außergewöhnliche Menschen gemacht haben. Gerade bei hochsensiblen Menschen kann eine wiederholte Erfahrung von schlechtem Feedback sehr nachhaltige Wunden verursachen. All das kann die Ursache von Selbstzweifeln sein, die den Betroffenen so lange begleiten, bis er von allein herausfindet, was ihn von seinen Mitmenschen unterscheidet und dann lernt, dieses Anderssein selbst zu schätzen und zuachten", las ich passenderweise auf der Website der Open Mind Akademie (87).

Dieser Ansatzpunkt ist sicher wesentlich, um diese Gabe nicht als Fluch, sondern als Geschenk zu sehen. Die Schwierigkeit besteht jedoch darin, dass man Hochbegabten noch so oft sagen kann, was sie können und worin ihre Stärken liegen. Wenn sie es selbst nicht fühlen, ist es für sie nicht greifbar. Wenn sie sich auf den Weg machen, dies zu entdecken, benötigen sie oft Hilfe von außen, die ihnen die Hand reicht und ihnen hilft, gemeinsam aus der Angst und den Selbstzweifeln herauszukommen. Diese Hilfe bekommen sie bestenfalls von ebenfalls hochbegabten und hochsensiblen Menschen. Denn dies hat zwei Vorteile: Zum einen kennt diese Person die Schwierigkeiten und kann sie nachempfinden. Zum anderen kann es für die Betroffenen bereits sehr heilsam sein, sich mit jemanden auszutauschen, der sich auf Augenhöhe befindet. Für viele ist es das erste Mal.

Ein ebenfalls interessantes Interview aus der Zeitung „Welt" mit Corinna Kegel greift die Problematik des Selbstwertes bei Erwachsenen auf: „Hochbegabte fühlen sich oft eigenartig, ecken an, ohne das zu beabsichtigen, erleben sich fremd und unverstanden im Kontakt mit anderen – meist seit frühester Kindheit. Ein

typisches Symptom ist zum Beispiel ein übersteigerter Anspruch an sich selbst, ein unglaublicher Perfektionismus. Häufig geht damit ein geringes Selbstwertgefühl einher, weil sie die Messlatte so hoch legen, dass sie diese nie erreichen können (...) Der geringe Selbstwert, der aus diesem hohen Anspruch entsteht, führt dazu, dass sie sich in Unterhaltungen und Diskussionen im Arbeitsleben stark zurücknehmen. Denn sie gehen immer davon aus, dass andere Menschen eine genauso fundierte Meinung haben und wahrscheinlich besser über das Thema Bescheid wissen als sie." (85)

Mit diesem Blick in die Zukunft empfinde ich es als noch relevanter, möglichst früh an diesem Thema zu arbeiten und Fachleute hinzuzuziehen. Die Auffälligkeiten hinsichtlich dem eigenen Selbstwert werden bereits im Kindesalter deutlich und können sich immer mehr verstärken, je älter die Kinder werden. Damit sie im Erwachsenenalter diese inneren Hürden gut meistern können, ist es wichtig, sie dabei möglichst früh zu unterstützen. Zwar haben wir als Eltern unsere Kinder in ihrem Sein und in ihren Leistungen immer bestärkt, aber trotzdem blieben Selbstzweifel übrig, mit denen sie sich quälen. Bei Sebastian hat der Kontakt in der Wohngruppe mit Gleichgesinnten Wunder bewirkt, sodass er seine Stärken und Fähigkeiten besser einschätzen konnte. Heute ist er ein zielstrebiger junger Mann mit Zielen, die er so lange nicht hatte. Das wünsche ich mir ebenfalls für Henry.

AUFATMEN

Ob die bis heute andauernde, phasenweise Schulverweigerung von Henry an einem mangelnden Selbstwert, einem fehlenden Zugehörigkeitsgefühl oder einem ausgeprägten Underachievement liegt, können wir als Eltern nicht beurteilen. Sicher wirken diese Punkte zusammen, sodass er nach wie vor festzustecken scheint. Er befindet sich kurz vor dem Abschluss der 9. Klasse und wird von einem Coach begleitet, der Erfahrung auf diesem Gebiet hat.

Ich bin mir sicher, dass ihm damit der Weg in die Schule leichter fällt, denn er möchte auch gerne wieder gehen. Mit den Erfahrungen von Sebastian im Hinterkopf sowie den Aussagen seiner Lehrkräfte, dass Henry sich spätestens in höheren Klassen oder sogar in einem Studium wohler fühlen wird, sorgen für ein tiefes Vertrauen in uns, dass alles gut wird. Mit vereinten Kräften, Geduld und Fingerspitzengefühl werden wir gemeinsam mit der Schule eine Lösung finden, damit er seine Ziele erreichen kann.

Wenn es jetzt nicht gelingen sollte, dass Henry einen Schulabschluss erhält, dann gibt es genügend außerschulische Bildungsangebote, in denen er ihn nachholen kann. Für ihn wird es am Wichtigsten sein, etwas zu finden, worin er seine Stärken nach Außen sichtbar machen kann, was positive Auswirkungen auf seinen Selbstwert haben wird. Wenn er fühlt, dass er am richtigen Platz mit den richtigen Menschen ist, wird er sich öffnen. Bis dahin werden wir ihn mit allen Kräften begleiten.

Wenn du wissen möchtest, wie sich die Situation weiterentwickelt hat, hör den Podcast mit Petra und mir „PS – Unerhört begabt und sensibel". Dort erzählen wir die Geschichte weiter und du erhältst zahlreiche Impulse zum Thema.

KAPITEL 9: FAZIT UND PERSÖNLICHE EMPFEHLUNGEN

„Erfahrung ist der beste Lehrmeister. Nur das Schulgeld ist teuer."

Thomas Carlyle, Historiker (1795–1881)

WIRKEN LASSEN

An dieser Stelle ist es Zeit, innezuhalten und zurückzublicken. Sebastian ist heute 19 Jahre, als ich dieses Buch schreibe. Ich bin mächtig stolz auf ihn, dass er seinen Realschulabschluss mit überraschenden Traumnoten geschafft hat, die ihm niemand mehr zugetraut hatte. Ich bin glücklich, dass er jetzt eine handwerkliche Ausbildung zum Elektroniker macht, die ihn sicher herausfordern wird, aber auch wachsen lässt. Das Erfreuliche daran ist, dass er das erste Mal in seinem Leben ein mittelfristiges Ziel vor Augen hat: Er möchte gerne seinen Meister nach der Ausbildung machen. Er ist sehr selbstständig geworden. Ich glaube daran, dass er seinen eigenen Weg gehen und seine persönlichen Herausforderungen bestehen wird. Ich hoffe, er weiß immer, wie sehr er dabei geliebt wird!

Was also liegt hinter uns? Hier ein kleiner Rückblick in Zahlen:
- 5 klinische Diagnostiken zu ADHS, ASS, Intelligenz, Depression innerhalb von 13 Jahren, teilweise jedoch unbestätigt
- 1 Begabungsdiagnostik mit dem Ergebnis eines heterogenen Begabungsprofils
- 1 pädagogische Versetzung in der 8. Klasse
- 1 Nicht-Versetzung und kompletter Zusammenbruch Anfang der 9. Klasse
- 2 Jahre Schulverweigerung
- Coaching für Underachievement
- Reha für Jugendliche
- Psychotherapie
- Umzug in eine Wohngruppe und Besuch einer Förderschule für Hochbegabte
- Realschulabschluss
- Besuch eines Berufsbildungswerkes
- Beginn einer Ausbildung

Bei all dem gab es viele schwierige Phasen, die wir durchstehen mussten, in denen niemand an unserer Seite war und wir auf Unverständnis stießen. Zeiten, in denen wir uns und unseren Sohn immer wieder neu erklären mussten und wir irgendwann einfach nur müde darüber waren. Denn die Situation war komplex.

Neue Verantwortliche darauf einzustimmen und zu überzeugen, kostete Kraft. Doch letztendlich haben wir all das mit der Familie, Lehrern, Förderschullehrer, Kinderarzt, Therapeuten, Ärzten, Jugendamt, Schulpsychologin vom Schulamt und vielen weiteren Personen begleitet und bewerkstelligt, jeder mit seiner Kraft und im Endeffekt gemeinsam. Dafür bin ich sehr dankbar und genieße es zu sehen, was wir alle zusammen geleistet und ermöglicht haben – immer zum Wohle des Kindes, der heute ein junger Erwachsener ist.

Auch Henry ist nun an einem Ort, an dem er Wertschätzung und Zuwendung erfährt, die gerade jetzt so wichtig für ihn ist. Das alles lässt ihn aufblühen und stärkt sein Selbstbewusstsein. Erst im Rückblick wird deutlich, wie sehr das Schulsystem das Kind belasten und wie eine Primel eingehen lassen kann und wie wichtig und rettend es ist, die richtige Schulumgebung zu finden. Der Unterschied ist so gravierend, dass es uns noch heute bedrückt und wütend macht. Auf der anderen Seite sind wir unendlich dankbar, dass wir mit der neuen Schule diese wundervolle Möglichkeit für unser Kind bekommen haben und diese uns auch bei Stolpersteinen uneingeschränkt und im Sinne des Kindes zur Seite steht.

Wie ist es bei dir? Ich lade dich ein, hier und jetzt. Nimm dir einen Moment, atme tief durch und schaue zurück. Was liegt alles hinter dir? Was hast du alles bewirken können? Schau auf dein wundervolles Kind, welches du von ganzem Herzen liebst! Sieh seine Potenziale und nimm sie als Geschenk wahr. Schau auf dich und sei stolz, welche Herausforderungen du gemeistert hast! Nimm dir Zeit, dir das bewusst zu machen. Es ist einfach grandios und großartig, fantastisch und so wertvoll. Genieße dieses Gefühl und sei stolz auf dich! Ich bin es sehr!

GAMECHANGER-MOMENTE

Rückblickend kann ich sagen, dass wir eine Menge hinter uns gebracht, erlebt und gemeistert haben. Wir sind in dieser Zeit halbe Psychologen, halbe Juristen und halbe Hochbegabten-Coaches geworden. Die letzten 18 Jahre waren ein immenser Lernprozess. Wenn ich zusammenfassten müsste, welches die wichtigsten

Momente waren, die alles verändert haben, möchte ich fünf dieser Gamechanger-Momente herausstellen:

Eine andere Sichtweise

Wir als Eltern neigen ebenso wie viele Lehrkräfte, Erzieher oder Psychologen dazu, unsere Kinder zu pathologisieren. Wir wollen wissen, was nicht stimmt, wenn sie nicht so funktionieren wie andere und den Erwartungen von Gesellschaft, Schule und Kindergarten nicht entsprechen. Wir wollen herausfinden, was los ist und dem „Kind einen Namen geben", damit wir etwas dagegen tun und die Situation verbessern können. Sehr dankbar war ich für die Entdeckung des Buches „Eine andere Art, die Welt zu sehen: Das Aufmerksamkeits-Defizit-Syndrom" von Thom Hartmann (9). Es hat mir einen neuen, potenzialorientierten Blick auf unseren Sohn ermöglicht und nahm somit viel Druck von uns. Wir haben ab diesem Zeitpunkt auf einem anderen Level gekämpft, weil wir die Stärken unseres Sohnes als solche anerkennen und wertschätzen konnten und nicht mehr nur die Schwächen wahrnahmen, die seine Entwicklung zu behindern schienen.

Entdeckung des Underachievements

In der Einführung des Buches beschrieb ich bereits den schlimmsten Moment in unserer Geschichte, als unser Sohn auf dem Bett saß und nicht mehr in der Lage war, überhaupt zu reagieren. Die Tage und Wochen danach fühlten wir uns absolut hilflos und waren zutiefst verzweifelt. Wir dachten, wir hätten bereits alle Möglichkeiten ausgeschöpft und plötzlich wussten wir nicht mehr, was wir noch tun können oder woran es liegt, dass unser Sohn sich so verhält. Wir fühlten uns wie in einer stockdunklen Sackgasse, ohne jeglichen Ausweg. Durch einen Tipp des Förderschullehrers stießen wir auf die Psychologin Frauke Niehues. Auf ihrer Website las ich zum ersten Mal auf ihrem Portal „Können macht Spaß" vom Begriff „Underachievement" (41) und beschäftigte mich eingehend mit der Doppeldiagnose Underachievement und ADHS, denn Hochbegabung war zu der Zeit immer noch kein Thema. Wir hatten das rettende Ufer endlich erreicht, denn ab hier öffneten sich neue Türen der Unterstützung und Hilfestellung sowie weiterer neuer Sichtweisen, wie beispielsweise Fehl- und Doppeldiagnosen.

Die Begabungsdiagnostik

Bisher kannten wir nur die Intelligenzdiagnostiken im Rahmen der klinischen Diagnostik für ADHS oder ASS, die Sebastian mehrfach durchlaufen musste, und wir erlebten seine steigende Unlust bei den zahlreichen Tests. Während des Underachievement-Coachings entschieden wir uns, eine umfassende Begabungsdiagnostik anfertigen zu lassen. Unser Sohn war bei diesem Termin hoch motiviert und zeigte nun sein ganzes Potenzial mit dem Ergebnis eines sehr heterogenen Hochbegabungsprofils. Jetzt hatten wir Gewissheit und ab da kommunizierten wir mit einigen Verantwortlichen auf einer ganz anderen Ebene. Denn leider gilt nach wie vor der IQ-Grenzwert von 130 als Voraussetzung für bestimmte Förderungen oder die Akzeptanz für vorliegende Schwierigkeiten. Seit diesem Zeitpunkt empfehle ich stets eine Begabungsdiagnostik zu machen. Diese ist aus meiner Sicht einer klinischen Intelligenzdiagnostik vorzuziehen, wie ich in Kapitel 3 beschrieb.

Ein Telefonat mit großer Wirkung

Bevor Sebastian in die Wohngruppe aufgenommen werden sollte, telefonierten wir gemeinsam mit dem damaligen Leiter des Theresien Kinder- und Jugendhilfezentrum e. V., Peter Eckrich. Dieser hat es in einem Telefonat geschafft, unseren Sohn zum Staunen zu bringen und emotional tief zu berühren. Herr Eckrich spiegelte ihm, mit welchen Herausforderungen er konfrontiert ist, mit welchen Problemen er sich auseinandersetzen muss, und zeigte Möglichkeiten und einen Ort auf, an dem er sich wohlfühlen und den Spaß an der Schule wieder erlangen könnte. Wir erlebten nach dem Gespräch unseren Sohn völlig verändert, er schien voller Vorfreude zu sein, dorthin zu kommen. Das sagte er auch noch ein paar Tage später, was außergewöhnlich ist, da Sebastian nie zu Gefühlsausbrüchen neigt. Für dieses Gespräch sind wir heute rückblickend dankbar, denn wir wissen, wie sehr sich Sebastian in diesem Moment gesehen und ernst genommen gefühlt hat und sicher gespürt hat, dass er mit seinen Herausforderungen nicht allein ist.

Die letzte Diagnostik

Kurz bevor Sebastians volljährig wurde, waren wir zu dem Abschlussgespräch eines Kinder- und Jugendpsychologen eingeladen, der ihn auf Initiative der Wohngruppe noch einmal untersucht hatte. Die Betreuer vermuteten eine Depression oder vielleicht eine Autismus-Spektrum-Störung. Doch das Abschlussgespräch verlief dieses Mal ganz anders. Während es für ADHS, ASS und Depression keine oder nur leichte Hinweise geben würde, gäbe es Anzeichen für die Auffälligkeiten im sehr heterogenen Begabungsprofil. Der extreme Ausschlag nahe der Höchstbegabung im Bereich des wahrnehmungsgebundenen logischen Denkens gepaart mit den anderen Werten, die fast 30 Punkte tiefer lägen, ergäben ein auffälliges Bild. Diese differenzierte Sicht auf das Hochbegabtenprofil war für uns etwas ganz Neues. Es war für uns wie eine Art Höhepunkt und ein großes Aha-Erlebnis im gesamten Diagnostikprozess der letzten Jahre. Frauke Niehus sagte in ihrem Mensa-Interview im Sommer 2021 (38), dass ein differenzierter Blick auf das Hochbegabtenprofil bei Underachievern so wichtig sei im Rahmen der Behandlung und des Coachings. Ich kann ihr seit dieser Diagnostik nur zustimmen und wünsche mir, dass dieser Ansatzpunkt und diese Sichtweise in den Alltag der klinischen Diagnostik immer mehr einziehen werden, ebenso wie der Punkt, dass Hochsensibilität und Hochbegabung oft einhergehen.

SIGNALE DEUTEN UND IHNEN NACHGEHEN

Heute sind wir unsicher, ob all die in diesem Buch aufgeführten Auffälligkeiten und Störungen wirklich auf Sebastian zutreffen oder ob die Probleme eher in seinem heterogenen Begabungsprofil begründet liegen, wie uns in einem der jüngsten Gespräche mitgeteilt wurde. Die Wahrheit steckt wahrscheinlich irgendwo in der Mitte. Ich bin überzeugt, dass unser Sohn bis zur Pubertät ADHS hatte, da er positiv auf die Medikamente reagierte. Doch die Frage ist, ob sich dies mit der Pubertät geändert hat? Ist unser Sohn ein autonomes Kind? Und hat er Züge einer Autismus-Spektrum-Störung? Jedenfalls ist sein Fall sehr komplex und gerade das machte es immer schwierig. Möglicherweise steht sich die eine Auffälligkeit mit der anderen Störung gegenseitig im Weg, sodass wir den Bereich der twice exceptional students betreten. Ein Mitarbeiter des Jugendamtes fragte uns einmal, was in der Vergangenheit besser hätte laufen können. Das war eine derart komplexe Frage, auf die wir spontan keine Antwort wussten. Denn es gibt einfach zu viele Möglichkeiten, die wir hätten ergreifen können. Ein Schulwechsel auf eine Privatschule wie die Friedrich Wilhelm Raiffeisen-Schule hätte vielleicht mehr Aufmerksamkeit auf seine Begabungen ermöglicht und die Hausaufgabenproblematik erst gar nicht so schlimm werden lassen. Mit einer früheren Gabe von Medikamenten wäre die Lage möglicherweise nicht eskaliert und eine Begabungsdiagnostik hätte den wahren Kern der Problematik bereits im Kindesalter aufgedeckt. Ein Gespräch mit dem Jugendamt fand ja schon zu einem früheren Zeitpunkt statt, denn tatsächlich hatten wir ein Jahr vor der Schulverweigerung Kontakt dorthin aufgenommen. Uns wurde empfohlen, zu einer Erziehungsberatung zu gehen. Diese hatten wir bereits im Kindergarten hinter uns, daher hatte sich das Thema Jugendamt für uns erst einmal erledigt. Ja, es gibt viele Möglichkeiten, die wir früher hätten ergreifen können. Aber als Eltern bist du mittendrin im Prozess, sodass du auf Empfehlungen hörst, dir dein eigenes Bild machst und versuchst, alles in eine gute Richtung zu lenken. Über vieles hast du noch keine Kenntnisse, sondern erlangst diese erst mit der Zeit. Es ist ein ständiges learning by doing und daher war die Frage nach dem, was wir hätten anders oder besser machen können, eine Frage, die uns sprachlos zurückgelassen hat. Denn wir wollten nach vorne schauen und überlegen, was wir nach über einem Jahr Schulverweigerung nun gemeinsam für unseren Sohn tun können. Der Blick in die Vergangenheit war an dieser Stelle für uns fragwürdig, da er keine Veränderung in der Zukunft bewirkt hätte.

Ich bin mir sicher, dass viele Eltern stetig auf der Suche nach der richtigen Diagnose sind in der Hoffnung auf eine Möglichkeit, danach etwas ändern zu können. Im Rahmen meiner Recherchen las ich erst sehr spät von Fehl- und Doppeldiagnosen. Ich erlebte beim Lesen viele Aha-Erlebnisse, und gleichzeitig blieben viele Fragezeichen offen.

DOPPELDIAGNOSTIK/FEHLDIAGNOSTIK

Begeben wir uns bei Verhaltensauffälligkeiten in Kindergarten und Schule in die Hände von Ärzten, hoffen wir, eine Antwort auf unsere dringenden Fragen und Lösungen für unsere Probleme zu erhalten, vor allem, wenn es um unsere Kinder geht. Wir suchen Psychologen auf und werden in Kliniken vorstellig. Ist dann endlich eine Diagnose gestellt, hoffen wir, durch therapeutische Maßnahmen die Situation so zu verbessern, dass das Kind in der Schule funktioniert und sich alles zum Guten wendet. Oft beginnt jedoch mit der ersten Diagnostik ein Leidensweg, der sich über Jahre hinziehen kann. So haben wir es zweifach erlebt und ich lese davon immer wieder bei betroffenen Familien in der Facebook-Gruppe der Begabungsspezialisten Bernd und Renate Weber. Die Sache ist die, dass alles, was mit der Psyche zu tun hat, oft auf Beobachtungsdiagnosen basiert und die Symptome sich zudem mit anderen psychischen Krankheiten oder Störungen überschneiden können. Ein klares und eindeutiges Bild zu erhalten, ist ein Wunsch, der selten zu 100 % erfüllt werden kann. In unserer Familie begannen wir mit der ersten Diagnostik im Vorschulalter mit dem Ergebnis eines ADHS und einer überdurchschnittlichen Begabung. Später erhöhte sich der Verdacht auf ASS und letztendlich auf Depressionen oder eine psychische Störung, an die wir zu diesem Zeitpunkt überhaupt nicht dachten. So durchliefen wir Diagnostik für Diagnostik und haben heute immer noch kein eindeutig-realistisches Bild, wenn auch viele Symptome dem einen oder anderen Störungsbild zugeordnet werden können. Doch diese überschneiden sich wiederum mit den Symptomen, die eine Hochbegabung mit sich bringen kann. Du siehst, Diagnostik kann in dem Bereich, in dem wir uns bewegen, äußerst komplex sein. Daher lautet meine Empfehlung: Mach dir immer selbst ein Bild und vertraue auf dein Gefühl. Glaube nicht alles bedingungslos, was Ärzte und Psychologen dir sagen. Hinterfrage es zumindest und bleibe kritisch. Hol dir mehrere Meinungen ein, schau aber gleichzeitig, dass du dein Kind mit Diagnostiken nicht überforderst.

Auch wenn ich hier von „Störungen" oder „Krankheiten" spreche, sehe ich dies stets mit einem kritischen Auge. Denn viele „Störungen" werden von der Gesellschaft erst zu Störungen gemacht, weil bestimmte gesellschaftliche Strukturen diese als solche einordnen, wie beispielsweise das ständige Stören im Unterricht,

die Hyperaktivität, das Hinterfragen bis hin zum Scheitern von Schülern im Schulsystem. Liegt jedoch wirklich eine psychische Störung vor, die das Kind in irgendeiner Form behindert, dann ist es wichtig und notwendig, ärztliche Begleitung in Anspruch zu nehmen. Daher konsultiere immer einen Arzt, dem du vertraust und bei dem sich dein Kind wohlfühlt. Such dir jemanden, der mit diesen Themen Erfahrung hat und auch offen ist gegenüber alternativen und modernen Behandlungsmöglichkeiten und wissenschaftlichen Erkenntnissen. Denn die Forschung auf diesem Gebiet bringt immer wieder Neues ans Tageslicht.

Als wir nach vielen Jahren Diagnostikgeschichte über das Thema Underachievement stolperten, war Sebastian bereits 15. In diesem Zug erfuhr ich das erste Mal von Doppel- und Fehldiagnostiken. Das machte mich sehr hellhörig, lenkte dies doch den Blick von seinen Defiziten auf seine Stärken. In Wirklichkeit gerät das Thema heute immer stärker in das fachliche Bewusstsein. Der amerikanische Professor für Psychologie, James T. Webb ist einer der führenden Experten auf diesem Gebiet und bietet mit seinem Buch „Doppeldiagnosen und Fehldiagnosen bei Hochbegabung: Ein Ratgeber für Fachpersonen und Betroffene", eine wichtige wissenschaftliche Grundlage (22). 2004 erschien es in Erstauflage in englischer Sprache, erst seit 2015 ist es in Deutsch erhältlich. Webb untersucht Überschneidungen zwischen den gängigsten psychischen Störungen und einer möglichen Hochbegabung und erklärt, wie sich die Symptome äußern können, sodass die eigentliche Ursache unentdeckt bleibt. Im gleichen Jahr, als sein Buch in deutscher Sprache erschien, wurde dieses Thema auf dem Bildungskongress in Münster problematisiert. Diese Aufgabe übernahm die „Initiative zur Verringerung des Risikos einer klinischen Fehldiagnose bei hochbegabten Kindern". Sie ist eine Kooperation der DGhK e.V. mit der amerikanischen Institution SENG (Supporting Emotional Needs oft he Gifted), dem Internationalen Centrum für Begabungsforschung der Universität Münster (ICBF), dem Arbeitskreis Hochbegabung im Berufsverband Deutscher Psychologinnen und Psychologen (BDP) sowie Inga Liebert-Cop und Suzana Zirbes-Domke als zwei engagierten Psychologinnen und SENG Liaisons in Deutschland und basiert auf den Erkenntnissen von James T. Webb. Das Ziel ist eine „gemeinsame, aktualisierte Wissensbasis, wenn es um die Zuordnung von Auffälligkeiten und Störungsbildern geht" (86). Die Frage ist nur, inwiefern diese

Erkenntnisse heute in der Praxis angekommen sind? Daher lohnt es sich auch als Eltern und Lehrkräfte darüber Bescheid zu wissen. Denn Hochbegabungen können aufgrund von Symptomen und Auffälligkeiten unentdeckt bleiben und als Verhaltensauffälligkeiten anders gedeutet werden. Sogar Fachleuten kann die Unterscheidung durchaus schwerfallen, da Hochbegabung keine Krankheit ist und die Kenntnisse über die unterschiedlichen Ausprägungen nicht immer vorhanden sind. Zudem können Hochbegabung und eine klinische Störung nebeneinander existieren. Auch diese Tatsache ist in Fachkreisen nicht überall bekannt, was von der Initiative als problematisch gesehen wird (87).

Meine erste Begegnung mit Fehl- und Doppeldiagnosen erfolgte über die Website „Können macht Spaß" von Frauke Niehues (88). Sie hat in einer übersichtlichen Tabelle die Ausprägungen von Hochbegabung, den Krankheitsbildern von psychischen Störungen wie AD(H)S, Depression, Angststörungen, soziale Phobie, Sucht, Borderline und weiteren gegenübergestellt, die man sich als PDF herunterladen kann. Auch die SENG-Initiative bietet in ihrem Informationsfolder eine ähnliche tabellarische Übersicht an (86). Sie alle basieren auf den Erkenntnissen von James T. Webb, stellen diese aber vereinfacht für erste Informationen dar. In den Aufstellungen wird deutlich, welche Symptome sich mit möglichen Ursachen überschneiden und deshalb fehldiagnostiziert werden können. An dieser Stelle möchte ich zum besseren Verständnis ein paar ausgewählte Beispiele der Website von Frau Niehues aufgreifen:

Schnelles und komplexes Denken kann sich durch Langeweile und Unterforderung bemerkbar machen und eine Diagnose wie AD(H)S, Störung des Sozialverhaltens, Depression oder einer narzisstischen Persönlichkeitsstörung zur Folge haben. Ein visuell-räumlicher Denk- und Lernstil kann sich in einem vermeintlichen Chaos äußern und die Diagnose AD(H)S nach sich ziehen. Eine hohe Sensibilität oder Sensitivität, wie sie viele Hochbegabte haben, kann sich in Schwierigkeiten in der Emotionsregulation widerspiegeln und mit einer AD(H)S, ASS, Angststörung oder anderen Störungen diagnostisch belegt werden (88). Ein Blick auf die Website von Frauke Niehues oder den SENG-Folder lohnt sich sehr, um die ganze Tabelle in Augenschein zu nehmen. Beide sind mit weiteren Beispielen

gefüllt und bescheren beim Lesen sicher das ein oder andere Aha-Erlebnis. Die Gefahr der Fehl- und Doppeldiagnosen liegt auf der Hand. Hochbegabung, Autonomie und Hochsensibilität sind keine Krankheiten. Werden die daraus entstehenden Symptome und Eigenheiten aber in Verbindung mit behandlungsbedürftigen psychischen Störungen gebracht, kann dies „weitreichende negative Folgen für das Selbstbild und Selbstwirksamkeitserleben des HB (Hochbegabten) haben. Es drohen Pathologisierungs- und Stigmatisierungsphänomene. Falls (jedoch) eine tatsächliche psychische Erkrankung besteht und nicht erkannt wird, wird sie nicht behandelt und das Leiden bleibt unnötigerweise bestehen" (88). Daher finde ich es wichtig, dass diese Problematik den Verantwortlichen in der Diagnostik bewusst gemacht wird, aber auch Eltern und Bezugspersonen über dieses komplexe Thema informiert sind, um an entsprechender Stelle darauf aufmerksam machen zu können. Natürlich existieren auch Doppeldiagnosen, woraus sich das Phänomen der twice exceptional students erklärt, welches ich in Kapitel 7 näher beschrieben habe. Bei Sebastian treffen ADHS und Hochbegabung ziemlich sicher aufeinander, zumal er die paradoxen Wirkungen auf Koffein zeigte und positiv auf die Medikation ansprach. Wenn ich jedoch in einem klinischen Abschlussgespräch sitze und höre, dass Henry ADS hat und meine geäußerte Vermutung für eine Hochsensibilität mit einem verwunderten Gesichtsausdruck abgetan wird, dann ist dies alles andere als hilfreich, zumal eine Medikationsempfehlung folgte. Ich möchte noch einmal betonen, dass jedes Kind anders ist. Daher empfehle ich in jedem Fall den Besuch von Experten zur Abklärung. Eine fachlich versicherte Begabungsdiagnostik steht für mich immer am Anfang, sofern eine Hochbegabung vermutet wird. Anschließend sollte nach Rücksprache eine ärztliche Diagnostik erfolgen, wenn weitere Ursachen nicht ausgeschlossen werden können. Dies ist aus meiner Sicht die sinnvolle Reihenfolge, um das Kind potenzial- statt defizitorientiert zu betrachten, was aufgrund seiner ohnehin schon schwierigen Situation und Herausforderungen dringend notwendig ist.

WAS WIR HÄTTEN BESSER MACHEN KÖNNEN

Genau das ist eine schwierige Frage. Zum Abschluss des Buches möchte ich mich ihr stellen. Wir können die Zeit nicht zurückdrehen, das wissen wir. Es ist, wie es ist. Ich möchte auch nicht in dem Drama „Hätten wir doch …" verweilen, denn es führt zu nichts. Und doch finde ich es wichtig, es an dieser Stelle aufzugreifen, um dir möglicherweise einen Impuls zu geben, was du tun kannst. Starten wir also einen kurzen Rückblick, was wir hätten besser machen können – aus der Sicht von heute mit dem Wissen von heute.

Kindergarten: Sebastian möglichst früh in den Kindergarten zu geben, war die richtige Entscheidung. Doch wir hätten uns vielleicht die Erziehungsberatung schenken können. Denn ein hochbegabtes Kind mit ADHS kannst du einfach nicht so erziehen, wie du normalerweise Kinder erziehst. Sämtliche Erziehungsratgeber-Tipps laufen ins Leere, und zwar aus dem Grund, dass unser Sohn autonom ist, was vielleicht ein Nebenschauplatz der Hochbegabung ist. Die Grenzen verschwimmen oft bei all diesen Themen. Im Nachhinein betrachtet hätten wir viel früher damit beginnen können, ihm auf Augenhöhe zu begegnen und ihn aktiv in Entscheidungen einzubeziehen, soweit es bei einem Kleinkind bereits möglich ist. Denn auch damals galt schon: Nur die Dinge, in denen er für sich einen Sinn sah, hat er umgesetzt. Wir hätten uns viele Auseinandersetzungen sparen können.

Grundschule: Statt einer defizitorientierten Diagnostik hätten wir bereits hier eine fundierte Begabungsdiagnostik durchführen lassen können. Eine frühe Diagnose hätte uns unter Umständen neue Möglichkeiten der amtlichen Förderung ermöglicht. Auch wäre das Verständnis der Lehrkräfte möglicherweise ein anderes gewesen, wenn wir schwarz auf weiß hätten vorlegen können, dass unser Sohn nicht faul oder dumm ist. Mit dem Wissen von heute hätte ich ganz anders intervenieren und aufklären können. Wenn es zudem finanziell möglich gewesen wäre, hätte unser Sohn eine kleinere Privatschule mit dem Konzept des selbstgesteuerten Lernens besucht. Hier hätte er sicher seine individuellen Potenziale stärker ausleben können sowie die Freude am Lernen behalten.

Weiterführende Schule: Auch wenn unser Sohn in der neunten Klasse die Schule verweigerte, so war doch der Schulwechsel auf das Gymnasium zur fünften Klasse, auch ohne Empfehlung der Grundschule, für uns und ihn der richtige Weg. Im Klassenverbund war er gut integriert und wurde trotz mangelnder mündlicher Beteiligung einfach mitgezogen. Viele Lehrkräfte erkannten sein Potenzial und die Zusammenarbeit mit uns erfolgte stets kooperativ. Hätte Sebastian eine integrierte Gesamtschule besucht, wäre er sicher wegen seiner mangelnden mündlichen Beteiligung überall in den C-Kursen (Hauptschulniveau), gelandet. Seine Schullaufbahn wäre ganz anders verlaufen.

Schulverweigerung: Tragisch ist, dass wir bis dahin immer noch nichts von der Hochbegabung ahnten. Wäre ich informiert gewesen, auch zum Thema Underachievement, hätten wir wesentlich früher mit einem Coach diese besondere Situation auffangen können. Doch damals war dies, trotzdem ich viel recherchierte, nicht in meinem Blickfeld. So hatte sich die Verweigerungshaltung bereits hartnäckig etabliert. Schule verband unser Sohn mit körperlichen Schmerzen, da war nichts mehr zu machen.

Helikoptereltern: Die Frage ist, ob ich mir vorwerfe, nicht hart genug durchgegriffen zu haben, zu weich gewesen zu sein, mich zu viel gekümmert zu haben und ob ich beide Kinder zu wenig habe auflaufen lassen. Die Antwort ist Nein. Ich sah es als meine Pflicht an, Sebastian zu begleiten und zu dem Ziel eines Schulabschlusses zu führen sowie Henry beizustehen, ihm zu glauben und mit ihm gemeinsam eine Lösung für eine wertschätzende Schule zu finden. Ich bekam den Impuls, Sebastian zur richtigen Zeit loszulassen, was wichtig war. Und sicher reagierte ich aufgrund meiner eigenen Sensibilität oft zu weich und das Durchgreifen fiel mir oft schwer. Doch das macht mich nicht zu einer schlechten Mutter. Die letzten 18 Jahre haben all meine Kraft gekostet und wir haben das als Familie gestemmt, worauf ich stolz bin. Mein Mann hat mich dank seiner Klarheit und konsequenten Haltung bestens ergänzt. Ich weiß aber auch, dass viele Eltern von hochbegabten Kindern mit Passungsproblemen mit dem Vorwurf „Helikoptereltern" umgehen müssen. Doch niemand, der nicht in unserer Situation ist, darf sich erlauben, hier ein Urteil zu bilden. Wirklich niemand!

INKLUSION FÜR HOCHBEGABTE

Als ich begann, dieses Buch zu schreiben, war ich der Überzeugung, dass Inklusion für Hochbegabte der einzige Lösungsansatz ist, um drohende Schulprobleme zu vermeiden. Doch heute, nach Stunden der Recherche, Gesprächen und des Schreibens, hat sich mein Blick darauf geändert. Denn Hochbegabte in das normale staatliche Schulsystem zu inkludieren, ist eine Mammutaufgabe, der Lehrkräfte selten gerecht werden können, auch wenn sie es wollten. Trotzdem bleibt oft keine Alternative, weil Privatschulen entweder Geld kosten, die Eltern sich gegen den Aufenthalt ihres Kindes in einem Internat entscheiden oder Modellschulen wie die erwähnte Richtsbergschule, das Albrecht-Ernst-Gymnasium oder die Friedrich Wilhelm Raiffeisen-Schule rar und räumlich oft unerreichbar sind. Zudem ist das staatliche Schulsystem weit davon entfernt, sich zu reformieren. Dazu müssten die Menschen, die das Bildungssystem regulieren und mit Leben füllen, erst einmal selbst sensibilisiert werden und bereit dafür sein. Dass dies ein schwieriges Unterfangen ist, hat Bernd Weber erlebt, als er in seiner Funktion als Berater für Hochbegabung im Landesausschuss Bildung in Berlin gemeinsam mit der Humboldt-Universität im Senat einen Vortrag gehalten hat. Er sprach über „Inklusion von Hochbegabten", worauf die Verantwortlichen zunächst irritiert reagierten. Denn beide Begriffe passten vermeintlich nicht zusammen, was genau die Meinung abbildet, die unsere Gesellschaft vertritt. Trotzdem begegnete man dem Thema offen und zeigte sich interessiert, doch es veränderte sich anschließend fast nichts (29). Betrachtet man das Thema „Schulsystem" im Detail, wird deutlich, wie komplex der Umfang an zu absolvierenden Pflicht-Schuljahren und der sich anschließenden Ausbildung und/oder Studium ist. Alles baut aufeinander auf und es wird deutlich, wie schwierig punktuelle Veränderungen an der ein oder anderen Stelle umzusetzen wären. Der Bildungsföderalismus in 16 Bundesländern mit den jeweiligen Bestimmungen kommt erschwerend hinzu und bläht dieses Konstrukt weiter auf, sodass eine übergeordnete und schnelle Einigung, sowie eine anschließende Planung und Umsetzung aussichtslos erscheinen. So verfährt man lieber weiter wie bisher, denn was vermeintlich bewährt ist, wird einfach beibehalten. Dass aber das System bröckelt und die Menschen, die es mit Leben füllen, höchst unzufrieden sind, wird gerne ignoriert. Wer kein „Augen zu und

durch" praktizieren kann, stößt dabei schnell an die Grenzen des Machbaren, da jeder überlastet ist. Eine nachhaltige Veränderung kann meiner Einschätzung nach nur von unten geschehen. Das passiert, wenn Schulen neue Konzepte innerhalb des erlaubten Spielraums ausprobieren. Doch von einer flächendeckenden und für alle erreichbare Umsetzung sind wir weit entfernt. Also schmort das System weiterhin in seinem Saft und köchelt vor sich hin – bis es möglicherweise irgendwann überkocht.

WAS BEDEUTET INKLUSION AN SCHULEN?

„In einer inklusiven Schule lernen Kinder und Jugendliche, egal ob mit und ohne Behinderungen, von Anfang an gemeinsam. Dabei sollen alle Schülerinnen und Schüler die Unterstützung und Förderung erhalten, die sie benötigen. Deshalb erhalten inklusiv arbeitende Schulen auch zusätzliche Lehrerstellen." Quelle: Schulministerium NRW (93).
Die Inklusion sollte idealerweise auch Hochbegabte mit Passungsproblemen unterstützen, denn sie benötigen ebenfalls Unterstützung und Förderung und können sogar den schulischen Förderbedarf seitens des Schulamtes zugesprochen bekommen.

Was macht man also mit hochbegabten Kindern, die im staatlichen Schulsystem aufgefangen werden müssen? Es fühlt sich alles andere als gut für Eltern an, sie ins offene Messer laufen zu lassen in Erwartung der Probleme, die da bestimmt kommen. Das widerspricht sicher dem Wunsch, das Beste für sein Kind zu wollen, oder zumindest, dass es sich zu einem eigenständigen und glücklichen Menschen entwickelt, das sein Leben selbstständig meistert. Denn bei all dem haben wir eine Schulpflicht, die erfüllt werden muss. Welche Möglichkeiten haben Eltern also, wenn sie ihr Kind zur Schule schicken? Wenn es auf die örtliche Grundschule oder die gut zu erreichende Gesamtschule oder das Gymnasium gehen soll? Mir persönlich war der enge Kontakt zu den Erziehern und Lehrern immens wichtig. Ich ging sehr offen mit dem Thema um und wir hatten Glück, dass die meisten ein

offenes Ohr für das Thema ADHS und überdurchschnittliche Begabung hatten (damals war Sebastians Hochbegabung noch unentdeckt). Doch wie du mittlerweile erfahren hast, bot auch das keine Erfolgsgarantie. Wir können zwar sagen, wir haben alles versucht, aber im Grunde genommen war es immer ein learning by doing –und wir haben wirklich viel gelernt und unternommen. Doch letztendlich kam es zur Schulverweigerung, da im staatlichen Schulsystem einfach kein Platz war für unseren hochbegabten Jungen mit eigenen Vorstellungen, der äußerst autonom ist und alles hinterfragt, was er vorgesetzt bekommt, der komplett dichtmacht, wenn er keinen Sinn in dem, was er tun soll, sieht. Mit dem Wissen von heute hätten wir sicher andere Wege eingeschlagen. Aber es ist müßig, darüber nachzudenken. Was mir bleibt, ist, dieses Buch zu schreiben und dich als Leser, ganz gleich ob Mutter, Vater, Lehrkraft, Psychologe oder Arzt, auf unsere Reise mitzunehmen und Impulse für neue Sichtweisen und Hilfestellungen zu geben. Und vor allem euch als Eltern klarzumachen: Ihr seid nicht allein!

Vielleicht stehst du am Anfang der Schulreise für dein Kind oder du stehst vor einem Wechsel auf eine weiterführende Schule. Vielleicht sind die ersten Probleme bereits offensichtlich oder kündigen sich an. Da jedes Kind unterschiedlich ist, gibt es jedoch nicht die eine Lösung. Es existieren zahlreiche Faktoren, die zu einer glücklichen Schulkarriere beitragen. Daher möchte ich an dieser Stelle einen Impuls aufgreifen, der aus einer Broschüre der Deutschen Gesellschaft für das hochbegabte Kind e. V. aus dem Jahr 1998 stammt: „Bemühen Sie sich gemeinsam mit dem Lehrer um eine Basis, auf der Ihr Kind sich in der Klasse wohlfühlen kann; suchen Sie das Verständnis des Lehrers dafür, dass es aufgrund seiner Eigenart Förderung braucht, damit es keine Schulunlust entwickelt" (92). Das Problem ist, dass wir nicht „hinter die Stirn" schauen können. Es bedarf gegenüber „Hochbegabung" Offenheit, was sicher eher die Ausnahme ist. Zudem ist es wichtig, mit dem Thema sensibel umzugehen, denn nur wenige Lehrkräfte lassen sich von außen sagen, wie sie unterrichten sollen. Offenheit ja, aber mit einer gewissen Sensibilität. Auch wir hatten vor Schulbeginn ein Gespräch mit der Lehrerin, sodass unser Sohn in eine kleinere Inklusionsklasse mit 2 Erwachsenen aufgenommen wurde. Das hat einen hilfreichen Rahmen geschaffen, zudem sich die Klassenlehrerin, die gleichzeitig Schulleiterin war, sehr gut mit ADHS auskannte. Aber es gibt noch weitere

278

Lehrkräfte, die mitwirken müssen und es gibt einen Lehrplan, der erfüllt werden muss. Daher sind die Grenzen des Machbaren an den meisten Schulen bereits eng gesteckt. Meine Empfehlung ist auf jeden Fall: Vor der Einschulung Kontakt aufnehmen, offen sein, aber auch klar machen, dass alle gemeinsam eine Lösung finden sollten und nicht gegeneinander gearbeitet wird. Als Eltern ist es sinnvoll, Informationen geben zu können über die Eigenheiten des Kindes und wie sich seine Passungsprobleme auswirken. Ein regelmäßiger Austausch ist wichtig. Zudem könnten Ideen entwickelt oder ausgetauscht werden, um das Kind zu motivieren und seine Potenziale zu stärken, anstatt sich auf die Schwächen und Störfelder zu fokussieren. Oft braucht ein hochbegabtes Kind nur die richtige Umgebung, um einfach „normal" sein zu können, sich gesehen zu fühlen und seine PS auf die Straße zu bringen. Einige Inklusionsmöglichkeiten möchte ich hier beleuchten:

Enrichment. Dieses englische Wort bedeutet im Deutschen „Anreicherung". Das heißt, dass der schulische Unterricht um weitere Inhalte für Hochbegabte ergänzt wird. Das kann von Vorteil aber auch von Nachteil sein. Wenn Lehrkräfte Enrichment so einsetzen, indem sie den Schülern noch mehr Übungsmaterial auf gleichem Niveau zur Verfügung stellen, also eine rein quantitative Anreicherung erfolgt, dann wird das hochbegabte Kind womöglich stärker in die Verweigerungshaltung gehen, da es dies als Bestrafung empfindet und Wiederholungen in Form von Mehraufgaben verabscheut. Besser wäre es, Lernstoff auf einem höheren Level anzubieten, welches eine Herausforderung bedeutet. So gibt es neben Förderheften auch Forderhefte in Mathematik. Dazu muss das Kind aber generell bereit sein, was bei einigen Hochbegabten schwierig ist, da sie pragmatisch konsequent das ökonomische Prinzip verfolgen: mit dem kleinstmöglichen Aufwand den größtmöglichen Erfolg zu erzielen. Eine sinnvolle Form des Enrichments wäre daher, sich an den Interessen des Kindes zu orientieren und es sich hier verwirklichen zu lassen. So könnte das Aufarbeiten und Präsentieren eines bestimmten Wissensthemas an das hochbegabte Kind übertragen werden. Das stärkt das Selbstbewusstsein, das Kind fühlt sich gesehen und die anderen Schüler profitieren davon, weil sie neue Dinge lernen. Im besten Fall bietet die Schule von sich aus eine Hochbegabten-AG an, in der sich die besonders intelligenten Kinder austauschen und den Kontakt mit ihresgleichen genießen können. Generell gilt es, die

richtige Enrichment-Strategie für das jeweilige Kind sensibel auszuwählen. Es bedeutet in jedem Fall einen erhöhten Aufwand für die Lehrkraft.

Schulen mit Hochbegabten-Siegel. Von der Bundesregierung und Landesregierung ausgezeichnete Schulen mit Hochbegabten-Siegel bieten zunächst eine interessante Alternative für hochbegabte Schüler. Sind diese zugleich Hochleister, sind sie dort sicher sehr gut aufgehoben. Doch Underachiever oder hochsensible Schüler könnten auch hier fehl am Platz sein. Es ist in jedem Fall genau hinzuschauen, wie diese Schule funktioniert und wie die Atmosphäre ist. Dazu sei die Frage an die Lehrkräfte dieser Schulen gestattet, woran sie eine Hochbegabung erkennen. Wenn dann die Antwort kommt: „An den guten Noten", sollte man das Weite suchen. Und ja, diese Aussage basiert auf einer wahren Geschichte.

Überspringen. Das Überspringen einer Klassenstufe ist eine interessante Möglichkeit für Kinder, die in ihrem Wissen weit voraus sind und drohen, sich im Unterricht zu langweilen und dauerhaft abzuschalten. Ein wichtiger Aspekt ist dabei der Blick auf die sozial-emotionale Entwicklung. Sie verläuft gerade bei hochbegabten Kindern asynchron, sodass sie in dem Bereich Defizite zu Gleichaltrigen aufweisen könnten. Wird dieses Kind dann eine Klassenstufe höher aufgenommen, fühlt es sich im sozialen Kontext möglicherweise fehl am Platz und könnte sozial ausgegrenzt werden. Spätestens mit dem Einsetzen der Pubertät klafft die Entwicklungsschere unter Umständen noch weiter auseinander und wird offensichtlicher. Daher sollte der Schritt immer sehr gut überlegt sein.

Drehtürmodell. In manchen Schulen ist es möglich, dass die Kinder durch den Besuch ausgewählter Fächer in einer höheren Klassenstufe motiviert werden, ohne ihren gewohnten Klassenverbund verlassen zu müssen. Es ist ein „Überspringen light". Sie genießen die neue Herausforderung und spüren Erfolgserlebnisse, werden aber in den anderen Fächern nach wie vor gut aufgefangen und bleiben sozial bei den Gleichaltrigen integriert. Das bedeutet einen immensen organisatorischen Aufwand, der sicher für eine Zeitlang sinnvoll ist, um die generelle Motivation und die Freude am Lernen aufrecht zu erhalten.

Diese Maßnahmen können auch Kindern mit einer „nur" überdurchschnittlichen Begabung zugutekommen. Leider herrscht oft der Irrglaube bei den Lehrern, dass das Kind erst dann schwerere Aufgaben erhalten darf, wenn es die leichten zu vollster Zufriedenheit erfüllt hat. Aus dem Grund kommen viele hochbegabte Schüler nie in den Genuss von außergewöhnlichen Lernerlebnissen bis hin zu Teilnahmen an Wettbewerben. Dass das Kind aber bei den leichten Aufgaben kapituliert, weil sie eben zu leicht sind, als unnötig oder als sinnlos erachtet werden, und erst bei schweren Herausforderungen richtig aufblüht, können viele Lehrkräfte nicht nachvollziehen. Ich muss zugeben, dass ich dafür volles Verständnis habe, denn mir fällt das sogar bis heute schwer zu glauben. Bis unser Sohn es bewiesen hat. So kann er bis heute kein 1x1 und hat laut psychologischem Gutachten der Arbeitsagentur Defizite in den Grundrechenarten in Mathe, da er u. a. keine schriftliche Multiplikation aufs Blatt bringen konnte (Zitat Sebastian: „Es gibt doch Taschenrechner für so was, warum soll ich das dann lernen?"). Und dennoch schrieb er eine 1 als Klassenbester in der Realschulabschlussprüfung mit Themen wie Strahlensätzen, Trigonometrie, lineares und exponentielles Wachstum, Potenzgesetze etc. Lehrkräfte müssen also großen Mut aufbringen, um den Schülern zu vertrauen, um dadurch neue Türen zu öffnen, die so wichtig für diese Kinder wären.

NEUE WEGE GEHEN – EIN HOSPITATIONSBERICHT (MÄRZ 2023)

Davon, dass Schule im Sinne der Eigenverantwortung für Schüler viel bewirken kann, durfte ich mich während einer Hospitation an der erwähnten Richtsberg-schule überzeugen. An einem regnerischen Tag im März fuhr ich in Richtung Marburg, welches von uns nur 30 Minuten entfernt liegt. In der Nähe der Schule angekommen, reihten sich Hochhäuser und Betonbauten dicht aneinander, teil-weise in marodem Zustand. Der Eindruck lag nahe, dass es sich bei der Integrierten Gesamtschule möglicherweise um eine sogenannte „Brennpunktschule" handeln könnte. Die Architektur der Schule entsprach einem typischen 70er-Jahre Bau, der sichtlich in die Jahre gekommen war. Ich betrat die Schule und entdeckte die ersten Plakate „PerLenWerk" an den Verbindungstüren der Flure. Am Treffpunkt wartete bereits unser Ansprechpartner Cedric Lütgert sowie eine Gruppe von 10 Lehrkräften einer „Dalton"-Schule aus Hannover. Auf meine Nachfrage erklär-te mir eine der Lehrerinnen das mir unbekannte reformpädagogische Konzept, welches die Pädagogin Helen Parkhurst (1887 – 1973) entwickelte. Immer mehr Schulen arbeiten damit. „Dalton is not a system, it's a way of life. (...) Der Dalton-plan kann nicht als starres Unterrichtskonzept oder Organisationsform ver-standen werden, sondern ist eine sehr flexible, offene und ständig in Wandlung begriffene Form des persönlichen und gemeinschaftlichen Lernens" (94). Die Hospitation an der Richtsbergschule war bereits die Fünfte, welche die Gruppe vornahm, um Ideen für ihren anstehenden Neubau zu sammeln. Sie hatten sich mit ihrem reformpädagogischen Konzept schon vor längerer Zeit auf den Weg ge-macht, Schule zu verändern.

Cedric Lütgert begrüßte uns zu einem theoretischen Teil, bevor wir die Praxis er-leben durften. Früher unterrichtete er hier und begleitet heute die einmal in der Woche terminierten Hospitationen. An den anderen Tagen ist er als Schulentwick-lungsberater für das Büro Kulturelle Bildung des Hessischen Kultusministeriums in ganz Hessen und darüber hinaus unterwegs und betreut Schulen, die sich ver-ändern möchten. Er begrüßte uns zunächst mit den Worten „Sie erhalten hier kei-ne Rezepte, sehen Sie das Ganze als eine Art Schaufenster an Möglichkeiten." Die Schule sich 2006 auf den Weg gemacht und Konzepte entwickelt, ihrem Anspruch

an Schule gerecht zu werden. „Wir machen das, was Kultusminister seit 15 Jahren fordern", so Lütgert. Diese Aussage erinnerte mich an das, was die Kultusministerkonferenz unter anderem als eine Aufgabe der Lehrkräfte definiert hatte und ich bereits an früherer Stelle in diesem Buch zitierte: „Sie (die Lehrkräfte) vermitteln grundlegende Kenntnisse und Fertigkeiten in Methoden, die es dem Einzelnen ermöglichen, selbstständig den Prozess des lebenslangen Lernens zu meistern" (19).

2006 entwickelte sich die Richtsbergschule zur Ganztagsschule (bis 14.30 Uhr) sowie zur Teamschule mit der Anforderung, dass alle Beteiligten: Schüler, Lehrkräfte, Eltern, sonderpädagogische Fachkräfte, Sozialarbeiter etc. als Team zusammenarbeiten ganz ähnlich zum genossenschaftlichen Prinzip der Friedrich Wilhelm Raiffeisen-Schule in Wetzlar. Der Stadtteil, in dem die Schule liegt, ist mit schätzungsweise 150 dort wohnhaften Nationen äußerst vielfältig. Dies spiegelt auch die Schülerschaft in ihrer Zusammensetzung wider. In dieser Schule wie im umliegenden Wohngebiet treffen die unterschiedlichsten Kulturen aufeinander, wobei Konflikte vorprogrammiert sind. Heute besuchen 1/3 der Schülerinnen und Schüler aus diesem Stadtteil die Schule sowie 1/3 aus der Stadt Marburg und weitere 1/3 aus der näheren Umgebung. Die Anmeldezahlen sind aufgrund des besonderen Schulkonzepts in den letzten Jahren stark gestiegen, sodass aus einer einst 3-zügigen Schule mittlerweile eine 4–6 zügige Schule geworden ist. 2012 wurde die Richtsbergschule „Hessische Kulturschule und verfolgt das nächste Ziel: die Entwicklung zur „Profilschule Kulturelle Bildung". Neben den sich verändernden pädagogischen Konzepten stehen dahinter auch staatliche Fördermöglichkeiten, die besonders bei Schulen, die baulich in die Jahre gekommen sind, gerne in Anspruch genommen werden. Mittlerweile hospitieren Lehramtsstudierende hier, Künstler und Handwerker bieten am Nachmittag und an den Projekttagen vielfältige praktische Werkstätten an und ergänzen den Unterricht. Insgesamt hat die Schule die Begebenheit der kulturellen Vielfältigkeit zu einer ihrer wichtigsten Gelingensbedingungen gemacht.

2018 wurde die Digividualisierung, also die Individualisierung durch Digitalität unter anderem in Form von technischen Endgeräten für alle Schüler, über die der Lernstoff in Wochenplänen zur Verfügung gestellt wird, vorangetrieben. Jede

Schülerin und jeder Schüler verfügt heute über ein eigenes Tablet und greift auf die Lernplattform „Scobees" zu, in der sämtliche Lerninhalte enthalten sind und das individuelle Coaching, welches jeder Schüler einmal in der Woche von seinem Lernbegleiter erhält, unterstützt.

Das Ziel dieser Schule ist, die Kinder und Jugendlichen fit und stark fürs Leben zu machen. Dem zugrunde liegt das 4K-Modell. „Mit den 4K haben sie die sogenannten ‚vier Kompetenzen für das 21. Jahrhundert' beschrieben – Kreativität, Kollaboration, Kommunikation und kritisches Denken. Diese Kompetenzen sollen Schülerinnen und Schülern als Grundlage für selbstgesteuertes Lernen dienen und sie auf eine sich verändernde Arbeitswelt vorbereiten" (95). Die Richtsbergschule ergänzte zwei „K's": Können (Kompetenz) sowie Krisenkompetenz (Resilienz). Daraus wurden Leitsätze speziell für das Modell der IGS (integrierte Gesamtschule) entwickelt, die seit 5 Jahren in einem wandgroßen DIN A0-Wandbild im Büro des Schulleiters verewigt sind und von allen Lehrkräften unterschrieben werden müssen. Wichtig zu erwähnen ist, dass dieses Leitbild gemeinsam mit dem gesamten Kollegium formuliert und nicht von oben herab beschlossen wurde. Alle Verantwortlichen waren somit in den Veränderungsprozess eingebunden. Jeder durfte, aber musste sich nicht beteiligen. Nur so konnte gewährleistet werden, dass alle am gleichen Ziel arbeiten und bereit sind, die Leitsätze anschließend in die Praxis umzusetzen. Die Inspiration für den Ansatz des selbstgesteuerten Lernens holte sich das Kollegium während einer Hospitation in der Alemannenschule in Wutöschingen. Diese übernahm das selbstgesteuerte Konzept bereits 2009 in ihren Schulalltag und erhielt 2019 dafür den Deutschen Schulpreis.

Insgesamt hat die Richtsbergschule selbst mehr als 15 Jahre Schulentwicklung hinter sich und es geht weiter. Jährlich wird das Konzept des selbstgesteuerten Lernens neu evaluiert und an die neuen Herausforderungen und Erkenntnisse angepasst. Finden sich bisher nur die Klassen 5–8 in dieser eigenverantwortlichen Form des Lernens wieder, kommen ab 2024/2025 die 9. und 10. Klasse hinzu. Diese werden derzeit noch klassisch unterrichtet. Für das neue Lernkonzept braucht es alternative Lernumgebungen, denn in den herkömmlichen Klassenraumstrukturen lässt sich dieses freie Konzept kaum verwirklichen.

„Gut, dass wir hier eine Schule haben, die in den 70ern gebaut wurde und man sich nur mit mehreren Personen gegen Wände werfen muss, um diese umzustoßen", erklärte Cedric Lütgert humorvoll den Start der Umbaumaßnahmen, die von Schulleiter Thomas C. Ferber engagiert und eigeninitiativ vorangetrieben wurden. So wurden jeweils 3–4 Klassenräume zu einer einzigen Lernlandschaft umgestaltet und beherbergen heute je ein Hauptfach. Entstanden sind drei große Lernlandschaften für Englisch, für Mathe und Deutsch sowie für Spanisch und Französisch. Ergänzt werden diese durch drei Lernateliers, in denen jeweils 120 Schülerinnen und Schüler an eigenen Schreibtischen Platz finden und in denen das Sprechen verboten ist. In all diesen Räumen ist stets eine Lehrkraft anwesend und ansprechbar. Außerdem gibt es Naturwissenschaftsräume, einen Kunstraum und einen MakerSpace, in dem die Schüler handwerklich, künstlerisch und technisch arbeiten können. Sogar ein Greenscreen für Videoaufnahmen ist dort vorhanden. Die Fachstunden finden in 30-minütigen Sitzungen in Klassenräumen statt und lösen so den herkömmlichen Unterricht ab. Mittwochs ist Projekttag für die 5. und 6. Klassen sowie „Forschendes Lernen" für die 7. und 8. Klassen. Statt Klassenarbeiten schreiben die Schüler individuelle Gelingensnachweise, und zwar dann, wenn ein Schüler ein Lernthema fertig bearbeitet hat und bereit für die Überprüfung ist. Der Unterricht in den Nebenfächern wird über quartalsweise wechselnde Werkstätten organisiert. Die zu belegende Anzahl im Jahr ist pro Fach vorgegeben. Die Themen sind vielfältig und orientieren sich jeweils am staatlichen Lehrplan, am Ende des Schuljahres wird ein normales Zeugnis ausgestellt.

Bevor wir in den praktischen Teil wechselten, erklärte uns Cedric Lütgert weitere Einzelheiten zur Organisation der Richtsbergschule. Die üblichen Klassenaufteilungen mit 25–30 Schülern und mehr wurden an dieser Schule abgeschafft und stattdessen kleine jahrgangsübergreifende Lerngruppen mit jeweils 15 Schülern aus den Klassen 5–8 eingerichtet. Diese verändern sich in der Zusammensetzung naturgemäß jedes Jahr, da neue Schüler aus dem 5er-Jahrgang hinzukommen und die Schüler aus der ältesten Jahrgangsstufe wegfallen. Als kleinste soziale Einheiten unternehmen diese Fahrten und Ausflüge und vereinbaren gemeinsame Ziele. Die Lerngruppe sitzt zusammen mit ihrer Lerngruppen-Lehrkraft, die hier Lernbegleiter genannt wird, im Lernatelier an einem Ort. Der Lernbegleiter coacht

seine Schüler, was bedeutet, dass jeder Schüler einmal in der Woche mit seinem Coach schulische sowie außerschulische Dinge bespricht. Sehr stolz sind die Lehrkräfte der Richtsbergschule darauf, dass 2/3 von ihnen eine Weiterbildung zum „systemischen Berater im pädagogischen Kontext" absolviert haben, um ihre Schüler bestmöglich bei all ihren Herausforderungen begleiten zu können.

Vier der 15-köpfigen Lerngruppen bilden eine Quadriga, eine zusammenhängende, in sich geschlossene Einheit von 60 Schülern. Die vier Lernbegleiter der einzelnen Lerngruppen einer Quadriga sind ein Deutsch-, ein Mathe- und ein Englischlehrer sowie eine weitere Lehrkraft mit einem Nebenfach. Zur Verdeutlichung ein Beispiel, wie die Fachstunden aufgeteilt sind: Der Deutschlehrer unterrichtet alle Schüler seiner Quadriga nach Jahrgangsstufen getrennt in kurzen Unterrichtseinheiten (z. B. montags, 5., dann 6. Klasse, dienstags 7., dann 8. Klasse), genauso wird in den anderen Hauptfächern verfahren. So bleibt die Gruppe überschaubar, der persönliche Kontakt zu den Schülern ist dadurch gewährleistet. Insgesamt besuchen derzeit 460 Schülerinnen und Schüler die 5. bis 8. Klassen und werden von ca. 50 Lehrkräften und ca. 10–12 Teilhabeassistenten betreut. Es gibt 8 Quadrigen. 2 Quadrigen bilden zusammen ein sogenanntes PerLenWerk (Personalisierte Lernumgebung mit Werkstätten). Fällt eine Lehrkraft wegen Krankheit aus, so stellt dies kein Problem für die Schüler dar. Denn die Lerninhalte stehen aufgrund der Digitalisierung und des Wochenplans-Systems trotzdem zur Verfügung und die Schüler können eigenständig weiterarbeiten.

Wichtige Gelingensbedingungen an dieser Schule basieren auf Inklusion und Integration sowie einer förderlichen inneren Haltung, klaren Strukturen und gemeinsamen Zielen. Die Eltern spielen dabei eine besondere Rolle und werden so gut es geht mit einbezogen. Eltern-Kind-Lehrkraft-Gespräche in Form von schülerzentrierten Entwicklungsgesprächen sind verpflichtend. Zeigen Eltern hieran kein Interesse, bleiben Lehrkräfte hartnäckig und erzeugen einen gewissen Sog, der die Eltern in die Schule zieht. Im schlimmsten Fall, der selten vorkommt, schaltet sich auch der Schulleiter ein. Die Erfahrung zeigt, dass viele Eltern sich freuen, ihr Kind in dieser Schule von einer ganz anderen Seite kennenlernen zu dürfen. Die zeitlich intensiven Gespräche erfolgen stets potenzial- und ressourcenorientiert.

„Wir glauben grundsätzlich, dass Kinder nicht böse sind", betonte Cedric Lütgert mit einem Augenzwinkern. Den Schülern werde Vertrauen entgegengebracht und Eigenverantwortlichkeit zugetraut. Bisher seien sie selten enttäuscht worden. Mit diesen Worten übergab Lütgert uns den eingetroffenen Schülern, die gekommen waren, um uns durch die Schule zu führen. Wir wurden in kleine Gruppen aufgeteilt und machten uns mit unserer Ansprechpartnerin, einer Schülerin aus der 8. Klasse, auf den Weg. Leider habe ich den Namen der selbstbewussten jungen Dame vergessen, daher nenne ich sie der Einfachheit halber Luisa. Wie bei Harry Potter ging sie ihren Schützlingen voran und mir kam der Satz „Bitte weitergehen, nicht bummeln" in den Sinn. Sie leitete uns durch einige Flure bis hin zum PerLen-Werk, worauf ein Schild an einer Verbindungstür hindeutete, welches mir morgens bereits aufgefallen war. Sie bat uns, diesen mit Strümpfen zu betreten und öffnete die Tür zur ersten großen Lernlandschaft für das Fach Englisch. Direkt hinter der Tür befanden sich Schuhregale, die bunt gefüllt Schuhe in allen Formen und Farben beherbergten. Der Boden war mit einem angenehmen grüngemusterten Teppichboden ausgelegt. Verteilt in dem hellen Raum befanden sich kleine und große Tische mit Stühlen, Sitzsäcken, eine Art Sprachboxen mit Platz für je vier Schüler, Leseecken sowie Regale mit zahlreichen Büchern. Von der Decke hingen Tafeln mit englischen Redewendungen. Überall befanden sich Schüler größtenteils in Gruppen an einem Thema arbeitend. In einer anderen Ecke saßen Schüler und lasen, während weitere Schüler in den Sprachboxen von Gesprächen abgeschirmt waren. Ein Lehrer saß ansprechbar für alle an seinem Tisch. Luisa sagte uns, wir dürften uns eine Weile umschauen und Schülern Fragen stellen. „Aber bitte immer vorher fragen, ob es ok ist" gab sie uns bestimmt mit auf dem Weg. Wir waren wirklich beeindruckt von ihr, wie souverän sie uns durch die Räume führte. Ich fragte sie, wie sie das Wettbewerbsdenken zwischen den Schülern empfinden würde. Sie sagte, dass dies nicht sehr ausgeprägt sei, da es nicht üblich ist, Noten miteinander zu vergleichen. Wettbewerb gäbe es eher wegen anderer Dinge. Nach einiger Zeit sammelte sie uns wieder ein und wir besuchten die nächsten Lernlandschaften für Sprachen sowie für Mathe und Deutsch. Uns fiel auf, dass alle Schüler Ausweise an einem Lanyard, also einem Schlüsselband trugen. Auch wir hatten Gastausweise bekommen. Diese zeigen die drei verschiedenen Stufen der Selbstverantwortung. Neue Schüler beginnen mit Blau, sie müssen an

ihrem Platz im Lernatelier arbeiten und den Lernbegleiter fragen, ob sie den Raum wechseln dürfen. Haben sich die Schüler eine Zeit lang bewährt, erhalten sie den weißen Ausweis. Dieser ermöglicht ihnen, sich im gesamten PerLenWerk frei zu bewegen und in den Lernlandschaften sowie im MakerSpace zu lernen. Der gelbe Ausweis ist die höchste Stufe und bedeutet die höchste Verantwortung. Mit ihm verbunden sind viele Rechte, aber auch Pflichten. So sollen kleine Aufgaben übernommen werden, wie beispielsweise die von Luisa, die Gruppen bei Hospitationen in der Schule begleitet und Fragen beantwortet. Auf den Ausweisen steht nur eine Regel: „Allen Anweisungen des Lehrers ist Folge zu leisten." Ansonsten würden die Regeln des normalen Miteinanders gelten: friedlich, freundlich, langsam, leise. Wir verließen die Lernlandschaft mit unseren Schuhen in der Hand und Luisa öffnete eine schlichte, weiße Tür. Dahinter offenbarte sich ein kleinerer, schön gestalteter Arbeitsraum in Gelb, Grau und Weiß mit gemütlichen Sitzmöbeln, Stehtischen und einem Smart-TV. „Hier dürfen nur die Schüler mit gelbem Ausweis hinein", erklärte sie stolz, während ein paar Schüler an uns vorbeihuschten, „das gehört zu unseren Privilegien". Wir bewunderten die Einrichtung und fragten sie, ob es denn aufgrund der verschiedenen Ausweise zu Problemen zwischen den Schülern kommen würde. Luisa antwortete: „Wenn ein Schüler mit einem gelben Ausweis einen Schüler mit einem blauen oder weißen Ausweis ärgert, ist er seinen gelben Ausweis schnell wieder los. Es ist eher so, dass wir von den anderen geärgert und als Streber bezeichnet werden. Aber das ist uns egal." Als Nächstes führte uns Luisa zu einem der drei Lernateliers. Sie forderte uns auf, absolut still zu sein, denn hier sei Sprechen verboten. In diesem großen Raum standen Schreibtisch an Schreibtisch, einige chaotisch, andere sehr gut aufgeräumt. Schätzungsweise 120 sekretärähnliche Schreibtische füllten den Raum in langen Reihen, auf denen die Schüler ihre Taschen, Jacken und Schulutensilien lagerten. Ein paar Schüler saßen arbeitend an ihren Tischen. Bereits nach kurzer Zeit verließen wir das Lernatelier. Als Höhepunkt unserer Besichtigung hatte sich Luisa den MakerSpace aufgehoben. Dieser sei neu und sehr beliebt bei den Schülern. Wir betraten ehrfürchtig einen großen Raum, bei dem wie bei den Lernlandschaften die alten Klassenraumwände entfernt worden waren. Hier reihten sich Werkbänke an Kunstecken, Nähmaschinen und Legoboxen, Papiere und Bastelmaterialien waren überall zu entdecken. Dass es hier sehr kreativ zuging, lag in der Luft. In einer Ecke befand sich

ein Greenscreen mit Sitzmöbeln, Lichtboxen und Kameravorrichtungen – ein beliebtes Fotoobjekt bei den Lehrern aus Hannover. Plötzlich gongte es und wie auf einen Schlag wuselte es überall vor Schülern. Wir waren überrascht, wo sie alle auf einmal herkamen, war es eben doch noch sehr übersichtlich und ruhig gewesen. Luisa nahm den Gong zum Anlass, uns wieder zurück zu Herrn Lütgert zu bringen, wobei wir Mühe hatten, zwischen all den Schülern mit Luisa Schritt zu halten und sie nicht aus den Augen zu verlieren. Im Arbeitsraum angekommen, bedankten wir uns bei ihr für die großartige Begleitung.

Wir lobten gegenüber Cedric Lütgert das große Selbstbewusstsein von Luisa. Diesen Punkt griff er direkt auf und erzählte davon, wie andere Schulen die Richtsbergschüler erleben. Denn nach der 10. Klasse müssen die Schüler eine weiterführende Schule besuchen, wenn sie Abitur machen möchten. Knapp die Hälfte der Schüler sei oberstufenberechtigt. Die Lehrkräfte an den weiterführenden Schulen zeigen sich von den Schülern der Richtsbergschule beeindruckt, wenn auch weniger von den Noten. „Vielleicht können sie nicht alles in der 11. Klasse, aber sie sind sehr selbstbewusst und selbstständig", erklärte Herr Lütgert stolz das Feedback, denn genau das ist es, was sie den Schülern mitgeben möchten. Die meisten würden von den Noten erst einmal abrutschen, die Note 4 im Zeugnis wäre keine Seltenheit. Doch sie können auf wichtige Kompetenzen wie Eigenverantwortung und Selbststeuerung zurückgreifen, die ihnen ein rasches und eigenständiges Aufholen des Lernstoffes ermöglichen. Von diesen Eigenschaften werden sie lange zehren, sie gehören zu den erwähnten 21st-Century Skills, die ein lebenslanges Leben erleichtern sollen. „Das größte Problem ist, dass wir in einem Schulsystem leben, welches sich seit Kaiser Wilhelm wieder und wieder selbst reproduziert", erklärte Cedric Lütgert. Zum Glück gäbe es aktuell viele Schulen, die sich verändern möchten, das würde er in seinen Beratungen immer wieder erfahren. „Der Veränderungswille ist riesig, aber die Voraussetzungen schwierig." Vor allem an der Finanzierung scheitere es oft. Cedric Lütgert ermunterte die Anwesenden, sämtliche Töpfe anzuzapfen. Es existierten unzählige Stiftungen und auch auf Bundesebene gäbe es Fördermöglichkeiten, wie beispielsweise über das Familienministerium. „Es ist viel Geld da, doch es wird kaum abgerufen." „Wahrscheinlich, weil es die wenigsten wissen", war die Vermutung

eines Lehrers aus Hannover. Sofort musste ich an die Digitalisierung denken. Auch hier stehen Gelder für Investitionen zur Verfügung, doch nur vereinzelt rufen Schulen diese ab. Das liegt daran, dass sie nicht wissen, wo sie anfangen sollen oder weil sie selbst keine Spezialisten auf dem Gebiet sind. Hier fehlt die Brücke in Form einer Vermittlung zwischen Schulen, die Leistungen gerne beantragen würden und Förderungen, die nur darauf warten, abgerufen zu werden.

Zum Schluss der Hospitation durften wir noch einmal Fragen stellen, wobei die meisten bereits im Laufe des Vormittags beantwortet worden waren. Von meinem gut gefüllten Fragebogen blieb nur wenig übrig und so fragte ich, wie viele Hospitationen im Jahr durchgeführt würden. Seine Antwort erstaunte und erfreute mich: „Wöchentlich eine, wir haben jährlich ca. 52 Schulen zu Gast. Die Besucher kommen aus ganz Deutschland, aber auch aus der Schweiz und aus deutschen Schulen im Ausland wie Kolumbien und Vietnam." Bei meiner nächsten Frage war ich innerlich etwas nervös, konnte ich doch schlecht einschätzen, wie die anwesenden Lehrkräfte auf sie reagieren würden. Ich fragte, inwiefern Schüler, die nicht dem Durchschnitt entsprächen, wie bei einer Hochbegabung oder Minderbegabung sowie ADHS, Underachievement etc. an dieser Schule integriert seien, ob diese auffallen würden oder Probleme hätten. Herr Lütgert begann, von den „anonymen Mathematikern" zu erzählen, was alle zum Schmunzeln brachte. Dies sind Schüler, die besonders begabt oder interessiert sind und sich zu Extrastunden mit einem Lernbegleiter treffen. Solche Schüler würden sich automatisch finden und könnten sich aufgrund des freien Schulsystems sehr gut von den anderen abgrenzen, ohne gleich als Nerds oder Streber aufzufallen.

Daneben würde es auch weitere „anonyme Gruppen" in anderen Fächern geben, erzählte Herr Lütgert weiter. Jeder Schüler kann hier nach seinem individuellen Potenzial arbeiten, auf Hauptschul-, Realschul- oder Gymnasialniveau. Auch im Bereich der Verhaltensauffälligkeiten gäbe es hier kaum Schwierigkeiten. „Klassenclowns fehlt hier die Bühne", erklärte er weiter. Aufgrund der offenen Räumlichkeiten, der langen Pausen und der Werkstätten hätten diese Schüler genügend Möglichkeiten, sich auszutoben und ihren individuellen Interessen nachzugehen. Einige Schüler würden durch Teilhabeassistenten begleitet, aber auch das sei hier

nichts Besonderes. Ich blickte auf meinen Zettel, alle Fragen waren beantwortet, das ursprünglich angefragte Interview nach der Hospitation konnte entfallen. „Wir machen Schulentwicklung mit dem Speed Boat, während andere noch Dampfer fahren", schloss Cedric Lütgert die Hospitation. „Ich weiß, die Wege sind sperrig und langwierig, aber kreative Wege in der Schulentwicklung zu gehen, ist hilfreich ", schloss er den interessanten und kurzweiligen Vormittag.

Ich bin sehr dankbar, dass ich an einer Hospitation an dieser Schule teilnehmen durfte und rate jedem Lehrerteam, das Veränderungen anstrebt, dies gleich zu tun. Es kostet nur einen Vormittag beispielsweise in Marburg, kann aber nachhaltig den Samen für Maßnahmen legen, die unserem Nachwuchs lebenslang zugutekommen. Als Cedric Lütgert uns um einen persönlichen Impuls bat, was wir aus dem Besuch mitnehmen würden, sagte ich, als ich an der Reihe war: „Ich habe das Gefühl, dass hier aufgrund des besonderen Schulsystems jedem Lehrer ermöglicht wird, ein Herz für seine Schüler zu zeigen, wie es in der Kultusministerkonferenz gefordert wird." Herr Lütgert schaute mich an und sagte: „Würden Sie das bitte den anderen Schulen da draußen auch sagen?" „Das ist der Grund, warum ich dieses Buch schreibe", antwortete ich, „unter anderem jedenfalls."

UNSERE KINDER SIND UNSERE SPIEGEL

Es ist eine alte Weisheit: Du bist die Essenz der fünf Menschen, mit denen du dich am meisten umgibst. Es ist logisch, dass unsere Verhaltensweisen, Einstellungen und Überzeugungen auf unsere Umgebung abfärben und umgekehrt. Von dieser Tatsache bin ich seit vielen Jahren zutiefst überzeugt. Vor einiger Zeit begann ich stärker darauf zu achten, was meine Kinder mir mit ihrem Verhalten spiegeln. Denn ich wusste, damit wollen sie mir etwas aufzeigen, was bei mir selbst im Argen liegt. Zeigen deine Kinder also wiederkehrende Verhaltensmuster, dann spiegeln sie dir unter Umständen verschiedene Themen, die dich selbst ebenfalls betreffen. Auf diese Art und Weise wirst du auf Glaubenssätze und Überzeugungen gestoßen, die du sehr früh gelernt hast und die tief in dir verankert sind. Du hast sie als Kind in Form von Erziehung mitbekommen und sie wirken heute noch unbewusst, indem sie dein Verhalten beeinflussen.

Unsere Umwelt und unser Umfeld präsentieren uns unentwegt bestimmte Signale, die auf uns wirken. Manche gehen spurlos an uns vorüber, andere triggern uns derartig, dass wir ausflippen könnten. Viele Jahre habe ich völlig unbewusst darauf reagiert, mich mitreißen lassen und mit Unverständnis und Ärger reagiert. Ich habe mich in einem nach unten führendem Strudel bewegt und verfiel immer stärker in Meckern und Verzweiflung. Heute bin ich dankbar für jeden einzelnen Trigger, denn er bietet mir eine Gelegenheit, mich mit meinen Gedanken und Gefühlen auseinanderzusetzen, Dinge zu erkennen und sie zu verändern. Das nennt man im Marketing „Mindset-Arbeit", denn wie ich anfangs erzählte, bin ich in diesem Bereich tätig. Das Mindset wird als die Zusammensetzung der Gedanken verstanden. Aus Gedanken werden Gefühle, daraus resultieren Handlungen, die dann zur Gewohnheit werden. Da alles meist unbewusst geschieht, denken wir, dass wir nicht raus aus unserer Haut können. Beginnen wir jedoch, uns zu beobachten, unsere Gedanken bewusst wahrzunehmen und zu reflektieren, dann ist das der Beginn für Veränderungen. Nur wir selbst sind verantwortlich für unsere Gedanken, wir haben die Macht darüber. Wenn wir für unsere Gedanken die volle Verantwortung übernehmen im Sinne der Eigenverantwortlichkeit, können wir auf der anderen Seite auch alles verändern. Wenn du etwas tiefer in die Thematik einsteigen möchtest, empfehle ich dir mein Video „Wie funktioniert Dein Mindset? Agentur SpürSinn erklärt" auf meinem YouTube-Kanal „Susanne Burzel". Hier erkläre ich allgemein, was das Mindset ist und wie du es für dich nutzen kannst. Dieses allgemeine Wissen ist nicht nur für Unternehmer relevant. Es gibt einen Spruch von Henry Ford: „Ob du denkst, du kannst es oder du kannst es nicht – in beiden Fällen hast du Recht." Wenn du also denkst, dass du das nicht schaffst, hast du recht. Wenn Du denkst, dass du das schaffst, dann ebenso. Noch einmal: Gedanken erzeugen Gefühle, diese beeinflussen unsere Handlungen und werden zu Gewohnheiten.

Was spiegelten mir also meine Kinder?

- Sebastian hasst es, wenn man ihm sagt, was er tun soll. Das geht mir genauso. Ich reagiere darauf nahezu allergisch.
- Er gehört eher zu der Sorte „Einzelgänger". Er hat nur wenige Freundschaften. Ich selbst habe auch nur wenige Freunde, mit denen ich mich austausche. Im Grunde genommen bin ich mit mir allein durchaus glücklich.
- Sebastian vertieft sich gerne in Themen, die ihn interessieren. Das kenne ich ebenfalls von mir. Wenn mich etwas interessiert, beiße ich mich fest und wenn es mir genügt, was ich darüber weiß, lasse ich es fallen.
- Er lehnt es ab, sich Themen zu widmen, die ihn nicht interessieren. Ich selbst schiebe sehr gerne Aufgaben vor mir her, die mir unangenehm sind. Doch irgendwann erledige ich sie, weil ich es als Erwachsene gelernt habe, dass es wenig bringt, Dinge zu ignorieren.
- Sebastian verbringt gerne viel Zeit in seinen eigenen Gedanken. Genau das liebe ich auch seit jeher und könnte das stundenlang tun.

Ich könnte die Liste noch weiterführen und besonders in unserem zweiten Sohn erkenne ich viele Parallelen zu mir. Oft habe ich von meinem Mann gehört, dass sich seine eigene Geschichte in Sebastians wiederholt, da er viele Dinge von früher kennt. Dieses beobachte ich bei mir und unserem zweiten Sohn. Er lebt nahezu die gleiche Geschichte wie ich als Kind. Es kommt noch ein weiterer erstaunlicher Aspekt hinzu. Denn die Geschichte meines zweiten Sohnes, die meiner so sehr ähnelt, haben bereits meine Eltern erlebt. Sie wurden in der Schule ebenso von ihren Mitschülern geärgert für Dinge, für die sie nichts konnten. Dieses Muster führt sich also generationsübergreifend fort.

Ein interessanter Aspekt an dieser Stelle ist, dass möglicherweise ähnliche Erfahrungen über mehrere Generationen genetisch übertragen werden, wie der Entwicklungsbiologe Jean-Baptiste de Lamarck in seiner Evolutionstheorie darstellte. Bei traumatischen Erlebnissen gilt dies als nachgewiesen. Bislang war die Wissenschaft davon ausgegangen, dass Vererbung allein durch das Erbmolekül DNA geschieht. Die Biologin Susan Linquist erforschte, dass auch Proteine Informationen weitergeben können. Diese wirken auf die Gene, und die Umwelt wiederum beeinflusst die Proteine mit Auswirkungen auf die biologische Vererbung (89).

Kehren wir vom kleinen wissenschaftlichen Exkurs zurück. Denn auch spirituell (vom Materiellen abgehoben, also auf der Ebene des Bewusstseins, um die Abgrenzung zum Esoterischen zu verdeutlichen) ist diese Theorie ebenfalls weit verbreitet, was logisch ist. Denn wir wurden von unseren Eltern erzogen, diese wurden wiederum von ihren Eltern erzogen. Und so prägen sich die Muster über Generationen hinweg in das Unterbewusstsein von jedem ein. Wir tragen somit sehr alte Glaubenssätze in uns, derer wir noch nicht einmal bewusst sind: Gedanken, Gefühle, Handlungen, Gewohnheiten. Immer das gleiche Spiel.

Während ich dieses Buch schrieb, sog ich neben meinen jahrelangen Recherchen weitere Literatur zu Hochbegabung und Hochsensibilität regelrecht auf wie ein Schwamm. Ich ärgerte mich sogar, dass ich nicht schneller lesen kann, um mir noch mehr Wissen anzueignen, denn schließlich fügten sich immer wieder neue Puzzlestücke ins große Ganze ein und ergänzten dieses Buch. Unter anderem las ich das Buch „Ganz normal hochbegabt – Leben als hochbegabte Erwachsene" von Andrea Brackmann. In diesem Buch kommen viele hochbegabte Erwachsene zu Wort, die ihre tragischen, glücklichen und hochinteressanten Lebensgeschichten erzählen. Ich erkannte mich immer mehr in diesen Berichten, teilweise in Nuancen, die mir ständig Gänsehaut bescherten. Besonders berührte mich eine Geschichte. Hier erzählte eine Mutter von ihren beiden hochbegabten Söhnen und ihren eigenen

Gedanken, Ängsten und Schwierigkeiten. Es war, als würde ich meine eigene Geschichte lesen und ich war verblüfft, dies in so einem Buch zu lesen. Es war schon fast gruselig, so ähnlich las sich ihr Lebensweg zu meinem.

Ich möchte jetzt nicht ins Detail gehen, jedoch gibt es ein wichtiges Fazit, worauf dieses Kapitel hier abzielt. Denn klar ist, dass neben den Prägungen und der Erziehung ebenfalls eine Hochbegabung an die nächste Generation weitergegeben werden kann. So ist oft mindestens eins der beiden Elternteile ebenfalls hochbegabt. Ich war und bin der festen Meinung, dass dies mein Mann sein muss. Seine Argumentationsstärke und seine Art, die Welt zu sehen und zu beurteilen, deuten meines Erachtens klar darauf hin. Doch in mir wuchs eine Vermutung, dass auch ich es sein könnte, die diese Begabung weitergegeben hat. Wir als Mütter stehen in dem Geschehen rund um die Hochbegabung im Fokus und kümmern uns um die Herausforderungen unserer besonderen Kinder. Wir sind oft der Verzweiflung nahe und kämpfen doch weiter wie eine Löwin. Wir werden selbst zur Expertin zum Thema und stehen fragenden Müttern als Ratgeberin zur Seite. Wir vergessen dabei jedoch oft eins: Uns selbst. Wir spüren vielleicht selbst schon immer, dass wir nicht dazu zu gehören scheinen, möglicherweise „von einem anderen Planeten" stammen oder Angst haben, als Hochstaplerin entlarvt zu werden. Wir sind vielleicht vielseitig, lieben es, uns bis in die Tiefe mit Themen zu beschäftigen und finden unser Leben oft viel zu kurz, da es noch so viel zu entdecken gibt. Genau das spüren die Kinder und spiegeln mit ihrem Verweigerungsverhalten unsere eigene Verweigerungshaltung. Sobald wir dann mutig beginnen, unser Leben zu leben, unsere Träume zu verwirklichen, uns großartige Dinge zuzutrauen und in die Tat umzusetzen, wirkt sich das positiv auf die Kinder aus. Viele Probleme lösen sich in diesem Moment nahezu in Luft auf, und so können alle miteinander heilen. Weil alle mit allem verbunden sind. Obwohl mich oft das Impostor-Syndrom (Hochstapler-Syndrom) beschleicht, beschloss ich, mich selbst einer Testung zu unterziehen. Ich wollte wissen, ob der Erfahrungsbericht meiner eigenen Geschichte wirklich so ähnlich war. Das hatte mich neugierig gemacht. Ein Freund, der dies bereits vermutete, sollte recht behalten. Willkommen im Club!

NEURODIVERSITÄT

Du hast in diesem Buch zahlreiche Informationen zu den Themen erhalten, mit denen wir uns in den letzten Jahren beschäftigt haben. Es war eine Reise durch unsere pathologische Geschichte, die leider sehr oft defizitorientiert geprägt war.

Ein neuer Begriff begegnete mir erst kürzlich: die Neurodiversität. Da dieser in unserer persönlichen Geschichte keine Rolle spielte, führe ich ihn erst hier der Vollständigkeit halber am Ende dieses Buches auf. Der Ansatz, den der Begriff und seine Bedeutung verfolgen, gefällt mir sehr gut und ich wünschte, dass er sich schon früher durchgesetzt hätte. Aber besser spät als nie, da es sicher eine große Erleichterung für die Eltern jüngerer Kinder ist, die noch am Anfang ihres Weges stehen. Ein Umdenken findet statt und es bleibt zu hoffen, dass es die richtigen Personen mitbekommen und sich für diese Sichtweise öffnen.

Die meisten Gehirne der Menschen arbeiten gleich. Zumindest gibt es innerhalb eines Kulturkreises eine große Überschneidung an gleichen Auffassungen, Denkweisen, Einstellungen und vielem mehr. Dann gibt es Menschen, die aufgrund ihrer neuronalen Zusammensetzung im Gehirn anders sind. Das bildet die Grundlage für den Begriff der Neurodiversität (neuro – neurologisch, divers – verschieden). Diese neurologische Vielfalt begegnet uns bei den Klassifikationssystemen zur Einordnung psychischer Erkrankungen, wie Autismus Spektrum Störung, AD(H)S, Dyslexie, bipolare Störung und weitere. Menschen mit den entsprechenden Auffälligkeiten verarbeiten die Reize aus der Umwelt oder ihrem Umfeld anders als sogenannte neurotypische Menschen. Das stellt sie vor besondere Herausforderungen in der Schule, aber auch im Arbeitsleben. Wir sehen also, dass die Neurodiversität ein Zusammenschluss oder ein Oberbegriff der psychischen Erkrankungen ist, die das Leben auf eine gewisse Art und Weise behindern oder beeinträchtigen können. Meines Erachtens zählen auch Hochbegabte oder Hochsensible dazu, denn sie verarbeiten Reize und Informationen ebenfalls anders.

Um den Blick für diese Besonderheiten in ein positives Licht zu rücken und auch die Stärken zu betonen, die diese Menschen mitbringen, verwendet man heute

immer öfter den Begriff Neurodiversität. Insgesamt sehe ich das als einen Schritt in die richtige Richtung, um Stigmatisierungen zu vermeiden und den Blick auf die positiven Eigenschaften zu lenken. Es bleibt zu hoffen, dass dieser Trend weitergeführt wird und die Öffentlichkeit erreicht. Das würde einiges Leid ersparen und den Blick auf die positiven Eigenschaften legen, der so wichtig und notwendig für die Betroffenen ist, um ihre Potenziale zu nutzen und positiv in die Zukunft zu schauen.

Ich empfehle dir, auf Wikipedia nach dem Begriff Neurodiversität zu suchen. Dort findest du eine Menge grundsätzlicher und weiterführender Informationen zu diesem potenzialorientierten Ansatz. Zusätzlich gibt es viele Internetseiten, die sich mit dem Thema beschäftigen, darunter auch Vermittlungsagenturen, die neurodiverse Menschen für Firmen akquirieren, um die Stärken der betroffenen Menschen bestmöglich zu nutzen und ihnen ein angenehmes Arbeitsklima zu ermöglichen, was ihrer Neurodiversität entgegenkommt.

NACHWORT

*„Ich würde lieber im Abenteuer der edlen Errungenschaften sterben,
als in einer dunklen und trägen Sicherheit zu leben."*

Margaret Cavendish, Naturphilosophin (1623–1673)

HOCHMOTIVIERT GESCHEITERT?

Analog zum Titel des Buches möchte ich hier ein wichtiges Thema aufgreifen, mit welchem du sicher auch hin und wieder konfrontiert bist. Es geht um unsere Motivation als Eltern, unsere Gefühle und unser Wirken allgemein. Es beginnt immer damit, dass eines Tages ein kleines Wesen das Licht der Welt erblickt. Von null auf hundert bist du Mutter und Vater. Vor dir liegen Jahre der Erziehung, des Begleitens, des Mutmachens, des Regelnsetzens, der Sorgen, der Wünsche und allem, was dich im Elternsein erwartet. Es ist aber auch wie ein Wurf ins kalte Wasser, der im Moment der Geburt als das absolute Glück erlebt wird. Einige Zeit später kommen möglicherweise die ersten Anzeichen, dass dein Kind anders ist. Es zeigt einzigartige und auch durchaus anstrengende Verhaltensweisen, die dich fordern und auf die du als Eltern reagieren musst. Sehr oft haben wir uns in den 18 Jahren gefragt, was wir falsch gemacht haben und was wir hätten besser tun können, bis dahin, dass wir überlegt haben, ob wir als Eltern gescheitert sind. Andererseits hatten wir in ruhigeren Zeiten den Eindruck, dass doch eigentlich alles ganz gut läuft und wir fragten uns, ob der ganze Aufwand überhaupt gerechtfertigt sei. Diese Freude und das Durchatmen hielten aber nur so lange, bis der nächste Einbruch kam und alle Probleme und Widrigkeiten plötzlich wieder sehr präsent waren. Wir wurden immer wieder mit Vorwürfen seitens Außenstehender konfrontiert, und sicher kennst du auch Momente, in denen du hörst, dass das Kind da durchmüsse, dass du strenger sein solltest oder dass ihr zu Helikoptereltern mutiert. Von außen ist es immer sehr einfach, Dinge zu beurteilen und sie sogar zu verurteilen. Niemand und wirklich niemand darf sich darüber ein Urteil erlauben, und daher ist es so wertvoll und stärkend, dass Eltern solch besonderer Kinder Unterstützung und Austausch beispielsweise in Facebook-Gruppen erfahren, wo sie auf Gleichgesinnte treffen und neue Kraft schöpfen können. Zudem tritt das Thema immer stärker in die Öffentlichkeit, worüber ich mich sehr freue.

Klar ist, dass herkömmliche Erziehungsmethoden bei diesen Kindern oft versagen, weil sie einfach nicht funktionieren. Sie werden von unserem Nachwuchs immer wieder geschickt ausgehebelt, weil sie alles hinterfragen und nichts einfach hinnehmen. Kajsa Johansson sagte in ihrem für mich sehr augenöffnenden Video zum Thema Underachievement sinngemäß: Sag einem normal begabten Kind, dass es hochspringen soll. Es wird es tun. Sag einem hochbegabten Kind, dass es hochspringen soll, es wird dich fragen, wie hoch. Sag einem Underachiever, dass es hochspringen soll, es wird antworten: Warum? (35). Ich erinnere an die „stille Zeit" unseres Sohnes im Flur im Kindergartenalter. Er verbrachte mehr als zwanzig Minuten brüllend und tobend auf seinem Stuhl, ohne aus seinen Fehlern danach zu lernen. Du kannst dir vorstellen, dass wir diese Erziehungsmethode schnell wieder aus unserem Repertoire entfernten. Wie sehr beneidete ich damals andere Mütter beim Einkaufen und auf dem Spielplatz, deren Kinder scheinbar spielend leicht auf ihre Eltern hörten und die geforderten Dinge ohne nachzufragen umsetzten. Daneben bist du als Mutter oder Vater mit den Kräften am Ende und sieht dein Kind als eine Art „Black-Box" vor dir. Es ist unberechenbar, weil es nur im Moment lebt, sich leicht ablenken lässt, alles bis ins kleinste Detail ausdiskutiert, jedes Wort auf die Goldwaage legt und so weiter und so fort. So überlegst du ständig, welche Entscheidung nun die richtige für Kind und Familie ist und welcher Weg der sinnvollste, ohne dass dein Kind allzu große Schäden davonträgt. Das alles wird in diesen kurzen und schnell formulierten guten Rat-Schlägen anderer Personen in deinem Umfeld übersehen.

Mein Mann formulierte es in einer Diskussion einmal so: „Wenn die Kinderkaravane weiterzieht und dein Kind nicht dabei ist, dann erlebe ich Ausgrenzung. Ich beginne, den Kontakt zu anderen zu vermeiden und fühle mich oft nicht mehr gleichwertig". Denn immer werden Eltern von hochbegabten Kindern, die Probleme in der Schule haben, von Gedanken von Versagen und Scheitern begleitet. Sie fürchten Bewertungen, die sich an der Schullaufbahn der Kinder orientieren. Lediglich bei Gleichgesinnten, mit Eltern, die ähnliche Probleme haben oder gleiche Erfahrungen teilen, gelingt ein offener Austausch, der gleichzeitig heilsam ist. Denn durch die Komplexität des Themas und die fehlende Thematisierung und Tabuisierung in der Öffentlichkeit bleiben viele Fragen offen. Natürlich spielt auch der Neid eine große Rolle, denn es wäre doch schön, wenn das Kind einfach „ganz normal" wäre, alles reibungslos funktioniere und mit kleinen Höhen und Tiefen seinen Weg im gesellschaftlichen System ginge. Die Frage nach: „Was haben wir falsch gemacht?" liegt oft sehr nahe. Doch neben diesen verständlichen Selbstzweifeln, die uns durchaus auch bis heute begleiten, können sich Eltern einer Sache sicher sein: Wenn sie ihre Kinder lieben, dann können sie einfach nichts falsch machen.

Ich glaube und ich weiß, als Eltern gebt ihr immer euer Bestes. Oft ist es die Mutter, die sich um viele Dinge kümmert und die Väter, die sich zunächst schwer mit der Situation tun, aber dann doch mit der Zeit hineinwachsen. Jeder gibt sein Bestes allein aus dem Gefühl heraus, weil du dein Kind kennst und vor allem, weil du es liebst und alles dafür tust, dass es ein glückliches und selbstständiges Leben führen kann. Dabei sind wir ganz entfernt von akademischen Träumen für das Kind á la „Mein Kind soll studieren" oder „mein Kind soll es mal besser haben als ich." Für uns stand immer nur der eine Wunsch im Vordergrund, den wir auf diversen Diagnostik-Fragebögen wieder und wieder ausfüllten: „Wir möchten, dass unser Kind zu einer selbstbewussten Persönlichkeit heranwächst, dass es glücklich ist und dass es gut selbstständig leben kann." Da ist es doch gleich, ob es Busfahrer wird, Programmierer oder akademischer Forscher. Mit der Zeit schraubst du deine Ansprüche an „hochbegabt sein" herunter. Während du direkt nach einer Diagnose vielleicht noch Meldungen wie: „Genie XY hat mit 15 seinen Bachelor gemacht", mit einer gewissen Traurigkeit wahrnimmst, warum es bei deinem Kind nicht ebenfalls so sein kann, weißt du auch, dass dies Ausnahmengeschichten sind, die leider viel zu oft das Bild von Hochbegabten in der Öffentlichkeit prägen und ins Erstaunen versetzen. Irgendwann bist du nur froh und glücklich, dass dein Kind den Realschulabschluss geschafft hat, und feierst es, als hätte er seinen Bachelor-Abschluss in der Tasche. Jacobsen hat es schön auf den Punkt gebracht: „Die Gesellschaft hegt eine gewisse Hassliebe zu Genies nach dem Motto: Wir lieben deine einzigartigen Fähigkeiten und deine Werke, aber bitte hör auf, so anders zu sein" (90).

Ja, wir Eltern von schwierig-hochbegabten Kindern fühlen uns ganz oft mutlos und manchmal ohne Perspektive. Es ist eine wundervolle Sache, Kinder großzuziehen, und ich möchte auch keine Minute missen. Denn ich weiß, dass wir alles für unsere Kinder getan haben, jedes Elternteil auf seine eigene Art und Weise, um ihnen eine gesunde Entwicklung zu ermöglichen. Doch es war und ist ein harter und anstrengender Weg, und oft standen wir tief verzweifelt wie vor einer Wand in einer stockdunklen Sackgasse und sahen keinen Ausweg mehr. Wir waren viel zu oft am Rande unserer Kräfte und kämpften dennoch tapfer weiter. Glücklicherweise, das kann ich aus Erfahrung sagen, öffneten sich immer neue Türen mit neuen Lösungen, weil wir drangeblieben sind, auch wenn wir uns oft so fühlten, als wären wir als Eltern hoch motiviert gescheitert. Wir sind überzeugt, dass es uns dennoch gut gelungen ist, unsere Kinder durch das junge Leben zu begleiten und ihnen alles gegeben zu haben, was sie in der jeweiligen Situation benötigten. Wir lernten unglaublich viel dazu, auch über uns selbst. Tatsächlich erkannten wir zahlreiche Parallelen zu unserer eigenen Kindheit und Jugend. Wir unterhielten uns mit Eltern und sammelten Erfahrungen unserer Großeltern. Dabei gab es erstaunliche Aha-Erlebnisse, denn das Grundthema ist seit Generationen das Gleiche. Mütterlicherseits kann man es als generationsübergreifendes Familienmantra auf einen Punkt bringen: „Wir gehören nicht dazu". All das arbeiteten wir mit der Zeit auf, was uns als Familie enger zusammenbrachte. Wir wuchsen oft über uns hinaus, indem wir unsere Komfortzone verließen und viele neue Dinge lernten, die wiederum auch uns nachhaltig veränderten und uns zusammenschweißten. So gesehen waren dies wichtige Lebenslektionen, mit denen wir konfrontiert waren. Der Preis war hoch, das wissen wir. Doch wir haben eins gelernt: Es gibt immer eine Lösung.

WAS WÄRE, WENN ...?

Viel zu oft machen wir uns Sorgen darüber, „Was wäre, wenn dies und jenes passiert?". Doch an der Stelle möchte ich dies in eine positive Richtung umkehren. Es sind Wünsche an die Zukunft, an die Gesellschaft, an Menschen, die mit unseren besonderen Kindern zu tun haben. Es ist ein offenes Gedankenspiel und darf durchaus Inspiration geben, den Blick zu öffnen.

Was wäre, wenn es Schulen gäbe, in denen Begabte mit einem heterogenen Begabungsprofil auf Spezialschulen oder in normalen Schulen in Kooperation mit Fachstellen individuell unterrichtet werden könnten? Sie würden begabungsorientiert gefördert, dürften ihre speziellen Interessen ausleben und sich nach ihren individuellen Fähigkeiten weiterentwickeln. Ich bin mir sicher, dass sich viele Problematiken und Auffälligkeiten in Luft auflösen würden, wenn sich diese Kinder am richtigen Ort und in einer wohltuenden Umgebung entfalten können. Und bestimmt würden sie ihren Platz in der Gesellschaft finden mit einem Job oder einer Lebensaufgabe, der ihnen und ihren Begabungen entspräche. Ein Wohl für die ganze Menschheit!

Was wäre, wenn Kinder in kleinen Klassen unterrichtet würden? Die Überforderung von Lehrern würde so reduziert und das Augenmerk auf die einzelnen Schüler mit all ihren Herausforderungen verstärkt. Diese Schüler könnten entsprechend gefördert, aber auch gefordert werden, fachlich sowie sozial-emotional.

Was wäre, wenn psychische Eigenarten von Kindern und Jugendlichen nicht sofort mit einer Modediagnose, wie es eine Zeit lang für ADHS oder ASS galt, belegt würden, sondern genau hingeschaut würde. Defizitorientierte Diagnosen sollten der Vergangenheit angehören, denn Kinder und Jugendliche haben ein Recht darauf, potenzialorientiert betrachtet und begleitet zu werden – nach „unten", aber auch nach „oben".

Was wäre, wenn Lehrkräfte aufhörten, Lehrkräfte zu sein? Wenn Lehrkräfte zu Lernbegleitern würden und Schülern auf Augenhöhe zur Seite stünden? Das gelänge, wenn die Schulen mutig ihre abstrakte Stundenplan-Struktur, die längst veraltet ist, aufbrächen und den Unterricht ganzheitlich gestalteten. Unterrichtsinhalte begännen wieder mehr Sinn zu machen und thematische Zusammenhänge zwischen den Fächern könnten sinnvoll hergestellt werden.

Was wäre, wenn Lehrpläne auf den Prüfstand gestellt würden? Ich bin sicher, dass viele Inhalte heute wenig zeitgemäß und veraltet sind. Praktisches, fächerübergreifendes und selbstständiges Lernen dürfte mehr in den Vordergrund gestellt werden. Das würde für selbstständige Schüler sorgen, die eigene Lösungen finden, statt vorgefertigtes Wissen blind zu übernehmen. Das würde ihnen den Übergang in ein eigenverantwortliches Leben erleichtern und der Schule einen Ausstieg aus immer wieder reproduziertem Wissen ermöglichen.

Was wäre, wenn Hoch- und Höchstbegabte die gleichen Möglichkeiten in der Förderung erhielten wie Minderbegabte? Wenn in der Gesellschaft und in der Diagnostik die besonderen Herausforderungen dieser Kinder und Jugendlichen endlich gesehen würden und für sie staatliche Förder- und Fordermaßnahmen ganz selbstverständlich zur Verfügung stünden?

Was wäre, wenn die Stigmatisierung von Hochbegabten endlich aufhörte? Wenn Hochbegabung von der Gesellschaft nicht mehr als Arroganz, Elite oder gar (unbewusste) Bedrohung aufgenommen, sondern erkannt würde, dass hier besondere Herausforderungen für Eltern zutage treten? Diese sollten offen damit umgehen können und sich nicht in geschlossenen Facebook-Gruppen zum Austausch verstecken müssen. Hochbegabung bedeutet für viele Eltern eine Bürde, die sie oft allein bewältigen müssen.

Was wäre, wenn sich die klinische Diagnostik den besonderen Herausforderungen von Hochbegabung noch mehr öffnen würde und weniger nach Ursachen in Krankheiten sucht? So könnten Irrwege in Krankheitsbildern und unnötige medikamentöse Behandlungen vermieden werden.

Was wäre, wenn Hochbegabungs- und Underachievement-Coachings auch seitens der Krankenkassen gefördert würden? Denn Eltern fehlen oft die finanziellen Mittel, die speziellen Coachings aus eigener Tasche zu zahlen.

Was wäre, wenn IQ-Tests nur noch von geschulten Begabungsdiagnostikern durchgeführt werden dürften, die Erfahrung in der speziellen Arbeit mit Hochbegabten haben oder sogar selbst hochbegabt sind? Auf diese Weise können Vertrauen aufgebaut und eine sichere Atmosphäre hergestellt werden, in der das Kind oder der Jugendliche sein ganzes Potenzial zeigen kann. Die Diagnostik dürfte nur noch von einer statt von 2–3 Personen durchgeführt werden. Diese Begabungsdiagnostiker berücksichtigen die Besonderheiten und speziellen Herausforderungen in ihren Tests und bieten vor allem durch ihre wertvollen Test-Beobachtungen in ihrem Gutachten eine hilfreiche Grundlage für Kindergarten und Schule.

Was wäre, wenn auch Hochsensibilität in der Gesellschaft und in der Schule als besondere Charakter-Eigenschaft berücksichtigt würde und diesem Raum gegeben werden könnte? Wenn Orte des Rückzugs, des sozialen Austauschs, des wertschätzenden Miteinanders und des gerechten Umgangs ermöglicht und gelebt würden?

Was wäre, wenn Schulvermeidung und -verweigerung nicht als Faulheit oder Dummheit vorverurteilt würde, sondern wenn es Offenheit gegenüber dem Thema Underachievement geben würde? Wenn sich Lehrkräfte dessen bewusst wären, weil sie in ihrer Lehrerausbildung bereits gelernt hätten, auf entsprechende Signale frühzeitig zu achten und diesbezüglich Maßnahmen einzuleiten? Wenn das Verständnis für das „Anders-Sein" und „anders denken" einfach vorhanden wäre, ohne sich sofort in seiner eigenen Kompetenz bedroht zu fühlen?

Beenden wir das „Was wäre wenn ..."-Spiel. Ich habe aufgeführt, dass es gerade im Schulsystem alte und gewachsene Strukturen gibt, die schwer aufzubrechen sind. Ich weiß, dass Lehrkräfte in der Schule oft überfordert sind, aufgrund viel zu großer Klassen, individuell geforderter Betreuung, zu erfüllender Lehrpläne, schlechter technischer Ausstattung, Krisenzeiten und durchaus auch anstrengender und forderner Eltern. Es wäre ein langer und herausfordernder Prozess, etwas zu ändern. Doch warum sollte das Schulsystem sich diesem in den Weg stellen? Es gibt bereits vereinzelt Schulen und Lehrkräfte, die sich mutig dazu entschieden haben, Schülern mehr Verantwortung zu geben. Lehrkräfte treten einen Schritt zurück und stehen den Schülern als Lernbegleiter und als Coach zur Verfügung. Ich bin mir sicher, diese selbstständigen und eigenverantwortlichen Schüler wären eine Wohltat für unsere Gesellschaft, wenn sie die Schule verlassen. Doch oft ist dies nur in einer kleineren Privatschule oder wenigen staatlichen Schulen möglich.

Es ist mir bewusst, dass es viele Hochbegabte gibt, welche die Schulzeit ohne Probleme durchlaufen und ihr Leben meistern. Viele davon ahnen nichts von ihrer Hochbegabung, und doch fehlt es ihnen später an Ehrgeiz und Durchhaltevermögen, weil sie Lernen nie gelernt haben. Ihnen ist vieles zugeflogen und echte Erfolgserlebnisse aufgrund eigener Anstrengungen gab es nur wenige. Die Problematik tritt dann subtiler und später zutage. Auf der anderen Seite gibt es diese 12–15 % der Hochbegabten, die eben doch große Schwierigkeiten haben, sich in das System einzugliedern, und die aufgrund ihrer Verhaltensweisen unerkannt bleiben, falsch eingeschätzt und pathologisiert werden. Die Gefahr ist groß, dass sie chancenlos und frustriert in Sonderschule, Therapien oder Depressionen landen und sich mit dem Gedanken auseinandersetzen müssen, dass irgendetwas mit ihnen nicht stimmt. Unser Coach Bernd Weber sagte einmal: „Es gibt nichts Gefährlicheres, als wenn ein Hochbegabter auf die schiefe Bahn gerät." Über viele Jahre habe ich immer wieder gleiche Geschichten von schwierigen oder scheiternden Schullaufbahnen von Hochbegabten gehört, beginnend im Kindergarten über die Grundschule hinweg bis zum Schulwechsel und der weiterführenden Schule. Es folgt fast immer einem gleichen Muster, welches es zu durchbrechen gilt. Der Höhepunkt ist meist in der 7. oder 8. Klasse erreicht. Die Kinder erleben eine immer stärkere Frustration. Sie vermeiden oder verweigern komplett. Das haben wir zweimal erlebt. Allein in einer geschlossenen Facebook-Gruppe tauschen sich dazu über 12.000 Mütter und Väter regelmäßig aus. Das bedeutet, der Bedarf ist da, aber es ist noch nicht in der Form draußen angekommen, wie es wünschenswert wäre. Was aber kein Wunder ist, denn aufgrund von Stigmatisierungen seitens der Gesellschaft, anderer Eltern und ebenso vieler Lehrkräfte trauen sich die wenigsten Eltern, ihre Probleme öffentlich zu thematisieren. Sie machen das mit sich aus und beziehen nur enge Vertraute mit ein. Sie haben Angst, mit Lehrern zu sprechen, nehmen Fehldiagnosen in Kauf und behandeln mit Medikamenten. Sie stehen letztendlich oft einer Schulverweigerung hilflos gegenüber und verlieren sämtlichen Mut. So weit muss es nicht kommen. Ich hoffe, dass ich mit meinem Buch eine Hilfe für Eltern sein darf, wenn sie sich in der einen oder anderen Situation wiedererkennen, die ich geschildert habe. Ich wünsche mir, dass sie neue Kraft schöpfen und das Wohl ihrer Kinder mutig in die Hand nehmen, aktiv werden und vor allem hartnäckig dranbleiben.

Ich hoffe, dass ich Lehrkräfte und alle Verantwortlichen, die mit solchen Kindern und Jugendlichen zu tun haben, sensibilisieren darf, genau hinzuschauen und zu handeln. Ich wünsche mir, dass sich ihre Schützlinge gesehen, ernst genommen und gerecht behandelt fühlen. Damit sie dranbleiben und sich nicht aufgeben.

Hochbegabte und auch Höchstbegabte sind ein Schatz für unsere Gesellschaft. Sie verlassen eingetretene Pfade und denken anders. Wenn sie dies ausleben dürfen, sind sie in der Lage, Außergewöhnliches zu bewirken. Wenn die Gesellschaft dafür ein offenes Ohr hat und sich ein Stück aus ihrer Komfortzone herausbewegt, dann kann sie Gelegenheiten schaffen, damit dies auf fruchtbaren Boden fällt.

NEUE TÜREN HABEN SICH GEÖFFNET

Wir sind voller Stolz und Freude, wenn wir auf unsere beiden Söhne blicken. Dank der neuen Türen, die wir gemeinsam für sie öffnen durften, bilden sie ihre Flügel aus und betreten neue Wege.

Sebastian hat die Berufsausbildung begonnen und vorher in einem Berufsbildungswerk eine betriebsvorbereitende Maßnahme absolviert. Diese Station mit viel Praxiserfahrung war ein wichtiger Schritt in sein eigenständiges Leben, eine Art Sprungbrett. Die Arbeit, die Praktika, das Lernen von neuen Dingen machten ihm sehr viel Spaß und im Nachhinein können wir sagen, dass Sebastian seine Handbremse gelöst hat und seine PS wieder auf die Straße bringt. Weil er es möchte, weil er einen Sinn darin sieht und weil er in einer förderlichen Umgebung ist, die ihn dabei unterstützt. Genau so wird er auch alle weiteren Schritte schaffen, weil er das gefunden hat, was ihn begeistert. Das zu sehen, ist einfach großartig und wir dürfen uns jetzt endlich ein wenig zurücklehnen, entspannen, glücklich sein und einfach nur freudig beobachten, wie sich alles Weitere entwickelt.

Henry ist in seiner neuen Schule gut angekommen und entwickelt neue Interessen. Zwar ist er noch in der Pubertät, doch wir merken, wie er sich öffnet, neues Vertrauen aufbaut und in puncto fachlicher Diskussionen seinem Bruder in nichts nachsteht. Zugleich beginnt er immer mehr Dinge zu hinterfragen. Wir merken, dass er in der neuen Umgebung aufblüht und auch er sein Potenzial stärker ans Licht bringt, auch wenn es noch Stolpersteine gibt, die er aber sicher noch meistert.

DANKSAGUNG

Als Erstes danke ich dir, Sebastian, für dein Sein. Du bist Lehrmeister und Herausforderung zugleich. Durch dich bin ich über mich hinausgewachsen und durch deine Geschichte dürfen wir anderen Menschen Inspiration geben, diese besonderen Schwierigkeiten zu meistern. Danke, dass ich hier davon erzählen darf. du wirst deinen Weg gehen, das habe ich schon immer tief in mir gespürt. Jetzt hast du deine Handbremse gelöst und bringst deine PS auf die Straße.

Auch dir, lieber Henry, danke ich vor allem für deine Sensibilität, dein Einfühlungsvermögen und deine sprachliche Eloquenz, die mich immer wieder zum Staunen bringt. Dank deiner Geschichte durfte ich meine eigene mit allen unterdrückten Emotionen aufarbeiten, damit der endlose Ablauf unserer Erfahrungen hier enden kann. Ich weiß, dass dich deine Stärke, die du jetzt erst beginnst zu entdecken, durch dein Leben trägt und du den Menschen um dich herum so unendlich viel geben kannst.

Ich danke dir, lieber Timo für deine Begleitung und Unterstützung. Ich weiß, du hast dich anfangs schwergetan mit der Herausforderung, mit den Problemen insgesamt. Doch ich weiß auch, dass du so viel dazu gelernt hast, genau wie ich selbst. Wir sind dadurch als Familie gewachsen, haben uns gemeinsam weiterentwickelt, neue Türen geöffnet und sind dadurch noch stärker zusammengewachsen.

Ich danke meinen Freundinnen und Freunden, die dem Thema Hochbegabung und „anders sein", sehr offen gegenüberstehen für den wertvollen Austausch und die Ermutigungen, die uns durch diese Zeit getragen haben. Vor allem danke ich dir, Stefanie, für deinen Beistand, deine beruhigenden und verständnisvollen Worte und die wertschätzenden Gespräche. Auch dir, David, danke ich, dass du energetisch den Raum geöffnet hast in Situationen, die aussichtslos erschienen.

Vor allem danke ich dir, liebe Petra, für dein Wissen rund um Rechtschreibung, Grammatik und Formulierungen. Dein Korrektorat hat den Lesefluss wesentlich verbessert und angenehmer gestaltet. Ich bin dir sehr dankbar für unseren wertvollen Austausch, der im Laufe der Korrekturen entstanden ist und die Pläne, die wir gemeinsam mit unserem neuen Podcast und Blog schmieden. Schön, dass du als Freundin in meinem Leben und an meiner Seite bist.

Renate und Bernd Weber, danke für euer Coaching und die Begabungsdiagnostik. Ihr habt uns auf die richtige Fährte gebracht und Impulse gegeben, wo Hilflosigkeit herrschte, auch wenn Sebastian eine „harte Nuss" war. Bei dir, Bernd, hat sich unser Sohn das erste Mal in seiner Besonderheit gesehen gefühlt, das hat ihm gutgetan. Und bei dir, Renate, durfte Sebastian aufgrund der vertrauensvollen Atmosphäre, die du in den Begabungsdiagnostiken schaffst, endlich sein ganzes Potenzial zeigen. Auch für Henry wart ihr da. Eure Einfühlsamkeit hat ihm geholfen, sein Potenzial stärker wahrzunehmen und sich darauf zu fokussieren.

Herr Mende, wir sind Ihnen so dankbar für Ihre Begleitung und Unterstützung während der schwierigen Schulzeit. Sie haben uns immer wieder aufgerichtet, den Blick für die wichtigen Dinge gezeigt und uns bei formalen Angelegenheiten unterstützt und damit entlastet.

Dr. Kornmann, lieben Dank für Ihre hilfreichen Impulse, Ihre einfühlsame Begleitung, Ihren Zuspruch und Ihren persönlichen Einsatz für unseren Sohn. Sie waren eine sehr große Hilfe und Stütze in diesem Prozess.

Frau Adam, Sie haben mir den entscheidenden Impuls gegeben, unseren damals 17-jährigen Sohn loszulassen. Denn tatsächlich waren wir an einem Punkt angelangt, an dem wir als Eltern nichts mehr tun konnten. Die Lektion war hart für mich, aber ungemein hilfreich und erlösend. Für diesen liebevollen Schock danke ich Ihnen von Herzen!

Dr. Ringenberg, auch Ihnen danke ich für Ihr Vertrauen, Ihre Begleitung und Ihr stets offenes Ohr für unsere Herausforderungen. Sie haben uns ermutigt, neue Wege zu gehen, die wir vorher ablehnten. Doch diese stellten sich eine Zeitlang als Erleichterung heraus. Vor allem für Sebastian.

Ein großes Dankeschön geht an alle Lehrerinnen und Lehrer, insbesondere an Herrn Lackmann, Frau Brixtel-Fenner, Herrn Löhr, Frau Siegmund und Frau Maykemper und besonders der Schulbegleiterin von P. – Frau Rickheit. Dank Ihrer einfühlsamen und hilfreichen Unterstützung in jeder Schulphase von der Grundschule bis ins Gymnasium durften wir alle Möglichkeiten innerhalb des vorgegebenen Rahmens nutzen, die wichtig und hilfreich für Sebastian waren, auch wenn es am Ende doch zur Verweigerung kam. Ihr Zuspruch und Ihre Geduld, Ihre Tipps und vor allem Ihre Bereitschaft für eine kooperative und gemeinschaftliche Zusammenarbeit haben uns durch die Schulzeit getragen.

Median-Klinik in Bad Gottleuba, Kinder- und Jugendreha, Herr Dr. Milan Meder und seinem Team. Die Zeit dort gab unserem Sohn die Möglichkeit, sich zu öffnen und zu erkennen, dass es noch andere Jugendliche mit ähnlichen Problemen gibt. Nur dank dieser Erfahrung wurde der nächste Schritt in eine Wohngruppe für ihn leicht. Dafür sind wir sehr dankbar.

Sachbearbeiterin des Jugendamtes Frau H. Mit großartigem Engagement haben Sie geholfen, unserem wichtigsten Wunsch in unserer von außen schwer nachvollziehbarer Situation zu entsprechen. Auch wenn diese Zeit für uns alle sehr kräftezehrend war, so hat sie doch ein gutes Ende gefunden. Wir sind dankbar für die Chance, die Sie und Ihr Team damit letztendlich unserem Sohn ermöglicht haben. Es hat sich gelohnt!

Peter Eckrich, Ihr erstes Telefonat hat Sebastian überrascht und berührt, da Sie genau von seinen Eigenheiten und Sorgen wussten, obwohl Sie ihn nicht kannten – allein aus Ihrer Erfahrung heraus. Ich spürte bei unserem Sohn Erleichterung und sogar Vorfreude. Das zu erleben war wirklich besonders und der Startschuss für eine neue Chance in einer wunderbaren Umgebung.

Theresien Kinder- und JugendHilfeZentrum mit den großartigen Betreuern in der Wohngruppe. Sie haben unseren Sohn direkt ins Herz geschlossen und er Sie. Das Zusammensein mit den anderen, teilweise „gleichgesinnten" Jugendlichen, die Atmosphäre im Haus, die gemeinsamen Aktivitäten – all das ließ ihn aus sich herauskommen und ihm Flügel wachsen. Das spürten wir deutlich und wir sind von Herzen dankbar, dass Sie ihn mit offenen Armen aufgenommen haben und in dieser Zeit eine zweite Familie für ihn waren!

Oswald von Nell Breuning-Schule, Abteilung 2. Es ist für uns ein Segen, dass es Sie als Förderschule für Hochbegabte gibt. Nach zwei Jahren Schulverweigerung ging unser Sohn wieder regelmäßig zur Schule, trotz einem etwas aufwendigeren Anfahrtsweg. Jeder Schüler ist dort besonders und individuell, so wie Sebastian auch. Er hat Freunde gefunden und Kontakte geknüpft, da er sich hier gesehen fühlte. Es war eine großartige Chance für ihn, seinen Schulabschluss zu erhalten und seinen Weg ins Leben wieder aufzunehmen. Wir sind glücklich und dankbar dafür!

Friedrich Wilhelm Raiffeisen-Schule. Sie, Herr Pflüger und Ihr Team haben uns erleben und spüren lassen, dass mit einer großen Portion Wertschätzung und Zuwendung eine Schulatmosphäre geschaffen werden kann, in dem jedes Kind so sein darf, wie es ist und sich in seiner Individualität voll entfalten darf. Sie haben dazu beigetragen, dass Henry sein Potenzial in einer für ihn optimalen Umgebung ausleben und in sich gestärkt seine PS auf die Straße bringen konnte. Dadurch hat sich unsere vormals angespannte Familiensituation maßgeblich entspannt, wofür wir sehr dankbar sind!

Lisa, ich danke dir für deine Antworten in Bezug auf die Lehrerausbildung. Das hat mir wertvolle Einblicke gegeben, die in dieses Buch eingeflossen sind. Ich wünsche dir, dass all deine Wünsche in Bezug auf das Schulleben in Erfüllung gehen.

Markus Mattzick, du hast mich dankenswerterweise mit vielfältiger Literatur zum Thema Hochbegabung versorgt. Das hat meine Recherchen aufgewertet und neue Puzzleteile zum Gesamtbild dieses Buches ermöglicht. Durch unseren Austausch habe ich begonnen, mich mit der Möglichkeit auseinanderzusetzen, selbst hochbegabt zu sein und den Mut aufgebracht, mich einer Testung zu stellen.

Cedric Lütgert und die Richtsbergschule in Marburg. Vielen Dank für die Möglichkeit, bei Ihnen zu hospitieren. Dies war ein wunderbarer Blick in die Praxis, wie staatliche Schule in der heutigen Zeit alternativ und doch unter Einhaltung der Regularien funktionieren kann. Danke, dass ich diesen Mut erleben und spüren durfte!

Auch wenn es absurd klingen mag, bin ich den Menschen und Institutionen, die unseren Weg erschwerten, im Nachhinein ebenfalls dankbar. Diese wertvolle Erfahrung zwang uns, auszubrechen, neu und anders zu denken und bessere Möglichkeiten für unsere Kinder zu finden. Sie haben Prozesse in Gang gebracht, die uns Umgebungen finden ließen, in denen beide sich endlich „normal" fühlen durften und ihr Potenzial zeigen konnten. Sie haben den Glauben an uns selbst gestärkt, für etwas Wichtiges einzustehen und zu kämpfen. Und zwar so lange, bis wir eine Lösung erreichten, die wir uns wünschten und die uns als Familie in besonderer Weise zusammengeschweißt hat. Wäre dies alles nicht so geschehen, hätte ich dieses Buch nie geschrieben. So bin ich dankbar, wenn ich auch nur einer Familie damit weiterhelfen kann, Mut zu schöpfen und ebenfalls für ihre Kinder dranzubleiben.

Vor allem danke ich dir, liebe Leserin und lieber Leser, dass du dieses Buch erworben und gelesen hast. Ich hoffe, dass ich dir ein wenig Hilfe auf deinem Weg sein durfte und dir einige Impulse geben konnte. Ich habe eine Bitte an dich: Es würde anderen Lesern sicher helfen, wenn du deine Meinung zum Buch in einer Rezension auf amazon veröffentlichst. Es dauert sicher nicht mehr als 2–3 Minuten. Dafür danke ich dir herzlich, denn damit hilfst du, dass das Thema noch präsenter in der Öffentlichkeit wird und sich Dinge ändern können.

Literaturverzeichnis

1. Juul, Jesper. Dein selbstbestimmtes Kind. s.l. : Kösel-Verlag; 3. Edition, 2020.
2. Stangl Lexikon. [Online] [Zitat vom: 22. Oktober 2021.] https://lexikon.stangl.eu/.
3. Zschocher, Andrea und Voelcher, Mathias. [Online] [Zitat vom: 22. Oktober 2021.] www.familie.de/schulkind/autonome -kinder-sie-wissen-genau-was-sie-wollen/.
4. Rosche, Maren. Stern. [Online] 14. Mai 2019. [Zitat vom: 15. Mai 2022.] https://www.stern.de/familie/kinder/schwierigkeiten-bei-der-erziehung--habe-ich-ein-autonomes-kind--8822390.html.
5. Falk-Frühbrodt, Christine. [Online] [Zitat vom: 22. Oktober 2021.] www.iflw.de/blog/hochbegabte-minderleister.
6. Brackmann, Andrea. Ganz normal hochbegabt - Leben als hochbegabter Erwachsener. Stuttgart : Klett-Cotta, 2008.
7. PHG. Plötzlich Hochbegabt. [Online] [Zitat vom: 22. Oktober 2021.] www.ploetzlich-hochbegabt.de/2015/03/17/asynchrone-entwicklung-bei-hochbegabung-was-heisst-das-eigentlich/.
8. Eckerle, Anne und Eckerle, Thomas. Hochbegabtenhilfe. [Online] 2018. [Zitat vom: 14. Mai 2022.] https://www.hochbegabtenhilfe.de/ursachen-fuer-misslingende-schulkarrieren/.
9. Hartmann, Thom. Eine andere Art, die Welt zu sehen: Das Aufmerksamkeits-Defizit-Syndrom. s.l. : Schmidt-Römhild; 12., Edition , 2009.
10. Ratgeber ADHS - Das Infoportal für Erwachsene mit ADHS. [Online] [Zitat vom: 26. Mai 2022.] https://www.adhs-ratgeber.com/adhs-was-passiert-im-koerper.html.
11. Netdoktor. [Online] 28. Mai 2018. [Zitat vom: 11. Juni 2022.] https://www.netdoktor. de/medikamente/ritalin/#:~:text=Ritalin%20ist%20eines%20der%20bekanntes-ten,und%20wirkt%20antriebs%2D%20und%20leistungssteigernd..
12. Weber, Renat. Facebook - Gruppe „Hochbegabte Kinder kreativ & entspannt begleiten". [Online] 28. Juli 2022. [Zitat vom: 28. Juli 2022.] https://www.facebook.com/groups/1667524343573775.
13. Karin Kahl. YouTube-Kanal Menschensbildung - Bildung auf Augenhöhe. Wie geht professionelle Begabungsdiagnostik? [Online] 9. April 2022. [Zitat vom: 15. Juni 2022.] https://www.youtube.com/watch?v=P92_MMrNMug.
14. Internationales Centrum für Begabtenforschung. ECHA Diploma of Advanced Studies "Specialist in Gifted Education and Talent Development". [Online] [Zitat vom: 19. Juni 2022.] https://www.icbf.de/index.php/de/50-arbeitsschwerpunkte/aus-und-weiterbildung/echa-diplom.
15. Universität Gießen. [Online] [Zitat vom: 26. Juni 2022.] https://www.uni-giessen.de/mug/7/pdf/7_80/7_81/anlage2/Module/grundwi/7_81_00_ANL2_GW_Module_25ae.

16. Lehrkräfteakademie Hessen. Praktika. [Online] [Zitat vom: 21. August 2022.] https://
lehrkraefteakademie.hessen.de/ausbildung-von-lehrkraeften/erste-staatspruefung/
orientierungs-und-betriebspraktikum.

17. Hessisches Lehrkräftebildungsgesetz (HLbG). [Online] [Zitat vom: 21. August 2022.]
https://www.rv.hessenrecht.hessen.de/bshe/document/jlr-LehrBiGHE2011V11P66.

18. Lehrkräfteakademie Hessen. Angebote für Lehrkräfte und Schulen. [Online]
[Zitat vom: 23. August 2022.] https://lehrkraefteakademie.hessen.de/fortbildung-
und-beratung/ueberblick.

19. Kultusministerkonferenz. [Online] 5. Oktober 2000. [Zitat vom: 9. Juli 2022.] https://
www.kmk.org/fileadmin/veroeffentlichungen_beschluesse/2000/2000_10_05-Auf-
gaben-Lehrer.pdf.

20. Rost, Prof. Detlef H. Hochbegabung und Schule. Uni-Marburg.de. [Online] Mai 2008.
[Zitat vom: 16. Juni 2022.] https://www.uni-marburg.de/de/fb04/therapie-und-
beratung/brain/flyer/hochbegabung_und_schule.pdf.

21. Hintermeiner, Johanna. Süddeutsche Zeitung. [Online] 9. März 2020. [Zitat vom:
20. Juli 2022.] https://www.sueddeutsche.de/muenchen/dachau/hochbegabung-die-
einsamkeit-der-kleinen-professoren-1.4838433.

22. Webb, James T. Hochbegabte Kinder - das große Handbuch für Eltern. [Hrsg.]
Hogrefe AG Verlag Hans Huber. Bern : s.n., 2012. S. 11.

23. Paturi, Felix R. Denken unerwünscht. München : Bucher Verlag, 2012. S. 90, 94, 95, 99,
113, 144, 145.190, 193, 206, 212, 213.

24. Detlef H. Rost und Jörn R. Sparfeldt. Hochbegabung und Schule – „Underachievement"
aus psychologischer und pädagogischer Sicht. Uni-Marburg.de. [Online] Mai 2008.
[Zitat vom: 16. Juni 2022.] https://www.uni-marburg.de/de/fb04/therapie-und-
beratung/brain/flyer/hochbegabung_und_schule.pdf.

25. Asperger-Syndrom: der unsichtbare Autismus. Enable me - Stiftung MyHandicap.
[Online] [Zitat vom: 16.. April 2023.] https://www.enableme.ch/de/artikel/asperger-
syndrom-der-unsichtbare-autismus-325.

26. Geschichte. Autistenhilfe. [Online] [Zitat vom: 16. April 2023.]
https://www.autistenhilfe.at/autismus/geschichte/#:~:text=Unabh%C3%A4ngig%20
voneinander%20beschrieben%201943%20und,und%20bezeichneten%20dies%20
als%20autistisch..

27. Asperger-Syndrom. Wikipedia. [Online] [Zitat vom: 16.. April 2023.]
https://de.wikipedia.org/wiki/Asperger-Syndrom#:~:text=Im%20DSM%2D5%20
und%20der,%2DSt%C3%B6rungen%2C%20ASS)%20zusammengefasst..

28. Linus Müller. Definition: Was ist das Asperger-Syndrom? Autismus-Kultur. [Online]
[Zitat vom: 16. April 2023.] https://autismus-kultur.de/asperger/#asperger-syndrom-
symptome.

29. Diana Haese. Begabtenzentrum. [Online] [Zitat vom: 12. Juni 2022.]
    https://www.begabtenzentrum.de/hochbegabung/.

30. Autismus und Asperger Syndrom. Begabtenzentrum. [Online]
    [Zitat vom: 16. April 2023.] https://www.begabtenzentrum.de/autismus-und-
    asperger/#: ~:text=50%20Prozent%20der%20bekannten%20Inselbegabten,
    Telefonb%C3%BCcher%20sowie%20Lexika%20auswendig%20lernen..

31. Reißig, Birgit. Schulverweigerung – ein Phänomen macht Schule. [Online] 2001.
    [Zitat vom: 9. April 2023.] https://www.dji.de/fileadmin/user_upload/bibs/9_2009_
    Schulvw.pdf.

32. Bundesregierung. Server des Bundestags. [Online] 20. März 2020.
    [Zitat vom: 9. April 2023.] https://dserver.bundestag.de/btd/19/182/1918211.pdf.

33. Thomas Vitzthim. 300.000 Jugendliche verweigern den Schulbesuch. Welt.
    [Online] 23. September 2009. [Zitat vom: 9. April 2023.]
    https://www.welt.de/politik/deutschland/article4598602/300-000-Jugendliche-
    verweigern-den-Schulbesuch.html.

34. Schulverweigerung: Definition, Therapie und Maßnahmen. Bußgeldkatalog 2023.
    [Online] [Zitat vom: 9.. April 2023.] https://www.bussgeldkatalog.org/
    schulverweigerung/#:~:text=Im%20Saarland%2C%20in%20Hessen%20und,von%20
    bis%20zu%20180%20Tagess%C3%A4tzen.

35. Johansson, Kajsa. Universität Hamburg. Hochbegabt - und dennoch Schulprobleme?
    [Online] 2. 5 2011. [Zitat vom: 5. 6 2022.] https://lecture2go.uni-hamburg.de/l2go/-/
    get/v/12077.

36. Lausch, Susanne. Bernd Weber über Schulverweigerer – Underachiever – Minderleis-
    ter. [Online] 25. Juni 2019. [Zitat vom: 1. September 2022.] https://www.youtube.com/
    watch?v=Qa4YloNjDms&t=310s.

37. Genies unter der Lupe. Dietrich, Angelika. 1, s.l. : Die Zeit, 2012.

38. Niehues, Frauke. Diskussion & Fragen – Frauke Niehues: Hoch- und Höchstbegabung –
    Herausforderungen und Lösungen. YouTube. [Online] MENSA, 26. Juli 2021.
    [Zitat vom: 16. Juni 2022.] https://www.youtube.com/watch?v=TzCMM_kn0a0.

39. Weber, Bernd. Bernd Weber MenschensBILDUNG Underachievment.
    [Befragte Person] Karin Kahl. 17. Mai 2022.

40. Brackmann, Andrea. Jenseits der Norm - hochbegabt und hoch sensibel? Stuttgart :
    Klett-Cotta, 2012. S. 37, 38, 62, 64, 74.

41. Niehues, Frauke. Können macht Spaß. ADHS und Underachievement. [Online]
    [Zitat vom: 17. Juni 2022.] https://www.xn--knnen-macht-spass-zzb.de/de/
    nachrichten-leser/adhs-und-underachievement-13.html.

42. Oliver Kuhnert. Hallo Familie. [Online] [Zitat vom: 12. Juni 2022.]
    https://www.hallofamilie.de/familienleben/kind-eltern/wie-sie-die-hochbegabung-

ihres-kindes-erkennen/#:~:text=Abgesehen%20von%20der%20intellektuellen%20
Hochbegabung,Bereich%20von%20Musik%20und%20Malerei..

43. Begabt-Hochbegabt.info. Das Infoportal für schlaue Geister. [Online] [Zitat vom:
15. Juni 2022.] https://www.begabt-hochbegabt.info/hochbegabung/.

44. Institut für Leistungsentwicklung. Underachievement oder erwartungswidrige
Niedrigleistung. [Online] [Zitat vom: 15. Juni 2022.] https://www.hochbegabtenhilfe.
de/underachievement/.

45. Hamburg-Wechsler-Intelligenztest für Kinder. Wikipedia. [Online] [Zitat vom:
30. Juli 2022.] https://de.wikipedia.org/wiki/Hamburg-Wechsler-Intelligenztest_
f%C3%BCr_Kinder.

46. News4teachers.de. [Online] 25. Februar 2021. [Zitat vom: 13. August 2022.]
https://www.news4teachers.de/2021/02/hessen-startet-landesweites-projekt-zur-
foerderung-hochbegabter/.

47. Nicht bloß Elitenförderung. Schmoll, Heike. Frankfurt : s.n., 15. Oktober 2020,
Frankfurter Allgemeine Zeitung, S. 7.

48. Die Zielgruppe. Theresien Kinder- und Jugendhilfezentrum und St. Josephshaus e. V.
[Online] [Zitat vom: 2. September 2022.] In der Abteilung 2 der Oswald-von-Nell-
Breuning-Schule werden ausschließlich Schüler und Schülerinnen (SuS) mit Hochbegabung oder einer gemessenen Intelligenzdiagnostik in der Nähe der Hochbegabung
unterrichtet (ab IQ 120). Zugleich haben viele SuS der Ab.

49. Vivian van Gerven & Nele Scharffenstein. https://li.hamburg.de/. Mehrfach außergewöhnliche Kinder –. [Online] 2018. [Zitat vom: 26. November 2022.] Yewchuk &
Lupart, 1993.

50. Frühe Symptome und erste Anzeichen einer Depression. Neurologen und Psychiater
im Netz. [Online] [Zitat vom: 10. April 2023.] https://www.neurologen-und-psychiater-
im-netz.org/psychiatrie-psychosomatik-psychotherapie/stoerungen-erkrankungen/
depressionen/fruehsymptome/.

51. Sabater, Valeria. Welchen Zusammenhang es zwischen Intelligenz und Depression
gibt. Gedankenwelt. [Online] 15.. November 2021. [Zitat vom: 10.. April 2023.]
https://gedankenwelt.de/welchen-zusammenhang-es-zwischen-intelligenz-und-
depression-gibt/.

52. Garcia, Manon. Teufelskreis: Hochbegabung – Depression – Selbstliebe. Manon
Garcia - hochgegabt oder hochsensibel. [Online] 11.. März 2013. [Zitat vom:
10. April 2023.] https://hochbegabt-oder-hochsensibel.manongarcia.de/2013/03/11/
teufelskreis-hochbegabung-depression-selbstliebe-ausgrenzung/?cookie-state-
change=1681125477769.

53. Brackmann, Andrea. Extrem begabt – Die Persönlichkeitsstruktur von Höchstbegabten
und Genies. Stuttgart : Klett-Cotta, 2020. S. 15, 18, 19, 22-24, 35. 65, 68-69.

54. StudySmarter. Lernen Psychologie. [Online] [Zitat vom: 22. Januar 2023.] https://
www.studysmarter.de/schule/psychologie/grundlagendisziplinen-der-psychologie/
lernen-psychologie/.

55. sgd - Deutschlands führende Fernschule. Lerntypen. [Online] [Zitat vom:
27. November 2022.] https://www.sgd.de/magazin/leben-lernen/ratgeber/effektives-
lernen/lerntypen.html#:~:text=Die%20vier%20Lerntypen%20nach%20Vester,
-Vester%20beschreibt%20individuelle&text=optisch%2Dvisueller%20Typ%3A%20
bevorzugt%20Lernen,Lernen%20durch%20Lesen%20und%20Denk.

56. Max Sauber. Wie wäre es mit Selbstbestimmter Bildung? Die vier Bildungsantriebe.
Selbstbestimmt sich bilden. [Online] 25. Januar 2023. [Zitat vom: 2. Februar 2023.]
https://selbstbestimmtsichbilden.buzzsprout.com/1065868/12116574-die-vier-
bildungsantriebe.

57. Georg A. Pflüger. Wir machen anders Schule – Das päadagogische Konzept der
Friedrich Wilhelm Raiffeisenschule. 1. Auflage. Wetzlar : schulexpert GmbH, 2021.
S. 20, 42, 45.

58. Anne und Thomas Eckerle. Ursachen für misslingende Schulkarrieren von
hochbegabten Kindern. Institut für Leistungsentwicklung. [Online] 2018. [Zitat vom:
27. November 2022.] https://www.hochbegabtenhilfe.de/ursachen-fuer-misslingende-
schulkarrieren/.

59. Norbert Haberger. Selbstmotivation, Selbstorganisation und Lernstrategien.
alpha - ARD Bildungskanal. [Online] 18. Januar 2021. [Zitat vom: 27. November 2022.]
https://www.br.de/fernsehen/ard-alpha/sendungen/campus/lernen-lernen-114.
html#:~:text=Tipps%3A%20Das%20Lernen%20lernen,werden%20kann%2C%20
wird%20wieder%20vergessen.

60. Frauke Niehues. Fixed-Mind-Set. Können macht Spaß. [Online] [Zitat vom:
27. November 2022.] https://www.xn--knnen-macht-spass-zzb.de/de/nachrichten-
leser/fixed-mind-set.html.

61. Heinz-Elmar Tenorth. Bundeszentrale für politische Bildung. [Online] 2008. [Zitat
vom: 17. Juli 2022.] https://www.bpb.de/themen/bildung/dossier-bildung/185878/
kurze-geschichte-der-allgemeinen-schulpflicht/#:~:text=Erst%20in%20den%20Bera-
tungen%20der,%3A%20%22Es%20besteht%20allgemeine%20Schulpflicht..

62. Einstieg. [Online] [Zitat vom: 17. Juli 2022.] https://www.einstieg.com/stories/
das-zentralabitur.html.

63. Gewerkschaft Erziehung und Wissenschaft. [Online] 2005. [Zitat vom: 17. Juli 2022.]
https://www.gew.de/bildungssystem/foederalismus/bildungsflickenteppich-
deutschland/.

64. OECD. [Online] [Zitat vom: 17. Juli 2022.] https://www.oecd.org/ueber-uns/erfolge/
deutschlands-pisa-schock.htm.

65. Andreas Schleicher. Welt. [Online] 10. Mai 2019. [Zitat vom: 21. August 2022.] https://www.welt.de/politik/deutschland/article193260889/Schweres-Mathe-Abitur-Pisa-Chef-lobt-anspruchsvolle-Aufgaben.html.

66. Richard David Precht. Cicero - Magazin für politische Kultur. Wir brauchen eine Bildungsrevolution! [Online] [Zitat vom: 21. August 2022.] https://www.cicero.de/kultur/wir-brauchen-eine-bildungsrevolution/51963.

67. Datenportal bmbf. [Online] [Zitat vom: 24. Juli 2022.] https://www.datenportal.bmbf.de/portal/de/Tabelle-2.5.85.html.

68. Schulze, Rainer. faz.net. „Die Glaubwürdigkeit des Abiturs ist in Gefahr". [Online] 29. Juli 2022. [Zitat vom: 30. Juli 2022.] https://m.faz.net/aktuell/rhein-main/frank-furt/abitur-noten-in-hessen-die-glaubwuerdigkeit-ist-in-gefahr-18206169.amp.html.

69. Statistisches Bundesamt. [Online] statista, August 2021. [Zitat vom: 24. Juli 2022.] https://de.statista.com/statistik/daten/studie/4907/umfrage/studienanfaenger-in-deutschland-seit-1995/.

70. Heublein, Ulrich, Schmelzer, Robert und Sommer, Dieter. Die Entwicklung der Studien-abbruchquote an den deutschen Hochschulen 2006. [Online] 2008. [Zitat vom: 24. Juli 2022.] https://www.dzhw.eu/pdf/21/his-projektbericht-studienabbruch.pdf.

71. Gademann, Bernhard O. A. Was normale Schulen von einem 130.000-Euro-Internat lernen können. [Befragte Person] Gernot Kramper. s.l. : Stern.de, 14. September 2021.

72. Cornelia Karin Hendrich. Welt. [Online] 23. Juni 2022. [Zitat vom: 22. Juli 2022.] https://www.welt.de/wirtschaft/karriere/bildung/plus239481103/Bildung-Gerade-die-Begabung-die-wir-am-meisten-brauchen-foerdern-wir-nicht.html.

73. Fratton, Peter. Home. Peter Fratton. [Online] [Zitat vom: 14. Mai 2023.] https://www.peterfratton.ch/.

74. Richtsbergschule Marburg. [Online] [Zitat vom: 24. Juli 2022.] https://www.richtsbergschule.de/2021/01/01/perlenwerk/.

75. Ott, Mira. Ewiger Nachzügler Deutschland und das Zukunftsmodell „Richtsberg-Gesamtschule". Lehrer-News. [Online] 3. September 2021. [Zitat vom: 24. Juli 2022.] https://lehrer-news.de/ewiger-nachzuegler-deutschland-und-das-zukunftsmodell-richtsberg-gesamtschule/.

76. Hüther, Gerald. DW Made for Minds. [Befragte Person] Sabine Damaschke. Hüther: „Mit Leidenschaft lernen". 29. Oktober 2012.

77. Elaine N. Aaron. Das hochsensible Kind - Wie Sie auf die besonderen Schwächen und Bedürfnisse Ihres Kindes eingehen. [Übers.] Ursula Bischoff und Sabine Schilasky. München : mvg Verlag, 2012 (4. unveränderte Auflage).

78. W. Thomas Boyce. Orchidee oder Löwenzahn? Warum Menschen so unterschiedlich sind und wie sich alle gut entwickeln können. New York / München : Droemer Verlag, 2019. S. 12, 32, 51, 69, 202, 203, 213, 257.

79. Zeichen gegen Mobbing e. V. [Online] [Zitat vom: 26. November 2022.]
https://zeichen-gegen-mobbing.de/definition.

80. Wikipedia. Mobbing. [Online] [Zitat vom: 26. November 2022.] https://de.wikipedia.
org/wiki/Mobbing#cite_note-Seydl2007-9.

81. Rödig, Tanja. Innerlich starke Kinder mobben nicht. [Befragte Person] Karin Kahl.
12. Mai 2022.

82. Schüler gegen Mobbing. [Online] [Zitat vom: 26. November 2022.]
http://www.mobbing-in-der-schule.info/.

83. Neumann, Walter. Mobbing in der Schule – was tun? [Befragte Person] Karin Kahl.
24. Mai 2022.

84. Der quälende Selbstzweifel bei Hochbegabung und Hochsensibilität. Hochix bei Open
Mind Akademie. [Online] [Zitat vom: 22. Juli 2023.] https://open-mind-akademie.de/
selbstzweifel-bei-hochbegabung-und-hochsensibilitaet/.

85. Andrea Pawlig. Überflieger im Abseits. Welt. [Online] 18. August 2012. [Zitat vom:
22. Juli 2023.] https://www.welt.de/print/die_welt/karriere/article108673492/
Ueberflieger-im-Abseits.html.

86. Fehldiagnosen bei hochbegabten Kindern. Deutsche Gesellschaft für das hochbegabte
Kind. [Online] 2015. [Zitat vom: 29. Januar 2023.] https://www.dghk.de/fehldiagnosen/.

87. Verringerung von Fehldiagnosen. Zirbes-Domke, Susanne und Liebert-Cop, Inga. 127,
s.l. : DGhK e.V., 2015, Bd. Labyrinth.

88. Frauke Niehues. Fehl- und Doppeldiagnosen. Können macht Spaß. [Online] [Zitat vom:
29. Januar 2023.] https://www.xn--knnen-macht-spass-zzb.de/de/nachrichten-leser/
fehl-und-doppeldiagnosen.html.

89. Michael Lange. Deutschlandfunk. [Online] 13. September 2011. [Zitat vom:
6. Juni 2022.] https://www.deutschlandfunk.de/hatte-lamarck-doch-recht-100.html.

90. Jacobsen, Mary-Elaine. The Gifted Adult: A Revolutionary Guide for Liberating
Everyday Genius. New York : Ballentine Books, 1999.

91. Bundesministerium Bildung, Wissenschaft und Forschung. [Online] [Zitat vom:
17. Juli 2022.] https://www.bmbwf.gv.at/Themen/schule/schulpraxis/lp.html.

92. V., Deutsche Gesellschaft für das hochbegabte Kind e. Leben mit hochbegabten
Kindern. Berlin : s.n., 19998.

93. Schulministerium NRW. [Online] [Zitat vom: 26. Juli 2022.]
https://www.schulministerium.nrw/inklusion-schuelerinnen-und-schueler.

94. Dalton is not a system, it's a way of life. Daltonpädagogik. [Online] [Zitat vom:
14. März 2023.] https://www.dalton-vereinigung.de/daltonpaedagogik/.

95. Theresa Samuelis. Digitale Didaktik - Unterrichten nach dem 4K-Modell. Bundeszentrale für politische Bildung. [Online] 19. September 2019. [Zitat vom: 19. März 2023.]
https://www.bpb.de/lernen/digitale-bildung/werkstatt/297360/unterrichten-nach-
dem-4k-modell/.

BONUS: 8 GAMECHANGER-EMPFEHLUNGEN

In den letzten Jahren habe ich viel recherchiert und in Fachartikeln, Vorträgen, Websites, in Facebook-Gruppen und im persönlichen Austausch nach Antworten und Hilfestellungen gesucht. Denn ich wollte immer alles darüber wissen. Und wie du gelesen hast, waren es viele Themen. Während der Recherche zu meinem Buch fiel mir auf, dass die Anzahl der Websites, die sich mit Hochbegabung und Underachievement beschäftigen, stark zugenommen hat. Das ist eine sehr erfreuliche Entwicklung und zeigt, dass das Thema immer mehr in den Fokus der Gesellschaft rückt. Daher hier ein paar wichtige Links, die mir damals geholfen haben, mit QR-Code zum direkten Einscannen.

Facebook-Gruppe
„Hochbegabte Kinder kreativ & entspannt begleiten"
Diese Gruppe wird von Renate und Bernd Weber moderiert und hat zum Zeitpunkt des Erscheinens des Buches über 10.000 Mitglieder (Stand 2024), die Tendenz steigt. Das zeigt, wie viele Familien sich austauschen möchten über dieses sensible Thema. Die Gruppe ist äußerst wertschätzend und hilfsbereit. Hier habe ich Erfahrungen geteilt, mitdiskutiert, Daumen drücken lassen und Erfolge gefeiert. Mein absoluter Tipp für dich!

YouTube-Kanal
„Menschensbildung – Bildung auf Augenhöhe gestalten"
Karin Kahl hat auf ihrem Youtube-Kanal sehr interessante Videos zum Thema Hochbegabung, Underachievement und auch Mobbing bei jüngeren und älteren Kindern sowie viele weitere aufschlussreiche Themen. Die Interviews sind absolut sehenswert!

Website „Können macht Spaß"

Die Psychologin Frauke Niehues hat eine grandiose Website aufgebaut, in der du alles findest zum Thema Hochbegabung, Underachievement, Fehl- und Doppeldiagnosen und vieles weitere. Diese Seite war meine Rettung in aussichtsloser Zeit, denn durch sie erfuhr ich das erste Mal, dass es „Underachievement" gibt. Das Wort und das Phänomen hatte ich zuvor noch nie gehört und erlebte zahlreiche Aha-Effekte beim Lesen ihrer Website. Ab diesem Zeitpunkt öffneten sich viele Türen und wir schöpften neue Hoffnung.

Website Institut für Leistungsentwicklung

Auf dieser Website habe ich ebenfalls zahlreiche Stunden verbracht. Thomas und Anne Eckerle haben hier wissenschaftlich fundierte Informationen zum Thema Hochbegabung, Intelligenzdiagnostik, Underachievement in ihren fachlichen Texten etc. aufgeführt.

Vortrag „Hochbegabt – und dennoch Schulprobleme"

Dieser grandiose Vortrag von Kajsa Johansson war ebenfalls eine der ersten Informationen, die ich über Underachievement erhalten habe. Sie fasst wunderbar auch in praktischen Beispielen zusammen, welche Eigenschaften und Herausforderungen mit diesem Thema verbunden sind. Absolut sehenswert!

Interview „Bernd Weber über Schulverweigerer – Underachiever – Minderleister"

Innerhalb des Begabungskongresses von Susanne Lausch stand Bernd Weber ihr als Interviewpartner zur Verfügung. Das war auch eines der ersten Videos, die ich zu diesem Thema gesehen habe und meine erste Verbindung zu Bernd und Renate Weber. Daraufhin haben wir Kontakt zu Bernd aufgenommen und uns in einem Coaching unterstützen lassen.

Die Begabungsspezialisten – Underachiever-Coaching und Begabungsdiagnostik

Von ganzem Herzen möchte ich „die Webers" empfehlen, die sich mit ihrer unermüdlichen Arbeit und ihrem Engagement hochbegabten Kindern und Jugendlichen und ihren Eltern widmen. Bernd (Psychosozialer Coach und systemischer Familientherapeut) begleitet im Bereich Hochbegabung, des Underachievments und der Leistungs- und Schulverweigerung, Renate (Pädagogin mit ECHA-Diplom – siehe Seite 77) führt vor allem Begabungsdiagnostiken und Beratungen durch.

Bist du hochsensibel?

Dieser Test von „Zart besaitet – dem Verein zur Förderung hochsensibler Menschen" hat auf seiner Website einen kleinen Online-Test, den man in 5 Minuten absolvieren kann. Er orientiert sich an den Testfragen von Elaine N. Aaron.

EIN BAUMHAUS ZUM TRÄUMEN

Das Vorlesebuch mit 10 Einschlaf- und Entspannungsgeschichten für Kinder

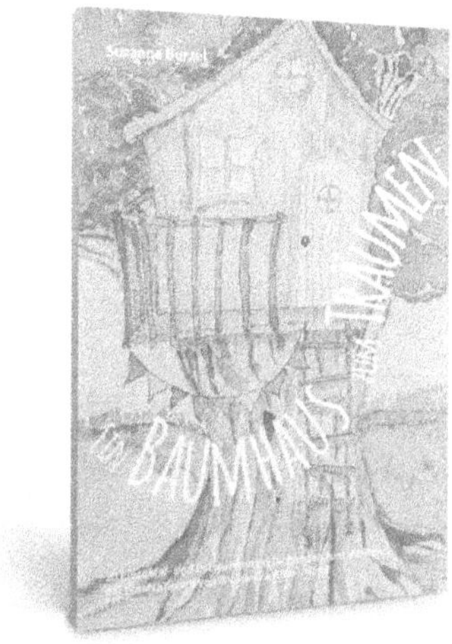

Autorin: Susanne Burzel

Mit Illustrationen von Alexandra Kittel-Völkl

Eltern von kleineren bzw. lebhaften Kindern kennen die abendlichen Situationen nur zu gut, wenn ihr Kind nicht zur Ruhe kommt. Die Frage ist dann immer: „Wie erreiche ich, dass mein Kind besser einschlafen kann?" Eine Einschlafgeschichte vorzulesen kann dabei helfen – umso mehr, wenn sie auf meditative Art entspannt und in den Schlaf begleitet.

INFOS UND BESTELLUNG: www.susanneburzel.de